应对变革

30 年来美国图书馆楷模人物撷英

肖　燕 编著

国家图书馆出版社

图书在版编目（CIP）数据

应对变革：30年来美国图书馆楷模人物撷英／肖燕编著.—北京：国家图书馆出版社,2019.9

（“公书林”学术丛书）

ISBN 978-7-5013-6826-6

Ⅰ.①应… Ⅱ.①肖… Ⅲ.①图书馆员—生平事迹—美国—现代 Ⅳ.①K837.125.41

中国版本图书馆CIP数据核字（2019）第155164号

书　　名　应对变革——30年来美国图书馆楷模人物撷英
著　　者　肖　燕　编著
责任编辑　王炳乾　金丽萍
封面设计　耕者设计工作室

出版发行　国家图书馆出版社（北京市西城区文津街7号　100034）
（原书目文献出版社　北京图书馆出版社）
010-66114536　63802249　nlcpress@nlc. cn（邮购）
网　　址　http://www. nlcpress. com
排　　版　凡华（北京）文化传播有限公司
印　　装　北京金康利印刷有限公司
版次印次　2019年9月第1版　2019年9月第1次印刷

开　　本　710×1000（毫米）1/16
印　　张　29.5
字　　数　460千字
书　　号　ISBN 978-7-5013-6826-6
定　　价　98.00元

“公书林”学术丛书出版说明

图书情报档案学图书是我社主要出版方向之一。为了促进图书情报档案学的繁荣发展、展现该领域具有代表性的学术成果，我们策划了“公书林”学术丛书，专门收录我国图书情报档案学学人优秀著作，自 2019 年起陆续出版，以期逐渐形成规模，成为本社和专业领域的精品系列丛书。

“公书林”典出 1910 年韦棣华女士（Mary Elizabeth Wood, 1861—1931）在武昌创办的文华公书林。以“公书林”为丛书名，既传递了图书情报档案事业立足于文献资源，无私、开放地为社会提供信息知识服务的理念，也表达了我们继承学术传统、守正开新的学术立场。尽管时代已发生巨大的变化，然而“开放”“化私为公”“共享”等精神是永恒的。

希望借着这个有历史感的文化符号，表达我们襄助图书情报档案学专业学人深耕学术、多出佳作的心愿，争取能在学术史上留下我们这代人应有的足迹，无愧于时代。

国家图书馆出版社

2019 年 5 月

自　序

2013年夏秋之交，金丽萍女士对笔者谈起身处传统服务与数字化网络服务的复合模式中，许多图书馆遭遇发展的瓶颈，对如何选择发展路径存在一系列困惑。因此，希望能出版一部具有解惑释疑功能和启迪作用的普及性图书，为那些有志于在图书馆行业成就一番事业的图书馆从业者提供可参考的理论与实践框架，增强选择发展路径的方向感。被她的敬业精神打动的我，犹豫再三，决定接下这个“额外的差使”，利用工作间隙和业余时间进行相关的思考和写作。但是，到底从何处入手？写些什么？当时自己的脑子几乎是一片空白。唯一清楚的是，在结束自己的职业生涯之前，有机会用一本小书为图书馆界的同仁献上自己多年累积的些许管窥，为图书馆行业在纷繁复杂的竞争环境下持续健康发展助一臂之力是一件有意义的事情。

图书馆作为社会机构一路走来，功能形态不断演变，为百变多面的图书馆勾勒出全景映像和可能的发展趋向，不仅是图书馆学研究者的任务，也是图书馆从业者在日复一日的工作中无法回避的问题。然而，笔者感到从单一角度为图书馆勾勒出全景映像，对图书馆的发展趋向做出相对合理、客观的解释变得越来越困难。这是因为，图书馆作为一个与社会需求不断调适的动态多面组织机构，始终在多种社会合力的影响下发生着或多或少的变化。只有多棱镜式的研究视角，才有可能窥见其万花筒般的丰富图景。其中，有现实的投射，有历史的回望，还有趋势的推演和前瞻。既是具象的，也需要抽象的概括。更加复杂且变幻莫测的影响因素则来自图书馆研究者、从业者以及其他领域的学者和用户的个人体验、心中的希冀、失望、担忧甚至恐怖的预判（比如几年前有美国图书馆研究者撰写发布的图书馆“尸检报告”当属此列）。专业文献和大众传媒出现的耸动一时的论断，大多仅从具象入手，缺乏系统提炼概括；或者仅仅关注现实的投射，忽略社会诸多要素的交互影响，以及历史的纵深脉络。总之，在笔者看来，阐释图书馆是什么，这是许多图书馆学研究者多有涉猎但未能很好地解答的问题。跟风、灵机一动式的研究看起来新潮且场面热闹，但是，得出的结论往往具有肤浅的特征，导致理论研究陷入周而复始的怪圈，甚至不能自圆其说。尤其是许多生搬硬套、移植嫁接的概念和理论犹如昙花一现，总是经不起时间的消磨，成为界内界外对图书馆学的知识含量和阐释能力有所诟病的重要原因。

事实上，图书馆学的理论研究无论有多少学派、研究起点和对象有多少不同，除了阐释图书馆的过往和现在，也无法回避对图书馆未来的发展方向作答。在社会发生深刻巨变的当下，图书馆向何处去？这个问题比前一个问题更具实用价值并富有挑战性，见仁见智。

快速变化的社会环境、用户的使用习惯与偏好的变化、社会资源与多种要素配置的约束，使图书馆在现实中不断面临发展瓶颈和生存挑战。如何把握机遇，面对多种发展模式和方向做出明智抉择和取舍，往往令诸多图书馆人迷茫甚至无从决断。

俗话说，事在人为。笔者认为图书馆的未来很大程度与包括领军人物在内的从业者群体的职业素养、核心价值追寻、个人品格、行为规范、领导力、执行力、沟通互动方式、服务实效和渗透力等相关。而树立职业标杆则是增加团队凝聚力、向社会公众展示图书馆人的风貌、增加图书馆行业的认知度和美誉度的重要举措。从 2012 年起，一年一度的中国图书馆年会开始公布中国图书馆榜样人物，至 2016 年年底共有 48 位图书馆工作者获此殊荣，成为图书馆行业的标杆。遗憾的是，主办者没有公开披露榜样人物的评选标准、奖励内容、候选人遴选规则与程序等，甚至评奖活动也未能持续下去。

放眼全球，20 世纪以来各级各类图书馆专业组织、专业期刊和大众传媒所设置的图书馆奖项林林总总，评出的图书馆榜样人物群星璀璨。在笔者看来，以非官方身份评选图书馆楷模，借助榜样的力量提升图书馆行业的活力最为突出的，当属具有百年历史之久的美国老牌图书馆期刊《图书馆杂志》(*Library Journal*)设立的一系列图书馆年度奖项。

《图书馆杂志》创刊于 1876 年，首任编辑为美国著名的图书馆学家麦维尔·杜威。笔者 20 世纪 70 年代末至 80 年代初就读北京大学期间，成为《图书馆杂志》的忠实读者。此后的日子，无论是在图书馆工作，还是在大学执教，一直保持着追踪浏览该刊的习惯。20 世纪 80 年代末起，该刊主办年度图书馆员奖的评选活动，30 年来评奖从未间断，具有系统性和持续的影响力。

本书以《图书馆杂志》设立的年度图书馆员奖和年度辅助图书馆员奖为研究对象，基于期刊报道，辅以各种工具书和网络资源的检索查证，尽可能从多个视角展示 1988—2018 年评选的年度图书馆员和 2000—2018 年评选的年度辅助图书馆员的风采和贡献。通过对获奖者创新管理与服务的举措、个人特质、教育背景、职业生涯、专业活动等的评介，诠释 30 年来美国图书馆社会职能的演变。借此观察、厘清图书馆事业发展的路径与阶段性，减少路径选择的茫然、困惑与盲动；审时度势，为突破图书馆事业发展瓶颈、消除痼疾制订行之有效的解决方案。

谨将此书献给关注、思考图书馆转型与可持续发展的图书馆同仁和所有支持图书馆、崇尚文化教育、人文关怀与科技进步、热爱阅读的公众和朋友。

肖 燕

2018 年 4 月于北京育新花园

目　录

上篇　年度图书馆员奖及其获奖者

第一章　年度图书馆员奖的设立背景、评选程序与标准 …… 3

年度图书馆员奖的设立背景 …… 3

年度图书馆员的评选程序与奖励内容 …… 7

年度图书馆员的评选条件与标准 …… 8

第二章　年度图书馆员奖获奖者评介 …… 11

开创新移民服务的年度图书馆员（1988）…… 11

改革监狱图书馆管理与服务的年度图书馆员（1989）…… 17

引领落后地区公共图书馆转型升级的年度图书馆员（1990）…… 25

推动百年公共图书馆复兴的年度图书馆员（1991）…… 34

履行承诺消除服务障碍的年度图书馆员（1992）…… 43

推动高校信息服务一体化的年度图书馆员（1993）……50
5年完成20年发展规划的年度图书馆员（1994）……60
日后成为美国国会图书馆掌门人的年度图书馆员（1995）……70
通过继续教育成功跨界的年度图书馆员（1996）……81
将政治与图书馆巧妙结合的年度图书馆员（1997）……90
实现县与市综合图书馆服务的年度图书馆员（1998）……100
坚守核心价值创一流服务的年度图书馆员（1999）……109
令老旧城市图书馆焕发勃勃生机的年度图书馆员（2000/2001）……120
作为全美最大规模公共图书馆掌门人的年度图书馆员（2002）……132
保障县图书馆获得资金支持的年度图书馆员（2003）……142
重塑城市公共图书馆的年度图书馆员（2004）……151
领导州立大学图书馆走向卓越的年度图书馆员（2005）……160
富有进取与冒险精神的年度图书馆员（2006）……172
推动民意调查彰显图书馆价值的年度图书馆员（2007）……184
以创新提升州域图书馆服务的年度图书馆员（2008）……193
勇抗洪灾坚持服务的年度图书馆员团队（2009）……205

为学生学习和就业提供服务的年度图书馆员（2010）……214
开创图书馆阅读推广服务的年度图书馆员（2011）……224
践行分享式管理持续创新的年度图书馆员（2012）……235
改变电子资源采购与服务模式的年度图书馆员（2013）……245
将图书馆再造为创新孵化器的年度图书馆员（2014）……255
在逆境中审时度势的年度图书馆员（2015）……265
致力于提升用户体验的年度图书馆员（2016）……277
延伸公共图书馆职能的年度图书馆员（2017）……288
通过立法增加图书馆可支配资金的年度图书馆员（2018）……301

下篇　年度辅助图书馆员奖及其获奖者

第一章　年度辅助图书馆员奖的设立背景、评选程序与评选标准……313
年度辅助图书馆员奖的设立背景……313
年度辅助图书馆员的评选程序与奖励内容……319
年度辅助图书馆员的评选条件与标准……320

第二章　年度辅助图书馆员奖获奖者评介……321

首届年度辅助图书馆员贝思·珀金斯……321
第二届年度辅助图书馆员多萝西·摩根……327
第三届年度辅助图书馆员辛西娅·阿伦斯……331
第四届年度辅助图书馆员苏珊·诺奇……336
第五届年度辅助图书馆员琳达·波特……340
第六届年度辅助图书馆员特里斯·帕勒克……346
第七届年度辅助图书馆员瓦莱里·菲克……351
第八届年度辅助图书馆员杰基·科尼特……356
第九届年度辅助图书馆员史蒂夫·罗斯科斯基……361
第十届年度辅助图书馆员蒂纳·亚当斯……366
第十一届年度辅助图书馆员艾莉森·斯隆……371
第十二届年度辅助图书馆员吉尔达·拉莫斯……378
第十三届年度辅助图书馆员琳达·达尔奎斯特……384
第十四届年度辅助图书馆员劳拉·波……388
第十五届年度辅助图书馆员克兰西·普尔……394
第十六届年度辅助图书馆员塔玛拉·福克纳·克劳斯……399

第十七届年度辅助图书馆员布朗·比格斯……404

第十八届年度辅助图书馆员：帕特里夏·帕切克……410

2018 年度辅助图书馆员：奥奎迪·奥维拉……415

附录 1 《图书馆杂志》设立的其他图书馆奖项 ……421

附录 2 美国图书馆协会 2002 年发布的人力资源政策声明全文（附英文全文）……428

后 记……451

上篇　年度图书馆员奖及其获奖者

第一章　年度图书馆员奖的设立背景、评选程序与标准

年度图书馆员奖的设立背景

早在《图书馆杂志》设立年度图书馆员奖之前，美国一些州的图书馆协会已经有评选年度图书馆员的活动。例如，1985年《图书馆杂志》曾报道德克萨斯州图书馆协会命名得克萨斯州年度图书馆员的消息[①]。但是，作为地方性奖项，州级图书馆协会评选命名的年度图书馆员的影响力和传播范围有一定局限。

1986年，美国印第安纳大学图书信息学院教授兼院长、《图书馆杂志》专栏作家赫伯特·怀特（Herbert S. White）发表题为"尊重图书馆员与图书馆员的自我尊重"的专栏文章[②]。文中提到他由化学专业转入图书馆行业，从图书馆研究生院毕业后，在图书馆专业会议上总是听到大家抱怨图书馆员的社会地位不高。究其原因发现，整个图书馆界总是致力于宣传推广图书馆这一机构，而不注重对从事图书馆工作的图书馆员的推广宣传。他举例说，全美图书馆周作为图书馆界主要的推广手段，就是在推介图书馆，不宣传甚至从不提及图书馆员。其结果是，许多图书馆用户仅将图书馆管理视为在图书上加盖还书章。因为，这一直是许多图书馆可见度最高的工作。此外，图书馆界不强调专业图书馆员和其他图书馆工作人员的不同，公众也无法清楚地理解，甚至以为凡是在图书馆工作的人都是图书馆员，图书馆界对上述误解并未予以更正。

就在该文发表2年后，1988年9月15日出版的《图书馆杂志》刊登了一则

---

① NYREN K. Fort worth racks up library awards［J］. Library journal，1985，110（10）：66.

② WHITE H S. Respect for librarians and librarian self-respect［J］. Library journal，1986，111（2）：58—59.

征集《图书馆杂志》年度图书馆员候选人启事[①]。其中指出，为了表彰做出杰出成就的专业图书馆员，《图书馆杂志》决定设立年度图书馆员奖，特面向图书馆界征集候选人提名，截止日期为 1988 年 11 月 1 日。首届年度图书馆员评选结果将于《图书馆杂志》1989 年第 1 期公布。

为探寻《图书馆杂志》设立年度图书馆员奖的更多背景，笔者通过阅读《图书馆杂志》刊发的“1988 图书馆概览”[②]并参考维基百科相关词条，发现 20 世纪 80 年代末美国图书馆正面临前所未有的重大挑战。

第一，图书馆保护用户隐私权利的职业道德遭遇挑战

美国联邦调查局（FBI）设立图书馆警觉项目（Library Awareness Program）[③]，征募在研究图书馆工作的图书馆员向 FBI 报告有间谍嫌疑的外国公民利用馆藏的情况，并陆续造访多家图书馆要求图书馆员提供来自敌对国家的读者阅读和检索习惯的信息。此举引发图书馆界的强烈反对。

1987 年 10 月，美国图书馆协会知识自由委员会（ALA's Intellectual Freedom Committee）发布声明，阐述 FBI 图书馆警觉项目的危害，敦促图书馆不能违反保护用户权利的职业道德向 FBI 提供信息。

1988 年 1 月，在遭遇 FBI 特工造访皇后区、布鲁克林等多家分馆后，纽约公共图书馆连同纽约图书馆协会发布严正声明。声明指出：“一旦这个国家的公民开始担心自己所阅读、查看和咨询的内容有朝一日会用来对付自己或者成为众所周知的目标，那么，这个国家将与最基本的鼓舞合众联盟免于暴政的自由原则背道而驰。”时任美国哥伦比亚大学学术信息服务处主任的葆拉·考夫曼（Paula Kaufman），给纽约图书馆协会和美国图书馆协会知识自由委员会写信，描述她遭到 FBI 特工造访的事实，并指出，其他一些图书馆馆员也与她有同样的经历。用希腊神话中每砍掉一个头就会长出两个新头的怪兽来形容图书馆警觉项目极为贴

---

① DECANDIDO G A. Nominees sought for Library Journal “Librarian of the Year” award [J]. Library journal，1988，113（15）：19—20.

② DECANDIDO G A. Library directions in 1988 [J]. Library journal，1989，114（1）：48—55.

③ 据维基百科，该项目自 1973 年秘密设立，1987 年经《纽约时报》报道才公之于众。来源：https：//en. wikipedia. org/wiki/Library_Awareness_Program.

切。毫无疑问，FBI 并没有对图书馆放手。

在美国图书馆协会冬季会议期间，FBI 与全国图书馆与信息科学委员会（National Commission on Libraries and Information Science，简称 NCLIS）举行了闭门会议，会议记录显示，NCLIS 对 FBI 的项目并无敌意，真正感到有问题的是美国图书馆协会知识自由委员会。

1988 年 4 月 9 日，娜塔莉·罗宾斯（Natalie Robins）在《国家杂志》（*The Nation*）发表研究论文披露，一位不愿具名的 FBI 特工告诉该作者，FBI 以爱国主义、敌对外国特工威胁以及保卫自由世界的安全名义招募图书馆工作人员，他们更喜欢接近图书馆办事员而不是图书馆员，因为前者更容易被恐吓。

1988 年 5 月，美国研究图书馆协会（Association of Research Libraries，简称 ARL）发布一份措辞强硬的声明，谴责 FBI 图书馆警觉项目，支持不加限制地检索、传播信息与思想观点。

1988 年 6 月，在美国专门图书馆协会（Special Libraries Association，简称 SLA）讨论相关声明时出现了戏剧性的一幕：SLA 领导层提交的声明草案称该协会对 FBI 图书馆警觉项目持中立态度，结果该草案在大会上遭到会员的反对，最终经会员投票通过态度强硬的新决议，阐明了坚定反对 FBI 图书馆警觉项目的立场。鉴于娜塔莉·罗宾斯的论文提到 SLA 与 FBI 存在合作，时任美国图书馆协会主席的玛格丽特·奇泽姆（Margaret Chisholm）要求 SLA 帮助结束 FBI 图书馆警觉项目。此后，SLA 给 FBI 写了一份措辞强硬的抗议信。

1988 年 7 月，美国法律图书馆协会发表决议，反对 FBI 图书馆警觉项目。

1988 年夏，美国国会众议院司法委员会就 FBI 图书馆警觉项目召开听证会，时任众议院司法委员会主席（前 FBI 特工）唐·爱德华兹（Don Edwards）收集图书信息界的证词，证据指出，FBI 比苏联间谍对自由构成的威胁更大。FBI 情报部助理主任詹姆斯·吉尔（James H. Geer）出席国会众议院司法委员会听证会，就 FBI 图书馆警觉项目的有关活动接受质询。众议院司法委员会主席唐·爱德华兹指出，FBI 并不欣赏图书馆在美国社会所发挥的特殊作用。

整个夏季，《图书馆杂志》收到了美国报纸、期刊发来的数以百计的论文、专栏文章、漫画和编者按，大多数对 FBI 表示谴责，并向民众展现了图书馆员作为英雄和自由斗士这一清新受欢迎的形象。

1988年9月FBI提出在拟议的《视频隐私与保护法案》(Video Privacy and Protection Act)设置“国家安全信件”豁免条款，允许FBI特工在没有法院指令的情况下获取图书馆用户的记录。经过一系列游说，最终将FBI提出的没有法院指令获取图书馆用户记录的条款从法案中删除。

尽管《图书馆杂志》未披露设立年度图书馆员奖的更多动因，然而，在笔者看来，图书馆员倾尽全力，坚守保护用户隐私权利的职业道德，为捍卫知识自由和用户权利对FBI图书馆警觉项目所进行的抗争，以及由此获得的社会的广泛肯定，极有可能是设立该奖项的重要推力之一。

第二，美国经济下行对图书馆的资金来源构成较大影响

美国图书馆的资金大多来自税收、捐赠和发行债券。

从捐赠方面看，1987年10月19日美国股市崩溃，《图书馆杂志》就此联系一些重要的图书馆金融专家评估该事件对图书馆潜在的损害。大多数专家指出，真正的困难会晚些出现而不是立即显现。

1987年，纽约公共图书馆公共事务与发展部副主任格雷戈里·朗(Gregory Long)指出，他最大的担心是图书馆失去额度为35美元至100美元的个人捐赠。1988年，格雷戈里·朗和纽约公共图书馆年度基金管理人尼尔·鲍德温(Neil Baldwin)指出，股市的崩溃对较小规模的家庭与私人基金的影响最大，由此导致小额私人捐赠大幅下降。然而，来自公司的捐赠与上年持平，没有下降也没有增加。募捐的成果一定会通过图书馆宏大的体量、大规模服务、保存和教育托管体现出来。

密尔沃基市图书馆馆长唐·塞杰尔(Don Sager)指出，股市崩溃的影响比自己最初预想的要小很多。但是捐赠正在下滑，必须寻找新的替代性收入来源。由于企业并购，本地公司易主，获得大公司的支持正在变得越来越困难。企业新的管理者与当地社区没有关系，捐赠意愿变得更低。

在图书馆税收方面，加利福尼亚州最北端的沙斯塔县为重开闭馆数月的9所图书馆的增税动议未获大多数民众的赞同，以失败告终。增税成功的案例包括：(1)1988年3月佛罗里达州迈阿密-戴德县举行公投，赞成将一半财产税拨给佛罗里达州迈阿密－戴德公共图书馆系统，设立 4700 万美元的图书馆新书基金；（2）密歇根州格罗斯角公共图书馆在 1988 年 6 月的投票中扭转 1987 年的败局，获得成功。增税后将为该馆增加 45 万美元的收入。

从图书馆债券发行情况看，1988 年最大的成功来自华盛顿金县。该县民众以 64% 的赞成票通过了一揽子图书馆债券发行计划。募集的 6700 万美元将用于建设 9 个新图书馆，扩建数个原有图书馆，建设联机目录并增加资源预算。金县图书馆系统负责人赫布·马彻（Herb Mutschler）称之为美国有史以来最大规模的图书馆债券发行。与上述情形形成鲜明对比的是，1988 年洛杉矶公共图书馆的债券发行公投遇阻。尽管赞成票高达 62.37%，但是加利福尼亚州的法律要求赞成比率必须达到 2/3 才能生效，因而成为最大的失败。

总之，上述成败各异的案例喜忧参半，令人警醒。在经济不景气的情况下，能否筹集足够的资金成为图书馆行业面临的生存挑战。图书馆唯有不断改进、提升服务效能，密切与社区的联系，加大增税、捐赠与发债活动宣传的力度，以图书馆的可信度、品牌的美誉度赢得稳定的资金来源。在笔者看来，设立年度图书馆员奖，宣传表彰图书馆员在此方面做出的努力以及取得的成就，将有助于图书馆赢得更多资金支持。

年度图书馆员的评选程序与奖励内容

作为历史悠久的图书馆商业性期刊，《图书馆杂志》在图书馆界有广泛的影响力，且受众广泛。年度图书馆员评选采取自由推荐与集中评审相结合的方式。具体程序是：

（1）《图书馆杂志》刊登征集提名启事（一般是在每年 9 月），最初的 10 年间，年度图书馆员候选人要求由图书馆业界同仁提名推荐。从 1999 年起，将提名推荐者扩大到图书馆行业以外。理事会、行政管理者、政府官员和市民等均可参与提名推荐。提名候选人时，推荐人仅需要在公布的截止日期（一般是每年的 10 月底）之前，向《图书馆杂志》提交推荐信，列出候选人姓名、职位，用不超过 500 字的简短篇幅陈述候选人的工作业绩。允许提交供参考的辅助材料，但提名信的权重更高。

（2）征集提名结束后，进入集中评审阶段。《图书馆杂志》成立由出版商、主编、常务主编、书评编辑和资深编辑组成的评审组，对收到的推荐材料进行评审。偶尔也会特邀 1 至 2 位图书馆员参与评审，最终胜出者将获得年度图书馆员奖。

值得注意的是，《图书馆杂志》对年度图书馆员候选人的资格有明确限定——仅限在北美所有地区（美国、加拿大和墨西哥）各种类型图书馆工作的在职专业图书馆员（professional librarian）。换言之，只有拥有图书馆或信息学硕士学位并且在图书馆或图书馆服务机构担任专业职位者，才算合格的专业图书馆员，享有获奖资格。

《图书馆杂志》对终选胜出的候选人给予慷慨奖励。奖励内容包括：授予年度图书馆员称号；颁发获奖证书；颁发 1500 美元现金（支票）；邀请年度图书馆员参加 ALA 冬季会议期间举办的庆祝宴会；由《图书馆杂志》的主编或副主编撰写特稿，报道获奖者的业绩；在《图书馆杂志》的封面刊登获奖者的彩色肖像。总之，给予获奖者极高的荣誉，物质奖励与精神奖励兼具。

年度图书馆员的评选条件与标准

根据《图书馆杂志》发布的首届年度图书馆员候选人征集启事的要求，获得年度图书馆员奖的专业图书馆员的成就，应当反映并服务于图书馆专业和《图书馆杂志》的最高目标以及亘古不变的承诺。相关目标包括：所有民众自由获取信息，鼓励阅读与创作，引导对图书和其他馆藏资源的广泛利用，改进并拓展图书馆的社区服务，强化图书馆的作用及其在社区中的地位。值得指出的是，上述社区作为泛指概念，既可以是城市、城镇，也可以是中小学校、高等院校，还可以是公司或企业。

年度图书馆员的评选看重的条件包括：①勇于承担风险，在推进项目过程中面对异议或者面对失败风险展现出勇气和力量；②以实际行动克服市民或社区冷漠（从这一评选条件可以看出，在美国，民众对图书馆也并不是自然而然抱有热情的，需要图书馆工作人员想方设法以各种方式吸引民众利用图书馆的资源，用实际行动参与社区活动，密切与社区的联系，服务社区，感化民众）；③对愿景的规划与思考新颖大胆，具有说服力、渗透力和现实性。

评选的具体标准与获奖者的成就包括（但不限于）以下方面：

（1）创造、创新信息服务。例如，不向用户收费，利用业务预算，推出新的或者拓展面向特定群体、公众的信息服务；利用新的或原有的信息资源与技术，满足特定社区或群体的需求。

（2）建立本地的政治与财政支持。例如，组织成功有效的活动实现预算增加，或者为服务、资源或建筑发行债券。

（3）促进或引导图书馆服务及馆藏的利用。例如，通过特别有效的公共关系与宣传活动提升图书馆所代表的基本价值并成功拓展服务。

从1988年至2018年，年度图书馆员的评选已历经30年的时间。《图书馆杂志》依然坚守着一贯的评选程序与奖励方式。评选条件与标准在看重候选人具有创造、创新意识，勇于承担风险，身处逆境百折不挠，具有前瞻意识，制定新颖、大胆、切实可行的计划并付诸实施等方面，始终没有改变。只不过随着社会环境的变化，在保留上述标准框架的同时，不同的年度分别有侧重性地增添个别具体业绩方面的要求，累计如下：①成功地抵制审查社区图书馆或移除馆藏资料的行为；②针对本地和全国紧要的政治问题建立信息沟通机制；③发明引导民众阅读任何领域的经典文献的方法；④通过有效规划、社区分析或营销推广切实吸引更多民众走进图书馆并满足他们的需求；⑤开展增强居民的图书馆意识的活动；⑥探索发现满足学院和大学、日益多样化的民众需求的新途径；⑦建立、重建或者强化本地的政治、金融与公众支持。

总之，年度图书馆员的评选条件与时俱进的变化，从侧面反映了《图书馆杂志》通过表彰楷模人物引领图书馆行业发展的良苦用心。此外，《图书馆杂志》利用自身的媒体优势，通过拍摄获奖人物的照片作为杂志封面、刊发图文并茂的报道等举措，使得年度图书馆员评选成为图书馆界的热门话题，并产生了良好的示范效应。

值得指出的是，继1988年设立年度图书馆员奖后，《图书馆杂志》又陆续设立了图书馆行业的一系列其他年度奖项，同样收到了很好反响。所设奖项以及评奖标准的变化，反映了图书馆所处社会环境的变化，也反映了图书馆事业的发展轨迹。其他年度奖项的评选情况请参见本书附录1。

2000 年,《纽约时报》也设立了图书馆员奖，每次获奖人数量在 20 名左右。最初仅仅面向纽约的图书馆，后来扩大了范围。也就是从该年起,《图书馆杂志》的年度图书馆员奖改变了评奖年度标识，由滞后发布变为与期刊出版年一致。

第二章 年度图书馆员奖获奖者评介

开创新移民服务的年度图书馆员（1988）

1989年1月,《图书馆杂志》首届年度图书馆员评选结果揭晓。获得年度图书馆员殊荣的是佩吉·古德温（Peggy Goodwin）女士，她是位于美国得克萨斯州嘉伦市的尼科尔森纪念图书馆系统所属沃尔纳特克里克分馆（Walnut Creek Branch Library of the Nicholson Memorial Library System in Garland）负责成年人服务的图书馆员。《图书馆杂志》1989年第1期不仅将佩吉·古德温的大幅照片刊登在封面，还用3个版面的篇幅对她的经历、业绩等进行了图文并茂的报道[①]。

一、成长与教育背景

佩吉·古德温是土生土长的得克萨斯州人。她出生于怀特莱特市（White Wright），成长于罗伊斯城（Royse City）。结婚并生育了两个孩子。她的丈夫从事管道建设工作，在孩子上学前，一家人随丈夫工作地点的变换过着在全美各地迁徙的生活。尽管其间他们在嘉伦市安家，但直到她决定成为一名图书馆员后，才结束了旅行生活。

佩吉·古德温的职业生涯和高等教育经历有些与众不同，走了一条先成家后立业的道路——当自己的第二个孩子入读幼儿园时，她才开始读大学。1973年本科毕业于得克萨斯女子大学（Texas Woman's University），旋即入读该校图书馆与信息研究学院，一年后获图书馆学硕士学位。从此在嘉伦市尼科尔森纪念图书馆系统开始专业图书馆员的职业生涯。在佩吉·古德温获得首届年度图书馆员奖

① Peggy Goodwin—Library Journal Librarian of the year 1988［J］. Library journal，1989，114（1）：37—39.

时，作为资深专业图书馆员的她已在该系统工作 14 年，她的一双儿女也长大成人（儿子 31 岁，女儿 26 岁）。从杂志特稿配发的照片看，她本人已经白发苍苍。

二、工作经历与业绩

20 世纪 70 年代末，沃尔纳特克里克分馆初创时佩吉·古德温曾担任分馆馆长一职，后调入嘉伦图书馆系统主馆担任参考图书馆员。因系统重组被重新派往该分馆担任成年人服务图书馆员，这次工作调动并未使之喜出望外，她必须再次熟悉新邻居。（能上能下的图书馆员。笔者看来，之前担任分馆馆长，转而担任成年人服务图书馆员。尽管与之前相比她的职位有所降低，但是，她对工作的态度和敬业精神在新岗位得到更多彰显：开拓了面向社区新移民的服务。其实出品格：能上能下，乐于奉献。作为移民国家，美国每年都会吸引大量的新移民。面向新移民的服务，至今仍是许多美国公共图书馆的服务内容。但在 30 年前，具有首创性。历史上难能可贵。）

此时，该馆服务对象与环境已经发生了极大改变，服务片区中约 27% 的人为西班牙裔、亚裔和其他非英语国家的新移民。为掌握全貌，她逐一拜访社区的商业机构，发现这些商业机构大多数是来自越南和韩国的亚裔新移民开办的。古德温的到访令这些商人及其家人感到惊诧，他们中有许多人一句英语也不会讲，对她投来怀疑的目光，令古德温感到宛如置身异国。

沃尔纳特克里克分馆所处的地区以商业、住房出租和流动人口为主要特色，图书馆的用户不断变化。古德温在调查中发现，以英语为第二语言（即母语不是英语）的人口数量自 1980 年以来增加了一倍。受调查结果以及得克萨斯州立图书馆专门服务顾问芭芭拉·克罗斯比（Babara Crosby）研讨课程的启发，她决定为满足上述新居民的需求，量身打造沃尔纳特克里克分馆的成年人服务。

为了解图书馆的哪类服务是用户最急需的，她在商店发放调查问卷。了解到新移民家庭往往全家人一起努力工作，将孩子的教育留待家庭解决，他们绝大多数人没有利用过图书馆。这些新移民的家庭价值观念连同为在新国度取得成功长时间的辛勤劳作给她留下了深刻印象。她拜访社区的韩国人和越南人的教堂，与那些讲授非母语英语课程的人建立联系，得到了时任分馆馆长、儿童服务专家丽莎·亚瑞唐多（Liza Arredondo）的大力支持。

为了解决新移民服务项目的资金筹集问题，她在家中花费大量个人时间撰写项目申请书，最终成功获批美国联邦政府依《图书馆服务与建设法案》（Library Services and Construction Act，简称LSCA）设立的专项资助，资金数额为2.4万多美元。此后，沃尔纳特克里克分馆将非母语英语课程（English as a Second Language，简称ESL）列入工作日程。在一位志愿者协调员的帮助下，招募志愿者为那些参加英语学习的人照看孩子。同时配合此项服务进行藏书建设，采购新的多语言图书、英语学习入门图书，还采购新设备、录像带、盒式录音机等，使培训达到了预期效果。

为了扩大服务，佩吉·古德温编辑印制多语言信息月报，向市民通报图书馆的新服务项目。图书馆增开语言与文化系列研讨班，每周举办一次，围绕申请永久居民身份、跨文化交流及类似主题提供信息和授课。例如，在“就业机遇日”向新移民提供就业岗位服务，吸引了350位新移民参加活动。此外，图书馆还主办多语言短途旅行活动，开创面向新移民和英语为非母语人士的信息与参考服务，并继续筹划一系列其他项目。

三、服务理念与特质

（1）获得用户的信任

在接受《图书馆杂志》记者采访时，佩吉·古德温指出，在工作中最难解决的问题在于获得来自其他文化人群的信任并建立使得大家一起工作的密切关系。通过她的持续努力，上述问题得到了解决。与优秀的图书馆员一样，佩吉·古德温具有专业人员的眼光，认为在此类专业互动过程中，图书馆员应当承担责任。

（2）信守承诺

参与评选年度图书馆员的评委认为，佩吉·古德温对图书馆事业和服务的承诺，源自她的工作经历与教育。她的故事展现了奉献与专业精神如何得以持续，展示了社区的兴衰对有着多年服务经验的图书馆行业带来的新挑战。

（3）敬业乐业、能上能下

佩吉·古德温在分馆的工作经历显示，曾担任分馆馆长的她，在系统调整后转而担任成年人服务图书馆员。尽管职位有所降低，但是，她在新岗位积极主动开拓服务，彰显了难能可贵的品格和敬业精神。

四、提名与获奖缘由

遵循预先发布的规程，年度图书馆员是由《图书馆杂志》的评委会在业界推荐的诸多候选人中遴选的。提名佩吉·古德温获奖的是与她在同一图书馆系统工作的小说图书馆员（fiction librarian）伊莱恩·克罗伯（Elaine Klobe）。她在推荐信中指出，佩吉·古德温“将一个小型分馆转变为美国新移民舒适地学习英语并适应美国生活的中心”。

《图书馆杂志》对授予佩吉·古德温首届年度图书馆员称号做出了如下解释：佩吉·古德温拥有图书馆领域卓越的专业奉献精神，具有服务的欲望，而不是服务的需要。服务他人是真正的图书馆员的信条。更为重要的是，像最优秀的图书馆员一样，她同样也是自己以公仆身份所服务社区的一分子。之所以被选为 1988 年度图书馆员，是因为她在该分馆所做的精细工作，完全满足了年度图书馆员评选标准中有关体现“图书馆专业的最高目标以及亘古不变的承诺”、“强化并拓展图书馆对社区的服务”或者“强化图书馆在社区的作用与地位”的要求。

五、其他获得首届年度图书馆员提名的杰出候选人

在宣布首届年度图书馆员奖得主的同时，《图书馆杂志》的专稿指出，在征集首届年度图书馆员提名的过程中，有许多被提名的候选人符合年度图书馆员的标准。以下 5 位候选人业绩突出，几近获胜。

（1）葆拉·考夫曼（Paula Kaufman）[①]，时任哥伦比亚大学负责信息服务的代理副校长和哥伦比亚大学图书馆馆长。她的勇气令人印象深刻。她告诉联邦调查局（FBI）的代理人，自由利用图书馆和为利用者保密的最基本原则，不允许图书馆员与其合作并报告嫌疑用户利用图书馆的习惯。

（2）霍莉·卢特考斯基（Holly Rutkowski），美国宾夕法尼亚州西切斯特一

---

① 笔者通过网络检索得知，葆拉·考夫曼虽未获首届年度图书馆员奖，但于 1989 年获得了罗伯特·B. 唐斯知识自由奖（Robert B. Downs Intellectual Freedom Award）。该奖系伊利诺伊大学图书馆与信息学研究生院为庆祝罗伯特·B. 唐斯担任研究生院院长 25 周年并表彰他在知识自由运动中所发挥的作用于 1969 年设立。罗伯特·B. 唐斯还担任过美国图书馆协会主席和副主席职务。该奖每年颁发一次，用以表彰抵制审查、推进图书馆知识自由事业的个人或团体。来源：Paula T. Kaufman. http://www. library. illinois. edu/people/bios/ptk/; Intellectual Freedom Awards. https://en. wikipedia. org/wiki/Intellectual_freedom.

家网络公司的图书馆员（QVC Network in West Chester，Pa.）。她的果敢与努力，使专门图书馆协会坚定反对美国联邦调查局的图书馆警觉项目（FBI's Library Awareness Program）。

（3）俄亥俄州迈阿密大学图书馆馆长朱迪思·赛森斯（Judith A. Sessions），她在一年的时间里完成的工作足以让逊色的图书馆员干上十年。

（4）华盛顿金县（King County）图书馆系统负责人赫布·穆奇勒（Herb Mutschler），通过发行图书馆债券获得巨大的公众支持而令人印象深刻。

（5）查尔斯·亨斯伯格（Charles Hunsberger），拉斯维加斯克拉克县图书馆大区负责人，通过发起不可思议的图书馆建筑项目，建成了内华达图书馆建筑的最大部分。

在笔者看来，首届年度图书馆员评选竞争激烈是毋庸置疑的。与其他多位进入终评的候选者相比，佩吉·古德温作为一名在社区分馆工作的图书馆员，既没有显赫的头衔和地位，也没有更高层级的影响。然而，从评奖导向看，一位非领导岗位的图书馆员获奖具有更普遍的示范意义和可效仿性。

此外，作为移民国家，美国每年都会吸引大量的新移民。在 30 年前，面向新移民的特色服务并不多见，佩吉·古德温在图书馆卓有成效地实施面向所在社区新移民的一系列创新服务，为众多基层图书馆拓展服务树立了榜样，时至今日，为新移民提供服务仍是美国许多公共图书馆的工作重心之一。由此看来，佩吉·古德温摘得首届年度图书馆员桂冠不仅在情理之中，还印证了《图书馆杂志》评选首届年度图书馆员的前瞻性。

六、获奖之后

《图书馆杂志》1990 年第 1 期刊发的获奖者追踪报道显示，首届年度图书馆员的评选产生了良好的社会影响。佩吉·古德温当选首届年度图书馆员后，感觉一切都与以往大不相同。她收到全国各地的大量贺信并被全美多家媒体报道。有一篇报道她的文章被《国会议事录》转载，《南方生活杂志》将其作为南方焦点人物，得克萨斯众议院通过一项表彰她的决议，地方电视台 33 频道将其列入“城市英雄”栏目予以特别报道。上述宣传使她的名字家喻户晓，促使她所在的嘉伦市特别针对为该市赢得知名度和美誉度者设立了名为“间接荣耀奖”的特别奖项，她成为该奖的首个获奖者。

在佩吉·古德温看来，无论什么荣誉都不如非母语英语课程（ESL）项目重要。获奖使她创设的面向英语为非母语人群的服务项目得到了更多支持。在全州图书馆经费预算减少 15% 的背景下，其所在的图书馆通过州拨款资金仍坚持并发展该项目。1988 年至 1990 年，新增 3 个教学班，总数达到 5 个班，ESL 项目听课学习人数增加了 43%。佩吉·古德温认为，数字的增长展示了对该项目的真实需求。所有的获奖宣传都起到了为图书馆吸引更多潜在用户的作用，很多人到图书馆来寻找那位被报刊或电视报道的女士。

2008 年，为庆祝年度图书馆员奖设立 20 周年，《图书馆杂志》回访 19 位年度图书馆员，并发布了相关报道。据该报道，佩吉·古德温 1993 年从得克萨斯州嘉伦市尼科尔森纪念图书馆系统沃尔纳特克里克分馆退休。在花多年时间照顾生病的母亲后，搬到一所林德尔社区住宅生活。

她珍视自己在沃尔纳特克里克分馆的工作记忆，尤其为有一次帮助一位单身女性查找到所需的修理家居用品的资料而高兴。在她看来，图书馆是帮助人们解决生活中遇到的各种问题的最好途径。她在接受《图书馆杂志》记者采访时指出，自己作为老年人中的一员，希望看到图书馆提供多种多样的服务，尤其要关注老年人。

她充分意识到可用信息的量大得令人难以置信，保持图书馆的技术进步比较困难（在接受采访时她还没有个人电脑）。她指出，人们跟机器打交道越来越多，自己不喜欢失去过去进行公共服务时非常喜爱的与用户的人际交往，不希望年轻人失去对书的热爱。

退休后的佩吉·古德温是林德尔图书馆（Lindal Library）引以为傲的用户。她在社区参加读书会，继续发挥余热。就在接受记者采访的当天上午，她购买了图书馆处理的加拿大作家约翰·劳伦斯·雷诺兹的畅销书《秘密团体》的一个复本。当记者询问看完后打算如何处理该书时，她回答说，自己所居住社区有一个很小的图书馆，收藏畅销书作家的作品，打算捐给该图书馆。

上述报道的细节，再次展现了首届年度图书馆员所具有的平实、执着、以服务为荣、乐于奉献的品格和素养。

改革监狱图书馆管理与服务的年度图书馆员（1989）

1990 年 1 月《图书馆杂志》公布了 1989 年度图书馆员评选结果[①]，摘得第二届年度图书馆员桂冠的是布伦达 · 沃格尔（Brenda Vogel）女士，她是美国马里兰州矫正教育图书馆系统（Maryland Correctional Education Libraries）的图书馆协调员。《图书馆杂志》1990 年第 1 期不仅将布伦达 · 沃格尔的大幅照片刊登在杂志的封面，还用 3 个版面的篇幅对她的经历、业绩等进行了图文并茂的报道。

一、教育背景与职业生涯

布伦达 · 沃格尔毕业于美国波士顿西蒙斯学院图书馆学研究生院（School of Library Science at Simmons College，Boston），获图书馆学硕士学位。1974 年在马里兰矫正教育图书馆系统以协调员身份开始其职业生涯。该图书馆系统面向马里兰的监狱提供服务。她所从事的图书馆协调员工作，起始于美国联邦政府依《图书馆服务与建设法案》（LSCA）拨款资助的为期 6 个月的项目。项目结束后，继续留任该岗位，成为在马里兰监狱系统图书馆任职的首位专业图书馆员，为监狱图书馆管理与服务的改革奉献了自己的余生。

二、工作业绩

（1）发现监狱服刑人员的信息需求

1976 年，布伦达 · 沃格尔基于调查撰写并发表《监狱在押人员的信息需求调查》一文，作为该领域的经典之作，她的调查数据成为向监狱在押人员提供所需信息的支撑。同年，布伦达 · 沃格尔组织会议，探讨接受矫正教育的在押人员的信息交流需求。会议期间，甚至有部分系统外的市民也被鼓动起来为囚犯争取以电话进行信息交流的权利。

1979 年，布伦达 · 沃格尔根据监狱在押人员的建议策划“说出他们自己的话”（To Say Their Own Word）项目，并获美国国家人文基金会资助。该项目内容不仅涉及学者就美国监狱的生活与监狱服刑人员对话，还包括 50 个演讲或电影以及

① Brenda Vogel—Library Journal Librarian of the year 1989 [J]. Library journal，1990，115 (1)：46—48.

附带的讨论。

（2）创造条件满足监狱在押人员的信息需求

基于上述调查研究，布伦达·沃格尔制定馆藏建设原则，强调购买监狱在押人员需要的资料，并坚持为用户提供新技术服务。70 年代，她设立工作室消除用户对新媒体的神秘感；此后，撰写项目申请书，获得美国联邦政府依《图书馆服务与建设法案》（LSCA）设立的专项基金的资助，为矫正教育图书馆的用户建立信息与查询系统。此外，她还在美国矫正学会的资助下，在马里兰州监狱和马里兰教养院建立了面向在押人员的广播电台。

1984 年布伦达·沃格尔继续拓展 LSCA 基金资助的“技术探索”（Trek into Tech）项目，将计算机引入矫正教育图书馆系统。截至她获年度图书馆员奖时，该系统内的所有图书馆均实现了自动化并接入公共医疗信息服务电话（Telmed），使监狱在押人员可以在保密状态下查询健康信息。

（3）推动监狱图书馆的专业化和标准化管理

布伦达·沃格尔在马里兰矫正教育图书馆系统就职之前，该图书馆系统从未聘用过专业图书馆员。作为专业图书馆员，她谴责现实中存在的以监狱长和监狱及收容所其他官员一贯的做法为理由阻止公民、图书馆员以及其他教育与矫正机构的雇员进入系统内工作的现象。经过布伦达·沃格尔的努力，马里兰州政府颁布政策，规定图书馆管理者必须具有图书馆学硕士学位，使马里兰矫正教育图书馆走上了专业化管理的道路。

在致力于马里兰矫正教育图书馆系统的改革的同时，布伦达·沃格尔还利用各种机会参与更大范围的专业活动和项目。1986 年，布伦达·沃格尔担任美国图书馆协会下属的专门与合作图书馆机构协会（Association of Special Cooperative Library Agencies，简称 ASCLA）监狱在押人员图书馆服务论坛主席，领导该组织主办“危难中的客户”项目，呼吁图书馆介入对无家可归者等弱势群体的帮助。

此外，她还担任 ASCLA 标准评估委员会下设的成年人矫正机构图书馆标准委员会主席。组织委员会成员对矫正教育机构图书馆服务的地位与作用有关的各种理论和观点进行探讨。

三、服务理念与特质

（1）弱势群体应与优势群体获取同样质量的信息

布伦达·沃格尔信奉巴西教育思想家保罗·弗莱雷（Paulo Freire）[①] 的学说，将其所著《被压迫者教育学》一书提出的教育原则作为工作的指导。她在接受《图书馆杂志》记者采访时指出，该书对自己致力于使弱势群体获取与优势群体同样质量的信息产生了深远的影响。本着上述理念，她不仅呼吁、吸引社会对弱势群体的关注，还身体力行，每天巡查图书馆服务的监狱，犹如监狱在押人员的信息医生，将矫正教育图书馆的用户服务提高到新的水平。

（2）以满足用户的信息需求为己任

监狱在押人员作为矫正教育图书馆系统的用户，具有一定的特殊性。无论从历史还是美国最高法院的现实裁决看，美国的监狱管理者都有权拒绝他们认为有害的阅读资料。由于管理监狱在押人员的大多数官员认为图书馆是引导在押人员建立更高道德价值观的行为矫正工具，不是休闲和娱乐性阅读的地方，因此，美国许多监狱图书馆资源建设都存在不同程度的审查。为了捍卫监狱在押人员的信息自由，布伦达·沃格尔竭尽全力对矫正教育人员的传统观念和做法予以抨击，她的努力使马里兰监狱图书馆免受审查。

（3）正直、勇敢、有理想

在倡导矫正教育图书馆用户信息自由的过程中，布伦达·沃格尔敢于直面风险，与压制公民权利的风气做斗争。她在接受《图书馆杂志》记者采访时坦言，自己有很强的判断力，当一个道德伦理或宪法问题需要支持的时候从不会说不，也不会保持沉默。她称自己为“社会变化人士”，希望依公正规则行事，逐步实现监狱乃至社会的改革，即便自己的主张遭遇争议也毫不畏惧。她还将自己戏称为打击官僚主义的游击队员、信息恐怖分子。这也从一个侧面表明，图书馆员只

---

① 据维基百科 Paulo Freire 词条介绍，保罗·弗莱雷生于 1921 年 9 月 19 日，卒于 1997 年 5 月 2 日。1970 年出版专著《被压迫者教育学》（*Pedagogy of the Oppressed*）。作为批判教育学运动的奠基性文献，该书是美国教师培训项目和顶级教育学院普遍采纳的教材和教学参考资料，深刻影响着当代西方教育思潮。其作者本人也因该书闻名于世。2000 年该书出版 30 周年时有纪念版问世，搜索百度文库可以看到其生前合作伙伴唐纳多·马塞多（Donaldo Macedo）用英文撰写的再版前言。

有以不同于常人的勇气和坚持，冲破体制和传统的羁绊才能推动监狱改革，实现公平的信息服务。

（4）博学、谦虚

在笔者看来，布伦达·沃格尔的成就与她的人文素养和对教育学理论的学习与应用密不可分。作为社会工作者，图书馆员仅仅掌握本专业的理论和技术方法是不够的，还需要掌握并应用哲学与社会科学的理论与方法，分析专业问题、设计项目并提供服务。

在接受《图书馆杂志》记者采访时，她承认鉴于仍有大量的工作尚未完成，自己的成功微不足道，个人的贡献也是微不足道的。她指出，自己之所以能成功地向马里兰州的监狱在押人员提供贴近实际需求的图书馆服务，很大程度上归功于马里兰州具有很好的图书馆服务基础。组织完善、资助充足的州图书馆网络提供了馆际互借、参考资源、社区信息和备用数据库；马里兰州的图书馆员乐于共享专业知识、技术建议和资源。他们培训矫正教育系统的图书馆员和囚犯助理，协助实施自动化项目，举办讲座，并帮助挑选图书，上述一切都值得称道。

四、提名与获奖缘由

提名布伦达·沃格尔获奖的是时任纽约城市大学莱曼学院（Lehman College）图书馆馆长、后任美国国会图书馆古籍与特藏部主任的拉里·苏利文（Larry Sullivan）。他在推荐信中指出："面对极大的困难，她提高了矫正教育界依据图书馆权利法案向监狱在押人员提供图书馆服务重要性的意识。"推荐信将布伦达·沃格尔值得获奖的原因概括为：在长达 15 年的工作中，布伦达·沃格尔持续不断地改变监狱管理，抵制某些极端的政治动机和价值观，甚至冒着风险，经常孤立无援地支持其用户获取信息的权利。从未见到有人像她那样坚定地反对信息获取不平等。

《图书馆杂志》评委会认为，作为在马里兰矫正教育图书馆系统工作 15 年的资深图书馆员，布伦达·沃格尔之所以被遴选为 1989 年度图书馆员，是因为她倡导并捍卫马里兰以及全美监狱在押人员的信息自由，并为之做出了卓有成效的努力。

在笔者看来，布伦达·沃格尔所处的环境非同一般。面对争议和压力，她不屈不挠，以强烈的正义感和责任感，想方设法针对用户的需求提供信息服务，开创了监狱图书馆管理服务的新局面。她是获得《图书馆杂志》年度图书馆员奖的首位专门图书馆员，她的当选也具有示范意义。

五、其他获得第二届年度图书馆员提名的杰出候选人

《图书馆杂志》在宣布第二届年度图书馆员奖得主的同时指出①，评选 1989 年度图书馆员的过程中，所收到的来自全美各地的提名信均很有说服力，被推荐的候选人给评委会留下深刻印象，以致年度图书馆员获奖者的定夺非常艰难。在许多进入终评阶段的候选人中，以下 6 位值得一提，将自动作为下一届年度图书馆员候选人。

（1）东卡罗莱纳大学图书馆学教授兼研究生院院长基尼·拉尼尔（Gene D. Lanier）。他在地区、州和国家层面对保卫阅读自由做出了贡献。除了将保卫阅读自由列入课堂教学外，每年都会在所处的地区内外，与数十家知识自由组织一起，面向专业人员和公民团体做数十场演讲。他曾获美国图书馆协会（ALA）颁发的知识自由奖，还因反对北卡罗来纳的新闻审查，被《罗利新闻与观察家报》命名为明星人物。

（2）纽约皇后区公共图书馆南奥兹奈公园分馆（South Ozone Park Branch of the Queens Borough Public Library）的阿瑟·欧文（Arthur Irwin）在图书馆服务第一线践行一种特别的充满个人全面关怀的图书馆事业。他采取一对一扶助以及多种项目方式，帮助用户打破经济贫困和个人绝望的长期束缚。

（3）佐治亚州迪凯特迪卡尔布县公共图书馆（Dekalb County Public Library in Decatur，Georgia）馆长芭芭拉·劳尔（Barbara J. Loar）为其所服务的县和图书馆带来许多第一次，其中包括为图书馆的扩建成功发行 2900 万美元债券、在一个快速公交站建设首个乘车上班族通勤图书馆以及为社区的无家可归者提供延伸服务。

（4）凤凰城公共图书馆哈蒙帕克分馆（Harmon Park Branch of the Phoenix Public Library）的图书馆员尼塔·诺尔曼（Nita Norman），在城里为那些来自墨西哥、萨尔瓦多和危地马拉到该地寻求居民身份的人建设了最大的西班牙语馆藏。

---

① The runners-up［J］. Library journal，1990，116（1）: 48.

（5）北卡罗来纳州金斯顿市勒努瓦社区学院（Lenoir Community College in Kinston，N. C.）的图书馆员米尔德里德·马西斯（Mildred Matthis）通过强化地方史以及家谱热点服务，将该校的图书馆转变为虚拟的社区信息中心，被《金斯顿每日自由新闻报》称为金斯顿勒努瓦社区学院的亲善大使。

（6）内华达拉斯维加斯克拉克县图书馆区（Las Vegas-Clark County Library District，Nevada）图书馆馆长查尔斯·亨斯伯格（Charles Hunsberger）领导扩建了7座乡村图书馆，新建了4座城市图书馆与社区文化中心，彰显并证明其领导能力与图书馆的效率。

报道的末尾指出，我们了解到显然有成千上万的年度图书馆员，我们的奖励既认可个人的特殊贡献也认可所有获胜的图书馆员，他们通过有意义的服务在城镇、学校、大学和商业机构建设起强大的社区。对花时间提名推荐这些伟大的图书馆员的人表示感谢，同时恳请《图书馆杂志》的读者开始考虑1990年度图书馆员的候选人。

六、获奖之后

《图书馆杂志》1990年第1期刊发的获奖者追踪报道显示，获奖后，布伦达·沃格尔收到了马里兰州州长和立法机构负责人的贺信，信中引用了她有关监狱在押人员权利的言论。尽管她并未因获奖而变得富有，或者得到更高的头衔、更大的办公室，也没有得到更充裕的预算或更多提供更好的服务的权力。但是，远比上述更为重要的是，获奖犹如权利法案，将布伦达·沃格尔秉持的监狱服刑人员也是用户的立场广为传播，鼓舞图书馆员服务于全美的监狱服刑人员，赋予图书馆员改革监狱图书馆管理与服务的勇气、尊严、信誉和正当性。

此外，当得知布伦达·沃格尔获奖后，《今日美国》（USA Today）[①]邀请她写文章介绍监狱在押人员的阅读习惯，该文被全美多家报刊转载；她还接受了美国国家公共广播电台的访谈，通过广播节目传播自己的观点。之后美国大陆航空公司的机上广播也将该访谈选作播出节目。

---

① 前网络时代美国唯一的彩色版全国性对开日报，1982年9月创刊，业已演变为多平台新闻与信息媒体公司。来源：http：//marketing. usatoday. com/about.

布伦达·沃格尔以社会行动主义者著称，在马里兰大学图书馆与信息学院成立 25 周年纪念会上，她呼吁为穷人和弱势群体提供平等的信息权利。在亚利桑那州图书馆协会和亚利桑那教育媒体协会联合主办的会议上发表了同样主题的演讲。她感到最兴奋的是受邀在 1991 年 7 月在新奥尔良举行的美国法律图书馆协会上演讲。她认为法律图书馆员是监狱服刑人员信息过程重要的一环，她希望通过参会使法律图书馆员与监狱图书馆员的关系更加紧密。

获奖激励布伦达·沃格尔继续策划撰写改善监狱图书馆服务的项目申请书。尽管 20 世纪 90 年代初美国经济处于衰退之中，她坚信自己作为年度图书馆员的信用将有助于获得一定的资助。事实也是如此。

另据美国图书馆协会网站发布的信息，布伦达·沃格尔积极参与美国图书馆协会和该协会下属的专门与合作图书馆机构协会（ASCLA）的活动，担任马里兰大学图书馆与信息学院兼职教师、美国矫正协会囚犯论坛主席等一系列其他职务。除年度图书馆员奖外，她还获得过 ASCLA 颁发的“杰出服务奖”（Exceptional Service Award）[①]。

2008 年，为庆祝年度图书馆员奖设立 20 周年，《图书馆杂志》回访 19 位年度图书馆员，并发布了相关报道。据该报道，布伦达·沃格尔 2000 年从马里兰矫正教育图书馆协调员岗位退休。退休前，她撰写的《监狱图书馆手册》（*Down for the Count: A Prison Library Handbook*）一书于 1995 年 1 月出版。1997 年她在《图书馆杂志》11 月 15 日刊期发表了“拯救监狱图书馆”（Bailing Out Prison Libraries）一文，还讲授图书馆为弱势群体服务课程。

退休后，她继续为维护监狱服刑人员的利益而奔走，在接受《图书馆杂志》采访时她正在帮助向监狱图书馆分发图书。此外，她还笔耕不辍，于 2009 年 8 月出版了《监狱图书馆手册》的修订版《监狱图书馆入门：面向 21 世纪的方案》（*The Prison Library Primer: A Program for the Twenty-First Century*）[②]。

---

① 来源：Brenda Vogel's biography. http://www.ala.org/Template.cfm?Section=preconferences&Template=/ContentManagement/ContentDisplay.cfm&ContentID=30842.

② 沃格尔的著作亚马逊网站有售。相关信息见：https://www.amazon.com/Down-Count-Prison-Library-Handbook/dp/0810829274；https://www.amazon.cn/dp/0810854031/ref=fs_rd_1.

布伦达·沃格尔注意到图书馆正在减少对硕士学位工作人员的需求，并为此感到沮丧。她担心专业职位会因图书馆员的退休被非专业人员取代，由此导致图书馆学院毕业生丧失专业职位。她认为有必要进行研究统计，汇总相关数据，发起一场抵制运动。

除囚犯和监狱图书馆外，布伦达·沃格尔还关注农村图书馆、移民、学校图书馆、为残障人士和其他弱势群体的服务。她指出，许多前数字时代的图书馆员对不加限制、社会参与、以用户为中心的信息交流表示忧虑，担心这将摧毁由权威、经过验证、真实、科学研究得出的数据等构成的宝库，而她本人认为仍然存在时代思潮和谐的空间。

上述报道展现了布伦达·沃格尔敏锐的洞察力和坚定、专注、执着、敬业等个人品格。无论在职还是退休后，她始终如一关注图书馆对包括监狱服刑人员在内的弱势群体的信息服务，矢志不渝地宣传、捍卫、践行公平服务的原则和理念，为改变矫正教育图书馆的管理奉献了自己的热情、才华和专业技能。如果说1989年布伦达·沃格尔的业绩尚不足以令她以绝对优势在诸多第二届年度图书馆员候选者中胜出的话，获奖乃至退休后她的持续奋斗和奉献，毫无争议地奠定了自己作为卓越的年度图书馆员无法撼动的历史地位。

从《图书馆杂志》报道其获奖的专稿配发的照片看，布伦达·沃格尔端庄、干练；亚马逊网上销售其著作的网页配有她的一幅油画般的优雅照片。令人惋惜的是，她于2010年11月29日与世长辞[①]。

据笔者所掌握的资料，布伦达·沃格尔是年度图书馆员中最早辞世的一位。尽管如此，相信她一生奋斗的足迹，连同撰写的著作和闪光的思想将与世长存。更重要的是，图书馆界维护信息公平、捍卫信息自由的脚步也不会停歇。唯此，才是对布伦达·沃格尔在天之灵最好的告慰。

① 《图书馆杂志》2011年第1期刊发的编者按在评介年度图书馆员获奖者时，披露了布伦达·沃格尔去世的消息。来源：FIALKOFF F. Passionate about reading［J］. Library journal, 2011（1）: 8.

引领落后地区公共图书馆转型升级的年度图书馆员（1990）

1991年1月《图书馆杂志》公布了1990年度图书馆员评选结果，获奖者是美国犹他州立图书馆馆长艾米·欧文（Amy Owen）①。《图书馆杂志》1991年第1期不仅将艾米·欧文的大幅照片刊登在杂志的封面，还用3个版面的篇幅对她的经历、业绩等进行了图文并茂的报道。

一、教育背景与职业生涯

艾米·欧文1968年毕业于美国杨百翰大学图书馆与信息学院（School of Library and Information Sciences at Brigham Young University），旋即到位于盐湖城的犹他州立图书馆工作。1979年担任犹他州立图书馆副馆长，1987年担任犹他州立图书馆馆长，1990年获得第三届年度图书馆员桂冠时已在该馆工作了22年。

二、突出业绩

（1）提出多层次图书馆发展规划构想

1979年艾米·欧文担任图书馆副馆长时，犹他州的图书馆有80%服务人口少于1万人。除大城市和城市近郊系统外，大多数图书馆社区无力支付专业图书馆员的薪资。常常是将钥匙交给一位刚刚雇佣的工作人员，并告知其就是图书馆员。有些图书馆在预算不明确的情况下运行，图书馆员甚至不知道预算是什么。当图书馆员觉得应当花更多的钱时，只能到地方政府询问是否可以。这一切都与图书馆的规范管理相去甚远。

要改变上述情况，犹他州需要制定全州的图书馆服务组织规划。1979年，州长召集会议决定成立两个委员会，一个负责需求评估，另一个制定标准。艾米·欧文作为州立图书馆的副馆长则担任两个委员会的关键中间人，负责相关事务的斡旋。

然而，事情并非想象的那样顺利，很快就陷入了官僚扯皮。工作一段时间后，两个委员会召开了一次联席会议。标准委员会的人对需求评估委员会的人说，事

① QUINN J. Library Journal Librarian of the year 1990—Amy Owen［J］. Library journal, 1991, 116（1）: 44, 46—47.

情非常简单，你们做需求评估，我们围绕需求制定标准。而需求评估委员会的人则说，事情非常简单，你们制定标准，我们基于标准做需求评估。双方僵持不下，只好坐下来商讨到底哪方先启动。

就在上述僵局难解的情况下，艾米·欧文的脑海中萌生了新的图书馆规划——升级进程。她在发给犹他图书馆员的手册中将其概述为“图书馆发展阶梯”。阶梯的最底层是社区阅读服务，这类服务由一位志愿者或者非全职专业工作人员管理藏书；阶梯的第二层是有保障的专业级公共图书馆服务。此类图书馆有固定的开馆时间，雇佣稳定的工作人员，依法任命的理事会，并有持续的明细支出预算。阶梯的最上层是追求卓越——鼓励制定新的目标。希望图书馆把握机会申请州公共事业补助费或联邦拨款资金，借此提升至阶梯的最上层。这一基于犹他州图书馆事业发展不平衡的现实提出的规划构想，为提升全州图书馆系统的管理与服务水平指明了方向。

（2）实施发展规划，促进地方图书馆的特色建设

上述阶梯升级规划在20世纪80年代中期至末期完整推出并开始实施。在接受《图书馆杂志》采访时艾米·欧文指出，阶梯升级规划是一项灵活的措施，它就像DNA螺旋那样蜿蜒曲折，有助于每一个图书馆制定独特的发展规划。

艾米·欧文最初启动全州的升级规划时采取了测试不同产出的方法，但是，后来决定放弃上述做法。取而代之的是主张地方图书馆需要计划、评估、选择角色，并且所选择的角色应当专门针对所在社区的需求。举例来说，假如一个图书馆决定以职业发展或者普及读写文化为重心，他们有权做出自己的选择。借此赋予各个图书馆选择工作重心和服务突破口的自主权，在个性化升级发展规划的制定与实施过程中，实现了全州图书馆的多层次协同服务。

在实施升级规划期间，基于对制定图书馆规划的思考和实践，艾米·欧文还与他人合著《公共图书馆规划与角色定位》一书，该书由美国公共图书馆协会组织编写，1987年由美国图书馆协会出版，曾得到业界广泛引用[①]。

---

① 该书共有5位作者，艾米·欧文为第二作者。来源：Planning and role setting for public libraries. https: //www. ischool. berkeley. edu/research/publications/1987/planning-and-role-setting-public-libraries.

（3）以继续教育为切入点，为管理和服务升级提供保障

为了让图书馆工作人员基于升级理念协同工作，欧文制定了继续教育提升计划，为非专业人员讲授编目、管理、参考咨询、馆藏建设等课程，还连续四年在犹他州立大学校园举办为期一周的脱产强化学习。学习期间，上午讲授核心课程，下午的研讨班则探讨升级使命。州政府为参加学习的人员支付费用。

参加上述提升课程的学习，图书馆的非专业人员需要克服许多困难。在接受《图书馆杂志》采访时欧文回忆道，第一年来上课的人告别家人感到恐慌。有些人没有进过大学，许多中年人也要离开家庭。其中有一位女学员之前从未离开过丈夫。

最重要的是，提升课程为这些工作人员提供了获得从业资质的机会。犹他州布里格姆城偏远农村地区的图书馆馆长玛丽·汉森（Mary C. Hansen）是该课程的受益者之一，她在提交给《图书馆杂志》的推荐信中指出，自己在结束四年的培训学习后，获得了犹他州的公共图书馆员资格证书。此外，通过提升课程的帮助，提高了小型、偏远地区图书馆的服务质量和专业水平。这些图书馆的工作人员知道了从何处获得帮助，州立图书馆的工作人员在制定规划的全过程为他们提供帮助和指导。由于掌握了更多知识，有了专业、严谨的态度，他们已经能够编制预算，遵守预算并对执行结果做出评估。

三、服务理念、管理风格与特质

（1）从实际出发，选择服务模式

犹他州过去似乎有些与美国历史脱节。19 世纪中期起这片领地作为犹他印第安原住民的家园以及杨百翰和摩门教拓荒者的避难所，1896 年成为美国第 45 个州。直到 1957 年该州才着手建立公办的州立图书馆。

在接受《图书馆杂志》记者采访时艾米·欧文指出，落后于时代也有一些好处。州立图书馆并没有仅仅作为政府设施或一个研究机构，而是特地建设成面向全州提供延伸图书馆服务的机构。建馆后州立图书馆首先启动的就是流动书车服务。艾米·欧文认为，在某种意义上讲，犹他州正在重复其他州五十或一百年前图书馆发展的历史。

犹他州的县大多数规模很小，人口稀少，以致没有能力雇佣一位全职的流动

图书馆工作人员，有些地区也无法提供固定的图书馆服务场所，流动书车服务成为获取图书馆服务的唯一途径。州立图书馆与犹他州各地方政府签订合同，为29个县中的23个县提供流动图书馆服务。这种服务模式的生命力在于植根于特定地区的人口分布与经济发展现状，满足了民众低成本获取图书馆服务的需求。

（2）从需求出发进行图书馆角色和服务定位

很长一段时间里，美国对公共图书馆的效率多采用投入产出方法予以评估。对偏远落后地区的基层图书馆而言，在资源有限的情况下，往往很难实现面面俱到的服务，更谈不上达到服务标准的要求。艾米·欧文在领导犹他州图书馆制定实施服务升级规划的过程中，秉持从需求出发进行角色和职能定位的理念，鼓励不同层次的图书馆基于所处的环境与服务对象的需求确定各自的发展目标与服务侧重点，避免了规划的制定脱离实际或流于形式。在清晰的角色和职能定位基础上开展的各具特色的服务，显著提高了全州图书馆的整体效能。

（3）善于沟通，不遗余力争取资金

1987年担任犹他州立图书馆馆长一职后，为图书馆的规范化管理和服务拓展争取资金支持成了艾米·欧文的重要工作。在州立法会议召开期间，她经常前去游说，是州立法者们熟悉的面孔。盐湖城图书馆系统主任丹尼斯·戴（J. Dennis Day）在提交给《图书馆杂志》的推荐信中指出："她采取温文尔雅、顽强的方式说服立法者和市民，为改进全州的图书馆服务提供所需的资金支持、培训和时间是值得的。"这种外柔内刚的沟通方式卓有成效，截至获奖时，图书馆从州政府获得的公共事业补助费以及联邦拨款资金每年都有小幅增长，州拨款资金从零增加至50万美元。

在接受《图书馆杂志》采访时，艾米·欧文承认未来面对的严峻挑战是联邦经费不可能增加，州经费可能持平甚至下降。不过，她并未被坏消息打乱阵脚，一如既往地继续奋战，为获得更多的拨款努力进行游说，并确信在立法会议期间实现州政府对图书馆的拨款额增加10万美元的目标。

由于犹他州的居民约四分之一是从幼儿园到高中阶段的儿童和青少年，传统上，州拨款约70%会用于教育。尽管这意味着对图书馆的拨款依然从紧，但艾米·欧文认为，在某种意义讲这也是好消息，因为重视教育恰恰对图书馆是有帮助的。

面对举行换届选举等不利因素的挑战，她不愿意打消未来争取联邦拨款的想法。截至《图书馆杂志》发稿时，她与州长会议的多个工作组一起工作，确定犹他州参加 1990 年 7 月召开的白宫会议的议事日程。她认为上述工作不是徒劳的。因为并不是所有政客都会下台，还会有非常优秀、信守承诺的政治家留任。

艾米·欧文将与支持或有可能支持图书馆服务的民众、政治人物等建立联盟作为自己的工作。犹他州立图书馆不属于教育部门，而是隶属于社区与经济发展部，因此州立图书馆无法获得大量拨款。然而，由于艾米·欧文担任教育董事会成员，使她具有与两个部门讨论图书馆需求的理想地位。她还帮助其他群体进行游说工作，让更多的学校图书馆媒体专家回到小学、中学和高中，并争取为州内每一所公共资金支持的大学图书馆建设一幢新楼，扩建或者翻建馆舍。在此过程中，她和其他图书馆的游说者还聪明地激发学生的影响力，让学生为图书馆游说。

（4）注重协作，兴趣广泛

艾米·欧文秉持合作共赢的理念，将自己称为“搭桥人”。认为图书馆应当与中小学、大学、公立及私营部门合作。因为，作为相互依存的整体，只要链环中存在薄弱环节，所有人都会受损。她自己在犹他州工作的大部分内容就是传播上述理念。

在与公司合作方面，值得一提的工作包括：①从事图书馆集成管理系统开发销售的 Dynix 自动化公司出资赞助盐湖城公共图书馆系统建立雪鸟学院，使犹他州那些很有前途的图书馆员们能够聚在一起讨论领导风格和管理目标；②邀请 Dynix 和其他公司参加盐湖城图书馆系统主办的杰出领导者论坛；③参与完成了“山地社区学习与信息服务项目”（Inter-mountain Community Learning and Information Services Project）。该项目由 IBM 和家乐事（Kellogg，又译凯洛格）基金会提供资助，在科罗拉多、蒙大拿、犹他和怀俄明州的农村图书馆建立自动化信息提供与联机教育系统，为上述几个山区州的农村人口提供图书馆、信息和教育服务。

艾米·欧文漂亮、优雅，兴趣广泛。业余时间喜欢演唱歌剧，酷爱读书。她还积极参加美国国家人文科学理事会和犹他州人文科学理事会的活动，帮助吸引多家艺术团体到各图书馆，并设立了家庭阅读讲习会项目。每期讲习会结束时都邀请犹他州的作家到访图书馆与读者见面。

（5）谦虚、幽默风趣

尽管为犹他州图书馆的发展做出了突出贡献，在谈到自己多年从事州图书馆管理的经历时艾米·欧文指出，个人无法独自完成任何事情，这是一项协同性工作，还有其他人参与其中。

此外，在她看来，自己的搭桥职能不可能无限拓展。在接受《图书馆杂志》采访时，她正在仔细考虑如何对现有的升级规划进行“升级”，并戏称自己做的每一个项目都具有起点不确定、结局不确定的特点，很可能在项目进行过程中做出很多改变。她笑着说，也许这很奇怪，但是，自己就是喜欢这样行事。

四、提名与获奖缘由

也许是因为《图书馆杂志》1990 年 1 月宣布进入 1989 年度图书馆员终评阶段的 6 位候选人将自动作为下一届年度图书馆员候选人的缘故，第三届年度图书馆员推荐提名情况与之前有所不同，艾米·欧文的当选也有些出乎意料。

《图书馆杂志》收到了多封提名艾米·欧文当选年度图书馆员的推荐信。首当其冲的是在犹他州首府盐湖城与艾米·欧文以及州长一起工作的犹他州执行主任爱丽丝·希勒（Alice Shearer）。她在推荐信中指出：“我们的一些大型都市图书馆在全国处于领先行列，而犹他州最大的不同在于一直成功地努力让系统的各个部分齐头并进。”此外，盐湖城图书馆系统主任丹尼斯·戴、犹他州立图书馆的参考图书馆员苏珊·希尔（Susan H. Hill）和犹他州布里格姆城偏远农村地区的图书馆馆长玛丽·汉森也分别提交推荐信。苏珊·希尔指出，“通过艾米·欧文的努力，犹他州的公共图书馆终于进入了 20 世纪，并为 21 世纪做好了准备”。

《图书馆杂志》认为，艾米·欧文指导制定了周密灵活的升级与提升计划，构筑了全州范围图书馆服务的动态模型。并通过继续教育课程，帮助犹他州大多由非专业图书馆员管理的农村地区的小型图书馆转变为能够评估并反映社区需求的充满活力的基层系统，展示了图书馆服务的能量和潜力。她的工作符合该杂志对年度图书馆员的要求。

在笔者看来，在 20 世纪 80 年代中后期，美国各州的图书馆事业发展也存在不平衡现象。艾米·欧文担任犹他州立图书馆的副馆长和馆长期间，针对图书馆管理服务不规范的情况，从制定科学规划和工作人员的专业化培训入手，提升图书馆的管理服务水平。通过参与合作项目，使偏远山区的民众在享有流动书车服务的同时，通过图书馆的计算机网络获得更多的信息和教育服务，以令人感叹的方式引领犹他州的图书馆告别相对落后的过去，开启了传统与现代服务共融互补的新篇章。她的获奖首开图书馆管理者作为年度图书馆员的先河，随着时间的推移，愈发彰显其代表性和示范意义。

五、获奖之后

2008 年，为庆祝年度图书馆员奖设立 20 周年，《图书馆杂志》回访 19 位年度图书馆员，并发布了相关报道。据该报道，艾米・欧文于 2003 年从犹他州立图书馆馆长职位退休。继 1990 年获得《图书馆杂志》年度图书馆员奖后，1993 年获得犹他州图书馆协会颁发的年度图书馆员奖。在她的领导下，犹他州立图书馆获得了一系列荣誉。例如，因改进政府信息存取方面做出杰出贡献（开发、支持、实施 RSS，为州网站提供实时聊天支持等）获得州长首席信息官奖（2003）。

另据 2007 年犹他州图书馆建馆 50 年纪念公报对艾米・欧文的介绍①，她领导州立图书馆与犹他教育网、公共与高等教育等机构合作设立犹他联机图书馆项目，提供商业期刊索引与全文数据库以及其他因特网资源检索服务，极大增强了全州图书馆的服务潜能。此外，她创设的犹他图书馆网络试验项目获 1995 年国家信息基础设施奖（NII Award 1995）②。

在接受《图书馆杂志》采访时艾米・欧文指出，我们最大的问题是在一个技术转变的世界中不断地重复创造图书馆工具与技术。只有持续不断地试验和愿意尝试新技术才能找出有效的解决方案。她对图书馆以及管理数字馆藏的相关职业变得日益尖端而感到兴奋，她预言这种能力的成熟将彻底转变图书馆员管理馆藏

① 来源：Celebrating 50 years：Utah State Library. http：//digitallibrary. utah. gov/awweb/awarchive?type=file&item=10159.

② 据维基百科，该奖英文全称为 National Information Infrastructure Awards，1995 年由 Access Media Inc 设立，得到 70 多家公司、媒体、政府和公共赞助者的支持，用以表彰在因特网应用方面的突出贡献与创新。犹他图书馆网络试验项目鉴于为农村图书馆用户获取诸如美国国会图书馆之类的国家数据库方面所做的工作而获奖。来源：NII Awards. https：//en. wikipedia. org/wiki/NII_Awards.

的方式并开启新的服务途径。她也预见到图书馆员可以通过平板电脑和智能手机实现与用户的交互。

此外，笔者通过网络搜索得知，艾米·欧文于1992年和1996年发表2篇论文：州级公共图书馆服务标准现有的问题与模式[①]，犹他州图书馆网络概述[②]。2001年在犹他州立图书馆的官网发布其撰写的统计报告《1990—2000犹他州公共图书馆服务的增长》[③]。此外，于2003年1月以官方名义发布了《犹他州公共图书馆标准》[④]。

笔者认为，作为犹他州立图书馆历史上的第二位馆长，艾米·欧文在任时间长达16年。她指导犹他州不同层次的图书馆从需求出发进行角色和职能定位，制定实施切合实际的发展规划。针对不同层次用户的需求，策划实施多个项目，将传统的流动书车以及先进的计算机网络服务模式有机结合，促成了全州图书馆服务的跨越式发展。即便在退休后她对信息技术应用前景的敏锐观察也令人折服。

值得强调的是，艾米·欧文提升落后地区图书馆管理与服务水平的举措，可以为我国许多基层图书馆提供很好的借鉴。由于历史和现实的诸多原因，发展中国家和发达国家，都不同程度地存在图书馆发展不平衡的现象，实现跨越式发展成为一些相对落后地区的图书馆管理者追求的目标。鉴于历史发展的阶段性是客观存在的，跨越式发展并非易事，很难一蹴而就，必须同时付出更多乃至成倍的努力。因为，现实社会中，每个个体或群体的经济地位、文化教育水平、社会行为、思维方式、价值观念、信息素养、休闲娱乐方式、生活习惯等无法像文学或科幻作品描述的那样随意穿越。

艾米·欧文的所作所为启示我们，制定图书馆的发展规划不能头脑发热，想当然。应建立在切实的需求评估基础上，从实际出发，循序渐进，用标准规范引导未来的发展。在当下乃至今后很长一段时间里，现代信息技术尤其是网络技术的应用，将加剧社会变化速率和信息需求的多元化，由此导致不断出现需求与服

---

① Current issues and patters in state standards for public library service［J］. Public libraries，1992，31（4）：213—22.

② The Utah Library network：a brief overview［J］. Bottom line，1996，9（1）：10—15.

③ 来源：http：//digitallibrary. utah. gov/awweb/awarchive?item=72812.

④ 来源：https：//eric. ed. gov/?id=ed480024.

务不匹配的发展断层。图书馆管理决策者需要认清可支配资源是有限的这一现实，结合具体图书馆所在的区位和用户分层等具体情况，分析厘清哪些服务是最基础的，哪些服务是锦上添花的，确立优先发展顺序。对于公共图书馆而言，重视面向基层的特色服务，建设充满活力的复合图书馆才是正道。

尤其值得指出的是，在需求多元化的背景下，服务模式的多元化是必然选择。前网络时代的流动图书馆服务模式并没有过时，在很长一段时间内都会存在下去。此后获奖的图书馆员在为流动书车服务注入了新的网络服务后，使之再次兴盛起来，甚至出现在美国国会图书馆馆长的拓展服务的计划中。这一点值得我们深思。

推动百年公共图书馆复兴的年度图书馆员（1991）

1992 年 1 月《图书馆杂志》公布了 1991 年度图书馆员评选结果[①]。摘得第四届年度图书馆员桂冠的是美国堪萨斯城市公共图书馆馆长丹尼尔·布拉德伯里（Daniel J. Bradbury）先生。《图书馆杂志》1992 年第 1 期不仅将丹尼尔·布拉德伯里的大幅照片刊登在杂志的封面，还用 3 个版面的篇幅对他的业绩、经历等进行了图文并茂的报道。

一、教育背景与职业生涯

丹尼尔·布拉德伯里毕业于美国堪萨斯恩波利亚州立大学图书馆与信息管理学院，1985 年获该学院杰出毕业生奖。曾先后担任得克萨斯州韦科 – 麦克伦南县图书馆副馆长、密苏里州圣约瑟夫罗灵希尔斯统一图书馆馆长、威斯康星州简斯维尔公共图书馆馆长（1977—1982）。1983 年起担任堪萨斯城公共图书馆馆长。作为该馆历史上第 12 任馆长，获奖时，他已在该馆工作了 8 年[②]。

二、工作业绩

（1）制定战略规划，实现税收增长

据维基百科，堪萨斯城公共图书馆成立于 1873 年，是坎萨斯大都市区历史最悠久的第三大公共图书馆系统[③]。丹尼尔·布拉德伯里 1983 年担任馆长时，堪萨斯城公共图书馆已有 110 年的历史。在接受《图书馆杂志》采访时，丹尼尔·布拉德伯里坦承自己接受该职位时有畏难情绪。此前，由于市区民众向郊区迁移和经济不景气，图书馆面临一系列严重的问题，患上“堪萨斯城图书馆贫穷综合征”。遇有工作人员离职，该岗位随之撤销，图书馆只是在惨淡维系，经历了长达 20 年

---

① QUINN J. Daniel J. Bradbury—Library Journal Librarian of the year 1991［J］. Library journal，1992，117（1）：47—51.

②《图书馆杂志》的专稿中没有丹尼尔·布拉德伯里的教育背景和 20 世纪 80 年代之前就职情况的介绍，笔者通过网络搜索补充了上述信息。来源：Dan Bradbury. http：//www. gossagesager. com/consultants. html；The Janesville public library：a centennial history，1884–1984. http：//digicoll. library. wisc. edu/cgi-bin/WI/WI-idx?type=article&did=WI. JVPubLibCent. i0015&id=WI. JVPubLibCent&isize=M；http：//www. kclibrary. org/library-history/timeline.

③ 来源：Kansas City Public Library. https：//en. wikipedia. org/wiki/Kansas_City_Public_Library.

的裹足不前。

上任伊始，他迅速制定战略规划，选择从增加税收入手改变图书馆的萧条状况，逐步实现图书馆的复兴。尽管当时看起来在这个心灰意冷的城市似乎是不太可能实现的目标，但是，1984 年成功促成增加财产税的临时措施，实现了短期征税的增长。紧接着就着手论证并提出未来大幅增加税收的需求。在 1986 年 4 月举行的投票中，提出了几乎将当时税收额翻倍的方案，可惜未获通过。事后他总结失败的教训，发现错误在于制定建设新馆规划时，将重点放在图书馆过去没有提供服务的地区，对传统支持者所在的地区关注较少。于是改变策略再次进行尝试。他帮助成立游说组织“建设更好图书馆联盟”，成员部分来自堪萨斯的图书馆之友组织，还包括了其他社区成员。凭借上述成员的努力和多方支持，征税方案终于在 1986 年 11 月举行的选举期间获得通过，实现了 1986 年征税增长 86% 的目标。

（2）通过图书馆与学区分离，实现公共图书馆和学校图书馆的整合

丹尼尔·布拉德伯里担任馆长之前，堪萨斯城公共图书馆系统一直被划归学校图书馆区管辖。图书馆的 14 个分馆中有 7 个设在地区学校内。它们有些规模很小，许多甚至没有专业图书馆员作为工作人员。因为没有配备课程教学相关的馆藏，它们并不是学校图书馆；由于日益减少的资源使图书馆捉襟见肘，心力交瘁，它们也不是很好的公共图书馆。这些不伦不类的图书馆，由选举产生的教育委员会管理。

丹尼尔·布拉德伯里初到图书馆任职时，堪萨斯城的学校系统正在面对一场废除种族隔离的诉讼，图书馆服务差也是起诉方的证据之一。诉讼案使先前的管理弊端广为传播，图书馆认为，如果与学区保持一定的距离，图书馆才会对社区有更大的影响力。为此，丹尼尔·布拉德伯里提出了将图书馆与学区分离的建议，并得到公众的支持。

1985 年原学区主管遭解职，丹尼尔·布拉德伯里应邀担任该职，同时继续担任图书馆馆长[①]。经过努力，1988 年公民投票决定成立独立的图书馆区，将图书馆

---

① 1985 年 3 月，《图书馆杂志》报道了他被教育委员会任命为密苏里州堪萨斯城学区管理人的消息，来源：《图书馆杂志》1985 年第 5 期 14 页。

从学区分离出来。从此，学校图书馆由堪萨斯城公共图书馆托管，每个图书馆都配备了专业图书馆员，学校与图书馆的使命得以清晰勾画，实现了公共图书馆和学校图书馆的更好合作。

（3）新建服务设施，增加资源建设预算，拓展服务内容和时间

在税收大幅增加的基础上，图书馆的资源建设预算从 10% 增至 20%，实现翻番；图书馆的流通量激增，增幅达到约 250%。还于 1987—1989 年新建了四个提供全面服务的分馆。其中的“广场分馆”是由丹尼尔·布拉德伯里决定在图书馆与学区分离时获得的一块土地上建设的，面积仅次于图书馆主馆，达 2600 平方米。馆内配备一流的先进设备，有联机目录、各个领域的资料、音视频和图书。

另外一个代表堪萨斯城公共图书馆复兴标志的分馆是位于市中心区、以当地黑人领袖命名的露西尔·布卢福德（Lucile H. Bluford）分馆。由于这个分馆开放，丹尼尔·布拉德伯里帮助加速了城市中心地带的振兴。在随后进行增税宣传活动时，他承诺该馆设施实行晚间和周日开放（20 世纪 60 年代之前图书馆曾提供上述时段的服务）。为了吸引用户到图书馆来，他在全市发行“市区代金券”，合法持有者可以在新增服务时段用代金券支付图书馆的音像制品租借、超期罚款和其他服务费用。通过这种推广措施，用户踊跃在上述时段来图书馆，服务时间的拓展一直延续下来。

此外，布卢福德分馆还是开展一系列特色活动的场所，城中心青少年读书俱乐部就是其中之一。该读书俱乐部由著名橄榄球运动员（又称美式足球）堪萨斯城酋长队的线卫德里克·托马斯（Derrick Thomas）主持。在他自己命名的“第三长久基金会”赞助下，与酋长队的球员在赛季的每周六下午与 58 名青少年会面，不仅为他们提供阅读帮助，更重要的是树立了正面榜样。

在接受《图书馆杂志》采访时，丹尼尔·布拉德伯里说：我们很幸运，德里克·托马斯选择图书馆作为吐露心声的场所。同样幸运的还有堪萨斯城贫穷的年轻人。该活动得到美国图书馆协会的高度认可。在 1991 年年会期间，为德里克·托马斯颁发了“图书馆英雄奖”。（据 ALA 网站发布的 2016 年度获奖信息，该协会设立多个奖项，每年表彰 200 多位个人和机构。来源：https://americanlibrariesmagazine.org/2016/09/01/2016-ala-award-winners/. 在笔者看来，

与协会设立的奖项受表彰的个人和机构众多不同，《图书馆杂志》的奖项算是小众的，也是非官方的。但是，《图书馆杂志》对年度图书馆员奖不是一评了之，除了对胜出者给予专稿报道外，对获得提名的其他优秀候选人也给予报道，在赋予这些优秀分子荣誉和褒奖的同时，为其他图书馆员树立了榜样。最难能可贵的是，对获奖者的情况进行报道，培育追求卓越的服务文化，其影响不可小觑。）

（4）想方设法筹集图书馆资源建设专项资金

除了橄榄球明星外，丹尼尔·布拉德伯里还设法借其他社会知名人士之力改善图书馆系统的资金状况。他和资金筹集委员会一起采取了一个精明的举动，以堪萨斯城皇家棒球队的老板尤因·考夫曼的名义设立图书馆基金。向该基金捐资的同时，意味着向这位受人尊敬的当地企业家和慈善家表达敬意。筹得的资金用于为堪萨斯城图书馆系统购买图书，补充图书馆购买资源的预算。凡是用该基金购买的图书都贴有专门的藏书标签。

该基金吸引了大量捐款，仅从堪萨斯当地公司就筹得资金约 120 万美元。捐资者包括总部设在堪萨斯城的布洛克报税公司（H&R Block）主席亨利·布洛赫（Henry H. Bloch）和全美最大的贺卡印制公司贺曼公司（Hallmark Cards）主席唐纳德·霍尔（Donald J. Hall）。此外，图书馆之友组织开局顺利，通过销售图书以及设在图书馆主馆和广场分馆由志愿者经营的礼品店的收入顺利筹款 1 万美元。

此外，丹尼尔·布拉德伯里还在工作人员中成立了一个名为“忠实信徒”的委员会，引导图书馆工作人员向基金捐资。该委员会成员在每一个分馆表演受《雾都孤儿》启发编排的诙谐短剧“请先生再多给点儿吧！”。表演结束后，委员会留下承诺卡，保证为捐赠者保密。最终，以这种方式募集的资金超过 3 万美元。据丹尼尔·布拉德伯里测算，这意味着图书馆系统的 200 名工作人员平均每人捐出了 150 美元现金。

在筹集资金的过程中，丹尼尔·布拉德伯里始终将获得美国国家人文学科基金会（NEH）的补助金作为手头的工作。与第一次提出增税计划一样，1990 年首次申请该补助金以失败告终，但是他毫不气馁，1991 年再次提交申请，获颁 23.75 万美元的挑战补助金，用于建立 200 万美元的图书捐赠基金。这是该基金会当年向公共图书馆颁发的唯一补助金。

三、服务理念、管理风格与特质

（1）强调图书馆征税与服务的良性互动

历史悠久的城市公共图书馆的兴旺发展与城市人口和经济实力密切相关，但是如果图书馆的服务得不到纳税人的认可，征税并不是容易的事情。对于受命于堪萨斯城公共图书馆陷落之时的丹尼尔·布拉德伯里而言，他的工作始终围绕着获取资金改善图书馆的服务而展开。每次论述征税方案，都有翔实具体的服务拓展计划为依托。为了让用税款新建的图书馆设施保持较高的利用率，甚至采用发代金券的经济手段，引导用户养成晚间和周末利用图书馆的习惯，使堪萨斯城公共图书馆一步步走向复苏。

（2）充分考虑用户的感受，为用户提供免费服务

自20世纪70年代起，图书馆为解决资金不足的问题，曾经尝试向非本地居民征收使用费，希望借此筹集50万美元资金。结果是收费未能如愿，还败坏了图书馆的声誉。丹尼尔·布拉德伯里认为，尽管图书馆的管辖权对图书馆的工作人员是有意义的，但是，每一个人都想利用离自己最近的图书馆，并不关心税收来自何处，也不关心图书馆如何获得资助。他上任后做出了取消上述收费的决定，恢复图书馆对堪萨斯城中心地区的所有人提供免费服务的传统。正是凭借在增税和收费问题上进退得体的决策，图书馆实现了与社区的良性互动，打破了税收减少与服务缩减的恶性循环，增加了自身的影响力。

（3）沟通管理能力强，富有首创精神

丹尼尔·布拉德伯里就职后，在长达数年的时间里为堪萨斯城公共图书馆系统脱离学区的管辖而奋战，并于1988年取得成功。不仅担任图书馆馆长，还兼任密苏里州堪萨斯城学区管理人。此前担任简斯维尔公共图书馆馆长时，他的管理职责就包括图书馆、公园、娱乐、消遣在内的休闲服务领域，凸显其非同一般的管理能力。

作为图书馆的领导者，丹尼尔·布拉德伯里在谋求社会捐资时善于沟通，挖掘捐款者的图书馆情结。例如在与堪萨斯城皇家棒球队的老板尤因·考夫曼联系设立冠名基金时，尤因·考夫曼给丹尼尔·布拉德伯里讲了一件感人的与图书馆

有关的轶事：他小时候患风湿热时，母亲每天都到图书馆借书读给他听，这件事对他的一生产生了重大影响。

此外，他善于调动社会力量，通过资源整合实现图书馆的良性发展。帮助成立了堪萨斯城公共图书馆历史上首个图书馆之友组织，还帮助成立专门负责游说的"建设更好图书馆联盟"。考虑到在经济低迷的大环境下，州政府对图书馆拨款将创历史新低、收税人群有限且正日益减少等不利因素，未雨绸缪，提出设立200万美元的捐赠基金，以便用来补充图书馆的购书经费。

正如《图书馆杂志》的特稿开篇所述，如果问丹尼尔·布拉德伯里20世纪80年代如何让处于沉沦中的堪萨斯城公共图书馆复苏的话，他会告诉你，这是因为幸运和遇上了好时机。但是，他的同事和社区成员会告诉你事实的真相：正是丹尼尔·布拉德伯里的品牌复苏——手法稳当以及富有远见的管理，令这所百年之久的公共图书馆系统再次恢复了生机。

（4）勇敢坚韧，个性突出

在制定和实施一系列规划和方案的过程中，丹尼尔·布拉德伯里面对争议敢于坚持自己的立场，面对困难不屈不挠，哪怕尝试一次不成功也不会放弃。从《图书馆杂志》配发的照片看，他干练、精明、有朝气，透出些许的个性张扬。正如特稿所述，尽管有所节制，但丹尼尔·布拉德伯里并不是一个淡化其工作价值的谦和的图书馆员。他不怕引起争议和政治影响，喜欢引人关注。他经手处理的问题会使那些较为胆怯的图书馆馆长感到恐慌。

例如，在筹集资金购买新馆藏的同时，他也在放弃图书馆的另外一些馆藏——珍本图书。目的是通过出售馆藏珍本图书筹措资金。他估算如果出售馆藏珍本图书，可以换来30万美元投入捐赠基金中，用于购买使用率更高的资源。尽管此计划得到了理事会的批准，但是却引发了一些抗议甚至愤怒。

对丹尼尔·布拉德伯里而言，上述抗议使他不安，但是可以应对。为了保障图书馆的使命以及整体的社会共识，应当将资金投向优先的领域。图书馆要做的头等大事就是为最广大的民众提供所需的资源，这是如此决策的动力所在。图书馆没有余力将资金投到待在书架上无人问津的资料上。将部分珍本图书提供给能够出资购买的专业图书馆，继续保存与本地历史有关的书刊，这符合图书馆保存密苏里州或堪萨斯历史的使命描述。

在他看来，此类争论将成为他与社区对话的一部分。因为，他设定的一些目标还没有实现，比如，他计划关闭一所规模小的历史图书分馆，建设一个新的服务更全面的新馆，多年来一直受到公众抵制。此外，他制定的其他一些计划正在接近完成，比如，与当地的 9 所学院合作建设地区书目供应中心和目录。

历经成功和曲折的他，每一天依然像初来图书馆那样，继续追寻着新的梦想，并希望有所进步。他希望新主馆的建设能得到公众的认可，容纳更多的技术应用。为了在 2000 年建设图书馆的新主馆，他甚至正在考虑向本地工商企业提供收费的研究型服务。

四、提名与获奖缘由

提名丹尼尔·布拉德伯里获得年度图书馆员奖的是其前同事、时任纽约北区坎顿参考研究资源理事会执行主任约翰·哈蒙德（John Hammond）。他指出，没有丹尼尔，堪萨斯城图书馆就无法发生一系列令人满意且彻头彻尾的转变。他大多数时间都在为此工作，实现传统和创新之间恰当的平衡，承担风险没有怨言，以持续不断的专业精神和勇气推进变革，是过去和持续进行中的一系列改革的原动力。

就在全国图书馆界共同关心大型城市图书馆的未来时，堪萨斯城图书馆的复兴是充满希望的典范，展示了即便在经济情况严峻的时代，通过杰出的专业管理，通过市民、图书馆工作人员、领导人、图书馆之友以及其他肯定图书馆价值和对社区作用的人的共同努力，完全可以实现图书馆的复兴。

《图书馆杂志》认为，在丹尼尔·布拉德伯里的领导下，堪萨斯城公共图书馆从资金混乱中崛起，并度过经济低迷时期。该馆的复兴为其他图书馆树立了值得效仿的正面榜样。当下出现在其他一些图书馆系统的经济困扰，丹尼尔·布拉德伯里都已悉数面对，并全力迎战，取得了不俗战绩。这正是他摘取年度图书馆员桂冠的关键。

笔者认为，与许多低调的图书馆员不同，丹尼尔·布拉德伯里做事比较高调。但是，这并不妨碍他成为图书馆员的典范。他的工作业绩，几乎囊括了 20 世纪 80—90 年代美国公共图书馆解决所面临的经济压力的举措，也是那些作为管理者的图书馆员以其杰出的领导力逆转公共图书馆颓势的缩影。经济的波动是不以图书馆人的意志为转移的，时至今日，发起旨在提高征税额的游说和宣传活动，以及想方设法多渠道募捐仍是众多美国公共图书馆解决资金问题的极为重要的选项。

五、获提名的其他杰出图书馆员

《图书馆杂志》在刊发专稿报道年度图书馆员丹尼尔·布拉德伯里的同时，还用一个多版面的篇幅介绍了两位竞逐 1991 年度图书馆员奖的杰出候选人。他们是：内尔·斯特里克兰（Nell Strickland）女士。她在军队图书馆服务长达 34 年。自 1974 年起，担任美国陆军综合图书馆项目的负责人。威廉·莫菲特（William A. Moffett）先生。作为独立的研究图书馆亨廷顿图书馆馆长，为发挥老图书馆的最大潜力做出了贡献，并曾担任美国图书馆协会大学与研究图书馆协会主席一职。

六、获奖之后

据笔者通过网络检索得知，1999 年 6 月 10 日卡内基基金会发布了向美国 25 家公共图书馆颁发捐赠资金的报道[①]。

据该报道，堪萨斯城公共图书馆获得 50 万美元，用于增购图书馆系统 9 个分馆的“提升生活品质”馆藏（Books to Better Our Lives collection）。增加的核心馆藏包括个人金融、烹饪、宗教与灵性、简历撰写与求职、育儿、卫生与健康、教育发展、年轻人用政府考试用书，还包括 20 多种外国语言的简易读物和有声图书。此时，丹尼尔·布拉德伯里仍担任该馆馆长。在他的领导下，堪萨斯城公共图书馆在诸多资助申请者中胜出。

2008 年，为庆祝年度图书馆员奖设立 20 周年，《图书馆杂志》回访 19 位年度图书馆员，并发布了相关报道。据该报道，丹尼尔·布拉德伯里 2003 年从堪萨斯城公共图书馆馆长职位退休，在该馆工作了 20 年。退休后，他与妻子共同管理一家名为 Gossage Sager Associatesd 的猎头公司，为各类图书馆搜寻、推荐特定职

① Carnegie’s commemorative grants to urban public libraries［EB/OL］.（1999-06-10）［2017-06-18］. https：//www. carnegie. org/news/articles/carnegies-commemorative-grants-to-urban-public-libraries/.

位的人选并提供咨询服务[①]。此外，还担任美国图书馆协会（ALA）捐赠基金会的理事。

此外，据猎头公司主页的介绍，2001 年，密苏里大学堪萨斯城分校授予丹尼尔·布拉德伯里校友成就奖；2003 年大堪萨斯市慈善理事会任命他为年度非营利执行官。

丹尼尔·布拉德伯里在接受《图书馆杂志》采访时指出，我认为我们没有充分考虑我们的用户。我们正在做得越来越好，但是还没有达到最好的状态。

他预测婴儿潮一代的退休将导致两种后果——在导致领袖人物的缺乏的同时，为下一代人成长为领袖人物、进入中层管理岗位提供了巨大的机会。他认为持续的领导力开发课程 / 项目以及更多的学术和工作研究安排，尤其是在城市图书馆领域，将会有最好的人选填补上述空缺。

他对自己在堪萨斯城公共图书馆的工作充满感激，希望自己过往的工作和现在的能力，能丰富人们的生活，令社区变得更好。当被问道是否能继续创造类似的影响时，他认为自己是一个非常幸运的人，能够跟图书馆和图书馆员打交道，将会更好。

① 笔者搜索该公司网站获知，公司别称为“布拉德伯里米勒联营公司”（Bradbury Miller Associates），他担任高级合伙人，也是公司负责人。来源：Bradbury Miller Associates/Gossage Sager Associates. http：//www. gossagesager. com/.

履行承诺消除服务障碍的年度图书馆员（1992）

1993年1月《图书馆杂志》公布了1992年度图书馆员评选结果，获奖者是美国密苏里州独立城中陆地区公共图书馆（Mid-Continent Public Library in Independence Missouri）的馆长约翰·弗格森（John W. Ferguson）先生[①]。《图书馆杂志》1993年第1期将约翰·弗格森的大幅照片刊登在杂志的封面，并用3个版面的篇幅对其业绩、经历等进行了图文并茂的报道。

一、教育背景与职业生涯

约翰·弗格森生长于密苏里州。获得密苏里州立图书馆奖学金在俄克拉荷马大学攻读图书馆学情报学硕士学位。1962年加入中陆地区公共图书馆，1981年任该馆馆长，获奖时已在该管理岗位任职11年，兑现了他做出的建设一个伟大的图书馆系统并提供更多服务的承诺。此外，他还积极参加全美和密苏里州图书馆协会的活动，担任密苏里州图书馆协会公共图书馆分会主席以及堪萨斯城大都会图书馆网主席。

二、工作业绩

（1）提出并落实图书馆大幅增税计划

20世纪90年代初，中陆地区公共图书馆由28个分馆3所县馆构成，是一个独立的公共图书馆系统。据维基百科，该馆正式名称为综合图书馆区#3，总部位于美国密苏里州独立城。作为综合公共图书馆系统服务于克莱、普拉特、杰克逊三县。就馆藏和经费预算规模而言是密苏里州最大的公共图书馆系统，也是全美最大的20家公共图书馆系统之一。其馆藏位居美国各类图书馆综合排名前100强。该馆历史可以追溯至1892年由独立城图书馆协会组建的独立城公共图书馆。第二次世界大战后，克莱、普拉特、杰克逊三县成立了自己的县域图书馆系统，20世纪60年代初上述图书馆开始合作，并于1965年正式组建为综合图书馆系统。

---

① BERRY J N. John W. Ferguson—Library Journal Librarian of the year 1992［J］. Library journal，1993，118（1）：50—52.

2014年5月8日，该馆获得美国博物馆与图书馆服务协会颁发的全国最高荣誉——博物馆与图书馆服务奖章[①]。

约翰·弗格森和中陆公共图书馆的传奇始于1983年。在图书馆增税动议被投票否决后，他建议减少图书馆服务。经图书馆理事会无记名投票通过了减少服务的建议。在1983年11月大选期间他再次提出增税请求，经过他本人、中陆地区图书馆理事会和图书馆之友组织的不懈努力，投票不仅以61.5%的多数通过了增税方案，而且以51.9%的得票率通过了为建设新馆大楼增加临时税的方案。中陆地区图书馆由此起步。

（2）制定战略规划，建设服务设施与系统

选举获胜后的1984年1月，约翰·弗格森制定了中陆地区公共图书馆80年代的战略规划，其中承诺用户可以免费利用更多图书馆服务。一般而言，完全兑现远景规划的承诺是不常见的，然而，约翰·弗格森和图书馆的工作人员都做到了。

该规划的中心是建设25座新的图书馆分馆。然而，历经9年时间，就在约翰·弗格森获年度图书馆员奖的1992年，中陆地区公共图书馆的28个分馆中的27个已经在新馆舍提供服务，第28个分馆正准备开馆。据统计，新建设的图书馆面积达到了约2.4万平方米。如此庞大的馆舍建筑费用是通过向每一个拥有房产的纳税人每年征收大约10美元筹集的。最初的计划是通过征税筹集1700万美元。结果，因房产评估升值，实际征税额达到了2千万美元。事后约翰·弗格森回忆说，这类似耶稣般实现了面包和鱼的奇迹。

此外，图书馆的战略规划还包括建设馆内互借系统，该系统由约翰·弗格森设计，系统建设最终取得了显著成就，使图书馆的所有用户无论居住在该地区的大城市还是小乡村都能够利用整个图书馆的资源。

（3）实现图书馆建设项目投资的高回报

在建设新馆过程中，约翰·弗格森对建设项目的管理和设计采取了一系列富有独创性的措施，受到市民和领导者的欢迎，他在接受《图书馆杂志》采访时说，

---

① 来源：Mid-Continent Public Library. https：//en. wikipedia. org/wiki/Mid-Continent_Public_Library.

中陆地区公共图书馆成立了自己的建筑公司，作为所有馆舍的总承包商。聘用一位退休的建造师作为施工经理，聘用一位建筑设计师设计所有的建筑。所设计的建筑各不相同，但是都非常简单。建筑采用不加装潢的大开间样式，灵活性强，是很好的图书馆建筑。如果服务空间改变，也很容易将它们出售改作他用。这样一来，图书馆在建筑和设计上节省的费用非常可观，用节省下来的钱比原计划多建了 3 个分馆，将图书馆服务提供中心的面积增加了一倍，并留有足够的保存资料和工作人员办公的空间。所实现的投资回报是其他政府机构无法企及的。

（4）举办丰富多彩的阅读活动，提高图书馆的利用率

在服务设施大量增加的基础上，中陆地区公共图书馆致力于提高图书馆的利用率，在阅读推广方面取得了突出的业绩。令图书馆工作人员感到自豪的是约翰·弗格森深度参与的大规模夏季阅读项目。他为该项目出主意，凡是阅读量达到 20 册的儿童都可获赠一本免费图书，以此为激励手段，吸引儿童参与阅读活动。此外，该项目还规定凡是阅读量达到 100 册图书的儿童，可以赢得布书包作为奖励。上述措施收到了很好的效果，仅 1992 年夏季，图书馆赠送出的免费图书就达到 54 000 册。该项目连续多年举办，前三年参与夏季阅读活动的儿童每年都增加 20%，1992 年参与夏季阅读活动的儿童增加了 35% 以上。有超过 6000 名儿童因阅读 100 册图书而赢得了布书包。

由于想方设法激发阅读兴趣，中陆地区公共图书馆的借阅量大增，1991—1992 年度为 500 万册，人均借阅量达 9 册。1992 年流通量上升 14%，有望突破年借阅量 600 万册大关。相比之下，1981 年中陆地区公共图书馆全部 24 个分馆的借阅量总共才 290 多万册（2 967 808）。截至 1991 年底，10 年间中陆地区公共图书馆的借阅量达到了 7500 万册。相对于该馆不到 200 万册馆藏而言，图书馆的使用率是很高的。视频资料的借阅量约占总借阅量的 9% 至 10%。其他 3% 的借阅量来自音乐光盘等资料。据使用率统计，该地区的总人口为 58.2 万，1992 年人均到访图书馆 4.71 次，总到访量达到 274 万多次（2 741 598）。

（5）建设特色馆藏，提供一流服务

中陆地区公共图书馆以往每年在资源建设方面的花费约为 350 万美元，占整体预算的 20% 以上。1983 年，资源建设经费曾从 55 万下降为 20 万。约翰·弗格

森认为分馆的图书馆员更了解所在社区的需求，故将选书工作交给分馆的图书馆员完成。具体做法是收到贝克与泰勒图书销售公司（Baker & Taylor）提供的样书后，由图书馆员从中选择购买对象。为了弥补经费短缺对图书馆服务的影响，图书馆还通过麦克诺顿计划（McNaughton Plan）租用最畅销和当下热门图书，将它们免费提供给读者借阅。此外，图书馆还收藏了 3.5 万种利用率很高的视频馆藏。为了避免与音像店竞争，图书馆不购买流行影片，仅将一些经典老片纳入图书馆收藏的非小说类文学作品之中。

族谱收藏是中陆地区公共图书馆的特色。该馆的族谱收藏与杜鲁门图书馆成为密苏里州最吸引游客的热点。约翰·弗格森在任期间，中陆地区公共图书馆购买了美国 1920 年人口统计资料缩微胶卷，存放在独立城北部分馆。所有馆藏的人口统计资料胶卷免费供所有到馆的读者查阅，此举使中陆地区公共图书馆成为全美提供此服务的两家公共图书馆之一。该馆还编制书本式馆藏族谱目录，在提供族谱资料的检索方面位居所有公立图书馆前列。（该馆的做法可以给我们提供启示，网络时代有预见性的进行网络资源采集和长期保存会使图书馆仍然具有类似的功能。这是短视 / 短命的商业机构所不具备的竞争优势。）

三、服务理念、管理风格与特质

（1）为用户提供免费和不受限制的服务

为用户提供免费和不受限制的服务是约翰·弗格森坚守的公共图书馆服务原则。在接受《图书馆杂志》采访时他指出，用户作为纳税人交税，中陆地区公共图书馆提供的所有服务都是免费的，不收取用户使用费。他认为图书馆员的职责是为所有用户消除利用图书馆服务的障碍。这意味着不仅消除诸如读者费之类的经济障碍，还包括消除各种对用户利用馆藏资源的限制，诸如对借阅册数、借阅时间、服务时间的限制等。

基于上述理念，在资源建设经费不足的情况下，中陆地区公共图书馆的资源建设采取以租代购的方式，向用户提供畅销书和热点图书的免费借阅服务，实现了馆藏建设和服务模式的创新。

（2）信守承诺，执行力强

充足稳定的税收是图书馆服务的经济基础。在税收不足时，约翰·弗格森便减少图书馆服务。在增税建馆规划得到纳税人同意后，致力于规划的高效落实，显示了超强的执行力。在接受《图书馆杂志》采访时他指出，我们制定规划，确定日期，持之以恒，令一切顺利进行。在建设新馆的过程中，他通过创新图书馆建设项目管理，不仅兑现承诺，还用节省的资金多建设了服务设施，这令民众非常信服。1990年，大家投票通过了他提出的把即将到期的建馆征税转为图书馆运营预算的请求，保障了中陆地区公共图书馆有能力继续支付新馆工作人员的工资和购买资料的费用。这可以视为图书馆取信于民换来公众鼎力相助的经典案例。

（3）重视区域图书馆合作网络建设

约翰·弗格森对区域图书馆合作网络建设和资源共享高度重视。在接受《图书馆杂志》采访时指出，他相信网络的重要性，对小型图书馆尤其重要。州和联邦政府应当为图书馆网络提供资金支持。即便在政府未履行职能的情况下，仍然需要图书馆和网络。他担任堪萨斯城大都会图书馆网主席，并长期为该网络的正常运行提供空间和设施等支持。该网络共有45所不同类型的图书馆组成（包括14所大学图书馆、11所公共图书馆、3所医学图书馆、7所专门图书馆、10所学校图书馆），提供馆际互借、文献传递、联合目录维护、继续教育和使用频繁的传送服务。成员馆通过会费/手续费或者各种捐赠支撑该网络的运行。

（4）低调、坚定、乐观

约翰·弗格森处事风格低调，讲话语气温和。面对公共图书馆已经过时和正在走向死亡的言论，他坚信图书馆会继续存在下去。他是一个富有实干精神的乐天派，他的乐观也感染了该馆工作人员。从《图书馆杂志》的专稿配发的照片看，他和蔼、温文尔雅，具有绅士风范。

四、提名与获奖缘由

向《图书馆杂志》提交推荐信提名约翰·弗格森获奖的既有本馆工作人员（包括以个人名义和联名推荐），也有其他图书馆的工作人员和与其合作的机构。他们是：

（1）中陆地区公共图书馆分馆的图书馆员克尔斯滕·格拉布斯（Kirsten Grubbs），他在推荐信中指出，在许多图书馆谈论预算缩减之时，中陆地区公共图书馆则在谈论预算扩张。

（2）中陆地区公共图书馆的20多位图书馆工作人员。他们在联名推荐信中指出，当许多图书馆正在关门裁员之时，在约翰·弗格森领导下，我们的图书馆正在成长且欣欣向荣。当金融稳定几乎降低到一种精神状态之时，他向公众表明中陆公共图书馆严守承诺，为用户的支出奉献更多回报。我们支持他并引以为傲。

（3）已退休的图书馆员、密苏里大学图书馆前馆长肯尼斯·拉布德（Kenneth LaBude）在推荐信中指出，我始终认为约翰·弗格森是一位理想的专业组织人员。他能够预见需求，自愿或按照指派的工作去满足需求，直到将项目完成。从未见到他半途而废或者自我烦恼。

（4）由45所图书馆组成的堪萨斯城大都会图书馆网（KCMLN）的执行委员会在推荐信中指出，约翰·弗格森是该网络得以持续运作的基础，是一个稳定、执着、积极的协调者，为了实现堪萨斯市大都会地区人力与文献资源的共享、有效发展和协调，他带领团队克服了重重困难。在州和联邦拨付给密苏里网络的经费全部撤销的背景下，由于约翰·弗格森的鼎力相助，使堪萨斯城大都会图书馆网成为密苏里州6个网络中唯一的幸存者。他为网络运行提供场地，仅象征性收取每年1美元租金，还为网络提供了一辆运货卡车。

《图书馆杂志》的专稿指出：约翰·弗格森做规划扎实，善解人意，做项目善始善终，在每一项图书馆和市政活动中都赢得了声望。他集高效管理、有效规划、真诚、坚韧以及兑现承诺于一身，正是由于上述优秀特质的罕见组合，使他摘得年度图书馆员桂冠。

五、获奖之后

2008年，为庆祝年度图书馆员奖设立20周年，《图书馆杂志》回访19位年度图书馆员，并发布了相关报道。据该报道，约翰·弗格森曾身患癌症，治愈后于1998年与妻子一起提前退休。自1981年至退休前，他一直担任中陆地区公共图书馆馆长一职，任职时间长达17年。1999年，与妻子联合创办了一家教会内部的老年人部，2007年，成为正式委任的神职人员。

作为图书馆的用户，约翰·弗格森2008年造访的图书馆正在将一些事务性工作外包给本地收容所的车间。他认为这种做法对其他图书馆有指导意义，车间以合理的收费提供高质量的工作，这不仅可以为收容所的雇员提供满足图书馆需求的机会，还可以腾出图书馆工作人员从事其他工作。

在接受《图书馆杂志》采访时他说，仅有少数潜在的图书馆用户对图书馆服务有了解，自己想为图书馆当大使。他希望看到图书馆提供的服务是创立带有流动餐车的流动书车。

另据密苏里州图书馆协会网站发布的信息，1998 年，约翰·弗格森获得国际图书馆与信息学荣誉学会颁发的图书馆学杰出成就奖（Beta Phi Mu Award of Excellence in Librarianship）[①]。

---

① 来源：http：//molib. org/2014archive/awards/recipients. html.

推动高校信息服务一体化的年度图书馆员（1993）

1994 年 1 月《图书馆杂志》公布了 1993 年度图书馆员奖的评选结果，获奖者是美国加利福尼亚州立大学北岭分校（California State University，Northridge）图书馆馆长、负责信息与技术资源部工作的副教务长苏珊·柯曾（Susan C. Curzon）女士[①]。《图书馆杂志》1994 年第 1 期将苏珊·柯曾的大幅照片刊登在杂志的封面，并用 3 个版面的篇幅对其业绩、经历等进行了图文并茂的报道。

一、教育背景与职业生涯

苏珊·柯曾出生于英国，儿时移民美国，先后在宾夕法尼亚州和加利福尼亚州生活。她在接受《图书馆杂志》采访时说，自己是在宾夕法尼亚的图书馆长大的。后来的居住地加利福尼亚州河滨市的图书馆实实在在地改变了她的生活[②]。她在图书馆发现了一本关于女性职业生涯的图书，其中一章的标题是“你想成为一名图书馆员吗？”。阅读该书 6 个月后，她入读华盛顿大学图书馆与信息学院，1972 年获图书馆学硕士学位。此后，作为专门图书馆员在加利福尼亚州圣迭戈肯尼科特勘探公司开始自己的职业生涯。尽管那里的工作有趣，但公司对环境的所作所为令苏珊·柯曾遭受良知的困扰，感到无法在一个与自己的价值观存在深层次差异的组织中继续工作。于是，转而到公共图书馆就职，并于 1982 年获南加州大学公共管理博士学位。1992 年 7 月担任加利福尼亚州立大学北岭分校图书馆馆长之前，先是在加利福尼亚州洛杉矶市与县公共图书馆担任参考馆员和地区主管，负责 12 个分馆的管理。之后，担任加利福尼亚州格伦代尔市公共图书馆馆长超过 3 年。她认为在公共图书馆或大学图书馆工作，每天清晨都可以坦然直面自己的内心。获奖时，苏珊·柯曾任加利福尼亚州州立大学北岭分校图书馆馆长仅有一年半时间。

---

① BERRY J N. Susan C. Curzon—Library Journal Librarian of the year 1993［J］. Library journal，1994，119（1）：50—52.

② 据加利福尼亚州立大学北岭分校图书馆网页发布的信息，苏珊·柯曾本科就读于加利福尼亚大学河滨分校，获英语学士学位。

二、工作业绩

（1）制定并实施庞大的信息服务整合计划

苏珊·柯曾在加利福尼亚州立大学北岭分校除担任图书馆馆长外，还负责学校的计算机中心和教学媒体中心的工作。面向全校教职员工、管理人员和学生的所有信息与技术服务都属于她的职责范围。图书馆藏书达 100 万册，年度预算为 490 万美元。图书馆有工作人员 84 人，其中图书馆员 29 人。图书馆还有 250 名学生助理，依靠这一庞大的助理队伍补充工作人员的不足。计算机中心有 20 名工作人员，年度预算 250 万美元；教学媒体中心有 23 名工作人员，年度预算 100 万美元。

为了实现将所有信息资源、信息开发和信息技术统一管理、协同服务的目标，苏珊·柯曾领导制订了宏大的整合计划，将所有的管理以及学术计算、教学媒体以及课件，连同信息技术都纳入整合计划之中，包括照片、视频、电影、设备、校园内 25 个现有网络以及网中之网的硬件和软件。整合意在最终实现学生或教职员工无论在家中还是在办公室，都能获得所需的学生记录、所有研究资源以及任何文献或信息。

在推进整合方案实施的过程中，苏珊·柯曾将实现整合一体的方案作为最高目标。分析面临的问题，采取分阶段推进的策略，在庞大的整合计划最终完成之前，维持并行的系统。在一年的时间里采取重大步骤推进 3 个单位的重组和整合。（苏珊·柯曾所分管工作属于目前我国许多高校的支撑系统所覆盖的范围，我们的高校大多数设置图书馆、网络中心和电教 / 教学媒体中心三个独立的部门。据笔者所知，浙江大学于 2009 年 1 月将图书馆和网络信息中心整合为图书与信息中心，这是国内进行信息服务整合较早的案例。）

（2）开源节流，扭转图书馆预算大幅削减的势头

20 世纪 80 年代末至 90 年代初，由于经济不景气，加利福尼亚州许多图书馆系统遭遇预算连年大幅削减，加利福尼亚州立大学北岭分校也不例外。1991 年、1992 年图书馆预算连续出现 15% 以上的削减。1992 年 7 月苏珊·柯曾任职后，积极与拨款当局打交道，利用各种场合呼吁增加图书馆预算。1993 年 2 月，加利福尼亚州立大学北岭分校的校园报纸《日晷日报》（*Daily Sundial*）以通栏标题报

道她强烈抨击拟议的图书馆预算削减。在接受采访时，苏珊·柯曾指出，图书馆馆长必须作为最重要的宣传者为图书馆发声。在她的努力下，经费预算的削减幅度较之前大大减少，从 2 位数降到仅减少 3%。

为了应对经费预算不足对服务的影响，苏珊·柯曾领导制定了削减馆藏印本资源计划，使图书馆陆续节省了 30 万美元的资源采购费用。与此同时，苏珊·柯曾还多渠道寻求其他资助，发起成立了新的图书馆之友组织，额外获得资金 35.1 万美元。

（3）提升教学与信息检索服务

加利福尼亚州立大学北岭分校规模庞大，设有文科和工程、工商等研究生专业，共有学生 2.5 万人。苏珊·柯曾认为学校需要一所综合性的学术图书馆而不是传统意义上的研究图书馆，能够支撑硕士研究乃至全体教职员工的研究。在图书馆从传统模式到新模式的转换期，图书馆加强了对学生和教职员工利用图书馆的辅导，为 8000 名学生讲授了正规的图书馆辅导课程。

在实施削减馆藏印本资源的计划中，图书馆停订了一些印本期刊。为了使用户仍然能够足不出校利用期刊文献，图书馆开创了面向用户的文献传递服务。苏珊·柯曾指出，文献传递使图书馆为用户提供了更便宜、更好地利用所需文献的途径，与此同时，引发了用户对系统性检索服务的新需求。在她的领导下，图书馆新订购 33 台计算机，提升了信息检索服务，并且将图书馆系统接入了因特网。

（4）规范内部管理，调动工作人员的积极性

苏珊·柯曾上任后，对图书馆内部管理进行了一系列改革。包括重新修订所有的图书馆人力资源政策、恢复成立职工联合会、为图书馆员争取在学校教学科研事务决策的话语权等。学校的教授评议委员会同意增加更多的图书馆员作为该委员会成员。

在被问到管理成功的关键所在时，苏珊·柯曾指出，良好的工作人员是最重要的。一位成功的馆长必须与好的工作人员相匹配，必须有共同的价值观和共享的使命感。成功的馆长应身体力行，参与追求好的服务，将许多时间花在人力资源方面。在赋予工作人员空间和自主性的同时制定高标准。

此外，苏珊·柯曾认为，将大家聚在一起解决问题时所采取的方式极为关键，

重要的是为大家创造环境。她本人在工作中努力做一位好的倾听者，尽力站在工作人员的立场上理解他们的观点。她的努力得到了工作人员乃至学校校长的肯定。1993 年 6 月，工作人员咨询委员会的 8 位委员专门写信对苏珊·柯曾表达谢意，感谢她所实施的改革提振了士气，促进了大家的团结，相信团结就是力量。时任加利福尼亚州立大学北岭分校校长的布伦达·威尔逊（Blenda Wilson）[①] 还单独写信，对工作人员咨询委员会信件的内容表示赞同。

三、服务理念、管理风格与特质

（1）服务是所有图书馆的第一要务

苏珊·柯曾在公共图书馆的工作经历，使她深知服务理念对图书馆的重要性，明白至关重要的是理解图书馆用户的需求。在加利福尼亚州立大学北岭分校图书馆，她视服务为压倒一切的首要任务，除了花大力气强化用户辅导外，在遭遇预算削减被迫中断印本期刊订购的情况下，选择文献传递作为替代方案，不仅保障了期刊服务的连续性，还为用户增加了更多的信息检索服务。

此外，多类型图书馆任职的历练，使苏珊·柯曾得以超越很多人习以为常的图书馆类型划分的藩篱。她在接受《图书馆杂志》采访时指出，总体上看，不同类型图书馆之间的差异要比大多数图书馆员所想象的要少得多。辗转于不同类型的图书馆时，就能意识到我们人为划定图书馆类型是愚蠢的。当聚焦于更广泛的问题时就会发现，所有类型的图书馆都具有共同的出发点、使命、目标和基本信念。我们将知识带给民众，唯一的区别在于服务用户时采取着不同的方式和手段。

当被问到这对图书馆组织意味着什么时，她解释道：从事类似工作的人聚在一起讨论服务指南很好，前提是必须承认我们的共同目标。一旦你掌握理解环境政治的技能，你就会发现自己可以在所有类型的图书馆中做正确的事情。

（2）实施有效的目标管理

苏珊·柯曾在接受《图书馆杂志》采访时指出，制定目标颇有裨益，自己实施的正是以目标为导向的管理。为证明此点，她给《图书馆杂志》发送了自己列

---

① 据百度百科，布伦达·威尔逊 1992 年就任美国加利福尼亚州立大学北岭分校校长，是美国历史上第一位黑人女校长。

出的该学年需要完成的 20 项首创性工作任务，并确信其中的 95% 都能完成。主要包括制定新的战略规划、开发图书馆技术服务平台（LibTechRFP）替代旧的总包系统、提供图书馆数据库的远程访问、评估修订图书馆员任务书、改进办公自动化。她还希望对 250 名学生助理提供用户服务培训，升级各个部门的微机等。

她所实施的目标管理受到工作人员的欢迎，大家喜欢自己能够有所奉献的目标体系，想要成为宏大使命的一部分，希望在其中发挥重要作用，自然而然地提高了工作效率。

（3）善于发现身边的楷模

在接受《图书馆杂志》采访时，苏珊·柯曾提到两位对自己有影响力的图书馆员。一是时任洛杉矶公共图书馆馆长的伊丽莎白·马丁内兹（Elizabeth Martinez），二是洛杉矶县公共图书馆前任馆长与 ALA 执行主席、时任加利福尼亚加迪纳专业媒体服务总经理的琳达·克丽丝蒙德（Linda Crismond）。苏珊·柯曾在洛杉矶公共图书馆工作时，曾作为她们二人的直接下属。

在她眼中，伊丽莎白·马丁内兹是一个优秀的管理者。自己印象最深、通过观察学到很多的就是她对与自己一起工作的人付出很多时间和精力，从不吝惜自己的时间，善于倾听，对人性了解很透彻。琳达·克丽丝蒙德是勇敢、富有政治技巧的管理者。遇到比较棘手的事情能处之泰然，凸显其本色。伊丽莎白·马丁内兹和琳达·克丽丝蒙德二人均全身心奉献、追求良好的图书馆服务。在笔者看来，苏珊·柯曾以身边承担管理职责的图书馆员为楷模，获得了她们的真传。

（4）追逐梦想，专注用心

在接受《图书馆杂志》采访时苏珊·柯曾坦承，尽管她热爱公共图书馆工作但始终想成为一名大学图书馆员。带着对大学图书馆工作的热爱，践行人员第一的管理理念，在加利福尼亚州立大学北岭分校图书馆走马上任伊始，苏珊·柯曾便与每一位图书馆工作人员单独会面。因为她刚从公共图书馆转到高校图书馆任职，起初，图书馆工作人员对她的共图书馆员的背景有本能的拒斥反应。但是，她以自己的行动赢得了大多数有敌意者的支持。（在美国图书馆界，长期存在高校图书馆员对公共图书馆员的偏见。记得笔者曾在 80 年代出版的《图书馆杂志》的读者来信专栏看到公共图书馆员申请高校 / 研究图书馆职位遭歧视的抱怨。苏珊·柯曾用自己的努力打破了高校图书馆员对公共图书馆员的偏见，也为高校图书馆带来了发展的新动力。由于高校图书馆相对稳定的资金支持、较好的待遇与工作环境，通常对求职者的吸引力大于公共图书馆。但相对而言，有些研究图书馆的官僚化程度要高于公共图书馆，许多高校图书馆的服务效率也是不及公共图书馆的。）加利福尼亚州立大学北岭分校的图书馆员描述苏珊·柯曾首次与工作人员的会面时指出，那不是简单打招呼式的会面，而是详细说明与讲述式会面。与全馆 84 位工作人员逐一会面的过程中，每一位员工都可以提出自己的关切。从此，大家将苏珊·柯曾的专注用心视为她的标志性风格。

（5）富有管理经验与技巧

基于丰富的任职经验，苏珊·柯曾攻读管理学博士学位所获得的洞察力也有助于提升其管理技巧。她的博士论文标题为《管理执行人异议的影响——管理者拒绝执行组织或上司旨意的后果》（Consequences of Executive Dissent—What Happens When an Executive Bucks One's Organization or Bosses）。在博士研究阶段，她访谈了 80 位图书馆馆长，了解他们在认识到自己与组织机构意见不一致的情况下如何推进工作。发现他们的选择不外乎以下三种情形：一是继续保持异见，不妥协；二是放弃该工作；三是为了生存，超越个人情感行事。苏珊·柯曾本人的履历表明，她知道何时保持异见，何时追求自己的选择。

除了肩负图书馆管理的重任外，苏珊·柯曾还举办数十场演讲和授课，撰写管理论著。在担任洛杉矶县公共图书馆地区主管期间撰写的专著《管理变革》，于 1989 年由尼尔·舒曼出版社出版①。

到加利福尼亚州立大学北岭分校图书馆就职后，苏珊·柯曾将之前积累的知识和经验都派上了用场，在不到 2 年的时间使图书馆发生了令人瞩目的改变。

（6）乐观、敢于直面挑战

与此前获得年度图书馆员桂冠的图书馆员相比，苏珊·柯曾的职业生涯丰富

① 该书英文名称为 *Managing Change—a How-to-do-it Manual for Planning, Implementing and Evaluating Change in Libraries*，被收入管理问题核心资源目录（Leadership Issue Core Resource List）之中。来源：http：//home. earthlink. net/~denmartin/key-lead. html. 此外，网上还可以看到美国国会图书馆收藏的该书书目记录。

多彩，充满着挑战。在专门图书馆、公共图书馆、大学图书馆实现成功跨越，在大学校园负责实施包括图书馆、计算中心和媒体中心在内的信息服务的整合，这一切都显示了她非同一般的勇气和敢于直面挑战的锐气。

在接受《图书馆杂志》采访时苏珊·柯曾指出，自己最大挑战是与拨款当局打交道。尽管经济不景气导致预算不足，但是有三四年的时间，经费预算就会有所改观。她坚信假使图书馆不拘泥于印刷文献以及图书，图书馆员和图书馆仍有光明的未来。格式并不是问题，我们的工作是将知识带给人民，图书馆员在信息技术驱动的社会中居于引领者的地位，前途是光明的。

与对图书馆和图书馆员的未来保持乐观态度不同的是，当被问到图书的命运如何这一问题时，苏珊·柯曾坦言印本图书的前景并不乐观。认为从长远看，图书馆 90% 的印刷资源再过 20—30 年将会消失，如果技术进步极大加速的话，或许用不了这么久就会实现。甚至认为自己是目睹图书终结的一代人中的一员。在笔者看来，从 1994 年算起，20 多年过去了，事实与苏珊·柯曾的预测还是有出入的。尽管印本图书不像过去那样占有巨大的市场份额，但是，每一种信息知识载体都有各自独特的价值、用途和受众。故目睹印本图书走向没落或者终结还有些为时过早。

四、提名与获奖缘由

提名苏珊·柯曾获年度图书馆员奖的是她所在的加利福尼亚州立大学北岭分校图书馆的图书馆员安德烈·卡恩（Andrea Kann）和唐娜·拉福莱特（Donna LaFollette）。他们在推荐信中写道，苏珊·柯曾的工作使图书馆的预算发生了奇迹般的改变。在她 1992 年任职之前，1991 财政年度，图书馆经费减少了 17%；接下来的一年经费又减少了 11.5%。尽管面临上述问题，苏珊将开放时间和服务放在最优先的地位。最终，她说服了管理层，将 1992—1993 财政年度的资源采购预算增加了 20 万美元。1993—1994 财政年度，在该校以及该州其他大多数机构遭遇预算大幅削减的背景下，图书馆的预算增加了 5.38%。

《图书馆杂志》对苏珊·柯曾的评价是：公共图书馆和专门图书馆的工作经历帮助她在一所有 2.5 万名学生的大学实现了现代化信息服务。

在笔者看来，作为来自高校图书馆管理岗位的图书馆馆员，苏珊·柯曾的获奖可谓实至名归。不仅扩大了年度图书馆员的行业代表性，也反映了《图书馆杂志》对 20 世纪 90 年代初美国高校图书馆信息资源集成服务的肯定。成为年度图书馆员的评选紧密关注现实需求，引领图书馆发展潮流的例证。

五、获奖之后

据加利福尼亚州立大学北岭分校图书馆网站发布的信息[①]，获得 1993 年《图书馆杂志》年度图书馆员桂冠后，1994 年加利福尼亚大学河滨分校授予苏珊·柯曾杰出校友奖。1996 年，加利福尼亚州立大学北岭分校学生会评选苏珊·柯曾为年度管理者。

苏珊·柯曾于 2010 年 12 月底从图书馆馆长岗位退休。在她任职的 18 年时间里，加利福尼亚州立大学北岭分校图书馆增加了近 40 万册馆藏。1999 年将媒体图书馆并入馆藏后，视频和光盘资源增加了 400%，之后仍持续增加。21 世纪初，图书馆引进电子期刊以及电子图书。1999 年，图书馆获得依《图书馆服务与技术法案》拨款资金的资助，建设了圣费尔南多谷历史数字图书馆（San Fernando Valley History Digital Library Collection）。苏珊·柯曾引领图书馆进入了数字保存的新时代。随着图书馆资源深度和广度的增加，图书馆的教学服务也不断拓展，2009—2010 年度图书馆的教学讲座增加了 65%。

1994 年加利福尼亚州北岭地区发生 6.7 级地震，图书馆受到严重损毁，她领导震后图书馆损毁建筑的清理和重建，震后图书馆的恢复成为她日常最重要的工作，大量时间花在恢复服务和 2.18 万平方米馆舍的重建上。

震后恢复阶段正值苏珊·柯曾负责校园信息技术工作时期（1993—1998），包括了行政管理系统、语音、视频、数据网络、学术技术支撑等范畴。上述系统被地震摧毁，不得不进行重新建设和设计。

为了使图书馆获得稳定的资金支持，她与图书馆发展组织一起设立了图书馆捐赠基金，截至她退休时，基金总额已超过 300 万美元。

苏珊·柯曾作为图书馆馆长主要关注的是保证图书馆是学生们感到舒适的地

---

① 来源：Susan C. Curzon，Ph. D. Dean Emeritus，University Library. http：//library. csun. edu/About/SusanCurzon/.

方，重建的图书馆在花园层设立了研究生自修室，在参考阅览室和转角区建设了更加先进的学生沙龙。2010年，还在图书馆大厅添置了咖啡车。

1995—2002年，苏珊·柯曾担任加利福尼亚州立大学信息能力委员会主席，负责制订该大学23所分校的信息素养计划。在任职的最后3年时间里，她领导全系统建设了加利福尼亚州立大学虚拟图书馆，为全校所有学生和教职员工提供通用访问。

另据笔者网络搜索发现，在繁忙的工作之余，苏珊·柯曾笔耕不辍，获奖后陆续出版了多部著作。包括：《面试管理》(*Managing the Interview*)，1995；《开设信息素养课程实用策略》(*Proven strategies for building an information literacy program*)，2007；《图书馆馆长应掌握的知识》(*What every library director should know*)，2014。上述著作至今仍在亚马逊网上书店销售（网址：https：//www. amazon. com/Susan-Carol-Curzon/e/B001JS3PDG）。

2008年，为庆祝年度图书馆员奖设立20周年，《图书馆杂志》回访19位年度图书馆员，并发布了相关报道。据该报道，加利福尼亚州立大学北岭分校图书馆因1994年遭遇6.7级地震而受到重创。此后，苏珊·柯曾为恢复服务和重建23.51万平方英尺的图书馆花费了相当多的时间。她将所有经历变为正面动力，并向其他图书馆员传授灾后重建的经验。

《图书馆杂志》评价道，如果有人知道如何跨越低谷，那一定是苏珊·柯曾。她的图书馆员生涯从专门图书馆员开始，自1992年担任加利福尼亚州立大学北岭分校负责信息与技术资源部的副教务长和大学图书馆馆长，她领导着图书馆向未来进发：建立了美国国内首个自动存储与检索系统。

在接受《图书馆杂志》采访时苏珊·柯曾指出，有人认为图书馆将会随着网络空间的兴起而消亡，这种观点是错误的。图书馆在虚拟空间的全方位展现将反驳上述假设。我们正处在婴儿学步般的初始阶段，但是有巨大的可能性。

她热切盼望未来的图书馆员有更多实践的历练。她指出，我们这代图书馆员带来了技术、拓展、多样性、用户服务和营销推广，未来的图书馆员需要为自己提出的问题是，他们这一代将带给图书馆什么？在她的努力下，该校于2008年新设立了图书馆与信息管理研究生专业。

另据加利福尼亚州立大学北岭分校的校园报纸《日晷日报》报道[①]，2010年11月，在苏珊·柯曾即将退休之时，该校学术委员会专门设立了“苏珊·柯曾博士奖学金”（The Dr. Susan Curzon Scholarship），以表达对其作为图书馆馆长职业生涯的敬意。该奖学金于2011年秋季面向该校英语言文学专业的学生发放，金额为1500美元。

苏珊·柯曾得知设立该奖学金的信息后，感到既美妙又惊喜。她指出，图书馆学不仅仅是与图书有关的专业，而且是与帮助人民有关的专业。图书馆是美国人民有史以来送给自己的最伟大的礼物。我喜爱看到图书馆里座无虚席，学生们聚在一起研究、学习、阅读和工作。

2010年12月9日，加利福尼亚州立大学北岭分校教授会发布决议，表彰苏珊·柯曾担任图书馆馆长18年来所做出的贡献[②]。

综上所述，1993年获奖后苏珊·柯曾取得的成就以及赢得的其他荣誉，充分证明了《图书馆杂志》授予她年度图书馆员的称号是非常有远见的。从《图书馆杂志》专稿配发的照片看，获奖时的苏珊·柯曾端庄、睿智、干练。从加利福尼亚州立大学北岭分校图书馆网站发布的照片看，临近退休的苏珊·柯曾多了一些和蔼与从容。她在漫长的职业生涯中始终不忘初心，退休后继续撰写出版图书馆管理著作，将才华和智慧奉献给了自己所选择的图书馆事业，成为当之无愧的图书馆员楷模。

---

① KINDELSPIRE M. Scholarship named after library dean [EB/OL]. [2010-11-17]. http://sundial.csun.edu/2010/11/scholarship-named-after-library-dean/.

② 来源：Resolution of appreciation for dean Susan Curzon. http://www.csun.edu/senate/resolutions/suecurzon-resolution.pdf.

5年完成20年发展规划的年度图书馆员（1994）

1995年1月《图书馆杂志》公布了1994年度图书馆员评选结果，获奖者是美国俄勒冈州科瓦利斯－本顿县公共图书馆（Corvallis-Benton County Public Library，Oregon）馆长黛博拉·雅各布（Deborah Jacobs）女士①。《图书馆杂志》1995年第1期将黛博拉·雅各布的大幅照片刊登在杂志的封面，并用3个版面的篇幅对她的业绩、经历等进行了图文并茂的报道。

一、教育背景与职业生涯

黛博拉·雅各布出生于美国洛杉矶，在位于旧金山湾区的一所精英女子学院米尔斯学院（Mills College）接受本科教育。她曾经的理想是当一名律师。在米尔斯学院修完了所有文学课程，最后发现了儿童文学。在那个具有历史意义的日子，黛博拉·雅各布改变了自己职业生涯梦想，到米尔斯学院图书馆工作，决定成为一名图书馆员。米尔斯学院的图书馆员们，尤其是戴安娜·托马斯（Diana Thomas）在其坚定自己对于目标的追求方面产生了很大影响。在接受《图书馆杂志》采访时黛博拉·雅各布说，自己仍然回想在米尔斯学院的那个日子，出于喜爱而决定做一名图书馆员。米尔斯学院的图书馆员戴安娜·托马斯和俄勒冈州德舒特县公共图书馆馆长迪克·塔夫里堪称对自己有影响力的导师。

黛博拉·雅各布在俄勒冈大学图书馆学院获图书馆学硕士学位。对她而言，在图书馆学院的日子充满欢乐，她深受图书馆媒体专家兼教师波莱特·汤普森（Paulette Thompson）的影响，其主张图书馆员应当给予儿童美丽奇妙的事物。

硕士毕业后黛博拉·雅各布到位于俄勒冈州的德舒特县公共图书馆担任儿童图书馆员，这是她的第一份正式工作。当时的图书馆馆长是迪克·塔夫里（Dick Tuffli）。黛博拉·雅各布在那里工作2年后，迪克·塔夫里建议她离职。他说，你已经做完二期夏季阅读项目，是一个很棒的儿童图书馆员了，现在你需要离开这里，去谋一个馆长职位，你的确有必要从事管理工作。

① BERRY J N. Deborah Jacobs—Library Journal Librarian of the year 1994［J］. Library journal，1995，120（1）：40—42.

黛博拉·雅各布在加利福尼亚州萨克拉门多市与县公共图书馆成为管理者。她与 8 位工作人员一起，挑选资源，制定计划，维护并运作 4 个流动图书馆，提供包括造访拘留中心和监狱在内的各种拓展服务。加利福尼亚州的减税议案通过后，她转到其他州寻找工作。

1978 年黛博拉·雅各布加入俄勒冈州科瓦利斯－本顿县公共图书馆，担任服务拓展与参考馆员。她与 14 位工作人员一起，利用每年 35 万美元经费，通过流动书车提升各个分馆的馆藏和服务质量。1987 年，黛博拉·雅各布被任命为图书馆服务主管。1988 年 3 月担任图书馆馆长。获奖时，她已在科瓦利斯－本顿县公共图书馆工作了 16 年。

二、工作业绩

（1）临危受命，提前完成图书馆发展规划

1987 年，黛博拉·雅各布被任命为图书馆服务主管时，图书馆正经历“痛苦的重组”。市政府将图书馆归入公园和娱乐设施之列，这种新的机构设置与管理方式遭到社区公众的反对，热爱图书馆的人都非常气愤。最终，时任市政管理者和图书馆馆长均遭撤职。随后该市开始雇佣一家私营顾问公司（HBW Consultants）制定令图书馆达标的总体规划。在此期间黛博拉·雅各布被任命为图书馆馆长。

在被任命为图书馆馆长的当天，HBW 的顾问李·布劳纳（Lee Brawner）及其合伙人迪克·沃特斯（Dick Waters）邀请黛博拉·雅各布共进晚餐，他们轮番告诫她说：这所图书馆情况很糟糕，你将不得不比以前更加努力地工作。之后的事实证明他们说得没错。

该市市长、议会和每一位市民都认真对待图书馆总体规划，将规划作为持续努力的目标和检验工作的参照。总体规划还为市长创设了图书馆日程和标准。在黛博拉·雅各布的领导下，图书馆恢复为市属独立部门。她与社区和图书馆工作人员一起制定了新的超前发展计划。在市民、志愿者的鼎力相助以及市县官员的坚定支持下，黛博拉·雅各布和图书馆工作人员发奋努力，在 5 年时间里完成了为期 20 年的总体规划。

（2）从预算分配与队伍建设入手，改变图书馆的面貌

鉴于民众对图书馆购书经费预算非常关心，黛博拉·雅各布在执行总体规划

的第一年，在没有新增资金的情况下，首先进行图书馆预算分配调整，将图书采购预算资金增加至接近图书馆总收入的20%，使图书采购资金较以往翻了一番。

在队伍建设方面，黛博拉·雅各布裁撤了许多兼职雇员和小时工，组建起一支强有力的全职专业人员队伍。她向工作人员灌输新的工作态度，强调用户服务，使得图书馆的参考服务利用率和流通借阅量实现了15年来的首次上升。

（3）发行债券筹集馆舍建设资金，推动设立独立的图书馆选区

科瓦利斯－本顿县公共图书馆主馆老旧，难以满足提升服务的需求，需要进行重建。为了筹集重建图书馆主馆的资金，黛博拉·雅各布计划发行债券募集主馆重建资金685万美元。当最初提出募集私人资金建设图书馆的建议时，市长并不赞同，曾强调说："我们不会要求人民捐钱盖警察局大楼。"经过她的努力，市政当局允许就该建议进行公投。在黛博拉·雅各布的领导下，图书馆组织了900名志愿者参与造势和宣传活动，使图书馆发行债券募集主馆重建资金的计划获得70%居民的赞同。主馆重建资金全部来源于公共债券令黛博拉·雅各布深感自豪。

当接受《图书馆杂志》采访，被问到如何说服居民成功发行约近700万美元债券重建图书馆主馆时，黛博拉·雅各布说，关键是向投票者展示需求。最重要的是要让全体社区居民参与其中，努力使他们成为图书馆的主人。

在取得上述成就的基础上，针对图书馆长期存在的资金来源不稳定问题，黛博拉·雅各布开始探寻使图书馆获得稳定资金支持的长久解决方案，决定推动设立独立的图书馆选区。尽管向民众解释设立专门的图书馆选区以保持图书馆的资金来源稳定是一件更加困难的工作，黛博拉·雅各布采取类似劝说民众投票支持建设图书馆新主馆同样的方法，通过发动一场艰苦的宣讲运动，向那些持怀疑态度的投票人解释复杂的税收措施，1994年，60%的投票人投票赞同为本顿县和科瓦利斯市设立新的永久的图书馆区。此后，图书馆作为独立的选区运作，得到可靠、稳定的本顿县和科瓦利斯市市民税收的支持。

在接受《图书馆杂志》采访时黛博拉·雅各布指出，当然，我们必须努力像精明的政客那样将目标聚焦于能投赞成票的民众。不仅如此，在知道有些人和组织对我们持反对态度的情况下，我们仍然跟他们对话。相信如果让他们知道事实真相，他们至少会做出明智的投票。最终有些人被说服了。

（4）在俄勒冈州立法以及捍卫知识自由运动中发挥领导作用

黛博拉·雅各布在俄勒冈州积极参与各种专业活动。1992 年当选俄勒冈州图书馆协会主席。担任俄勒冈州图书馆协会主席一职期间，她领导俄勒冈州图书馆协会通过了雄心勃勃的立法计划。该计划的关键措施——参议院第 20 号法案（Senate Bill 20），满足了俄勒冈州图书馆员实现全州资源共享的长期目标。该法案连同图书馆员提出的其他保障资金支持的一揽子措施几乎悉数获得通过，俄勒冈州的所有图书馆均因该州图书馆史上最成功的立法而获益。

此外，黛博拉·雅各布当选俄勒冈州图书馆协会主席不久，随即站在反对举行反同性恋公投运动的最前线。当时俄勒冈州反同性恋公投提议显然受到一些民众的欢迎，但是该提议有损害同性恋者权利之嫌，包括禁止图书馆收藏、购买同性恋资料或同性恋作家的作品。这有违图书馆保障知识自由的一贯宗旨。黛博拉·雅各布在回顾对上述公投提议展开的战斗时指出，这对俄勒冈和俄勒冈的图书馆员都是非常重要的事件。我们的对手，俄勒冈州市民联盟着实令人恐惧。俄勒冈州图书馆协会的人士都同意这是而且仍然是图书馆问题。公投提议者要求，政府基金不能用于促进同性恋。尽管我们可以从多个立场表示反对，但是最有效的莫过于从图书馆的立场。他们瞄准图书而来，我们则紧抓住此点不放。最终导致反同性恋公投提议以失败告终。当记者向一位公投提议的主要支持者询问公投提议失败的原因时，他回答说，我们不该将矛头对准图书。美国图书馆协会称俄勒冈州的运动取得了全美知识自由的最好成就。俄勒冈州人权联盟向俄勒冈图书馆员颁发了最高奖。

在接受《图书馆杂志》采访时，黛博拉·雅各布提到当年举行地方选举时，仍有人重提举行反同性恋公投建议，结果又遭失败。并表示图书馆员做好了今后继续为此而斗争的思想准备。

三、服务理念、管理风格与特质

（1）让居民成为图书馆的主人

正如黛博拉·雅各布在介绍其成功发行债券重建图书馆主馆的经验时所指出的那样，她致力于让全社区居民成为图书馆的主人。在她看来，民众知道如何管理图书馆，以何种方式建设和管理图书馆都应当倾听民众的意见，了解他们有哪些需求、希望图书馆提供哪些服务。不仅如此，在图书馆日常运行中，仍然贯穿着让居民做主的原则。图书馆每周细心安排 150 位志愿者到图书馆工作。志愿者来自 4 个不同的市民组织，图书馆负责管理维护志愿者服务咨询台，欢迎新到本市和图书馆的民众。这些志愿者帮助排架，认领自己的书架，到图书馆来独立整理图书。志愿者还承担为儿童讲故事的工作，并为图书馆一年一度面向儿童举办的在图书馆过夜特色活动提供帮助。那是没有家长参与的非常疯狂的一夜。

闲暇时，黛博拉·雅各布自己也参与公益活动，是一个积极的社区志愿者。获奖时，她担任本顿县儿童与家庭委员会主席一职已经 3 年。该委员会的"关注儿童项目"努力转变社区对向儿童和家庭提供社区服务的看法。这些服务包括但不限于以下方面：提供食品、住处以及强调适宜的托儿教育。该项目为学校封闭期活动筹集资金，在学校假日里，家长将孩子送去参加各种活动，自己则继续工作，充分相信孩子们不仅得到很好照看而且正在做着有用和有趣的事儿。

（2）热爱公共图书馆，以服务赢得好口碑

在接受《图书馆杂志》采访时，黛博拉·雅各布说自己作为一个公共图书馆员感到很幸运，从未想过到其他类型的图书馆工作。在她的领导下，图书馆以满足用户的需求赢得社区民众的支持和良好口碑，实现了与社区的良性互动。在图书馆服务的该县 7.29 万居民中，有 4.5 万人居住在科瓦利斯市内。用黛博拉·雅各布的话说，该市是一个完美的宜居之地。环境优美，作为俄勒冈州立大学所在地，图书馆理事会大多数成员都是在职或退休的大学教职员工。此地对文化的热情和教育的承诺非同一般。图书是居民投票表示愿意多掏钱的唯一对象。在当地进行的民意调查中，96% 的居民为图书馆打出了优秀和良好的评分。

1992 年 2 月，图书馆新落成的主馆开馆当天恰逢大雨天气，黛博拉·雅各布预计仅有数百位市民能来参加开馆仪式。出乎意料的是，竟有 1 万多位市民冒雨前来，充分显示了市民对图书馆的喜爱和支持。当地的报纸自豪地发文指出，通过大家对图书馆的态度可以评价社区的优劣。更有甚者，当地的不动产销售商会带领有意向购买房产者参观图书馆。来自图书馆服务覆盖的 2 个区的 4 位州立法机构的参选人无一例外地想与图书馆合作，都在图书馆的门廊拍自己的竞选宣传照。

（3）开朗、真诚、处事低调

从《图书馆杂志》专稿配发的照片看，黛博拉·雅各布温婉、端庄、和善。专稿指出，报道所述一系列成就和斗争也许会使人误以为黛博拉·雅各布是一个性格固执、心直口快、高调的演说家或激进的政客，但事实并非如此。她具有开朗、真诚、处事低调的个人品格。

制定图书馆总体规划的合作者之一、俄克拉荷马县大都市图书馆系统负责人李·布劳纳对黛博拉·雅各布的描述更加有特色：黛博拉·雅各布就像一台有想象力的无噪声发电机，从不打扰别人，具有自主性与前瞻性。她始终以“要是……又怎样”的方式提问，总是迅速地说“我不明白，请告诉我，它的原理是什么？它适合用在这里吗？”，她记录下一切，待到下次会面时让你认识到她已经了解每一件事，并继续推进。尤为突出的是，她并不会站在抢眼的位置夸耀取得的成绩，而是站在背后，在整个战略中施以援手。她用最少的资源完成了一切，即使她自己或许不会承认，但她会使政客遭遇地狱般的感受。

（4）勇敢坚毅，阳光自信

在抵制反同性恋公投的运动中，黛博拉·雅各布不顾个人安危，冒着触怒公众的风险站在反对公投的最前沿，由此招致一些对她个人以及她12岁儿子的辱骂，甚至还有死亡威胁。图书馆收藏的同性恋资料也遭毁坏。在此背景下，黛博拉·雅各布宣布自己并不是一个单身母亲，她和自己的伴侣——俄勒冈州立大学科瓦利斯分校图书馆负责公众服务的副馆长凯瑞勒·布彻尔（Karyle Butcher）还有自己的儿子组成了一个家庭。在接受《图书馆杂志》采访时她说，我们发现人们以为他们不认识任何以不同生活方式生活的人，如果我们不承认我们一起生活，他们就不会知道这一事实。（笔者由此推测黛博拉·雅各布本人或许是一位同性恋者。）

黛博拉·雅各布主张不能向市民和投票者隐瞒任何事情。在发动单独设立图书馆选区和为新建主馆发行债券的投票活动时，她拒绝其他人提出的在投票率低的时候寻求投票者同意的建议，认为应当在投票率高时进行，不应发动低覆盖面的活动。

在图书馆员反对同性恋公投提议引发一些关注的同时，黛博拉·雅各布和其他图书馆员利用该机会增大了图书馆的影响力。她将信息传达给其他选区。告诉信奉正统派基督教的牧师，图书馆要表明自己的收藏能满足所有人的需要，请他们列出图书馆应收藏的书目。当图书馆反馈信息告知所需书目已经有大多数被收藏后牧师们非常兴奋。他们并非要向图书馆员布道，只是想要优秀的基督教文学作品。这事实上对图书馆进行馆藏建设是有益的。

在回顾反同性恋公投运动和俄勒冈州图书馆协会的立法计划取得的成就时，黛博拉·雅各布指出：我们需要用政治手段解决面临的困难。上述运动中我们亲力亲为，参加立法机关召集的会议。选举帮助我们成为拳击手，这是所有图书馆员都应当扮演的角色。

四、提名与获奖缘由

提名黛博拉·雅各布获年度图书馆员的是俄勒冈州图书馆理事会主席乔治·贝尔（George Bell）。他在提名推荐信中指出，雅各布是一位热心、智慧、温和、幽默、说话柔和的领导者。通过平凡的运作，使她管理的图书馆步入全州最优图书馆之列，人均资金在全州居于首位。

《图书馆杂志》认为，黛博拉·雅各布1988年3月担任馆长后，经过不懈努力，在5年时间里完成了为期20年的总体规划；在没有新增资金的情况下，实现购书经费翻番；建设强有力的专业人员队伍，向他们灌输新的态度，强调用户服务，使得图书馆的参考服务利用率和流通借阅量实现了15年来的首次上升；成功发行债券募集主馆重建资金685万美元。上述一列成就足以使黛博拉·雅各布当选年度图书馆员。

在笔者看来，作为来自公共图书馆领导岗位的图书馆员，黛博拉·雅各布以对公共图书馆的热爱和对公共图书馆性质的深刻认识，在改变俄勒冈州科瓦利斯市与本顿县公共图书馆的面貌、保障整个俄勒冈州图书馆事业的可持续发展、捍卫知识自由等方面做出了突出的贡献，展现了杰出的领导力。尤其是她领导图书馆制订战略规划，用5年时间完成规划20年完成的工作，创造了高效率的奇迹。《图书馆杂志》授予她年度图书馆员的桂冠是令人信服的。

由此笔者联想到，我国很多图书馆在制订战略规划时，好大喜功，总停留在提出宏大的愿景，不落实保障愿景实现所需的中期、短期项目规划以及可分解的工作计划。因此，难免出现规划与现实脱节的现象。在此有必要强调一下：仅仅有愿景是远远不够的，图书馆管理者需要远见卓识，更需要行动力。需要具有坚韧不拔、善于沟通、使愿景得到各方的支持并且成为被用户和工作人员分享的共同追求的能力、魄力和人格魅力。

五、获奖之后

对黛博拉·雅各布而言，1994 年是她收获颇丰的年头，不仅获得《图书馆杂志》年度图书馆员奖，还获得了俄勒冈州图书馆协会颁发的年度图书馆员奖。

据美国《管理杂志》（*Governing*）网报道[①]，1994 年，美国华盛顿州西雅图市图书馆计划为重建图书馆系统发行 1.55 亿美元债券，发行债券的计划经公民投票被否决后，该馆馆长辞职。1997 年，黛博拉·雅各布被聘为西雅图市图书馆馆长。她在寻求市政管理者支持的同时，在 3 个月时间里走访全市每一个社区，参加了 100 多次社区会议，了解到之前的债券发行计划之所以被否决，是因为将建设重点放在市区中心，忽略了 22 个社区分馆。于是，她重新制定了高达 1.964 亿美元的普惠图书馆建设债券发行计划，与之前被否决的计划相比，该计划的分馆建设资金几乎成倍增加，于 1998 年顺利通过了公投，成为当时全美图书馆最大规模的单一税收措施。

不仅如此，黛博拉·雅各布还为建设新馆进行了卓有成效的募捐活动。1998 年曾亲自到微软公司创始人比尔·盖茨的父亲[②]位于西雅图的住所拜访。一番交谈后，老人问图书馆需要他儿子提供多少资金，黛博拉·雅各布说出了 2000 万美元这一庞大数字，最终成功获得微软公司的巨额捐赠。鉴于上述杰出成就，2001 年黛博拉·雅各布获得《管理杂志》主办的年度公职人员奖（Public Officials of the Year）。

随着资金的到位，黛博拉·雅各布开始领导并管理当时全美最大的公共图书馆系统建设项目，令多个分馆的面貌焕然一新。尤其值得一提的是，由著名荷兰建筑师雷姆·库哈斯设计的西雅图市公共图书馆系统中心馆成为皇冠上的明珠。

① 来源：Public Officials of the year 2001 Honoree Deborah L. Jacobs. http：//www. governing. com/poy/Deborah-Jacobs. html.

② 比尔·盖茨的父亲是一位退休律师，也是微软基金会的联合主席。

该建筑实现了对图书馆建筑的重新定义，使图书馆不再仅仅是与图书相关的文化机构，还作为各种新旧信息媒体的共存空间和场所，为公众提供自由阅读、交流互动乃至生活休闲的现代化开放空间。

在新馆设计和建设过程中，黛博拉·雅各布践行建设全民图书馆的宗旨，广泛征求公众意见，不仅举办开放日活动，还与 11 个用户小组和 37 个工作人员小组一起举办研讨班。据《管理杂志》报道，尽管有些公众不接受新中心馆大异于传统的设计，但因图书馆的设计建设程序合理，大家也没有怨言。据维基百科①，图书馆 2004 年落成后，2005 年获美国建筑师协会颁发的杰出建筑设计奖；在美国建筑师协会 2007 年主办的全美最受国人喜爱的 150 座建筑票选中名列第 108。此外，图书馆还赢得了《纽约客杂志》的高度赞誉，称之为本时代修建的最重要的新型图书馆。

2008 年，为庆祝年度图书馆员奖设立 20 周年，《图书馆杂志》回访 19 位年度图书馆员，并发布了相关报道。据该报道，黛博拉·雅各布当时仍担任西雅图公共图书馆馆长。在接受采访时她说，时至今日，我仍然认为自己决定成为图书馆员的日子是值得庆幸的，也是最令人惊异的事件。自己竭尽所能履行了自己的专业职责。

她指出，当今图书馆面临的最大的问题是司空见惯的。尽管美国图书馆协会一个接一个地推出试验项目，但是，31 年前自己刚成为图书馆员时面临的问题与目前并无二致，这就是缺乏充足的资金。黛博拉·雅各布提出的解决方案包括以下三方面：一是要花更多的时间教育城市管理者、县委会委员和州长；二是开设研究生课程，寻找强有力、具有领袖特质的潜在的图书馆员；三是在信息学院开设宣讲技巧课程。她本人亲自在位于西雅图的华盛顿大学信息学院讲授公共图书馆政治学与宣讲课程。

她对图书馆与青少年的接触和联系方面取得的成就印象深刻，认为在馆际合作方面还有改进的余地。并建议图书馆应当从在线社交网络的成功中吸取经验。她问道：为什么我们需要设立一个独特的网站或网页？大多数图书馆没有时间和

---

① 来源：The Seattle Central Library. https：//en. wikipedia. org/wiki/Seattle_Central_Library.

金钱去做同样的事情，为什么不做一些富有个性并有可能做得更好的事情呢？在笔者看来上述发问值得深思。

另据非营利电子期刊《横断面》(*Crosscut*)2008年4月25日报道①，黛博拉·雅各布发布了一则简短的声明，宣布自己将于7月3日离开西雅图公共图书馆加入比尔与梅琳达·盖茨基金会，着手将图书馆带到世界上那些很难获得图书的地方。笔者通过网络检索发现，2015年11月黛博拉·雅各布曾出席一个名为未来图书馆发展方向的讨论会。该会议报道中显示她在比尔与梅琳达·盖茨基金会担任全球图书馆项目主任②。据比尔与梅琳达·盖茨基金会网站介绍，全球图书馆项目的目标是利用相关技术将全球32万座公共图书馆装备为重要的社会资产及主要信息提供者，旨在到2030年提高全球10亿"信息闭塞"人口的生活质量③。

综上所述，获奖后的黛博拉·雅各布在不同的岗位上持之以恒地为图书馆事业奉献自己的激情和才智，取得了更大的成就，赢得了更多荣誉。她的所作所为无愧于年度图书馆员的称号。

---

① KAMMERER K. Appraising the Deborah Jacobs revolution at Seattle libraries [EB/OL]. [2008-04-25]. http://crosscut.com/2008/04/appraising-deborah-jacobs-revolution-at-seattle-li/.

② 来　源：Jacob Brogan. Will libraries outlive books?：a future tense event recap?. http://www.slate.com/blogs/future_tense/2015/11/13/will_libraries_outlive_books_a_future_tense_event_recap.html.

③ 更多详情可以查看全球图书馆项目中文网页。来源：全球图书馆策略概览. http://www.gatesfoundation.org/zh/What-We-Do/Global-Development/Global-Libraries.

日后成为美国国会图书馆掌门人的年度图书馆员（1995）

1996 年 1 月《图书馆杂志》公布了 1995 年度图书馆员评选结果，获奖者是美国马里兰州巴尔的摩市艾诺克普拉特免费图书馆（Enock Pratt Free Library，EPFL）馆长卡拉·海登（Carla D. Hayden）①。她是获得该奖项的首位非洲裔图书馆员。《图书馆杂志》1996 年第 1 期不仅将卡拉·海登的大幅照片刊登在杂志的封面，还用 3 个版面的篇幅对其业绩、经历等进行了图文并茂的报道。从《图书馆杂志》专稿配发的照片看，卡拉·海登留超短发，年轻、漂亮，脸上洋溢着开朗、知性的笑容。

一、教育背景与职业生涯②

卡拉·海登 1952 年 8 月 10 日出生于美国佛罗里达州首府塔拉哈西市。幼年在纽约皇后区度过。10 岁时父母离异，她跟随母亲迁往美国伊利诺伊州芝加哥市生活。芝加哥成为她成长、接受教育、开启职业生涯的故乡。

位于芝加哥的罗斯福大学（Roosevelt University）是卡拉·海登本科就读的学校，那时她所选择的专业为政治学与非洲历史，1973 年获学士学位。同年，卡拉·海登开始在芝加哥公共图书馆工作，最初担任儿童图书馆员助理；1977 年获芝加哥大学图书馆学硕士学位，升职为芝加哥公共图书馆儿童图书馆员；1979 年至 1982 年担任芝加哥公共图书馆青年服务协调员。1982 年至 1987 年，在芝加哥科学与工业博物馆（Museum of Science and Industry）担任图书馆服务协调员。1987 年获芝加哥大学图书馆学博士学位后，任匹茨堡大学信息学院副教授。1991 年至 1993 年，担任芝加哥公共图书馆副馆长。1993 年 7 月起担任美国马里兰州巴尔的摩市艾诺克普拉特免费图书馆执行馆长。获奖时，卡拉·海登在该馆工作还不到 3 年时间。

---

① BERRY J N. Carla D. Hayden—Library Journal Librarian of the year 1995［J］. Library journal，1996，121（1）：36—38.

② 除参考《图书馆杂志》的特稿外，此部分内容还参考了维基百科（来源：Carla Hayden. https：//en. wikipedia. org/wiki/Carla_Hayden）和盖尔出版社出版的《当代美国黑人传记词典》（*Gale Contemporary Black Biography*）。

二、工作业绩

（1）迎难而上，制订图书馆战略规划

位于巴尔的摩市的艾诺克普拉特免费图书馆是美国东部一座有着悠久历史的城市图书馆。然而，早在卡拉・海登就任艾诺克普拉特免费图书馆馆长之前，这所曾经在全美享有盛誉的图书馆的处境却每况愈下，面临一系列令人生畏的挑战。由于预算缩减，服务时间大幅减少，工作人员士气低落，许多人怀疑这所老图书馆是否还有前途，甚至谈论以外包方式从邻近的县为巴尔的摩市中心区购买图书馆服务。就在这种背景下，卡拉・海登勇敢地接下了馆长的重担。

就任伊始，卡拉・海登及其团队通过调研制定多层次战略规划凝聚共识，精准地阐述了建设现代化城市图书馆预期。在三年规划中将艾诺克普拉特免费图书馆的使命和宗旨简要概括为：提供信息资源的存取，工作人员和服务都要针对巴尔的摩和马里兰州民众对知识的追求做出及时反应。将信息、教育和知识作为图书馆的业务。对图书馆发展愿景的描述是：到 2000 年，让宏伟的老艾诺克普拉特重新居于美国图书馆的领先地位。由此，海登及其团队开始了彻底改造艾诺克普拉特免费图书馆的征程，他们尊重并重新创造该馆过往的精神，恢复了彪炳史册、引以为傲的敢于冒险变革、创新的意愿。

（2）实施部门重组，提供信息存取与网络服务

由约翰・霍普金斯大学出版社出版的戴维・腊斯克（David Rusk）的二部著作《无限的巴尔的摩》（*Baltimore Unbound*）和《没有郊区的城市》（*Cities Without Suburs*），对卡拉・海登产生了影响。她赞同书中的观点：作为东部老城区，巴尔的摩无论从经济上还是物理上都没有扩张的空间。城市的变化不可避免地对图书馆管理产生了影响。在包括巴尔的摩在内的美国许多地区，乡村 / 郊区图书馆与城区图书馆进行着激烈的资源竞争。

在卡拉・海登领导下，艾诺克普拉特免费图书馆在竞争中赢得了一些胜利。在经历部分重组后，该馆设立了信息存取部，获得了州政府授予的管理向公共图书馆及其用户提供服务的州际电子网络（Sailor Network）的合同。该网络日访问量达 3 万次。尽管当时（20 世纪 90 年代中期）的网络应用尚未使该馆被全州每一个图书馆员知晓，但是，图书馆通过网络的运营管理不仅服务于全州，而且为

本地提供了更多服务。其中，就包括为市政府和市长办公室提供电子邮箱服务。

在接受《图书馆杂志》采访时卡拉·海登自豪地说，图书馆作为基础电子信息提供者为巴尔的摩市政府和市长办公室提供服务。就在她得知自己获得年度图书馆员奖的当天，图书馆的技术人员正在为市政办公室接通网络。巴尔的摩市长库尔特·施莫克（Kurt Schmoke）的电子邮箱地址中就包含艾诺克普拉特免费图书馆的英文缩写字符 @EPFL。

（3）引进技术，整合图书馆资源建设与采购流程

除了网络服务外，图书馆新设立的信息存取部还负责管理图书馆的流通、馆际互借和资料加工与采访系统。卡拉·海登将上述综合技术用于整合图书馆资源建设与采购流程，使馆藏图书从订购到上架所需时间缩短了 50%。许多情况下，全部过程在一周或者不到一周便可完成。图书也能直接配送到 28 家分馆。由于新书能够更快上架，使得艾诺克普拉特免费图书馆之前不断下降的流通量开始回升。

在笔者看来，图书馆的图书上架速度的改进是值得赞许的。反观我们的图书馆是如何做的呢？读者反映图书馆的新书上架迟缓是一个普遍存在的问题，这才导致大量的读者去书店看书。我们需要贴近读者的改动也许就是一个业务流程的改进和整合，这与资金无关，重要的是指导思想和相应的指标改变。

（4）挖掘服务潜力，以特色项目带动服务的普及和提升

为了使图书馆的服务更加贴近特定群体的需求，卡拉·海登主导发起了多个特色项目，取得良好的效果。这些项目包括：

（1）处于危险状态儿童的电子素养项目（Electronic Literacy Program for Children at Risk）。美国《学校图书馆杂志》曾以特稿刊发该项目的相关报道。

（2）流动图书馆项目。增添一辆新的流动书车，扩大流动图书馆服务。图书馆还用一辆全部接好电线的厢式货车，在继续向传统的公寓大楼以及老年人与自闭症患者（shut-ins）群体等提供服务的同时，新增了娱乐中心、日托中心、夏令营和圣经学校等流动服务点。

（3）学生服务项目（Student Express）。具体操作是，在图书馆设立多媒体中心，为初中和高中学生提供作业辅导、计算机培训、就业与升学指导。截至获奖时，该馆的每一所分馆都开设了类似的中心。与此同时，参加暑期阅读活动的儿

童增加了36%。（可见公共图书馆的服务不是没有价值，而是图书馆是否愿意挖掘服务潜力创造价值。）

（4）警务人员服务项目。作为老城区图书馆，各个分馆的治安维护一直是艾诺克普拉特免费图书馆所关注的问题。针对警察在执勤时没有小憩之处，不便填写执勤记录、放松身心等问题，图书馆独出心裁地创立了为警察提供咖啡项目，通过一个项目解决了两方面的问题。具体做法是，在每一个分馆内辟出空间摆放桌子，当警察巡查至图书馆时，为警察免费提供一壶咖啡，使其能在安静的场所填写执勤记录，并享用咖啡。警察们很喜欢这一创意，图书馆里的每一个人都因有警察在身边而感到安全和放松。

由此可见，公共图书馆的服务不是没有价值，而是图书馆是否愿意挖掘服务潜力创造价值。为警务人员提供咖啡服务就是一个很好的案例。

三、服务理念、管理风格与特质

（1）作为城市公共设施的图书馆必须得到充分利用

卡拉·海登在接受《图书馆杂志》采访阐释该图书馆的服务理念时指出，艾诺克普拉特免费图书馆的创始人艾诺克·普拉特（Enoch Pratt）对图书馆的捐赠所附带的条件包括市政当局必须用公共资金资助图书馆、图书馆服务必须免费。创始人的这种理念得到了卡内基的传承。我们不仅把自己看作城市机构，更看作是城市公共设施，是类似街道一样不可或缺的城市公共信息设施。

正是秉承这一理念，卡拉·海登不喜欢像其他图书馆那样用政治手段应对预算削减。她认为采取关闭图书馆的方式应对预算缩减会伤害图书馆。上任后尽管面临预算持续紧缩，她仍然决定在周六的高峰时段恢复所有分馆的服务。在万不得已的情况下，她选择在读者较少的日子闭馆，让有些分馆做到包括周六在内每周5天开放。尽管有些工作人员对这种做法持抵制态度，但是卡拉·海登毫不动摇，坚称必须确保对图书馆所拥有的一切予以充分利用。在接受《图书馆杂志》采访时她指出，当然，我们需要更多资金，即便拨款不能马上大幅增加，我认为我们也能保持目前的服务状态。

（2）通过筹集资金让图书馆做更多的事情

卡拉·海登重视筹款，上任后首先与社区居民及理事会合作，从巴尔的摩市为图书馆争取预算外拨款120万美元，同时筹集了近一千万美元的补助资金和私人捐赠。在她看来，上述努力不仅是为了筹集更多钱款，而是令图书馆更加努力用所得到的资源做更多的事情。

本着筹钱仅是手段，做事才是目的这一理念，卡拉·海登在完成图书馆综合设施研究的基础上，筹划择机发起一项重大资金募集活动以落实研究提出的建议①。

（3）以建设性方式参与解决经济问题

卡拉·海登认为，图书馆在经济复苏中发挥重要作用。假如某地要成为一个强大的地区，公共资金必须保持稳定。假如要让人们拥有房屋，就要配套好的学校、清洁的环境和良好的图书馆来支撑其财产价值。

在谈到如何应对巴尔的摩的经济困难时，卡拉·海登指出：图书馆不应预先做好被孤立的准备，而是必须成为解决方案的一部分。当我们像市中心的商业合作伙伴一样参加社区改进会议时，人们都感到惊诧。图书馆努力参与所有经济问题的讨论，讨论巴尔的摩的经济以及对艾诺克普拉特免费图书馆税收支持的前景。图书馆的上述努力都是着眼于帮助解决问题。例如，美国住房与城市发展部在该市设立三个授权特区项目，图书馆被纳入项目之中，成为基本构成部分。上述三个中心的建设构思是基于古老的非洲谚语“举全村之力抚养一个孩子”而提出的。

（4）妥善处理继承与创新的关系，身处逆境，志存高远

作为新任馆长，卡拉·海登沿着诸多伟大前任的足迹前进，从具有光荣历史的老图书馆寻找新图书馆的灵感。但是，她并不止于寻求过往行之有效的答案，也不希望简单恢复这所宏大的老图书馆以往的荣光，而是在继承传统的基础上施展自己独特的创新。

她反思并重塑对年轻人提供主动服务的方法，重复她最喜爱的该馆前领导人玛格丽特·爱德华兹（Margaret Edwards）一流的工作。她在继承并重新评估该馆馆藏的同时，彻底改变了馆藏的管理方式。她在约瑟夫·惠勒（Joseph Wheeler）规划设计的宏伟的中心馆办公，将其再次作为打造美国公共图书馆新品牌的熔炉。

---

① 卡拉·海登就任艾诺克普拉特免费图书馆馆长时，该馆的28家分馆均为1971年之前的建筑。当时仍在开放的分馆有2个建成于1890年。由于历史久远以及使用模式的改变，已经无法适应最新的需求。

尤为突出的是，卡拉·海登关注巴尔的摩当下的需求和时代的要求，准确把握该图书馆的定位，要把它设计为新型的城市图书馆，向合适的人提供信息和各种活动场所，解决城市中心区面临的一系列棘手问题，使之成为高效能的城市图书馆的新典范。

当接受《图书馆杂志》的采访被问到她将在这个艰巨的工作岗位待多久时，卡拉·海登回答说：自己愿意看到规划和一些项目顺利实施并按计划完成，非常渴望自己成为艾诺克普拉特免费图书馆历史传奇的一部分。唯一的希望是自己能知道将于何时告别这一舞台。

（5）基于理想情怀直面风险和挑战

《图书馆杂志》的专稿开篇指出，这是一个巨大的挑战。卡拉·海登冒着专业和职业生涯的风险接受前景黯淡的艾诺克普拉特免费图书馆馆长一职，以至于有人开玩笑说，她应当为接受该职位而获昙花一现奖。

然而，看似出乎意料的选择却有着深层的原因。卡拉·海登自20世纪70年代中期起，就与这所具有悠久历史的图书馆结下了不解之缘。在芝加哥大学图书馆学院攻读硕士和博士学位期间，她以这所具有光荣历史的图书馆为研究对象，对该图书馆改变美国图书馆事业面貌的诸多领导者的事迹了如指掌；知晓艾诺克普拉特免费图书馆历史上在本地和全美所具有的不可思议的领导地位；知道该图书馆数十年来都是美国大型城市图书馆的领先创新者，无论是利用典范性的分馆服务和新的富有创造性的儿童图书馆为巴尔的摩社区提供服务，还是所采取的开明的政策与实践，在当时都代表了领先的新型管理与治理风格，铸就了历史的辉煌。

正是基于学习研究图书馆管理过程中对艾诺克普拉特免费图书馆的了解，以及让处于衰败中的图书馆重新焕发活力、恢复领导地位的理想和情怀，促使卡拉·海登勇敢地面对挑战与风险。她坚信，一旦具有悠久历史的图书馆恢复活力，就可以再次成为城市公共图书馆管理的新典范。从她身上充分体现了图书馆榜样人物和专业文化传承的巨大影响力。

（6）具有牺牲精神和职业责任感

1993年，卡拉·海登面临的职业选择并不仅限于艾诺克普拉特免费图书馆。

当时，担任芝加哥公共图书馆副馆长的她，有机会名正言顺地升任该馆馆长。因此，留在芝加哥公共图书馆发展，还是接受艾诺克普拉特免费图书馆馆长的职位，对她而言是一个艰难的抉择。基于理想情怀选择艾诺克普拉特免费图书馆馆，意味着拒绝担任自己长久生活、工作的故乡芝加哥公共图书馆的馆长，意味着做出个人牺牲——离开家乡，离开自己接受教育、通向职业生涯最高层级之路的城市，还意味着搁置自己长期以来教书和学术研究的梦想。（事实证明，芝加哥果真铺就了卡拉·海登通向职业生涯最高层级之路。就是在芝加哥，她结识了奥巴马和他的夫人米歇尔，20 多年后，获得奥巴马总统的提名，成为美国国会图书馆馆长。）

就两个图书馆当时的状况而言，芝加哥公共图书馆已经因新建的宏大的新中心馆和恢复分馆的计划走向振兴，而巴尔的摩图书馆的劣势是显而易见的。在谈到职务选择面临的艰难抉择时，卡拉·海登指出，图书馆理事会的支持使事情变得不同。促使她做出决定的是巴尔的摩新成立的独立的图书馆理事会做出的强有力的承诺，以及该图书馆在历史上具有的独一无二的领导地位。此外，巴尔的摩的政治氛围不同于芝加哥。尽管在此需要发挥包括政治技巧在内的所有技能，但是，前景有别于芝加哥。理事会感兴趣的是建设强大的相关图书馆服务，这与她的职业理念更加契合。

（7）具有超强的社会活动能力，研究与管理才能俱佳

卡拉·海登发表过多篇专业论文和演讲，在担任芝加哥公共图书馆副馆长一职期间，于 1992 年出版书目著作《文化探险：多文化资料与项目资源图书》①。

担任艾诺克普拉特免费图书馆馆长 2 年多的时间里，卡拉·海登经过不懈努力，在巴尔的摩树立了良好的社会形象，被任命为巴尔的摩市联合慈善活动主席。此外，她还兼任城市图书馆理事会理事、美国图书馆协会认证委员会主席、信息高速公路委员会委员、公共图书馆协会立法委员会委员等图书馆界专业组织机构的要职；担任多家研究院所以及非营利组织机构的理事会理事。例如，美国城市心理学研究协会（the American Institute of Urban Psychological Studies）、肯尼

---

① HAYDEN C D. Venture into cultures：a resource book of multicultural materials and programs［M］. Chicago：American Library Association，1992.

迪－克雷格学院（Kennedy-Krieger Institute）、马里兰非洲裔美国人历史博物馆（Maryland Museum of African American History）、基督教女青年会（YWCA）以及纽约富兰克林与埃莉诺罗斯福研究所（Franklin Eleanor Roosevelt）等。

四、获奖缘由

《图书馆杂志》专稿的标题是：为老旧的东部城市图书馆树立新榜样。其中指出，如果说包括卡拉·海登在内的一代代图书馆员和图书馆学院的学生，在接受教育的过程中，一直通过观察艾诺克普拉特免费图书馆了解图书馆管理的本质的话，20 世纪 90 年代初，当时的领导人恐怕早就告诉卡拉·海登上述情形是根本不可能再现的。巴尔的摩已经成为一个衰落、垂死的城市。1993 年的巴尔的摩艾诺克普拉特免费图书馆，仅仅是处于过往辉煌时光的阴影之中。卡拉·海登不顾当下的口碑，依据历史接下了馆长的职位和风险。在短短两年半的时间里，卡拉·海登带领图书馆的员工为完成规划迈出了巨大的步伐，这就是她被提名为 1995 年度图书馆员的原因。

卡拉·海登将巴尔的摩市民引以为傲的伟大的图书馆，美国图书馆学的范式和神殿，置于新型管理之下，准备承受因修复、更新并重新创造逝去的辉煌而需要面对的风险。仅仅是努力兑现对伟大且日趋没落的艾诺克普拉特免费图书馆的承诺就足以使卡拉·海登成为合格的年度图书馆员候选人。卡拉·海登在此岗位工作两年所取得的一系列成就，为其赢得了 1995 年《图书馆杂志》年度图书馆员的称号。上述经历对那些身陷困境的东部老城区的图书馆具有特殊借鉴意义。

在笔者看来，优秀的图书馆员，尤其是那些担任馆长职务的图书馆员，都具有社会活动家的特质。卡拉·海登的敬业、胆识、理想和情怀，铸就了她的成功之路。在短短两年多的时间里完成了大量的创造性工作，是当之无愧的图书馆员的标杆人物。

五、获奖之后

据维基百科和盖尔出版社出版的《当代美国黑人传记词典》（*Gale Contemporary Black Biography*）记载，卡拉·海登 2002 年担任美国图书馆协会副主席，2003—2004 担任主席。在 2003—2004 年担任美国图书馆协会主席期间，她选择的主题是“平等获取”。

此外，她还站在公众立场上对美国《爱国者法案》第215条赋予司法部和美国联邦调查局获取图书馆用户记录的权力提出异议，领导了一场保护图书馆用户隐私的战斗，主张确保安全和个人自由的平衡。鉴于她捍卫每一个美国人权利的言行，2003年被美国《女性杂志》选为2003年度女性人物（2003 Woman of the Year）。2013年因其对图书馆事业的杰出贡献获美国图书馆协会颁发的约瑟夫·利平科特奖（Joseph W. Lippincott Award）。2016年入选《财富》杂志全球50位最伟大的领导者榜单，名列第25位[①]。

2008年1月，为庆祝年度图书馆员奖设立20周年，《图书馆杂志》回访19位年度图书馆员，并发布了相关报道。据该报道，在《图书馆杂志》1995年对卡拉·海登进行获奖访谈时，她才担任巴尔的摩艾诺克普拉特免费图书馆执行馆长两年时间。此后的13年里，她所在的图书馆历经一系列波折起伏。最低点是2001年图书馆宣布关闭26家分馆中的5个分馆。最高点是那些充满挑战的日子里，社区公众让政府了解到图书馆是何等重要。图书馆收到的捐款增加了17%，这部分归功于两项百万美元的捐赠。2007年，艾诺克普拉特免费图书馆新开了2个分馆，打破了35年的历史记录。该报道在提到卡拉·海登担任过美国图书馆协会主席，获得过美国《女性杂志》年度人物称号时，称赞她是天生的领袖人物。

在接受《图书馆杂志》的采访时，卡拉·海登表示自己受到新一代图书馆员首创精神的鼓舞，正在思考如何将原有的东西与新东西融合，实现顺畅连接。目前在新旧融合方面还存在欠缺。她认为，新一代图书馆员推动并引入了新事物，他们考虑问题与我们有很大不同，积极主动，善于吸取实践经验。遗憾的是，有些人不考虑过去的实践，行事过于前卫（powering ahead）。虽然我们原来做事的许多方式已经不再适用，但是，这不是非此即彼的取舍问题，而是接续式演进。在结束采访时她指出：我想让图书馆系统做好准备，继续保持有序变化的力量。事实上，我想为演进助一臂之力，让成长和改变制度化。

2015年巴尔的摩发生大规模骚乱。卡拉·海登临危不惧，在图书馆对面的一间杂货店被纵火焚烧的情况下，决定继续开放图书馆，显示了超常的胆识和

---

① 来源：Fortune. The world's 50 greatest leaders. http：//fortune. com/worlds-greatest-leaders/2016/.

魄力。事后证明，骚乱的人群并没有冲击图书馆。这恰好说明在卡拉·海登的领导下，图书馆长期作为资源中心服务于巴尔的摩社区，在人们心中享有神圣地位。

2016年，在担任艾诺克普拉特免费图书馆馆长23年后，卡拉·海登的职业生涯迎来历史性重大转折。2016年2月24日，美国总统奥巴马提名卡拉·海登担任美国国会图书馆第14任馆长。白宫发布的新闻稿引用了奥巴马的话说：卡拉·海登在芝加哥公共图书馆工作时，夫人米歇尔和我本人就与其相识。自己为提名海登担任第14任国会图书馆馆长领导美国最古老的联邦机构而感到自豪。卡拉·海登为使每一个人参与当今的数字文化，将自己的职业生涯奉献给了图书馆的现代化。她具有令人信服的经历、成就以及对美国图书馆服务国家的深厚知识，这就是我期待在今后的岁月与她一起工作的原因。对卡拉·海登的提名一旦获得认可，她将成为有史以来第一位担任国会图书馆馆长的女性，也是首位担任国会图书馆馆长的非洲裔美国人。

提名消息公布后，美国140多家图书馆、出版机构、教育和学术组织联合签署了一封支持卡拉·海登就任国会图书馆馆长的公开信。信中指出，海登博士将为该职位带来专业技能和感受力，国会有机会为国会图书馆和国家配备拥有上述复合才能的人选。

2016年7月13日，美国国会参议院以74票赞成、18票反对通过了卡拉·海登担任美国国会图书馆馆长的提名。2016年8月卡拉·海登卸任巴尔的摩艾诺克普拉特免费图书馆馆长一职，于当年9月14日宣誓就职美国国会图书馆馆长。

卡拉·海登的就职创造了美国国会图书馆馆长任职的多项纪录。尽管美国图书馆员中女性占80%以上，但在200多年的时间里，国会图书馆馆长一职一直由男性白人担任。卡拉·海登是首位女性馆长，也是首位非洲裔馆长。不仅如此，历史上担任该职位的多是学者和历史学家。卡拉·海登作为专业图书馆员，她的就职续写了60多年之前由图书馆员担任国会图书馆馆长的历史①。

卡拉·海登到国会图书馆走马上任后表示，自己会将开放国会图书馆宝藏的运动继续下去。初期将主要致力于建设和保有工作人员队伍，之后的5年还将聚焦于馆藏的数字化，确保至少1.62亿件馆藏中的一半，尤其是珍贵馆藏的数字化。

美国图书馆协会主席朱莉·托德（Julie Todar）在新闻发布会上指出，卡拉·海登是因特网问世以来首位就任的国会图书馆馆长，她希望在任期内实现国会图书馆的馆藏保存和获取的现代化。此外，卡拉·海登对图书馆在正规教育、基于社区的学习、个人提升机遇和社区进步方面发挥的集成作用有着深刻的理解。相信通过她远见卓识的领导，国会图书馆在成功保存美国文化记录的同时将对社会快速变化的信息环境做出迅速反应。她愿意深入华盛顿特区以外，尤其是农村地区的民众，并向有视觉障碍的民众提供可检索的资源类型，她的另一个主要目标是改善国会图书馆的基础设施和技术能力。2017年2月，卡拉·海登提出了通过提升技术，让国会图书馆馆藏在全球可以被浏览、下载的计划。同时，也决定重新设立流动书车，为城郊的民众提供利用国会图书馆的实体馆藏和电子资料与设备的机会。

在笔者看来，卡拉·海登长期在基层公共图书馆工作的经历以及所具有的亲民风格，将给国会图书馆带来新风气。尤其值得指出的是，卡拉·海登获奖之后所取得的成就，更加彰显了《图书馆杂志》授予她1995年度图书馆员的桂冠是非常有远见的。

---

① 据维基百科词条，最早担任美国国会图书馆馆长的图书馆员是乔治·赫伯特·普特南（George Herbert Putnam）。他生于1861年9月20，卒于1955年8月14日。1883年毕业于哈佛大学，之后就读哥伦比亚大学法学院。1887年在明尼阿波利斯的Athenaeum开始图书馆员职业生涯，1888年当选明尼阿波利斯公共图书馆馆长；1895年担任波士顿公共图书馆馆长；1899—1939年担任第八任国会图书馆馆长，任期长达40年。在任期间，他创立了《美国国会图书馆分类法》，并于1898和1903—1904年两次担任美国图书馆协会主席。来源：George Herbert Putnam. https：//wiki2. org/en/Herbert_Putnam.

通过继续教育成功跨界的年度图书馆员（1996）

1997 年 1 月《图书馆杂志》公布了 1996 年度图书馆员评选结果，获奖者是总部位于美国佛罗里达州迈尔斯堡（Fort Myers）的李县图书馆系统（Lee County Library System）图书馆馆长多萝西・M. 施廷格（Dorothy M. Schirtzinger）①。《图书馆杂志》1997 年第 1 期不仅将多萝西・施廷格的大幅照片刊登在杂志的封面，还用 3 个版面的篇幅对她的业绩、经历等进行了图文并茂的报道。从《图书馆杂志》配发的照片看，多萝西・施廷格开朗、知性、端庄，充满活力。

一、教育背景与职业生涯

多萝西・施廷格长期生活在俄亥俄州，在美国西部农村地区度过自己成长的岁月。她的父亲是该州的农业推广代理人，也是俄亥俄州的乳业科学教授。

多萝西・施廷格从事书馆工作的渊源可以追溯到她读小学的时候。在接受《图书馆杂志》采访，被问及担任图书馆员多久时，多萝西・施廷格笑着说：我喜欢回答这个问题。我从 11 岁开始接触图书馆工作。那时，曾利用周末时间帮助英语老师将学校看门人的房间改造成了学校的图书馆。此后，便一直以各种方式从事图书馆工作。但是，在职业等级界限明晰的美国，只有在通过美国图书馆协会认证的图书馆学及信息学高等教育机构获得相关硕士学位才能具有图书馆员的任职资格。因此，获得图书馆学硕士学位成为她萦绕心头多年的渴望。

与大多数获奖的年度图书馆员不同，多萝西・施廷格年轻时并没有入读全日制图书馆学专业院校。她很早就结婚生子，当她的 3 个儿子年幼时，自己在俄亥俄大学图书馆从事全职工作，边工作，边在俄亥俄大学奇力科西校区开始图书馆学本科课程的学习，通过继续教育完成了本科学业。之后，就职于俄亥俄州奇力科西和罗斯县公共图书馆（Chillicothe and Ross County Public Library，简称 CRCPL），担任副馆长和外展服务部主任。此时的她并没有获得图书馆学硕士学位，属于破格任用。

---

① BERRY J N. Dorothy M. Schirtzinger—Library Journal Librarian of the year 1996［J］. Library journal，1997，122（1）：40—42.

多萝西·施廷格在接受《图书馆杂志》采访时说，丈夫读硕士学位时，自己要工作支撑家人的生活，直到25年后才轮到她自己读书。1978年，当那段婚姻已经结束，儿子也长大成人后，她到佛罗里达州西部的港口城市坦帕，开始在南佛罗里达大学图书馆信息学院读书，最终得到了长久渴望的图书馆学硕士学位。毕业前3个月，她曾前往李县图书馆系统参加求职面试。因为一直没有接到回复，便将此事放在脑后。就在拿到学位准备返回原来就职的俄亥俄州奇力科西和罗斯县公共图书馆时，她接到了来自李县图书馆的电话，通知她前去任职。

1980年，多萝西·施廷格开始在李县图书馆工作。最初她的职级为图书馆员3级，而且定义有些模糊，工作职责包括图书馆系统的推广和外展服务。1980年年底她被任命为李县图书馆系统执行馆长，1981年6月被任命为李县图书馆系统常务馆长。获奖时，已在该馆工作了17年。

二、工作业绩

（1）建设李县图书馆系统

多萝西·施廷格初到李县图书馆工作时，在任图书馆馆长是一位该馆历史上首个具有图书馆学专业学位的男性馆长，在其任期内（1976—1980），致力于将一些分散的小型图书馆组建为县图书馆系统。1980年年底，前任馆长退休，多萝西·施廷格接任馆长一职，她以强烈的事业心和专业图书馆员的敬业精神，持续推进图书馆系统的建设，使之发生了巨大变化。从以下统计数据可以看出在多萝西·施廷格领导下图书馆所取得的突出成就。

1981年，李县图书馆系统的工作人员仅有23人。1996年多萝西·施廷格获奖时，李县图书馆系统的工作人员已达191人。

1981年，李县图书馆系统的馆舍只是8座窘迫的楼房。多萝西·施廷格获奖时，该馆已有11家欣欣向荣的分馆。其中有10座建筑在多萝西·施廷格任职期间得到更新和扩建，仅1995和1996年，李县图书馆系统就增加了4645平方米空间，全部重新改建的主馆也于1997年开放。在接受《图书馆杂志》采访时她认为，该馆仍然空间不足，但是要比过去好了很多。

1981年，李县图书馆系统的预算为50万美元，1996年，李县图书馆系统的预算增长至1160万美元；财产税税率从1992—1993财政年度的1000美元0.4766

美分增长至 0.5755 美分；此外，图书馆还从佛罗里达州立图书馆管理的州图书馆项目得到资助 81.5133 万美元。

（2）成功申请并利用联邦项目提升图书馆的教育职能

李县图书馆系统将教育作为重要使命。多萝西·施廷格在任期间，通过系统调研和规划，成功申请一系列依《图书馆服务与建设法案》（LSCA）设立的项目，创造性地将使用种子基金与获得并使用联邦图书馆资助资金有机结合，卓有成效地拓展图书馆的教育服务。

围绕改善并促进馆藏科学与技术资源的利用，李县图书馆系统成功申请 LSCA 项目。截至获奖时，在历时 4 年的时间里，获得了总额 22.1565 万美元的 LSCA 专项资助。该项目集成多个馆内和馆外推广项目和培训课程。项目工作人员在中小学做了 834 场演讲，听讲学生人数达 2.8145 万名。另有 73 个图书馆讲座和项目聘请本县工程师和科学家作为项目主持人和负责人，听讲学生达 5700 名。

在多萝西·施廷格获奖时，还有一个始于 LSCA 资助的项目正在进行中。其内容包括：在七所监狱设立寄存馆藏并提供流动图书馆服务；为满足当地居民查询信息的需求，建立社区信息与参考数据库；建设支撑有关药物滥用和环境教育的专题馆藏。

此外，该馆承担的“科学与发明的关联”（The Science and Invention Connection）项目被视为 LSCA 的样板项目，在佛罗里达公共图书馆馆长会议上曾就该项目做过专题介绍。

（3）促成联邦资助项目的本地化与可持续发展

在精准策划并成功申请联邦资助的基础上，多萝西·施廷格围绕项目的本地化做了大量工作，致力于将始于联邦拨款资助的试验性项目转变为由地方基金资助的图书馆常规业务与服务项目，在此方面显示了出众的能力，也使《图书馆服务与建设法案》资助项目在李县图书馆系统的发展令人瞩目。

李县图书馆系统对自动化的投资是从 LSCA 对回溯转换项目的资助开始的。该项目为李县图书馆系统参与佛罗里达图书馆和信息网络（FLIN）的合作铺平了道路。1984 年获得第二笔拨款，用于资助该馆成为 FLIN 成员。历经十多年的时间，截至获奖时，多萝西·施廷格本人和她领导的图书馆一直是佛罗里达图书馆和信息网络的活跃成员。

1993年，李县图书馆系统在LSCA专项资金的资助下开始设立成人扫盲项目。项目内容包括培训辅导教师，安排聘任辅导教师，并为新发展的成年人读者和辅导教师建设了内容丰富的馆藏资源。之后，李县继续为该项目提供资助，使其规模不断扩大。《图书馆杂志》采访时得知，李县图书馆系统刚完工的一所以非裔美国人为主的社区分馆将作为实施该项目的新场所。

1992年，李县图书馆系统策划的面向年长者和其他闲居家中居民的邮寄借书服务项目获得LSCA专项资助，开始向52所养老设施的450名个人和护理员提供服务。项目结题后，图书馆通过工作流程整合，利用李县本地提供的资助，使该服务项目得以持续。

1986年，李县图书馆系统利用LSCA项目拨款建设了一个“有声读物图书馆”（The Talking Book Library），这是专为李县的盲人和其他有身体残障的人士开办的图书馆。第二笔资助资金用于图书馆向服务对象定期提供简报并招聘培训志愿者。上述2个项目依靠李县提供的资助而延续了下来，在《图书馆杂志》的专稿刊发时仍未停止。

此外，李县图书馆系统还获得一笔LSCA资助用于在所有分馆设立计算机终端（TTYs），用于培训工作人员帮助李县的听力障碍人士和耳聋居民。建设了有关耳聋文化、听力受损以及沟通技巧方面的馆藏资源。项目结题后，李县图书馆系统一直继续维护上述馆藏，并为馆藏的利用提供助听设备。

《图书馆杂志》的专稿评价道，显然，多萝西·施廷格领导李县图书馆系统很好地利用联邦资助，成为美国图书馆界利用联邦政府资助为本地提供良好、高效图书馆服务的样板。这样一来，LSCA所拨付的资金通过李县图书馆的服务已数百倍返还了纳税人，这正是联邦和州资金应有的使用方式。

三、服务理念、管理风格与特质

（1）教育至上

多萝西·施廷格极为重视图书馆教育职能，将“确保社区的每一个成员能够获得满足个人学习需求的资料与服务”列入李县图书馆系统的使命。不仅将教育作为服务的首要目标，还落实在图书馆工作的方方面面，并通过多萝西·施廷格本人以及该馆诸多工作人员的丰富的人生经历得到强化。

《图书馆杂志》的专稿指出，当然，之所以将教育作为首要服务目标，是因为教育是所有图书馆员的最基本的生计所在。具体到多萝西·施廷格本人而言，她的个人职业生涯也是建立在继续教育、远程教育以及公共图书馆的教育使命基础之上的。

（2）坚定支持继续教育

在接受《图书馆杂志》采访时，多萝西·施廷格将自己的成长归功于曾先后担任俄亥俄州立图书馆馆长和纽约州立图书馆馆长的乔·舒伯特（Joe Schubert）。她指出，在乔·舒伯特担任俄亥俄州立图书馆馆长期间，支持开展继续教育，提升俄亥俄州图书馆的专业化水平，使自己可以在工作的城市开始接受正规的图书馆学教育。之后，多萝西·施廷格更加努力，不仅在图书馆从事全职工作，还同时选修了三所大学的三个专业领域的课程。这足以证明其成为图书馆员的意愿以及在图书馆管理上追求卓越的承诺。1973 年，多萝西·施廷格参加了位于俄亥俄州的迈阿密大学牛津分校举办的图书馆高级管理人员发展课程，后来，又与之合作举办俄亥俄山谷地区图书馆共同体工作人员项目。总之，在她看来，俄亥俄所提供的良好的继续教育机会，远远超出了自己的预期。

多萝西·施廷格自己通过在职学习成长的经历使她非常坚定地支持李县图书馆系统的工作人员和该县居民的继续教育。在她的鼓励和支持下，截至获奖时，该图书馆系统已有 20 位工作人员获得图书馆学硕士学位，6 人正在图书馆学院攻读学位，另有 6 人正在学习不同的本科课程。

（3）重视队伍建设，亲自选聘工作人员

在接受《图书馆杂志》采访，被问及最引以为豪的是什么时，多萝西·施廷格回答说，图书馆的工作人员是最值得自豪的。自己刚到李县工作时，这里的图书馆系统很糟糕，现在已跻身优良之列。当被问到如何做到此点时，她快速回答道：如果说我做得好的话，那就是选择了强有力的工作人员。从任职起，直到获奖最近 2 年，她几乎亲自面试了所有前来图书馆求职的应聘者。这听起来虽有些不可思议，但却反映了她对工作人员队伍建设的高度重视。

当被问道“如何知晓求职者是否胜任或者是否是所应聘工作的合适人选？”

这一问题时，多萝西·施廷格承认自己虽然也有看走眼的时候。但是，她对工作人员的选聘原则和标准是始终一贯的，这就是：寻找跟自己一样具有专业热情的人，聘用那些喜欢成长环境、真正以服务为导向的人。

（4）注重工作人员的融合互补和工作的自主性

多萝西·施廷格重视工作人员的本地化和引进外来优秀人员。她认为，一个图书馆系统仅仅提拔馆内工作人员就会因缺乏流动性而陷入停滞。因此，有意识将本地成长起来的工作人员与其他地方引进的工作人融合使用。在接受《图书馆杂志》采访时她指出，我们的图书馆员来自全美各地，他们带来的经验，丰富了我们的图书馆系统。我们也有很多本地成长起来的图书馆员，他们将本地经验和文化传授给新来者。外来图书馆员和本地图书馆员的经历相互影响，形成了经验分享。

此外，多萝西·施廷格还有意识调动工作人员的积极性，放手让大家积极主动做事。当被问道新聘用工作人员加入图书馆后是否推进了用户服务这一问题时，她给出了肯定的回答。她认为，推进服务是无止境的，关键要选对方式和方向。她指出，自己曾参加过的一个服务研讨班说得很好：总是面带微笑，从不说不。但是，图书馆仅仅以此方式服务就会陷入麻烦。应确保我们有责任做所有力所能及的事情满足公众的需求。当被问道“这意味着工作人员不得不打破规则或者有违政策行事”时，多萝西·施廷格回答说：“我拒绝使用授权许可或者其他当下的流行语。假如任何人站在服务台前是为了解决对他们很重要的问题，那么，你就必须给接待客户的工作人员自由度，让他们为帮助客户做任何必须做的事情。”

在笔者看来，李县图书馆系统取得的一系列成就，都与多萝西·施廷格独树一帜的用人之道密切相关。

（5）谦虚好学，破格进入专业人员行列

多萝西·施廷格谦虚好学。在接受《图书馆杂志》采访时指出，自己工作中遇到的图书馆馆长无一例外，都是自己的导师。她认为自己很幸运，图书馆馆长都让自己放手做事，不是只拘泥于职位描述去做。

例如，14岁时，多萝西·施廷格在俄亥俄州沃辛顿市公共图书馆当志愿者，图书馆就让她承担年轻成人读者的咨询工作。在俄亥俄大学图书馆工作时，她最初帮助一位图书馆员打印目录卡片。该图书馆员对她说，你会选取标目，能够制作目录卡片，继续进步做编目工作吧！此后，她就不再做打字录入，正式开始做编目工作。俄亥俄大学图书馆的二任馆长都将其作为图书馆员对待，她从事的是专业图书馆员的工作，从未受到专业馆员和支撑人员划界的阻碍。即便如此，在专业人员和辅助人员的边界非常清晰的情况下，多萝西·施廷格清醒地意识到在先前的工作中，由于自己没有图书馆学硕士学位，打破了二者的边界。尤其是1969 年，在没有图书馆学硕士学位的情况下，奇力科西和罗斯县公共图书馆馆长玛丽·路易丝·希恩（Marie-Louise Sheehan）聘她担任馆长助理兼图书馆推广服务部主任，破格使用的情况到达了顶峰。当时她表态说自己不懂管理，而馆长则回答道：没关系，你可以学会。

在漫长的职业生涯中，多萝西·施廷格始终不放弃成为图书馆员的渴望，把握每一次学习和深造的机会，并得到许多专业导师，尤其是南佛罗里达大学图书情报学院院长弗莱德·菲斯特（Fred Pfister）的帮助。正是弗莱德·菲斯特说服多萝西·施廷格入读南佛罗里达大学图书情报学院，自始至终为她提供指导，并告诉她李县图书馆系统有工作机会。1995 年，施廷格还获得了南佛罗里达大学颁发的杰出校友奖。

（6）积极参与图书馆相关的立法活动

多萝西·施廷格在佛罗里达是一位非常受人尊敬的图书馆活动家。她开朗阳光，笑声充满活力和感染力。作为所在地的代表担任佛罗里达州顾问理事会成员，并积极参与佛罗里达图书馆协会立法委员会的工作。据她所在图书馆的一些工作人员讲，她从事的立法活动是图书馆需要的重要工作，她在佛罗里达州首府塔拉哈西和美国首都华盛顿的游说活动均得体高效。

（7）以工作为乐趣，富有挑战精神

在接受《图书馆杂志》采访被问到她个人对未来的打算时，她回答说：我所有的朋友都已退休，他们在追问我为什么延迟退休，并说该开始旅行生活了。我的回答是：工作对我而言仍充满乐趣，我还没有准备离开。当然，我不喜欢做预算，然而，在这里做预算仍然令我兴奋。我热爱我的工作，它是我人生乐趣的一部分。而其中部分乐趣正是来源于打交道的人在不断变化。在多萝西·施廷格任职期间，李县已经换了9位行政管理者，县委会委员也换了20多名。而她和她领导的图书馆则是基业长青。

当被问道接下来面临的挑战是什么时，多萝西·施廷格回答说，自己向助理县长承诺过，1997年10月图书馆要向公众提供因特网服务。她认为图书馆能够做到。但是，制订与之相关的服务政策将是挑战。另外的挑战是发现专业的平衡点。她认为，图书馆员将不得不决定我们想要一个专业性职业，还是仅仅要一份工作。这很大程度上是技术性的，或者与技术无关。换言之，是否可以实现上述二者的平衡是我们面临的挑战。

四、提名与获奖缘由

《图书馆杂志》的专稿虽然未披露提名信息，但是，杂志主编在专稿开篇便指出，多萝西·施廷格建设图书馆、建设图书馆服务与馆藏，最重要的是，她建设了一支强有力、高效和多元化的图书馆工作人员队伍。自1981年6月起，她一直在总部位于佛罗里达州迈尔斯堡（Fort Myers，Florida）的李县图书馆系统进行上述工作。

在笔者看来，上述文字部分是对其获奖缘由的交代。值得强调的是，尽管多萝西·施廷格的职业生涯之路有着独特之处，但是，和许多优秀的图书馆员一样，她具有强烈的事业心和服务社会的激情，以及对图书馆事业执着的坚守与热爱，经历漫长的岁月实现了自己成为图书馆员的愿望以及在图书馆管理上追求卓越的承诺。她勤奋好学，业务娴熟，通过非全日制继续教育和远程教育课程学习专业知识，多次被破格提拔使用。这在美国图书馆界并不多见，可谓创了纪录。由此说明她具有非常出众的学习和工作能力。她的成功也从侧面证明了图书馆行业需要图书馆学继续教育和远程教育，以便让那些因各种原因未能接受全日制教育的图书馆工作人员不离开自己生活的环境接受图书馆学专业教育。

五、获奖之后

多萝西·施廷格获奖时，她从事农业推广活动的老父亲已经92岁高龄，得知女儿获奖的消息，老人家喜出望外，认为图书馆推广与农业推广有类似之处。

2008年，为庆祝年度图书馆员奖设立20周年，《图书馆杂志》回访19位年度图书馆员，并发布了相关报道。据该报道，多萝西·施廷格担任李县图书馆系统馆长的18年时间里，图书馆由8个分馆、23位工作人员、年预算50万美元，成长为11个分馆、170位工作人员、年预算1100万美元的图书馆系统。在获得年度图书馆员奖后，她还获得了佛罗里达州图书馆协会颁发的知识自由奖。

在接受《图书馆杂志》采访时，多萝西·施廷格退休已近10年。她对终身访问图书馆试验项目所进行的面向老年人改变图书馆服务的尝试非常感兴趣。尤为关心的是项目需要克服的技术障碍。她指出，项目设定的目标年龄群体或许有计算机，或许用它收发电子邮件，或许使用计算机感到不舒适。突然间，他们需要精通计算机，与此同时还要以移动友好的方式舒适地获取图书馆服务——这些在我看来仿佛是巨大的挑战。针对当时盛行的图书馆捐款偏重技术的现状，她强调说，我们不得不说服潜在的捐资人，技术并不能取代服务的需求，只会令服务更加重要。

在笔者看来，多萝西·施廷格的上述关于技术并不能取代服务的需求，只会令服务更加重要的观点一语中的。技术可以改变产业链，使原有的需求分化和转移，但无法消灭以传统方式获取信息的需求。就图书馆而言，应当始终坚守围绕更多层次、全方位的满足需求运行。在图书馆转型过程中，应当着眼于服务所有民众制定转型对策，目标是让所有人获益。而不是仅仅有益于那些技术设施完备、掌握技术和在经济地位和政治地位领先于其他阶层的人群。

将政治与图书馆巧妙结合的年度图书馆员（1997）

1998 年 1 月《图书馆杂志》公布了 1997 年度图书馆员评选结果，获奖者是总部设在小石城的阿肯色州中心图书馆系统（Central Arkansas Library System，简称 CALS）图书馆馆长博比·罗伯茨（Bobby Roberts）先生[①]。《图书馆杂志》1998 年第 1 期不仅将博比·罗伯茨的大幅照片刊登在杂志的封面，还用 3 个版面的篇幅对其业绩、经历等进行了图文并茂的报道。

从《图书馆杂志》配发的照片看，博比·罗伯茨温和、知性、睿智。

一、教育背景与职业生涯

博比·罗伯茨出生并成长于美国阿肯色州海伦娜。那里的社会环境非常保守，具有深厚的民粹主义传统，对政府和商业充满了不信任。

与之前获奖的诸多图书馆员不同，博比·罗伯茨不仅拥有图书馆学硕士学位（俄克拉荷马大学 MLS），还拥有阿肯色大学历史学博士学位。就任阿肯色州中心图书馆系统图书馆馆长前，担任阿肯色大学档案馆馆长。尤为特殊的是，他在阿肯色州的政治领域有丰富的经历，与美国第 42 任总统比尔·克林顿过从甚密，曾在比尔·克林顿竞选州长以及出任州长期间担任其竞选团队成员[②]。1993 年，克林顿就任美国第 42 任总统后，任命博比·罗伯茨为美国国家图书馆与信息科学委员会（NCLIS）委员。从那时起，他在该委员会任职长达 10 年时间。

笔者利用谷歌图书搜索得知，作为历史学博士，博比·罗伯茨的研究专长为军事史。阿肯色大学出版社曾于 1998 年出版他与卡尔·曼尼翰（Carl Moneyhon）合著的图书《冲突肖像：南北战争时期阿肯色图史》（*Portraits of Conflict: A*

---

① BERRY J N. Bobby Roberts—Library Journal Librarian of the year 1997［J］. Library journal，1998，123（1）: 44—46.

② 据维基百科，比尔·克林顿 1946 年 8 月出生于美国阿肯色州。1979 年至 1981 年任阿肯色州州长，1983 年至 1992 年又连续 5 次担任州长。1992 年成功竞选美国总统。来源：Bill Clinton. https: //en. wikipedia. org/wiki/Bill_Clinton.

Photographic history of Arkansas in the Civil War）①。他担任阿肯色州中心图书馆系统图书馆馆长的同时，还担任阿肯色大学历史学兼职教授。

在接受《图书馆杂志》的采访时，博比·罗伯茨提到自己到图书馆工作源于一位朋友的电话邀请。那是1989年的一天，他正在家中看球赛，一位朋友打电话说，自己所在的图书馆馆长离开了，需要聘一位新馆长在接下来的半年中管理图书馆，希望他能考虑接任。由于阿肯色州中心图书馆系统图书馆馆长的薪资高于当时他在档案馆工作的薪资，他需要钱，于是接受邀请，前往阿肯色中心图书馆系统担任临时馆长。获奖时，博比·罗伯茨已经在阿肯色州中心图书馆系统担任馆长8年。

二、工作业绩

除图书馆的工作外，博比·罗伯茨有丰富的从政经历。曾在美国总统比尔·克林顿担任阿肯色州长之前、期间以及之后担任阿肯色州政府的阁僚。博比·罗伯茨担任阿肯色州中心图书馆系统图书馆馆长期间的主要业绩包括以下四方面：

（1）改善图书馆的资金紧张情况

20世纪40年代，阿肯色州曾举行公民投票，同意将公共图书馆预算与市政预算分离，并修改州宪法，允许征收图书馆特别税，但是规定新图书馆区的税率为1美元1厘。1989年罗伯茨担任馆长时，公共图书馆税率上限成为增加对CALS和全州公共图书馆的支持面临的最大障碍，唯有通过修改州宪法才能改变征税限制。于是，在图书馆常规工作之外，不得不进行大量修改州宪法游说活动。1990年，他加入克林顿竞选团队，修改州宪法图书馆征税条款得到时任州长克林顿的支持。之后，经过大量艰苦游说工作，终于使州议会同意对图书馆征税问题再次举行全州公投。公投的主题是：1厘税的限制是不民主的。即便选民想要更

① 来源：http：//books. google. com. hk/books?id=_CCJyE9ZDwEC&pg=PA360&lpg=PA360&dq=biography+of+Bobby+Roberts+Central+Arkansas+Library+System&source=bl&ots=ryXCYTSDH6&sig=ZwuX9zR3pGq3eCGkL0eBWKoJEjI&hl=zh-CN&sa=X&ei=kKtAVOe2L-HAmQXOhIFQ&ved=0CDEQ6AEwBQ#v=onepage&q=biography%20of%20Bobby%20Roberts%20Central%20Arkansas%20Library%20System&f=false.

加破败的图书馆系统，他们也有权决定。

1993 年克林顿正式就任美国总统，就在同年 4 月，阿肯色州图书馆宣布以高百分比赢得公投，将公共图书馆运营税率上限提高至 1 美元 5 厘，资本项目债券税率为 1 美元 3 厘。此举扩大了阿肯色州图书馆的税源，使图书馆的经费困难得以缓解，为图书馆的发展铺平了道路。基于上述州法的规定，接下来还需要每一个图书馆选区投票通过每个图书馆的新征税税率。以阿肯色州中心图书馆系统为例，1993 年通过投票将税率由 1 美元 1 厘提高至 1 美元 1.75 厘，使图书馆的经费增加了 60%—75%，经费总额由之前的 300 万美元提升至 570 万美元。

在提高公共图书馆征税额的同时，博比・罗伯茨为解决阿肯色州中心图书馆系统馆舍破旧和馆藏不足的问题，还提高了图书馆债券发行税率。通过发行 2 期债券，筹集了 1800 万美元的馆舍建设资金。

（2）创新资源建设，增加图书馆资源及其流通量

在成功提高征税额后，紧接着是如何使用来之不易的税款的问题。博比・罗伯茨从馆藏资源建设入手，将年购书经费从 31.4 万美元增至 70.9 万美元，约占图书馆全部经费的 14%。以往经费紧张时，图书馆除印本图书外不购买其他任何资源。购书经费增加后，图书馆打破之前的常规，开始购进更多的磁带、光盘等新型资源用于流通借阅，并随时准备尝试引进其他资源。

在接受《图书馆杂志》采访谈到图书馆的资源采购与借阅情况时，博比・罗伯茨指出：如果图书馆不能提供用户所需的资源，他们就会转而到其他地方寻找资源，图书馆在与美术馆和博物馆的竞争中将会处于劣势。从图书馆的借阅量看，1993 年借阅量为 95 万册。然而，由于图书馆提供的资源有限，年借阅量曾下降到仅有 82 万册。通过投票提高税率以及做出一系列改变后，图书馆的年借阅量又开始回升。在博比・罗伯茨获奖当年，图书馆的借阅量有望突破 100 万册。

在接受《图书馆杂志》采访时，博比・罗伯茨表示他已经尝试让公众参与馆藏图书的订购。具体操作是，如果公众发现图书馆没有自己需要的图书，可以直接提出订购该书的要求。当公众要求订购的图书到馆后，图书馆就会通知订购申请人前来借阅。博比・罗伯茨告诉图书馆工作人员，即使一本书在 10 年内仅使用一次，也要订购。因为一本书得到一次很好的利用，税金的花费也是值得的。他记得自己

在阿肯色大学攻读博士学位时曾得到一小笔购书预算，对自己帮助很大，并铭记于心。（在笔者看来，尽管读者荐购是当下国内外诸多图书馆的普遍的做法，但是，在 20 世纪 90 年代初，博比·罗伯茨的尝试还是具有开拓性的，突破了图书馆传统上流行的藏书建设的系统化观念。近年来，我国内蒙古图书馆所采取的将读者在书店所选购的图书直接纳入馆藏并借阅的做法则更近了一步，有异曲同工之处。）

（3）实现图书馆自动化管理并拓展网络服务

由于以往的经费预算不足，阿肯色州中心图书馆系统无力实现自动化管理。经费增加后，博比·罗伯茨选择了 Innovative 公司的图书馆自动化集成管理系统，并接受一位董事会成员的建议，决定图书馆的自动化集成管理采用全微机系统，不使用非智能终端。这样一来，图书馆得以在周末开放斯特吉斯技术中心（Sturgis Technology Center）供用户使用，在工作日，该中心则用于教学，提供因特网存取与培训以及其他各类软件的使用培训。

此外，阿肯色州中心图书馆系统还利用微软公司的资助购买了一辆新的流动书车，并将该车名为“车轮上的因特网”。车内配有 4 个因特网终端和 3500 册图书，面向社区的弱势群体和高风险青少年服务。图书馆将流动书车开到政府为低收入人群建设的公众住房项目小区，宣传口号是：“这里有图书，有因特网终端，你可以通过任意渠道获得信息。”

（4）以高标准建设改造馆舍

博比·罗伯茨担任馆长后，阿肯色州中心图书馆系统在图书馆建筑的修缮改造方面也取得了长足的进步。1989 年他刚任职时，阿肯色州中心图书馆系统的所有建筑的平均年限为 25 年。在他担任馆长的 8 年时间里，图书馆系统的旧馆舍全部得到了改造。1993 年共有 7 座馆舍，1997 年底已经有 10 座馆舍，其中有 4 座为新建馆舍，其余 6 座原有建筑都进行了翻修。

新建的阿肯色州中心图书馆系统中心馆于 1997 年开放。与其他城市将新馆建设得犹如华丽宫殿不同，阿肯色州中心图书馆系统的中心馆由小石城衰落地段的一座仓库改建而成。时任小石城市长吉姆·戴丽（Jim Dailey）评价道：“这座新图书馆是博比·罗伯茨和阿肯色州中心图书馆系统献身于小石城市区复兴的见证。”这座恢复活力的设施成为小石城正在复兴的河市区（River Market District）的中心。

小石城一家出版公司（August House Publisher）总裁泰德·帕克赫斯特（Ted Parkhurst）在提名支持罗伯茨为年度图书馆员奖候选人的来信中指出："图书馆系统是阿肯色河沿岸重建开发区的首个实体，带动了该区域2亿美元的投资。"

在接受《图书馆杂志》采访时，博比·罗伯茨指出，自己1989年到图书馆就任时，馆舍刚破土动工。该建筑赢得多个奖项。这是理事会做出的最佳决策之一。它向人们展示了优秀的图书馆建筑并使人们确信应当有像样的馆舍。

在谈到阿肯色州中心图书馆系统新馆的建筑原则时，博比·罗伯茨解释道，新建的阿肯色州中心图书馆系统馆舍要比小石城的其他建筑费用多出百分之五十。我认为如果打算建设新馆的话，应当建得别具特色，非同一般。图书馆是公共建筑，公共建筑应当告诉人们这是一个公共空间，是值得引以为傲的地方，是公民的骄傲。新馆的造价为每平方公尺127美元，而小石城的其他建筑的平均造价为80美元。我们在城市贫穷的片区建造和运营这样的图书馆，没有考虑该地区的经济状况。无论是馆舍、藏书和工作人员的配备都与富裕的地区没有差别，目的是为了平等获取。

三、服务理念、管理风格与特质

（1）图书馆应以公共服务为动力

博比·罗伯茨不仅具有超强的服务意识，而且身体力行参与服务。将公共服务作为图书馆所有工作人员的必修课。例如，发挥自己的历史学专长，在参考咨询台负责家谱咨询。他在接受《图书馆杂志》采访时指出：自己是受公共服务驱动的。遗憾的是，有的图书馆员举止行为使读者感到恐惧。阿肯色州中心图书馆系统的每一个人，即使从事技术服务和行政管理工作，也要有一定时间在公共服务岗位工作。为改进服务，阿肯色州中心图书馆系统举办许多馆内培训活动，而且计划今后进行更多培训，以确保工作人员做到自始至终热心接待读者。他希望图书馆能为公众提供很好的服务体验，不辜负他们投票赞成增加税收用于图书馆的建设与发展。

（2）成年人服务应纳入图书馆公共服务之中

以往资金匮乏时，阿肯色州中心图书馆系统无法开展成年人的公共服务项目。一旦资金到位，图书馆就着手做此方面的工作，依托特色资源开展有创意的活动。

在接受《图书馆杂志》采访时，博比·罗伯茨介绍说，图书馆专门安排一位工作人员负责“读者剧场”（Reader’s Theatre）项目，该项目利用馆藏美国南北战争期间的信件和手稿，举办与南北战争有关的读者表演秀活动。参加该活动的人最多可达 200 人。其中许多人不是图书馆工作人员，参与者还包括当地报社的人。

此外，图书馆还通过为捐赠者冠名、举办讲座等方式，拓展成年人服务。阿肯色州中心图书馆系统收藏的阿肯色家谱资料源自他人捐赠。该捐赠者为当地一位富有的自由主义者，图书馆采取以捐赠者冠名的方式，把一个礼堂命名为弗雷德·达伦知识自由中心（Fred Darrheh Intellectual Freedom Center）。并陆续推出多场与美国宪法第一修正案有关的有影响的系列讲座。图书馆邀请美国著名记者兼广播节目主持人保罗·杜克（Paul Duke）作为首位演讲人，还邀请了比尔·盖茨的演讲稿撰写人柯林斯·海明威（Collins Hemenway）对约 60 名大多来自信息业的商界领袖发表演讲。博比·罗伯茨认为，此类活动均属于公共服务，可以树立图书馆的品牌形象扩大影响力。

（3）重视资源共享，致力推进合作

博比·罗伯茨重视并支持资源共享和馆际合作。获奖时，他正在协调推进一个图书馆自愿合作项目。该项目致力于网关卡的开发，以便读者能够利用阿肯色州中心图书馆系统附近 15 个县的图书馆的资源。他认为，因管辖权的原因把读者排除在图书馆之外毫无意义。阿肯色州中心图书馆系统直接服务的人群约占阿肯色中部 60 万人口中的一半，是流通量最大的大型图书馆，如果将整个地区视为一个整体，就会摆脱以往对合作的恐惧。

（4）卓有成效地向选民做宣传说服工作

美国公共图书馆在发起图书馆相关的立法修改公投活动时，并非仅仅是说服地方政府官员和议会，更重要的是要做广大选民的工作，甚至可以说为投票进行的说服活动和花费的时间往往直接决定着公投的成败。博比·罗伯茨深谙此点，1993 年，为阿肯色州宪法修改图书馆征税上限公投进行了卓有成效的宣传说服工作。在公投过程中，图书馆选区共有近 50 个之多，其中 60% 的选区一次投票成功，那些未能成功的选区都归因于未花费足够资金和精力举办宣传说服活动。博比·罗伯茨在总结经验时指出：许多人以为图书馆是有益的，理所当然会得到公众的支持。但是，事实并非如此。在面对较大幅度税率变动的公投时，应当到选民中间去，而且要花费资金，告诉大家为什么图书馆需要经费支持。

（5）用基金吸引私人捐款，多渠道筹资

博比·罗伯茨被公认为筹款专家。他首次展示自己的筹款能力是从筹集阿肯色州中心图书馆系统的馆舍建设资金开始的。通过发行专项债券、扩大图书馆的税源，为新建和改建馆舍提供了资金保障。他并未就此止步，而是进一步思考如何筹集更多的资金。他所秉持的理念是，必须向人们展示图书馆用公共资金做了些什么，以此吸引私人捐款。1997年，阿肯色州中心图书馆系统发起了总额200万美元的留本基金筹款活动，仅半年时间该基金筹款就达120万美元。在接受《图书馆杂志》采访时，博比·罗伯茨说，此前我们从未尝试过募集私人捐款，我们需要这些资金。毫无疑问，阿肯色州中心图书馆系统会提前实现基金筹款的目标。

（6）关注政治，善于研究学习

博比·罗伯茨在从事专业工作的同时，热衷参与政治活动。他的朋友兼导师比尔·克林顿对他的一生施加了最重要的政治影响。1982年，比尔·克林顿竞选阿肯色州州长期间，博比·罗伯茨担任其竞选助手，二人经常一起外出参加竞选活动，他们出行的交通工具就是博比·罗伯茨的1971版奥尔兹莫比尔牌汽车。

博比·罗伯茨善于在实践中向政治人物学习。他掌握的大多数政治技巧来自比尔·克林顿。从比尔·克林顿身上他学会了政治忍耐力；学会了绝不能将自己与他人的关系搞僵到一刀两断——这正是许多政客和公务员的沉痛教训；懂得了有朝一日敌人也许会成为朋友。

此外，博比·罗伯茨认识阿肯色图书馆理事会理事、积极的图书馆游说者、前任国家图书馆情报委员会委员贝西·穆尔（Bessie Moore）并受到她的影响。还受到克林顿任州长时的幕僚长贝特西·莱特（Betsy Wright）的深刻影响。

不仅如此，博比·罗伯茨还通过研究其他一些阿肯色有影响的政治人物的论文学习相关技巧。读大学期间，他曾帮助处理威廉·富布赖特（J. William Fulbright）的论文。为了使自己有更好的管理图书馆特藏的机会，他到离阿肯色不远的俄克拉荷马大学攻读图书馆学硕士学位（MLS）。之后在阿肯色大学档案馆担任助理馆长，开始建设阿肯色大学的特藏资源。该特藏收集了阿肯色首任共和党州长温斯罗普·洛克菲勒（Winthrop Rockefeller）、第38任州长戴尔·布姆珀斯（Dale Bumpers）[①]的论文。

（7）对政治与社会具有独特的观察视角

在接受《图书馆杂志》采访时，博比·罗伯茨指出：我们所从事的实际是政治进程。可惜图书馆界许多人未能深刻理解此点。民众为图书馆投票增加经费，有了政客的参与就会很快实现目标。大家是双赢的。图书馆并不花政客的钱，经费直接来自投票人，政客对图书馆的经费不构成任何问题。（我国的国情与美国有所不同。长期以来，公立图书馆的绝大部分运维资金来自政府拨款。常常遇到政府官员的偏好对图书馆的经费产生较大影响的情形。因此，图书馆除了练好内功，注重改进服务外，与政府部门保持良好的互动也非常重要。）

在博比·罗伯茨看来，尤为重要的是，图书馆员、历史学家和政客都深深植根于阿肯色三角洲这块土地，图书馆是政治的。在美国，任何事情都离不开政治，图书馆也不例外。他在阿肯色州中心图书馆系统的所作所为证明了自己的论点。

四、提名与获奖缘由

提名博比·罗伯茨作为年度图书馆员候选人的是小石城一家出版公司（August House Publisher）的总裁泰德·帕克赫斯特（Ted Parkhurst），他在推荐信中指出："图书馆系统是阿肯色河沿岸重建开发区的首个实体，带动了该区域2亿美元的投资。继图书馆后，还有科学博物馆、河市场、拓展的传统中心区、新建的表演场地、一些包括商店、写字楼和阁楼公寓等在内的改建的商业建筑等加入其中。图书馆新主馆自9月份开放以来，使用率超过97%。"

《图书馆杂志》的专稿指出，博比·罗伯茨以特殊、渐进和有效的方式将政治与图书馆巧妙结合，赢得了1997年度图书馆员的桂冠。

在笔者看来，博比·罗伯茨由档案馆馆长转任图书馆临时馆长起始于意外事件和个人收入的考量。事后证明，这是一个英明、多赢的决定。图书馆的舞台不仅成就了博比·罗伯茨职业生涯的辉煌，阿肯色州中心图书馆系统和所有阿肯色

---

① 据维基百科，戴尔·布姆珀斯是民主党人，州长任职时间为1971—1975年，卸任后于1975年担任阿肯色州参议员至1999年退休。来源：http://en.wikipedia.org/wiki/Dale_Bumpers.

州的公共图书馆的面貌也因他的到任大大改观。他被遴选为年度图书馆员的因素很多，既有行动方面的，也有理念方面的。除图书馆专业领域的工作外，他凭借丰富的从政经历，使政治与图书馆二者的结合相得益彰。通过分析图书馆流通借阅量升而复降的事实，及时调整馆藏资源采购规则，建设具有影响力的新馆舍，实施旧馆舍的修缮改造，增加图书馆的服务项目，实现自动化管理等措施，领导阿肯色州图书馆在公共服务方面实现了巨大跨越，使图书馆在激烈的竞争中胜出。相反，假如图书馆不能及时发现并满足用户的需求，就会丧失存在的正当性与合理性，只能走向关门歇业。

五、获奖之后

2008年，为庆祝年度图书馆员奖设立20周年，《图书馆杂志》回访19位年度图书馆员，并发布了相关报道。据该报道，自从博比·罗伯茨1989年担任馆长后，在近20年的时间里，位于小石城的阿肯色中心图书馆系统所建设的图书馆总共赢得了7个设计奖项。2008年，阿肯色中心图书馆系统与阿肯色大学联合投资的造价2000万的建筑项目正在建设中，计划建成后收藏累积的历史手稿，提供合作服务并开设阿肯色历史课程。

在接受《图书馆杂志》的采访时博比·罗伯茨指出，我们绝不应忘记图书馆馆长最终要对买单的公众负责，我们在自己身处困境时往往忽略了上述现实。

然而，博比·罗伯茨更加惊异的是面向未来的发展。他说，自己没有想到产业界能够如此迅速地应用各种各样的技术。不幸的是，美国做得不够快，继续落在其他国家的后面，农村地区宽带服务的部署就是典型的例证。

1982年他作为克林顿竞选助手的经历给他上了重要的一课。他将相关经验带入图书馆管理之中。他承认微小成功的价值，指出，如果我留给用户一个更好的系统，就完成了自己的职责。解决那些大问题将有待其他人来完成。他坚信未来一代图书馆员将更加胜任这一职业，他们受到了更好的培训，思想更加灵活，更加适合与公众打交道。

此外，笔者通过网络搜索获悉，博比·罗伯茨于2015年12月底退休，担任阿肯色中心图书馆系统馆长一职长达 26 年[①]。

在任期间，博比·罗伯茨除了获得年度图书馆员奖之外，还获得了阿肯色的社团和媒体颁发的多个奖项。例如，2011 年 3 月被 Just Communities of Arkansas 授予 2011 人道主义奖[②]。

2012 年 9 月，在《阿肯色时报》举办的阿肯色最具影响力人物评选中，博比·罗伯茨因领导图书馆在城市改造方面所发挥的作用而榜上有名。颁奖词指出，图书馆员通常并不被视为城市改造的大人物，而博比·罗伯茨却与众不同。更有甚者，他还因与图书馆之外的联系有别于其他图书馆员。博比·罗伯茨 1989 年 5 月执掌阿肯色中心图书馆系统，之前担任过州长比尔·克林顿的幕僚。任馆长之后，仍然在立法会议期间帮助克林顿进行游说活动。在克林顿担任州长的最后一个任期，博比·罗伯茨和其他图书馆的支持者说服克林顿支持对州宪法有关图书馆经费条款的修改。2012 年获奖时，他正在筹划穿越小石城动物园建设儿童图书馆，以期对城市另一片区的改造产生更大的影响[③]。

2013 年 6 月，帮助中低收入家庭实现自我可持续发展的非营利组织阿肯色社区协会（Arkansas Community Institute）授予博比·罗伯茨说真话奖（Truth Teller Award）[④]。

---

① 来源：Finalists announced for new library leader. https：//www. arktimes. com/ArkansasBlog/archives/2015/10/22/finalist-announced-for-new-library-leader.

② 来源：Humanitarian Award Honorees. http：//www. arkansasjustcommunities. org/newsletter_media/enews-archive. aspx?mid=15246.

③ 来源：Influential Arkansans. Bobby Roberts Libraries，urban renewal. Arkansans Times.（2012-09-05）. https：//www. arktimes. com/arkansas/influential-arkansans/content?oid=2422659.

④ 来源：Library director Bobby Roberts to be honored with "Truth Teller" Award posted by Max Brantley on Fri，Jun 21，2013 at 10：58 AM. http：//www. arktimes. com/ArkansasBlog/archives/2013/06/21/library-director-bobby-roberts-to-be-honored-with-truth-teller-award.

实现县与市综合图书馆服务的年度图书馆员（1998）

1999 年 1 月《图书馆杂志》公布了 1998 年度图书馆员评选结果，获奖者是当时总部设在加利福尼亚州圣何塞（San Jose）的圣克拉拉县图书馆（Santa Clara County Library，简称 SCCL）馆长苏珊·富勒（Susan Fuller）女士[①]。《图书馆杂志》1999 年第 1 期不仅将苏珊·富勒的大幅照片刊登在杂志的封面，还用 3 个版面的篇幅对她的业绩、经历等进行了图文并茂的报道。

从专稿配发的照片看，苏珊·富勒开朗、阳光，一头银光闪闪的齐耳短发，显得干练优雅，充满笑意的眼睛透出深邃之光。

一、教育背景与职业生涯

苏珊·富勒 1965 年在加利福尼亚大学伯克利分校图书馆学院获图书馆学硕士学位。随后进入圣克拉拉县图书馆工作。作为公立图书馆系统，圣克拉拉县图书馆下辖多家公共图书馆。苏珊·富勒从儿童图书馆员做起，积累早期的工作经验后，到圣何塞公共图书馆工作 12 年，担任儿童服务部主任和分馆馆长等职。1985 年，苏珊·富勒就任圣克拉拉县图书馆馆长。获奖时，她已担任该馆馆长 13 年。（苏珊毕业的图书馆学院在苏珊获奖时已经改建为全新的信息管理系，并决定不再申请美国图书馆协会的认证。苏姗认为此举非常不幸，图书馆在录用新工作人员方面已经面临麻烦。她在接受《图书馆杂志》采访时说，自己怀疑是否我们正在退回到大型图书馆承担自己领域的培训和教育工作的时代。）

二、工作业绩

（1）依托综合性图书馆系统提供高效集成服务

圣克拉拉县位于加利福尼亚州旧金山湾区东南部，县域内共有 15 个城市。除了有独立图书馆建制的城市外，其余都属于圣克拉拉县图书馆系统的服务覆盖范围。（美国的行政区分为州、县、市，每个州都有独立的立法和司法权。州下面是县。绝大多数县的地理范围超过一个城市。常常一个县包括几个甚至十几个城

---

① BERRY J N. Susan Fuller—Library Journal Librarian of the year 1998［J］. Library journal，1999，124（1）：46—48.

市。少数市与县的地理范围一致，比如，旧金山市和县的地理范围一致，属于特例。虽然地理范围上县大于市，但是，县与市之间并没有隶属关系。市政府的运作是相对独立的。不受县政府和州政府的领导。市政府与县政府各自所行使职能也不一样。比如，县政府一般管理水资源、污水处理和公共电力等，市政府管理工商与婚姻登记等。市政当局包括市长和议会都是民选的，普通官员的工资由市财政支出。而县政府由两部分人组成：一部分（绝大多数）是州里通过考试选拔的官员，他们负责县的日常工作；另一部分是县里的选民选出的官员，通常只有几个人，组成一个委员会，代表选民监督官员的日常工作。可见美国的县以及市之间关系与我国有很大的不同。）苏珊·富勒担任圣克拉拉县图书馆系统的馆长后，致力于建设服务于城市的综合性图书馆系统，为向市民提供高效图书馆服务花费了大量心血。

从基础服务设施看，该图书馆系统包括 8 个图书馆、1 辆流动书车。在 10 个政治管辖区设有一个小型总部，并没有我们一般意义上理解的中心馆。组成图书馆系统的每一家社区图书馆就是其所在社区的主馆。其中有一个图书馆服务于所有城市市界之外的非建制区域（在圣克拉拉县域内不同城市的边界之外，生活着大约近 10 万人）。图书馆系统的建设之所以采取松散的架构，是因为上述建构方式能够保障来自该县非建制区域的资金可以用于为全县各个年龄段的 39.7645 万人提供高质量服务。相对于单个城市独立设置图书馆而言，图书馆系统能够发挥突出的效能优势。

（2）以精深方式购书，提升图书馆的利用率

圣克拉拉县图书馆系统为 9 个城市提供服务。这些城市分别是坎贝尔、丘珀蒂诺、吉尔罗伊、洛斯阿尔托斯、洛斯阿尔托斯山、苗比达、蒙特塞雷诺、摩根山、萨拉托加以及县内其他自治区域。其中很多城市都分布在著名的硅谷地区。

为满足公众的文献信息需求，在苏珊·富勒的领导下，圣克拉拉县图书馆系统的工作人员贴近上述城市用户的需求，以精深方式购书，努力买入各类图书资源，使图书馆的利用率大幅提升。据统计，1998 至 1999 年度，圣克拉拉县图书馆系统的整体借阅量高达 670.8806 万册，人均借书量达到 16.87 册。该利用率比同期加州其他服务人口为 20 万或以上的图书馆系统高出近 50%。其中，位于洛斯

阿图斯市的图书馆人均借阅量超过 31 册，位于丘珀蒂诺市的图书馆人均借阅量为 27 册，位于萨拉托加市的图书馆人均借阅量超过 23 册。

（3）创新图书馆系统的运行管理方式

在加州历史上，1978 年曾经推出严厉的减税方案，即声名狼藉的第 13 号法案（Proposition 13），致使圣克拉拉县图书馆系统的收入几乎减少了一半。1985 年，苏珊·富勒担任馆长时，图书馆系统正处在恢复期。在接受《图书馆杂志》采访时，苏珊·富勒说，自己赶上了好时机，图书馆增加购书经费，事情有了起色，才导致图书馆的利用率和流通量以双位数提升。

然而，好景不长。1993 年，加州法律再次修改，将市和县征收的总额达 15 亿美元的财产税替代大多数应由州政府承担的学校以及教育经费。此举导致圣克拉拉县图书馆系统减少了约 40% 的收入。在经费骤降的情况下，图书馆不得不做出裁员 40% 的决定，导致失去优秀员工，开馆时间缩减，过去每周开放 6 天或者 7 天的图书馆的开馆时间减少了 30%。

面对严峻的困难，苏珊·富勒并不气馁，在 13 个月的时间里，她每周都代表图书馆与 9 个城市的市长会商，市长们每次都亲自参加会议，最终接受图书馆提出的建议，共同制订了完美且行之有效的解决方案。据时任丘珀蒂诺市长的唐纳德·布朗（Donald Brown）反映，上述问题突发时，这些城市的第一反应是退出圣克拉拉县图书馆系统，让每一个城市管理自己的图书馆。然而，经过苏珊·富勒反复耐心的沟通，这些市政管理者确信，圣克拉拉县图书馆系统是一个服务优异的好系统，提供良好的服务，物有所值。此后，各个城市都放弃本地的狭隘议程，开始制订相关的计划。苏珊·富勒认为，这是对图书馆很好的信任投票，也是图书馆工作人员履行服务承诺的见证 。

苏珊·富勒要求县议会将县域内受欢迎的图书馆服务交给一个新的管理实体负责，县议会接受该方案。从此，圣克拉拉县图书馆系统开启了告别过往历史的征程。

1995 年，经选民公投，以 68% 的赞成票通过了成立一个联合权力机构负责管理圣克拉拉县图书馆系统的方案。在新管理体制下，8 个社区都设立由市行政当局任命的市民图书馆顾问委员会（Citizen Library Advisory Commission）。规定将年度评估费添加至指定的财产税中以支撑该系统运行。新的管辖范围包括了县域内 15 个城市中的 9 个，外加未纳入管辖区域的交界区域。圣克拉拉县图书馆系统经费的 75% 来自财产税及评估费。员工薪资预算则按照依流通量、人口以及社区的评估值等因子建立的公式计算，下拨至每一个独立的图书馆。当圣克拉拉县图书馆系统的经费不得不削减时，也采用同样的方法计算。不过，许多城市实际上都给圣克拉拉县图书馆系统增加了拨款。

（4）信守承诺，压缩行政管理经费

在苏珊·富勒领导下，圣克拉拉县图书馆系统得以提供低成本高效率的图书馆服务。之所以如此，所仰仗的一个关键信条就是保持行政层级和管理经费的最小化。

例如，在 1994 年选举期间，苏珊·富勒承诺将更多的资金投入到圣克拉拉县图书馆系统的服务中，行政管理经费不超过 10%。她不仅兑现了上述承诺，还将部分行政管理费用于支付馆舍的租赁和维护费用。这也令苏珊·富勒感到非常自豪。

（5）与极端审查抗争，维护公民权利

依照美国宪法第一修正案，人人享有言论自由的权利。苏珊·富勒和圣克拉拉县图书馆系统工作人员坚信图书馆必须保护并培育包括儿童在内的个人获取信息、交流思想的权利。在 20 世纪 90 年代，图书馆遭遇 2 次对这一原则的严重挑战。

第一次发生在 1991 年，有一位人士对圣克拉拉县图书馆系统不依照录像带标注的分级，允许自由获取所有的录像带政策提出挑战。第二次挑战发生在 1997 年，是关于图书馆开放因特网自由访问的挑战。苏珊·富勒在接受《图书馆杂志》采访时指出，第一次挑战是一场艰苦的战斗，但是，艰苦程度远比不上第二次与使用因特网有关的挑战。苏珊·富勒将其称之为战斗。

在该场不期而至的战斗开始时，当地的一个极端预审查组织将警察带到图书馆，企图逮捕在圣克拉拉县图书馆系统终端上检索因特网信息的工作人员。图书馆理事会召集会议时，他们还将警察带到会场逮捕理事会成员。在长达近 2 年的时间里，圣克拉拉县图书馆系统理事会 11 名经选举产生的理事持续与该组织斗争。理事会成员包括每一个市议会的 1 位成员和 2 位县议会成员。他们想做好工作，但每一次会议都是一场混乱，不断有信件寄至他们的工作地点和家中，令他们承受着巨大的压力。

与此同时，主张审查的人攻击苏珊·富勒，说她提供色情资料。还包围图书馆，威胁逮捕公民并采取其他法律行动。苏珊·富勒毫不畏惧，直面挑战，并将其作为宣传公共图书馆到底是什么的机会。

由于反对图书馆的政策、主张审查的群体不信任图书馆，而图书馆也不信任他们，双方持续对峙。为打破僵局，苏珊·富勒聘请圣克拉拉大学的马库拉应用伦理学中心提供中立的平台，让公众无拘束地表达自己的关切。苏珊·富勒高度肯定了马库拉应用伦理学中心主任托马斯·香克斯（Thomas Shanks）对解决该问题所做的工作。

经过讨论，圣克拉拉县图书馆系统开始频繁接触媒体。吉尔罗伊镇是麻烦开始的地方，该社区的图书馆员拉尼·吉村（Lani Yoshimura）作为绝对的专家与苏珊·富勒一起在多家媒体上被作为热点人物予以报道。

在遭遇上述审查风波时，圣克拉拉县图书馆系统得到过来自县、州和国家组织的支持。苏珊·富勒赞扬圣克拉拉县的律师安·米勒·拉威尔（Ann Miller Ravel）和时任美国图书馆协会主席的安·西蒙斯（Ann Symons），称自己与他们有过很多交流。然而，上述问题仅仅是地方性的，美国民权联盟的当地分支机构（ACLU）给圣克拉拉县图书馆系统提供了很多帮助。

最终，审查风波以提供部分选择自由作为最终的处理方式而平息。理事会选择在图书馆儿童阅览室的计算机安装过滤软件。为其他区域计算机的使用提供两个选项：一是通过防火墙产品过滤内容；二是不经过滤全部检索。不管什么年龄的读者均可就二者做出自由选择。

在苏珊·富勒看来，尽管结局并不完美，但至少保留了选择权，为家长提供了告诉自己的孩子待在儿童阅览室的机会。图书馆开放空间有500台可以联网的计算机，图书馆的工作人员在所有计算机的起始页面推荐做出选择，然而，公众并未对此做好准备。鉴于有许多孩子在图书馆的开放空间选择进行不经过滤的自由检索，苏珊·富勒个人强烈地感到对保留儿童的信息权利应当非常审慎。

三、服务理念、管理风格与特质

（1）随时努力对公众的需求做出回应

如前所述，在苏珊·富勒领导下，圣克拉拉县图书馆系统的利用率大幅领先于加州类似规模的城市图书馆。在接受《图书馆杂志》采访，回答图书馆的高利用率是如何产生的这一提问时，苏珊·富勒指出，我们所处的硅谷地区，拥有技术精深、兴趣广泛的客户群体，我们随时努力对公众的需求做出回应。寥寥数语，道出了公共图书馆生存发展的真谛。

（2）加强与社区的联系

密切与图书馆所服务社区的联系，是苏珊·富勒领导下的圣克拉拉县图书馆系统高效运转的法宝。在新的管理体制下，图书馆的治理方式独特，走的是群管群治的民主管理路径。苏珊·富勒需要与 8 个市民顾问委员会和 8 位市执行长一起工作。此外，每一个城市都有非常强大的图书馆之友组织，有些图书馆之友组织的成员甚至多达千人。苏珊·富勒也要与他们一起工作。社区的民众认识本地的图书馆馆长，并对图书馆馆长怀有深厚的感情。同时，民众也对苏珊·富勒非常熟悉。圣克拉拉县图书馆系统的工作人员参加地方会议，并隶属于社区组织。由于每一个城市规模都很小，所以，图书馆系统的工作人员认识他们所服务的大多数人。图书馆员与社区民众关系融洽。

（3）重视文化建设，为工作人员充分赋权

苏珊·富勒重视图书馆工作人员的团结，培育独特的图书馆文化。坚守图书馆服务的重要性和图书馆保护每一个公民获取信息和思想交流的职责。图书馆工作人员经常宣传服务的承诺，并努力实现承诺。持续不断地思考怎样才能服务得更好，工作做好了会感到非常自豪。每当有新员工加入图书馆工作人员队伍，他们都接受该馆的文化，分享对公共图书馆的热情。

苏珊·富勒赋予圣克拉拉县图书馆系统的工作人员许多自主权。在制定相关规则的基础上，努力将决策权赋予最底层的工作人员。在接受《图书馆杂志》采访时，苏珊·富勒指出，作为服务城市的图书馆，我们的行政管理机构规模很小，所以必须依赖那些能够做出决策的工作人员。而正是上述做法成就了图书馆系统的大事业。

（4）执着奉献，低调谦虚

苏珊·富勒所有职业生涯都是在圣克拉拉县图书馆度过的。她从儿童图书馆员做起，为该图书馆系统的建设和发展奉献了自己的专业技能和激情。在圣克拉拉县，无论是审查者、64 位政治上司，还是图书馆的同事以及下属工作人员都一致认为，苏珊·富勒的所作所为不仅远远胜过超级图书馆员，还是现实有生命力的图书馆学院的重要教师。

在接受《图书馆杂志》采访时，当被问道几乎所有儿童图书馆员都升至图书馆的最高职位时，苏珊·富勒回答说，我认为这是世界上最好的培训。她认为自己的成长得益于许多导师。尤其值得指出的是圣克拉拉县图书馆的前任馆长乔治·法里尔（George Farrier），其为圣克拉拉县图书馆开辟当下的道路定下了基调。此外，帕萨迪娜（Pasadena）市的前任图书馆馆长、后担任市执行长的琼·弗莱明（June Fleming）作为苏珊·富勒的重要顾问，在其遭遇一系列问题时提供了很好的建议。

（5）善于沟通，领导有方

1993 年，在遭遇资金大幅缩减，图书馆难以维系原有的运行模式时，为了解决问题，苏珊·富勒花费巨大的精力与 9 个城市的市长和市议会探讨沟通，反复耐心地说服他们接受图书馆系统的建议。经过坚持不懈的沟通，最终各方奇迹般地达成了政治妥协，确定了图书馆的经费与服务挂钩的管理和资助方案。苏珊富勒本人对此深感自豪。

在圣克拉拉县图书馆副馆长朱丽亚·法恩斯沃思（Julia Farnsworth）看来，苏珊·富勒的领导实践，构成了活生生的图书馆政治学的经典案例。自苏珊·富勒 1985 年担任县图书馆馆长后，获得了极大的公众信任。市民投票中，以 67% 的绝对多数赞同每年拨付 33 美元财产税给圣克拉拉县图书馆系统。苏珊·富勒与 64 位政治上司一起工作。在众多的市政领导和管理者与图书馆的工作产生联系的过程中，她标定方向，提供指导，并对每一个人提供支持，赢得了他们的尊敬和支持。

《图书馆杂志》的专稿指出，在当选地方官员、工作人员和热心市民的帮助下，苏珊带领圣克拉拉县图书馆系统经历一系列困难重重、充满争议、充满危险的抗争，变得更加强大，甚至对伦理和意识形态大相径庭的公众做出更加积极主动的回应。

（6）富有洞察力和政治智慧

与其他优秀的图书馆员一样，苏珊·富勒是一位机敏的政治家并相信政治进程。《图书馆杂志》在专稿中称苏珊·富勒为当代图书馆管理的典范人物。开篇便指出，与苏珊·富勒谈话，犹如聆听当代图书馆学教程。她罕见地将坚持原则、正直诚信与实用的政治技巧融为一体，在加州特有的非常艰难的政治环境下成为一位引人瞩目和成功的领导者。她对公共图书馆充满激情，仔细聆听来访者的提问，深思熟虑作答。

在笔者看来，在如何对待政治的态度上，苏珊·富勒与此前获得年度图书馆员桂冠的阿肯色州中心图书馆系统的博比·罗伯茨具有一些共识。

苏珊·富勒认为，在城镇中，图书馆是一个高度政治化的组织机构，而图书馆员对此并没有思想准备，显得有些天真幼稚，有时觉得政治有些肮脏。然而，事实并非如此，政治仅仅是解决大家如何生活在一起的方式，图书馆在这项工作中发挥着中心作用。

在接受《图书馆杂志》采访时，苏珊·富勒指出，专业人员应当在政治智慧方面进行系统的提升，包括学会倾听，不插手他人的日程。希望我们更加深思熟虑地做一些事情，帮助市民理解公共图书馆是什么，以及意味着什么。事实上，在圣克拉拉县，苏珊·富勒面对主张审查的群体对图书馆发起的挑战时，已经很好地诠释了图书馆的职能和价值观念。同时，她对审查风波的反思也独具慧眼。在她看来，图书馆之所以卷入上述声势浩大的审查风波，是因为人们深爱图书馆，将图书馆视为自我的延伸和自我价值的一部分。

在讲述圣克拉拉县图书馆系统处理上述问题采取的独特方法时，她充满睿智地指出：“永远不要打算说服每一个人，要知道做一件事总有一些人是永远不会赞同的。”

四、提名与获奖缘由

向《图书馆杂志》提交推荐信的两位推荐人均来自苏珊·富勒工作的圣克拉拉县。一位是圣克拉拉县主要报社《圣何塞信使报》（*San Jose Mercury News*）的编辑兼副总裁罗布·埃尔德（Rob Elder），另一位是圣克拉拉县律师安·米勒·拉威尔。

安·米勒·拉威尔在推荐信中写道：在图书馆与主张因特网信息审查者发生争议的过程中，面对逆境，苏珊·富勒展现了正直与尊严。她拒绝违背宪法之托——维护个人选择阅读、听说的权利和能力。

罗布·埃尔德在推荐信中指出：苏珊·富勒为信仰而战，始终公正和仁慈，对他人的意见给予最大尊重。他还在推荐信的末尾写道，作为年度图书馆员候选人，苏珊·富勒优秀且富有智慧，是一位令人印象深刻的图书馆员。

《图书馆杂志》认为，推荐人的上述言辞应当成为公共图书馆员定义的一部分。除上述特征之外，苏珊·富勒还具有宁静、坚忍不拔、正直等品格。这符合《图书馆杂志》对 1998 年度图书馆员奖获得者所有必备要件的期待。因此，苏珊·富勒理所当然地成为本年度图书馆员的不二人选。

在笔者看来，苏珊·富勒摘得年度图书馆员桂冠并非偶然，而且当之无愧。她具有过人的胆识、杰出的品格、服务的激情和超强的管理能力。通过管理创新，实施具有正向激励机制的管理方案，将图书馆的经费与服务挂钩、图书馆工作人员的薪资与服务效率挂钩，最大限度挖掘图书馆的潜力，提高投入产出效率，充分体现了图书馆的价值。

五、获奖之后

2008 年 1 月，为庆祝年度图书馆员奖设立 20 周年，《图书馆杂志》回访 19 位年度图书馆员，并发布了相关报道。据该报道，圣克拉拉县公共图书馆的总部此时已迁至洛思加图斯（Los Gatos）市。而 1998 年获奖时，图书馆总部设在县政府所在地圣何塞市。2008 年接受采访时，苏珊·富勒已从圣克拉拉县公共图书馆馆长的职位退休 5 年。从图书馆员转变为图书馆用户的她，对图书馆的服务提出了高标准和一系列殷切的希望。

这些希望包括：图书馆是个性化且富有知识的场所，不能变成商店；工作人员知晓并关心思想，无论什么形式的馆藏，都能够跟用户一起探讨；工作人员坚守公共图书馆的立场，作为美国民众基本权利的捍卫者，保障公众以自己的方式利用信息和思想，在政府的帮助而不是阻碍下寻求自己的道路。

苏珊·富勒愉快地指出，作为用户，我想让自己到访的每一个图书馆都跟上时代的发展，相互连接、包罗万象、引人入胜、服务周到、舒适宜人。她认为当地图书馆满足了上述所有要求。尽管此时的她不再是图书馆列车的驾驶者，但是，仍希望图书馆能够接纳她，并对此充满信心。她坚信无论未来怎样变化，公共图书馆都将是不可缺少的一部分。

坚守核心价值创一流服务的年度图书馆员（1999）

2000 年 1 月《图书馆杂志》公布了 1999 年度图书馆员评选结果，获奖者是总部设在北卡罗来纳州费耶特维尔（Fayetteville）的坎伯兰县图书馆与信息中心（Cumberland County Public Library and Information Center，简称 CCPLIC）负责人杰里・思雷舍（Jerry Thrasher）先生[①]。《图书馆杂志》2000 年第 1 期不仅将杰里・思雷舍的大幅照片刊登在杂志的封面，还用 3 个版面的篇幅对他的业绩、经历等进行了图文并茂的报道。

从《图书馆杂志》配发的照片看，杰里・思雷舍戴一副浅色中框眼镜，温和，儒雅，微笑中透出浓浓的书卷气，颇具绅士风度。

一、教育背景与职业生涯

按照拟定的模板，此处应简要交代年度图书馆员获奖者的教育背景。遗憾的是，在《图书馆杂志》的专稿中，没有任何关于杰里・思雷舍教育背景的介绍。笔者多次尝试网络搜索，也未能发现相关资料。无奈只好在此处留白，权当“英雄不问来路”。

不过，根据《图书馆杂志》规定的年度图书馆员的评选标准，获奖者应当拥有图书馆学硕士学位，是一位专业图书馆员。笔者借此推测杰里・思雷舍至少是符合上述要求的，即便获得硕士学位的具体信息无从查考也不会对其声望产生不利影响。

此外，笔者从坎伯兰县图书馆与信息中心网页发布的图书馆历史介绍获悉，杰里・思雷舍 1980 年被任命为坎伯兰县图书馆馆长[②]。算起来杰里・思雷舍获奖时已经担任图书馆馆长近 20 年时间。值得指出的是，坎伯兰县图书馆与信息中心实际上就是图书馆，只不过为了拓展信息服务做出了名称变更。类似的更名举措自 20 世纪 90 年代起在国内外并不鲜见，关键是能否保持名副其实。

---

① BERRY J N. Jerry Thrasher—Library Journal Librarian of the year 1999［J］. Library journal，2000，125（1）：40—42.

② 来源：Library history. http：//www. cumberland. lib. nc. us/ccplsite/content/library-history.

二、工作业绩

（1）筹集资金建设新馆

坎伯兰县图书馆与信息中心位于北卡罗来纳州费耶特维尔，这里也是美国布拉格堡波普空军基地（Fort Bragg，Pope Air Force Base）所在地。全县有居民 30 万人，其中 15%—20% 的人所从事的生产活动与军事生活有关或者具有军人家族关系。大多数人具有标准的中产阶级的行为方式和世界观。

杰里·思雷舍最初开始工作时，坎伯兰县图书馆与信息中心的大多数服务设施都由其他用途的老旧建筑改建而成。为了改善服务条件，1982 年，该县就发行图书馆建设债券举行公投，但主要由于经济不景气，公投未获通过①。

面对失败，杰里·思雷舍不放弃努力，通过社区领导人以及诸如商会等团体的广泛动员，1983 年 5 月再次启动债券发行公投并获得成功。在州和联邦的支持下，债券发行于当年 9 月份顺利结束，共筹得资金 120 多万美元，大大超过了原定 47 万美元的筹资目标，成为该县有史以来最大规模的私人资金募集活动。坎伯兰县图书馆与信息中心网站发布的信息显示，1984 年 3 月，图书馆利用筹得的资金购买了新主馆建设用地，当年 9 月新主馆奠基开工，1986 年 6 月建成开放②。

《图书馆杂志》的专稿指出，图书馆主馆的建设共花费 450 万美元，全部资金都是通过县、州、联邦机构、基金会和私人捐赠等途径筹集的。1986 年，图书馆还开放了 1 个利用县基金新建的分馆。此后的 1991 和 1992 年，相继利用本地资金建成了另外 2 个分馆。

1992 年，图书馆计划再次以发行债券方式募集资金 1140 万美元，用于增建 3 所新分馆。尽管发债计划顺利通过公投，但债券发行却因遭遇藏书审查风波被迫推迟了 2 年。1999 年 6 月，图书馆完成了所有分馆的建设任务。馆舍面积由 1980 年的 4.2 万平方英尺扩大至 17.6 万平方英尺，增长率高达 318%。

（2）实现图书馆的自动化管理，强化信息服务

1986 年，就在新馆建设取得突破的同时，杰里·思雷舍领导建设了该馆的首

---

① 图书馆建设债券属于市政债券，能否发行需要由本地选民投票决定。关于图书馆债券更多解释请参见 1994 年度图书馆员评介的相关内容。

② 来源：Library history. http://www. cumberland. lib. nc. us/ccplsite/content/library-history.

个自动化系统。至 1988 年 3 月，坎伯兰县图书馆与信息中心主馆和分馆的图书外借均采用自动化流通系统完成。

此后，图书馆陆续配备大量公用计算机和检索工作站。截至获奖时，图书馆系统共有 117 个计算机工作站，图书馆总馆有 24 个公共检索工作站可以连接到因特网。

为了保障安全，提高计算机使用和信息检索服务的效率，图书馆制订了切实可行的使用政策和服务规范。例如，根据图书馆的因特网选择政策，图书馆供成年人使用的计算机不加过滤软件，可供用户自由访问。儿童区的计算机则不同，须由图书馆员决定哪些网站适宜儿童访问，儿童只能访问那些经过选择的网站。再如，图书馆提供上网服务非常受欢迎，总是遇到用户排队的情况。为了解决联网计算机供不应求的矛盾，图书馆制定预约政策，将用户每次预约上网时间限定为 1 小时。

不仅如此，为了解决计算机等信息服务设施增加导致的专业人员不足的问题，杰里·思雷舍做出了在当时看来非常大胆的管理决策——将坎伯兰县图书馆与信息中心的所有编目工作采取外包形式，交由贝克与泰勒（Baker & Taylor）公司完成。图书馆则将原负责编目的专业馆员调配到公共计算机服务部门，充实信息服务的力量。

此外，杰里·思雷舍还通过细心观察，发现更多用户有掌握计算机应用技能的潜在需求。例如，他发现有许多人虽然自己没有计算机，但是，希望学会使用计算机。尤其是一些年纪大的市民想从事对家谱的研究，存在使用电子邮件的需求。于是，决定在图书馆增设计算机应用培训等新的服务项目，有针对性地开设一系列课程，培训退休老人了解并掌握新技术。在满足用户需求的同时，大大提升了图书馆信息服务的覆盖面。

（3）大幅提高图书馆的利用率

在筹资建设新馆和推进图书馆的自动化管理的同时，杰里·思雷舍带领坎伯兰县图书馆与信息中心的工作人员采取多种措施改进图书馆的服务，千方百计让民众获得利用图书馆的良好体验。尤为突出的是，图书馆将儿童服务置于最优先的地位，从工作人员配备、资源建设经费和活动项目等方面予以保障。具体体现在：为每一个新建的分馆配备面向儿童和少年服务的专业图书馆员；设立一系列儿童早教服务项目；将图书馆资源购置总预算的35%用于购买儿童资源。借此带动图书馆整体服务效率的提升。

据统计，该馆的年到访人次从1980年的28.4万增至1999年的152.6万人次，增长率高达437%。在这个仅有30万人口的服务区域，活跃的图书馆持证用户有16.7149万人。1999年外借馆藏225万件/册，流通量较1980年增加了281%。

此外，1999年图书馆举办少儿活动7187项，其中还有一些具有创意的少儿活动获得全国奖项。图书馆的所有活动共吸引参与者20.7792万人，公共计算机的检索次数为220万，工作人员共回答了56.0187万个参考咨询问题。

《图书馆杂志》的特稿指出，杰里·思雷舍完成上述所有工作仅仅花费了坎伯兰县预算的3.3%，凭借其卓越的管理技巧，创造了管理奇迹。

（4）抵制藏书审查，维护儿童阅读权利

进入20世纪90年代，坎伯兰县图书馆与信息中心遭遇了二次藏书审查事件。第一起审查事件发生于1992年9月，图书馆因收藏艾莉森出版公司（Alyson books）出版的2本儿童图书[①]遭到争取健全政府公民（Citizens for Sound Government）团体的反对。尽管该审查事件在全美图书馆具有普遍性，但事发时，正值坎伯兰县图书馆与信息中心筹备发行分馆建设债券的公投活动，因此，审查事件不可避免地对分馆建设债券的发行产生了不利影响。

面对主张审查者要求图书馆将上述图书从馆藏中剔除的要求，在经历召开听证会、新闻报道和各方喧嚣后，最终，图书馆理事会所有成员投票表决，一致决定将上述图书收藏于图书馆的少年非小说类文学作品区。

在接受《图书馆杂志》采访时杰里·思雷舍指出，有部分社区成员因不赞同图书馆对上述图书的处理方式而在公投中反对发行债券，但大多数人投票支持发行债券，其中包括那些对增加税收不感兴趣的人。1992年11月，发债计划经公投通过后，主张审查的团体向法院提起诉讼，要求判决已经通过公投的发行债券

---

① 引发审查的儿童图书分别是：迈克尔·威尔霍伊特（Michael Willhoite）著《爸爸的室友》（*Daddy's Roommate*），1991年出版；莱斯莉·纽曼（Leslea Newman）著《希瑟有两个妈妈》（*Heather Has Two Mummies*），1989年出版。二者均为描述儿童在同性恋环境中成长的作品。

计划无效，导致发债进程被迫中断，无法按计划进行。1994 年，北卡罗来纳州上诉法院做出裁决，图书馆发债公投结果有效，可以继续为建设分馆发债。债券发行终于在延迟 2 年后得以进行并完美收官。

第二次审查事件发生于 1999 年。主张审查的团体要求将 3 本图书从图书馆馆藏中剔除。它们分别是：罗莎琳·麦克米伦（Rosalyn McMillan）著《知道》（*Knowing*），华纳（Warner）出版公司出版；理查德·扎克斯（Richard Zacks）著《赤裸的历史：爱、性与堕落从古代的伊特鲁里亚人到沃伦·哈丁》（*History laid Bare: Love, Sex and Perversity from the Ancient Etruscans to Warren G. Harding*），哈珀柯林斯出版社（HarperCollins）出版；理查德·扎克斯（Richard Zacks）著《西方文明的另类历史》（*An Underground Education*），双日出版社（Doubleday）出版。也有一些人主张如果图书馆选购此类资料，应当单独保存在成人区。主张审查的团体还以图书馆选择了不适合社区的资料为由，推动成立市民选书委员会。

主张审查的团体还将问题投诉至县委会，县委会要求图书馆理事会在 60 天内提交报告。主张审查的团体将投诉信寄给所有县委会委员、当地报社和每一位选举产生的官员，信中附有上述图书中有关性的描述文字摘录和插图复印件。

杰里·思雷舍在接受《图书馆杂志》采访时指出，当时的情况相当严峻。经过召开公众听证会，图书馆理事会成员一致决定图书馆继续收藏上述 3 本图书，并否决了将上述图书单独保存在成人区的提议。最终，县委员会委员通过投票，以 4 票同意 2 票反对采纳了图书馆理事会报告提出的处理意见。因为上述抗争，杰里·思雷舍获得了 1999 年北卡罗来纳州图书馆协会颁发的知识自由奖。

（5）建设优秀、多样化的服务团队

与其他优秀的管理者一样，杰里·思雷舍极为重视吸纳高水平图书馆工作人员。每逢人员招聘，都坚持聘用经过美国图书馆协会认可的图书馆信息学院的毕业生，确保该馆的专业图书馆员均具有硕士学位且出自名校。此外，为了选择高质量的优秀图书馆工作人员，他还对应聘者增加了以下要求：

首先，工作人员应具有自我驱动性。这是因为杰里·思雷舍在工作中尽量赋予工作人员对图书馆使命进行多方面探索和拓展的自由，希望每一个专业馆员积极主动地为公众做特定的项目。比如，参考馆员为成年人提供的服务项目包罗万象，从帮助准备报税资料到筹集南北战争装备等不一而足。

其次，工作人员应具有与公众轻松互动的能力。这是因为杰里·思雷舍授权工作人员自主灵活地为客户服务，善解人意、与服务对象顺畅沟通是不可或缺的。

此外，考虑到坎伯兰县图书馆与信息中心所服务群体的特殊性，杰里·思雷舍十分重视工作人员队伍建设的多样性。在招聘工作人员时，对有军人家庭背景或与军人有关联的求职者敞开大门，认为这有助于图书馆更好地为与军事有关的社区提供服务。图书馆工作人员中有军人的配偶和子女，他们中的许多人是拥有图书馆学硕士学位的专业图书馆员。此外，还有一些优秀的辅助图书馆员出身于军人家庭。这些工作人员来自全美各地，许多人曾在其他地方的图书馆从业，拥有宝贵的实践经验。美中不足的是，一旦部队换防，军人家属就要辞职随军迁徙，图书馆会失去他们。尽管如此，图书馆仍然按照既定的标准招聘新工作人员。

三、服务理念、管理风格与特质

（1）坚持客户第一，注重为弱势群体服务

在接受《图书馆杂志》采访时，杰里·思雷舍指出，保卫坎伯兰县图书馆与信息中心的秘密武器就是客户服务。图书馆做每一件事都聚焦于满足本地用户的需求。图书馆以往将利用图书馆的人称为赞助人（patrons），现在则把利用图书馆的人称为客户（customers）。之所以改变称谓，就是为了让图书馆工作人员认识到客户是给自己发工资的衣食父母，必须尽可能利用一切资源为他们提供最高质量、最高水准的服务。事实证明，图书馆通过坚持上述服务理念，赢得了社区强有力的广泛支持。

杰里·思雷舍 1980 年担任图书馆馆长后，逐步熟悉了解坎伯兰县的情况，对该县的人口分布了如指掌。该县虽然是典型的军队驻地，但是，有近 14% 的人年收入位于贫困线以下，属于北卡罗来纳州的低财富县。基于对上述现实的清醒认识，杰里·思雷舍将坎伯兰县图书馆与信息中心的许多服务集中在满足低收入人群的需求方面，为弱势群体服务成为该馆的一大特色。因此，图书馆吸引到比尔与梅琳达·盖茨基金会的一笔巨额捐款，成为当时北卡罗来纳州唯一获得该基金捐款的图书馆。图书馆利用上述捐款购置计算机设备，使成人用公用计算机的数量增加了一倍。

（2）关注儿童的信息需求，持续拓展儿童服务

杰里·思雷舍关注儿童的信息需求，将儿童服务作为拓展图书馆服务的主要抓手，推出一系列越来越低龄化的儿童服务项目。其中值得一提的是“鹅妈妈时间”（Mother Goose Times）。该项目面向新生儿至12个月大的婴儿服务。此外，还有名为“小宝宝讲述”（Tots and Tells）的项目，该项目面向婴儿父母，帮助父母通过阅读和做游戏与婴儿互动。

杰里·思雷舍还利用图书馆的定期出版物主动宣传图书馆在满足儿童的信息需求方面取得的成就。在1998—99坎伯兰县图书馆与信息中心的年度报告中，附有一封他写给社区居民的公开信。其中指出：在本县，没有任何一家公共机构像公共图书馆那样极大关注儿童的福利和积极发展。图书馆95%的项目都是面向儿童的。去年图书馆外借图书中超过44%都是儿童图书。这些图书有的用于睡前讲故事，有的用于完成科学项目、暑期快乐阅读以及完成家庭作业。图书馆的工作人员帮助父母决定什么对他们的孩子最有益。在青少年将学习与发现连接在一起方面，公共图书馆是开启专业性帮助的最好场所。

在笔者看来，上述举措不仅确保该馆的少年儿童服务持续健康发展，而且带动了整体服务品质的提升。近年来，我国公共图书馆对儿童服务的重视与日俱增，出现了一些令人欣喜的变化。例如，首都图书馆旧馆经过重装于2013年9月8日重开，其突出的变化是开辟了大量的儿童服务区。

（3）积极参与社区事务，善于处理公共关系

为了扩大图书馆对社区的影响力，杰里·思雷舍本人和图书馆工作人员积极参与社区事务，并发挥积极作用，奠定了坎伯兰县图书馆与信息中心在社区的重要地位。1991年，该馆因杰出的公共关系项目而荣获美国图书馆协会颁发的约翰·柯登·达纳奖。

杰里·思雷舍参与社区事务的方式还包括在当地各种社团组织兼职，为诸多委员会服务。例如，担任费耶特维尔基瓦尼俱乐部[①]主席；在费耶特维尔联合之路（United Way of Fayetteville）担任多项职务；承担坎伯兰县儿童合作委员会的工作；

① 基瓦尼俱乐部（Kiwanis Club）是一个美国工商业人士俱乐部，在全美各地都有分部。

担任当地调频广播台理事会主席、当地基督教青年会的足球队教练、费耶特维尔演讲俱乐部主席等职，还在诸多家长、学校和社区团体的委员会和理事会任职。

他在接受《图书馆杂志》采访时指出，自己努力将很多时间花在本地、州和国家层面的活动上，该馆许多工作人员也是如此。在他看来，图书馆参与社区事务越多，人们就会对公共图书馆了解得更多。今后将会继续推进此方面的工作。

在笔者看来，正是由于杰里·思雷舍不遗余力地奉献自己的才华和领导能力，善于处理公共关系，才使得坎伯兰县图书馆与信息中心得以解决诸多棘手的问题。

（4）谦虚低调，具有政治智慧

《图书馆杂志》的专稿指出，在杰里·思雷舍的领导下，图书馆的预算经费已经有了大幅增加。尽管如此，他仍保持低调，不喜欢吹嘘。

此外，杰里·思雷舍注重政策制定和制度建设。他认为，审慎选择资料、制定强有力的图书采选政策可以帮助图书馆自卫。该馆的图书采选政策与美国图书馆协会制定的《知识自由手册》（*Intellectual Freedom Manual*）高度契合，引用了1996年最新版（第5版）的内容。图书馆理事会成员与县委员会成员保持联络，保证他们了解最新信息。这也是坎伯兰县图书馆与信息中心能够在维护儿童的信息需求坚持与馆藏审查抗争中取胜的法宝。

杰里·思雷舍的政治智慧体现在：当遭遇审查风波时，他给北卡罗来纳三所大学的图书馆信息学院院长写信求援，收到北卡罗来纳大学教堂山分校（UNC-Chapel Hill）、北卡罗来纳大学格林斯伯乐分校（UNC-Greensboro）和北卡罗来纳中央大学（North Carolina Central University）三家图书馆信息学院院长的回信。上述大学在北卡罗来纳州享有很高声望，院长们的回信所阐述的专家意见非常重要，为图书馆提供了很大帮助。借此向社区领导人表明，图书馆的立场并不仅仅是图书馆馆长决定的，而是专业领域广泛的共识。图书馆的立场还得到了本地媒体的支持。《图书馆杂志》的专稿指出，杰里·思雷舍的上述做法值得其他图书馆借鉴。他处理争议的方式印证了最好的防卫就是进攻。

（5）积极参与专业活动，坚守核心价值

在承担坎伯兰县图书馆与信息中心的领导工作、广泛参与社区事务的同时，杰里·思雷舍还积极参与图书馆专业领域的活动并担任许多要职，为本馆、州和国家层面的图书馆专业组织及其活动做出了巨大贡献。

他在州层面的专业组织的兼职包括：在北卡罗来纳图书馆委员会任职8年，担任其所属2个分会的主席；担任州级公共图书馆电子资源共同体——北卡罗来纳图书馆虚拟教育工作组（NC-LIVE）成员；在北卡罗来纳图书馆协会多个委员会任职；担任北卡罗来纳公共图书馆馆长协会主席、东南部图书馆协会公共图书馆分会主席。

其他全国性专业组织的兼职包括：担任美国图书馆协会所属公共图书馆协会合作委员会委员。此外，他还担任北卡罗来纳大学图书馆信息学院理事会理事。

杰里·思雷舍对图书馆的认识很纯粹。在他看来，即使不是唯一来源，图书馆也是获得信息和数据最可靠的来源之一，普通民众可以借此对他们所面对的政治、社会以及个人生活的重要问题做出决策。

他在上述核心价值的驱动下，充分施展自己的管理协调能力和领导力，顽强地排除政治、经济和学术障碍，与理事会成员一起，塑造并建设优秀的图书馆工作人员队伍，为坎伯兰县居民提供了世界水准的图书馆服务。

四、提名与获奖缘由

提名杰里·思雷舍作为年度图书馆员候选人的是他的三位同事。他们在提交给《图书馆杂志》的推荐信中指出：找到能够体现持久品质的人是一件可喜的事情。杰里·思雷舍具有的正直诚实、致力于服务、建设社区等品质，给图书馆学增添了高贵。这是杰里·思雷舍与众不同的第一点。此外，面对有组织的团体以牺牲公共图书馆为代价推进更多政治和宗教日程时，杰里·思雷舍坚持原则与尊严，与他们引发的争议和狂热的进攻抗争。能这样做的人屈指可数。

《图书馆杂志》认为，杰里·思雷舍在一个典型的美国军队城镇中管理着一个伟大的图书馆——坎伯兰县图书馆与信息中心。驱动杰里·思雷舍的是核心价值，图书馆学基本的专业价值，而不是形形色色吸引图书馆组织机构的时髦标签和举措。他在政治方面并不算熟练老道，不使用浮夸的管理技巧和计谋，或者侃侃而谈最新的管理风尚。然而，他领导着一个很好的图书馆，并建设了一支优秀的工作人员队伍，成为美国最有成就的图书馆员之一，当选1999年度图书馆员是毫无疑义的。

在笔者看来，《图书馆杂志》将年度图书馆员的桂冠授予杰里·思雷舍，最看重的是他对图书馆核心价值的坚守。正是基于核心价值，他创造性地制定一系列着眼于服务民众、提高图书馆利用率的管理决策，将图书馆的发展融入与社区保持良性互动和持续奉献的过程中，使图书馆的价值得到充分体现。此外，他也是继 1994 年度图书馆员黛博拉·雅各布之后又一位成功发行债券建设图书馆服务设施的年度图书馆员，彰显了公共图书馆在民众心目中的可信度和重要地位。

五、获奖之后

2008 年 1 月，为庆祝年度图书馆员奖设立 20 周年，《图书馆杂志》发布了回访之前评选的 19 位年度图书馆员的报道。就在记者 2007 年 11 月撰写的访谈报道准备发表之时，杰里·思雷舍从他工作了 27 年之久的坎伯兰县公共图书馆与信息中心正式退休。

在接受《图书馆杂志》采访时，出于对信息分享中个人隐私泄露风险的担忧，杰里·思雷舍指出，每一个人都需要认识诸如我的空间（Myspace）和脸书（Facebook）等社交网站所蕴含的风险——人们正在分享关于自己的详细信息。

他尊重新一代年轻、充满阳光、技术娴熟的图书馆员。指出，这个群体中大多数是具有双重专业 / 职业背景的图书馆员，他们弥补了图书馆在专门技能和知识方面的不足，帮助老年人适应新技术，并面向社区组织各种与信息技术相关的引人入胜的活动。

他对常青树（Evergreen）之类的免费图书馆集成管理系统软件的出现感到非常高兴，认为这使地方图书馆可以开发并升级自己的借阅和藏书管理系统，不需要受到私营软件公司的控制。并希望这一发展势头持续下去，使一些大型图书馆能够进行自主软件开发，其他一些图书馆软件则依赖私营公司进行改进。

杰里·思雷舍感到自豪的是，在工作人员和社区领导的帮助下，自己管理的图书馆系统已经成长为公共图书馆的样板和民主的载体。他指出，尽管今后将充满挑战，但是，凭借有效的领导，图书馆不仅会继续生存而且还会日益兴旺发达。

在笔者看来，杰里·思雷舍对新技术应用的肯定和对社交网络泄露个人隐私的担忧非常明智。面对新技术环境，图书馆应注意技术引发的法律问题，例如，个人隐私保护、知识产权保护等。与此同时，重构图书馆的组织架构，采用更多的新技术，使图书馆提供接近丰富的技术、更快响应用户需求的信息环境。需要注意的是，技术绝不是跟风的手段和炫耀的资本，而是真正让分离的用户需求和资源得以匹配的工具和桥梁，助力图书馆继续发挥文化保存创造、知识传播交流、技术创新以及促进经济发展方面的作用。

令老旧城市图书馆焕发勃勃生机的年度图书馆员（2000/2001）[①]

2001 年 1 月,《图书馆杂志》公布了 2000/2001 年度图书馆员评选结果，获奖者是总部设在康涅狄格州首府的哈特福德公共图书馆［Hartford public Library（HPL,CT）］馆长露易丝·布拉洛克（Louise Blalock）[②]。《图书馆杂志》2001 年第 1 期不仅将露易丝·布拉洛克的大幅照片刊登在杂志的封面，还以特稿形式用 3 个版面的篇幅对她的业绩、经历等进行了图文并茂的报道。从《图书馆杂志》配发的照片看，露易丝·布拉洛克笑容可掬，开朗和善，平易近人。

一、教育背景与职业生涯

露易丝·布拉洛克 1994 年起担任哈特福德公共图书馆馆长[③]。获奖时，已担任该馆馆长 7 年，从事图书馆员工作已经超过 25 年。

作为一位资深图书馆员，她与图书馆工作的渊源还可以追溯到自己的青少年时期。早在新泽西马纳斯宽高级中学（Manasquan High School）读书时，露易丝·布拉洛克就曾担任学校图书馆的学生助理，学校的图书馆员维奥拉·布朗森·奎因（Viola Bronson Quinn）告诉露易丝·布拉洛克，图书馆管理是一个值得从事的职业。上述劝诫深深地镌刻在露易丝·布拉洛克的脑海中，她将维奥拉·布朗森·奎因视为自己职业生涯的第一位导师。担任学校图书馆的学生助理期间，露易丝·布拉洛克还为专业出版物撰写了自己职业生涯的首篇论文。

露易丝·布拉洛克获纽约州立大学阿尔巴尼分校图书馆学硕士学位后，开始自己的职业生涯。先后在美国数家富裕的郊区图书馆任职，其中包括在康涅狄格

---

① 1988 年至 1999 年,《图书馆杂志》年度图书馆员的评选和发布时间分别跨越 2 个自然年度。2000 年编辑部决定改变此前的做法，将年度图书馆员的评选和发布时间调整为同步状态。因此，2000 年度和 2001 年度图书馆员的评选合二为一。此后，年度图书馆员的评选和发布便一直保持同步状态。笔者推测，上述改动也许与美国另一个图书馆奖项的设立有关。2000 年,《纽约时报》设立了图书馆员奖，每次获奖人数量在 20 名左右。最初仅仅面向纽约的图书馆遴选获奖者，后来扩大到全美范围。也就是从该年起,《图书馆杂志》的年度图书馆员奖改变了评奖年度标识，由滞后发布变成与期刊出版年一致。

② BERRY J N. Louise Blalock—Library Journal Librarian of the year 2001[J]. Library journal, 2001, 126（1）: 48—50.

③ 来源：Hartford Public Library. https：//en. wikipedia. org/wiki/Hartford_Public_Library.

州纽卡纳（New Canan，CT）、罗德岛的巴灵顿（Barrington，RI）担任图书馆员多年。为了寻求新挑战，她决定转到城市图书馆工作。为使自己有所准备，她在已有图书馆学硕士学位（MLS）的基础上，又攻读了纽约大学瓦格纳学院公共管理硕士学位（MA in Public Administration）。

《图书馆杂志》的特稿指出，在改变工作地点的同时，露易丝·布拉洛克也改变了自己。在笔者看来，通过露易丝·布拉洛克的故事，可以管窥世纪之交图书馆员继承传统与时俱进的崭新风貌。

二、工作业绩

（1）打破预算僵局，成功发行债券改造馆舍

露易丝·布拉洛克到哈特福德任职时，哈特福德是一个遭遇经济衰退的小型城市，人口数量仅有 14 万。图书馆年经费预算总额为 612 万美元，其中 90% 来自城市税收，大约为 530 万美元。露易丝·布拉洛克认为，相对于城市当时的经济状况而言，图书馆经费能够保持以上水平是令人侧目的成就。同时，也需要她和图书馆工作人员进行持续不断的创新和创造应对经济挑战。她刚到图书馆就职时，正值预算编制还有几周就要结束，尽管城市的经济状况不好，而图书馆的预算并未减少，这给她留下了深刻印象。

在接受《图书馆杂志》采访时她解释说，鉴于图书馆预算经费已经达到极限，为打破预算僵局，推进图书馆的发展，图书馆唯一能做的就是从其他途径获得资金，加强公共服务。在上述思想指导下，布拉洛克和工作人员多次进行筹集外部资金活动。其中最重要的就是于 1996 年和 2000 年成功举行债券发行公投，两次公投支持率均高达 90%，展现了哈特福德社区对图书馆的深度支持。1996 年的债券发行筹集资金 1900 万美元，2000 年的债券发行筹集资金 2150 万美元，图书馆用筹得的资金对中心馆和多个分馆进行改造，使服务设施和环境大大改善。

（2）争取外部资金进行馆藏与信息服务基础设施建设

通过发债获得图书馆改造资金的同时，露易丝·布拉洛克领导图书馆工作人员还不断创新争取外部资金的方式应对经济挑战，通过成功策划有针对性和富有创意的项目争取各种专项基金，为图书馆馆藏和信息服务基础设施建设提供保障。

据统计，20 世纪 90 年代末的 3 年时间里，图书馆累计获得哈特福德公共

捐赠基金会（The Hartford Foundation for Public Givings）90 万美元的资助。用于支持午夜图书馆（Midnight Library）、美国空间试验项目（The American Place Initiatives）（该项目详情见后面介绍）。此前，该基金会曾资助 25 万美元支持该馆的家庭空间（Family Place）项目。

图书馆获得的其他外部资金还包括：盖茨基金会 20 万美元和微软公司 15 万美元，用于升级图书馆的信息技术设施；通用服务基金[①]的学校与图书馆项目（E-rate[②]）资金 50 万美元。

就在露易丝·布拉洛克获年度图书馆奖时，图书馆赢得了一笔来自美国国家人文基金会（the National Endowment for the Humanities，简称 NEH）的 50 万美元挑战补助款，这意味着将有超过 250 万美元资金投入人文馆藏建设、图书馆用户服务项目以及为提升使用率对中心馆的改造。在接受《图书馆杂志》采访时，露易丝·布拉洛克指出，大部分配套资金已经落实，将确保建设符合每一个项目要求的复合馆藏。

（3）把握机遇，重构与社区的联系

露易丝·布拉洛克认为，作为老旧城市公共图书馆，哈特福德公共图书馆复兴的关键是重新构建与社区的联系。

就在图书馆寻求了解和融入社区的路径之时，恰逢该市得到美国司法部一笔支持社区警务工作的巨额资金。根据规划设定的方案，由警务人员在每一个社区成立解决问题委员会（Problem-solving Committee）。露易丝·布拉洛克敏锐地认识到这是一个非常重要的契机，图书馆工作人员必须参与其中，并应成为委员会成员。之后，她除了亲自参加诸多社区委员会的会议外，还带动其他感兴趣的工作人员参加更多的类似会议。图书馆把握上述难得的城市治理改进的机遇，借此

---

① 据维基百科，通用服务基金（Universal Service Fund，简称 USF）是美国联邦通信委员会（FCC）为促进美国的通用电信接入服务依据美国 1996 年《电信法案》而设立的基金。该基金是由 FCC 管理的电信资费补助体系。来源：https：//en. wikipedia. org/wiki/Universal_Service_Fund.

② E-rate 是通用服务基金所设学校与图书馆项目的常用名称。该项目接受联邦通信委员会指导，由通用服务管理公司（USAC）负责管理。项目提供资费贴现以便学校和图书馆能够以可承担的价格获得电信和因特网接入服务。来源：https：//en. wikipedia. org/wiki/E-Rate.

开始了解并掌握社区情况，重构与社区的联系。

露易丝·布拉洛克调查了解到民众对哈特福德公共图书馆分馆的信息服务利用率处于很低水平，在感到震惊的同时，认为有许多人对图书馆不感兴趣、没有需求是不真实的。她决定，图书馆工作人员必须找到那些具有潜在需求的民众，到他们中间去，不能坐等他们来找图书馆。于是，图书馆努力寻找一切可以与潜在用户联系的机会、活动和集会，通过调查发现服务短板，制订实施有针对性的解决方案和对策。参与警务人员牵头的社区工作委员会便是了解社区情况的一个实例，组建社区团队则是更突出的管理与服务创新。

（4）组建社区团队，拓展社区信息服务

基于上述调研工作和认知，图书馆成立了 11 个社区团队，分别服务于 17 个片区[①]。每个社区团队由 5—6 位图书馆工作人员组成，其中有全职图书馆员也有非全职图书馆员，有辅助图书馆员也有学生助理，大家相互配合，协同工作。此外，社区团队的人员构成还与所服务片区的特点吻合，不同的团队各具特色，反映了该城市的多元化。在接受《图书馆杂志》采访当年的前 3 个月，社区团队的工作人员就参加了 150 多次社区会议，会见了 9000 多名当地市民。在露易丝·布拉洛克看来，社区团队是图书馆了解哈特福德市所有社区资产的开端。

社区团队将了解到的信息和想法反馈回图书馆，推动图书馆满足民众的信息需求。例如，社区团队在与市民会面时，有人问及该市原有的宪章和即将进行公投的新宪章有什么差别，图书馆立即在网站上发布了相关信息。社区团队还为图书馆的社区信息数据库提供信息。数据库中已有数百条记录，囊括了哈特福德居民所需的许多机构和办事程序等信息。有一个社区团队发现向该市区划申诉委员会提交申诉的程序繁杂、困难，于是，专门在数据库中添加了如何完成上述程序的信息。

在接受《图书馆杂志》采访时，露易丝·布拉洛克还介绍了图书馆已经制定并即将实施更加庞大的社区信息服务计划。她认为，尽管将民众需要了解的信息收入数据库和图书馆非常好，但是，图书馆工作人员真正需要信息的时刻是参加

---

① 因为有些片区全部为企业，故有的社区团队负责的服务范围不止一个片区。

社区会议的时候。我们需要随身携带笔记本电脑，以便在现场迅速利用数据库为大家解答问题。

（5）以丰富多彩的创新项目提供与时俱进的特色服务

在露易丝·布拉洛克的领导下，图书馆工作人员融入社区，以崭新的精神风貌和服务方式激发了用户一系列新的服务需求，经由社区团队和社区互动酝酿，图书馆通过新的服务内容和服务方式延长服务时间，还陆续推出各种创新项目和活动满足用户的新需求，实现了需求与服务的良性互动。比较有代表性的项目包括午夜图书馆、家庭场所、社区技术中心、美国场所、电子企业家等。

①午夜图书馆（Midnight Library）

该项目针对社区里有工作的民众无法在图书馆正常服务时间段利用图书馆获取信息的情况，将图书馆提供参考咨询和信息检索服务的时间延长至夜间 12 点。民众每周 7 天从图书馆正常开放时间起直到夜间 12 点都可以获得图书馆员的服务。图书馆员帮助民众浏览因特网，搜索网站，并通过电话、传真和电子邮件回答他们的问题。午夜图书馆的运作类似于每周 7 天工作的服务台和参考咨询服务的整合。图书馆闭馆后，该服务很大一部分是为各个年龄段正在完成家庭作业或者需要使用计算机的少年儿童提供帮助。

②家庭场所（Family Place）

哈特福德公共图书馆在继承过往久负盛名的少儿服务传统的同时，还创设了一系列家庭文化素养提升项目。家庭场所（Family Place）就是其中之一。该项目创意同样来源于社区。图书馆工作人员受到一个名为“未来的图书馆”组织的启发，并与该组织开展密切合作，通过项目的实施提高包括父母和孩子在内所有家庭成员的读写能力。

家庭场所是在少儿阅览室里单独辟出的实体空间，非常舒适宜人，采取家庭友好式布局，供儿童和父母定期按计划共同参加适当的活动。该项目提供提升家庭文化素养的课程，时限为 6 周，供家长注册选修。图书馆每周都对家长和非图书馆人员进行阅读准备方面的培训。项目关注所有家庭成员文化素养的提升，只有父母跟孩子一起做好准备，孩子才开始进入阅读阶段，要求儿童与父母一起来图书馆的家庭场所完成所有活动。在接受《图书馆杂志》采访时，露易丝·布拉洛克指出，该馆已设立5个家庭场所，几乎每个分馆都有一个家庭场所。项目实施后取得了超出预期的巨大成功，需要更大规模的设施来满足需求。

家庭场所项目在提供家庭文化素养提升对策的同时，还实现了用户的社会化聚合。大多数家长在长达6周的活动结束后，仍然希望继续到图书馆来。于是，图书馆又推出了“家庭场所升级版”（Family Place Plus）。

③社区技术中心（Neighborhood Technology Center）

社区技术中心作为图书馆的特色服务项目，是为了方便居民学习计算机和信息技术而设立的。为适应那些白天需要外出工作的居民的学习需求，该中心的开放时间为周六和周日白天，在工作日开放至晚间10点。这一新的服务内容和服务方式，满足了用户需求，被用户称赞为“为工作人群服务的图书馆”。

④“美国场所”（American Place）

该项目面向海外移居美国的人群而设立，侧重于为移民提供服务。服务内容包括帮助他们取得公民身份，学习英语，发展诸如寻找住所、注册学校、购物、乘坐公共交通工具以及其他类似的生活技能。项目的需求和创意也是在融入社区的过程中发现和形成的。从中可以看出，美国公共图书馆的移民服务又有了新的拓展，由首届年度图书馆员获得者侧重的帮助移民进行语言学习，拓展到对移民进行入籍、生活、学习和就业等全方位的帮助。

⑤“电子企业家项目”（Electronic Entrepreneur Program）

该项目是露易丝·布拉洛克从社区重建团队会议上获得启发而创设的。在20世纪90年代末网络商务应用初露端倪之时，露易丝·布拉洛克审时度势，敏锐地认识到网络商务应用的潜在需求，通过该项目为需要使用计算机和因特网或者建立网站的商业协会和商务人士提供技术培训和支撑服务。

除上述项目外，图书馆还通过与社区、工商界和市政领导人的联系和互动，持续推出新创意，打造出一些面向社区提供文艺表演、阅读与历史讲述的项目。比如，图书馆在流行的国家祈祷日庆典活动期间举办“傍晚舞蹈”（Dancing Before Dark）活动，在温暖的夏日傍晚组织音乐舞蹈团体在图书馆主街道的露台表演。

尤其值得指出的是，露易丝·布拉洛克还用自己丰富的想象力申请在该馆设立康涅迪格图书中心，创造了在全州范围内提升图书、阅读和图书馆影响力的新途径。此外，该馆面向少年儿童设立的家族历史讲述项目“我们为何而来，我们带来了什么”（Why We Came and What We Brought），激发4年级至12年级的小学生和中学生利用图书和图书馆讲述自己的祖先为什么、从什么地方、如何来到美国。该项目是美国国会图书馆图书中心的约翰·科尔（John Cole）尤为喜爱的项目。

三、服务理念、管理风格与特质

（1）贴近社区需求提供有针对性的服务

露易丝·布拉洛克在长期的职业生涯中积累了丰富的工作经验，在她看来，图书馆员的技能是理解社区及其需求，每一个社区都是独一无二的，此点对图书馆管理是最为重要的。她在接受《图书馆杂志》采访时指出，自己推动哈特福德这样一个老旧图书馆前进所采取的许多措施都来自社区，面向社区以及家庭提供图书馆服务是关键。

正是本着上述理念，露易丝·布拉洛克带领图书馆工作人员组建社区团队，重构与社区的联系，寻找图书馆的潜在客户，过调查发现服务短板，制订实施有针对性的解决对策和方案，推动图书馆服务与时俱进。所有这一切都充分证明，贴近社区需求提供服务是图书馆生存发展的必由之路。

（2）以楷模为榜样，追求卓越

哈特福德图书馆不仅具有悠久的历史和传奇，也有令露易丝·布拉洛克所崇拜的英雄前辈——美国图书馆史上极为著名、富有传奇色彩的图书馆员卡洛琳·休因斯（Carolin M. Hewins）。据哈特福德图书馆网站介绍，卡洛琳·休因斯1875年被聘为该馆馆长，时年29岁。她在一所仅有2万册图书的小型会员图书馆的基础上，建设现代哈特福德图书馆。1925年离任时，哈特福德图书馆已是馆藏12.5万册的现代免费公共图书馆，成为全美的样板[①]。作为哈特福德首任图书馆馆长，她担任该职位长达51年，不仅帮助发动了20世纪的公共图书馆运动，而且创设、定义了当代最重要的图书馆服务项目——儿童服务。以她的名字设立的

① 来源：Library history. https：//www. hplct. org/about/library-history.

儿童图书馆员奖学金 90 多年来支持并鼓舞着无数儿童图书馆员的成长[①]。

在接受《图书馆杂志》采访时，露易丝·布拉洛克说：早在我打算到哈特福德工作之前就希望循着卡洛琳·休因斯的足迹前行。我知道她创立了当代图书馆的儿童服务，研究儿童文献时读过她的著作，知道她是图书馆界的领袖人物。她给哈特福德公共图书馆打下了坚实的基础，留下了值得骄傲的精神。正是哈特福德公共图书馆过往的辉煌历史吸引我来到哈特福德。

露易丝·布拉洛克回忆说，自己刚到哈特福德公共图书馆时，感觉像进入了时间隧道。在馆舍风貌方面，哈特福德公共图书馆中心馆的设计采用旧时代的模式，那是一个甚至小城市的图书馆都以为自己属于研究图书馆的时代，图书馆被闭架书库分隔成一个个部门，与现代开放式服务大相径庭。在露易丝·布拉洛克看来，这并非卡洛琳·休因斯的遗产，她的遗产是建立社区联系并面向家庭提供图书馆服务。事实上，卡洛琳·休因斯为了与新用户离得更近，甚至把自己的家搬到了哈特福德住宅区。布拉洛克要做的便是在一个多样化且经济受到挑战的老旧的美国城市，再次创造过往的历史，满足 21 世纪人们对图书馆的多种需求和期望。

在继承传统的同时，露易丝·布拉洛克领导图书馆与哈特福德市的所有儿童早教启智计划项目（Head Start[②]）和托儿中心进行合作，使儿童服务不断拓展和深化。接受《图书馆杂志》采访时露易丝·布拉洛克指出，要提高儿童的文化素养仅仅靠走进图书馆或参加启智计划项目是不够的，图书馆正在努力为学龄前儿童

---

① 卡洛琳·休因斯儿童图书馆员奖学金起始于 1925 年。当时，哈特福德图书馆员俱乐部为庆祝卡洛琳·休因斯担任图书馆馆长 50 年，设立基金作为馈赠给她个人的礼物。年底她决定将收到的礼金作为儿童图书馆员奖学金的启动资金，之后又陆续收到了她的家人、朋友以及来自康涅狄格州和全美各地专业协会的慷慨捐赠，使该奖学金成为由哈特福德图书馆管理、面向全美的慈善基金。奖学金面向有志于从事儿童图书馆服务的在校本科生或者就读于经美国图书馆协会认证的图书馆学院的研究生发放，从成立起持续至今，她也因此而被世人铭记。来源：Caroline M. Hewins Scholarship. https：//www. hplct. org/about/caroline-m-hewins-scholarship.

② 据维基百科，Head Start 早教项目又称启智计划项目。于 1965 年由朱尔·休格曼（Jule Sugarman）发起，最初设计为采取暑期学校的方式利用数周时间对低收入家庭的学龄前儿童进行小学入学辅导，教会他们入读小学必须知晓的知识。1981 年，美国颁布了专门的法案（The Head Start Act of 1981），对项目予以拓展，之后它成为由美国卫生与人类服务部管理的项目，专门面向低收入家庭的儿童及其家长提供早期儿童教育、卫生、营养等综合服务。来源：https：//en. wikipedia. org/wiki/Head_Start_（program）.

营造提升读写能力的大环境，使孩子们无论在家里，在学校，还是在运动场都可以获益。为实现该目标，图书馆员利用自己掌握的有关儿童成长以及阅读有关的专业知识，在小包和大帆布袋里装满各种材料，帮助家长设立家庭文化素养中心。

在笔者看来，露易丝·布拉洛克对职业偶像的崇拜和传承，与 1995 年度图书馆员卡拉·海登有很多相似之处。当然，从全篇来看，不仅如此，优秀的图书馆员大多有自己的职业偶像。这些偶像既有先贤也有同代人。通过多种渠道将界内楷模人物的所思、所作、所为予以传播，不仅可以促进图书馆职业理念与文化的代际传承，还可以扩大同行交流和图书馆的影响，将图书馆精神不断发扬光大。这正是笔者写作此书的初衷之一。

（3）乐观，对工作充满热爱

当《图书馆杂志》打电话告知露易丝·布拉洛克她被选为 2001 年度图书馆员的消息时，露易丝·布拉洛克说："乐观可以使人坚持连续工作，可以使人有毅力完成工作，这在图书馆工作中非常重要。"

《图书馆杂志》的专稿指出，露易丝·布拉洛克对工作的乐观富有感染力。尽管她获得年度图书馆员的桂冠并为此欢欣鼓舞，然而对图书馆工作的热爱更是溢于言表，她表示，虽然她从事图书馆员工作已经超过 25 年，但自己从未有一天不想去工作。

早在露易丝·布拉洛克接受求职面试时，哈特福德图书馆理事会成员就发现她身上具有他们所期望的高能量、领导力和富有感染力的乐观主义，并认为她的这些特质将有助于哈特福德公共图书馆摆脱历史留下的一些不尽如人意之处。

（4）倾听包容，知人善用

在接受《图书馆杂志》采访回答图书馆的工作人员有关的问题时，露易丝·布拉洛克指出，该馆有成熟稳定的工作人员队伍。他们当中有明星，也有具有很大能量的人。她相信图书馆的每一个人都会推动图书馆前进，管理所面临的挑战之一就是找出释放工作人员潜在能量的途径。她认为，管理者必须理解工作人员的力量，始终牢记每一个人都是贡献者。当工作人员负责一个项目时，此点尤其适用。例如，图书馆的社区团队就知道他们正在产生真实的影响。显然，仅有管理者或者馆长离开办公室走进该社区是不够的，全体工作人员都必须成为其中的一部分。

露易丝・布拉洛克将倾听工作人员的意见作为管理的首要法则。刚到哈特福德公共图书馆履职时，她与每一位工作人员单独谈话，累计进行140次面谈。她发现工作人员有很好的想法，图书馆的最优服务项目的创意有些就来自工作人员。

在与工作人员频繁接触的过程中，露易丝・布拉洛克也注意到不同工作人员的差异，意识到大规模的改变对每一个工作人员都是不容易的。比如，有人跟她一样，喜欢走出图书馆到社区去；而有些人则喜欢待在图书馆不喜欢去社区。经过共同研究，最终找出让那些不喜欢到社区去的工作人员做贡献的其他途径。作为馆长，露易丝・布拉洛克身先士卒，经常走出图书馆亲自到社区。工作人员告诉她说，我们知道图书馆正在努力做的事儿，我们喜欢做。结果是所有工作人员都以各自的方式走入社区。

除了善于倾听工作人员的建议外，露易丝・布拉洛克也接受自己的丈夫提出的重要建议。她的丈夫诺兰・勒欣顿（Nolan Lushington）曾在康涅狄格州格林尼治图书馆①（Greenwich Library，CT）担任多年馆长，是一位著名的顾问和图书馆教育家。值得指出的是，在获奖的年度图书馆员中，有许多人的配偶也是图书馆员。露易丝・布拉洛克伉俪就是其中之一。

四、提名与获奖缘由

露易丝・布拉洛克对哈特福德公共图书馆的卓越领导在一个对公共图书馆的期望业已消失的城市创造出新的期待，这也使图书馆得到了来自政治和文化领导人的重要支持。提名露易丝・布拉洛克作为年度图书馆员候选人的是哈特福德市长迈克尔・彼特（Michael P. Peter）和哈特福德公共图书馆理事会的保罗・希普曼（Paul Shipman），他们都是当地有重要影响的人物。

哈特福德市长迈克尔・彼特在推荐信中指出：露易丝・布拉洛克改变了哈特福德公共图书馆，聚焦于代表我们城市的许多文化的多元化需求，创造了全新、现代化的城市图书馆的样板，并与学校和社区建立了强有力的合作伙伴关系。

---

① 据格林尼治图书馆网页报道，该馆5次获得《图书馆杂志》评出的5星级图书馆称号，最新一次是2013年。来源：http://www.greenwichlibrary.org/blog/library_news/2013/11/greenwich-library-rated-a-five-star-library-for-the-fifth-time.html.

哈特福德公共图书馆理事会的保罗·希普曼指出：尽管20世纪90年代经济困难导致图书馆勒紧腰带，但是，露易丝·布拉洛克得到了政府和民众的支持。她不仅使图书馆的9个分馆保留下来，而且成功开启了数百万美元的债券发行，对多个分馆进行升级改造并使中心馆的规模几乎扩大了一倍。

《图书馆杂志》的专稿指出，跟露易丝·布拉洛克在一起，几分钟的时间就可以确信，未来，在哈特福德和美国，公共图书馆不仅地位稳固、发挥中心作用，而且将继续发展繁荣，在古老的根基之上完成非常现代的使命。她的乐观精神对哈特福德市、对图书馆服务产生了实实在在的影响，令人赞叹。《图书馆杂志》的编辑们认为，她是新世纪首届年度图书馆员的最佳人选。

在笔者看来，露易丝·布拉洛克是一个集继承传统与大胆创新于一身的不可多得的优秀图书馆员。她有理想有情怀，为了心中崇拜的职业偶像与责任感，在哈特福德市图书馆沉沦之时，勇敢地承担管理责任。此举就像1995年度图书馆员卡拉·海登选择就任巴尔的摩老普拉特图书馆馆长时一样。《图书馆杂志》将新世纪首位年度图书馆员的桂冠授予露易丝·布拉洛克是寓意深长的。通过她复兴老旧城市公共图书馆的示例，展示了深入社区、了解民众的需求、提供创新服务是图书馆在新世纪继续生存发展的不二选择。

五、获奖之后

2008年1月，为庆祝年度图书馆员奖设立20周年，《图书馆杂志》回访19位年度图书馆员，并发布了相关报道。

据该报道，2001年，露易丝·布拉洛克因对城市图书馆的奉献而获得年度图书馆员奖。长达30多年图书馆员的职业生涯历练使露易丝·布拉洛克明白，仅仅靠指导图书馆立法并无法改变城市图书馆的前景。城市图书馆必须是健康、就业、文化、住房和移民等多个领域的利益相关者，图书馆领导们必须持续共同关注政策问题。在笔者看来，露易丝·布拉洛克的上述认识非常深刻。在我国《公共图书馆法》与《公共文化服务保障法》相继颁布实施的背景下，尤其值得图书馆从业者认真思考，给出我们自己的答案并采取行之有效的对策。

在接受《图书馆杂志》采访时她指出，自己对图书馆的沦落深感忧心。大家热衷于增添咖啡服务和流行图书。然而，我们必须认识到它们仅仅是便利设施，不应当以此驱动我们的服务或者让我们的使命脱离正确的轨道。

然而，由于联邦政府的政策正在改变，减少公共领域的资金投入，她认为应当建立新的结构框架，对图书馆的基本服务拨付合理公平的资金。在这一框架下，她希望看到具有高度参与及创新意识的政治家能够理解提升自己治下图书馆的一切机会。但是，政治家并不是路易丝·布拉洛克所指望的唯一群体。她指出，由于公众没有认识到图书馆员的工作对自己的需求和利益至关重要，需要图书馆工作者予以展示和证明。

另据《图书馆杂志》2008 年 10 月发布的消息，露易丝·布拉洛克于 2008 年底从哈特福德公共图书馆退休[①]。就在同年 5 月，该馆因未采取技术措施对图书馆的网络访问加以控制，尤其是对儿童访问色情网站的安全控制不合规而饱受批评。2008 年 5 月 28 日，路易丝·布拉洛克以馆长身份发布声明，回应时任哈特福德市市长对图书馆安全问题的关切。声明中解释了图书馆的安全问题，并表示着手成立特别工作组，检查图书馆的相关政策，力争在舒适的利用环境和安全之间求得平衡[②]。可见，公共图书馆主张的开放与自由获取不是绝对的，没有合规的控制就会引发风险。

此外，2008 年美国金融危机爆发后，因收支无法平衡，6 月底哈特福德图书馆理事会决定于当年 7 月起关闭 2 家分馆，解雇 40 名工作人员。此举引发民众和图书馆工作人员的不满和抗议[③]。

在笔者看来，对露易丝·布拉洛克而言，因资金短缺被迫关闭分馆实属无奈之举。这并非她个人的问题，而是美国许多公共图书馆馆长曾有过的经历。由此联想到她 2008 年接受《图书馆杂志》回访时呼吁建立新的结构框架，对图书馆的基本服务拨付合理公平的资金，不仅具有预见性，而且是一语中的。

---

① NORMAN O. Hartford Director Blalock to retire［J］. Library journal，2008，133（16）：18.

② 来源：Statement from Louise Blalock，Chief Librarian，Hartford Public Library. http：//www.courant. com/community/hc-blalockstatement-story. html.

③ 来源：Tina A. Brown. Library closings opposed：group plans ‘Read-In’ today and Hartford public library cuts looming. http：//ala-apa. org/newsletter/2008/07/14/library-closings-opposed-group-plans-read-in-today-and-hartford-public-library-cuts-looming/.

作为全美最大规模公共图书馆掌门人的年度图书馆员（2002）

2002 年 1 月《图书馆杂志》公布了 2002 年度图书馆员评选结果，获奖者是洛杉矶公共图书馆（Los Angeles public Library，简称 LAPL）负责人苏珊·肯特（Susan Kent）女士[①]。《图书馆杂志》2002 年第 1 期不仅将苏珊·肯特的大幅照片刊登在杂志的封面，还以特稿形式用 3 个版面的篇幅对她的业绩、经历等进行了图文并茂的报道。从《图书馆杂志》配发的照片看，苏珊·肯特个子不高，开朗干练，充满朝气。

一、教育背景与职业生涯

苏珊·肯特 1995 年 2 月担任洛杉矶公共图书馆馆长[②]，获奖时，已在该馆工作了 7 年时间。

苏珊·肯特的职业生涯是从纽约公共图书馆的实习生开始的。早年通过纽约公共图书馆的求职面试后，进入该馆担任实习生。在纽约公共图书馆，她有很多岗位的工作经历，最初的工作是在位于纽约布朗克斯区的大广场街分馆。在接受《图书馆杂志》采访时苏珊·肯特指出，布朗克斯区大广场街分馆的工作对日后的职业生涯产生了深远影响，是自己作为图书馆员的最好经历。

当时工作面对的是一个人口变化的社区，社区居民最早以意大利人和犹太人为主，正向以非裔美国人和波多黎各人为主的社区转变。她从时任分馆图书馆员、后任纽约公共图书馆分馆馆长的伯尼丝·麦克唐纳（Bernice MacDonald）那里学到了最基本的法则。她称赞伯尼丝·麦克唐纳充满活力，总是对他人施以援手，对所有人产生美好的影响，教会了大家提供真正的公众服务意味着什么。（饶有趣味的是，在辗转担任数家城市图书馆的掌门之后，苏珊·肯特于 2004 年回到她职业生涯起始的地方——纽约公共图书馆，像伯尼丝·麦克唐纳一样成为纽约公共图书馆分馆馆长。）

---

① BERRY J N. Susan Kent—Library Journal Librarian of the year 2002［J］. Library journal，2002，127（1）：42—44.

② EVAN S L，MICHAEL R. Susan Goldberg Kent to head Los Angeles public library［J］. Library journal，1995，120（1）：12.

在纽约公共图书馆以实习生身份工作期间，苏珊·肯特在哥伦比亚大学图书馆服务学院获得硕士学位。接受《图书馆杂志》采访时，她坦承自己觉得图书馆学院乏味无趣，没有放弃的唯一原因是她热爱自己在图书馆从事的工作[①]。尽管如此，苏珊·肯特也认为攻读硕士学位是对自己有深远影响的经历。与她一起就读的同学包括美国图书馆协会前主席、尼尔－舒曼出版社社长帕特·舒曼（Pat Schuman），以及美国图书馆协会的官方刊物《美国图书馆》的编辑阿特·普劳特尼克（Art Plotnik）。

硕士毕业后，苏珊·肯特曾于1987—1989在图森市担任亚利桑那州剧团的总经理，还短暂就职于纽约州斯普林瓦利公共图书馆。无论从事何种工作，她都善于学习。她自述在剧团的工作学到了许多市场营销、组建理事会和筹款方面的知识。她所从事的工作多与城市图书馆相关。1990—1995年苏珊·肯特担任明尼苏达州最大的城市明尼安波利斯公共图书馆馆长[②]。此前还在亚利桑那州图森市公共图书馆（Tucson Public Library，AZ）工作10年。在该馆她最初的职位是成人和青年服务协调员，之后担任该馆副馆长7年。

回顾自己职业生涯时，苏珊·肯特对曾经共事过的图森市公共图书馆馆长约翰·安德森（John Anderson）充满感激。清楚地记得在她担任图森市公共图书馆成人和青年服务协调员时，约翰·安德森馆长告诉她，聘用她就是为了做创新性工作，只要能从错误中吸取教训，就可以大胆尝试去做所有事情。约翰·安德森馆长的建议成了此后伴随苏珊·肯特职业生涯的座右铭。

二、工作业绩

（1）发行债券，实施大规模分馆建设工作

苏珊·肯特的重要成就之一是，通过努力，于1998年成功发行1.78亿美元图书馆债券，之后又成功增发债券500万美元。她主持以债券支撑的图书馆建设项目，在债券发行公投通过后，她和团队成员召集了149次社区会议，与民众联

---

① 在美国，图书馆录用工作人员有着明确的分类标准和职业准入资格。要想成为专业图书馆员，必须拥有美国图书馆学会认可的图书馆信息学或相关学科的硕士学位。详见本书附录2。

② 此信息来自明尼安波利斯公共图书馆网站。来源：Minneapolis Public Library. https://wiki2. org/en/Minneapolis_Public_Library.

系，介绍图书馆建筑，讨论设计方案、图书馆选址和公共艺术等问题。

洛杉矶公共图书馆有67所分馆，这些分馆反映了城市社区的焦点。债券发行成功意味着要对67所分馆中的28所进行重建或者扩建和翻新改造。除获奖时刚刚完成重建的位于城区的漂亮的中心馆外，还要新建4所分馆作为社区中心。建成后洛杉矶公共图书馆系统的分馆总数将达到71所。据《图书馆杂志》2002年报道，洛杉矶公共图书馆的分馆建设项目位居美国有史以来图书馆建设规模之首。图书馆将拆除并在原址新建17所图书馆，为8个现有分馆选新址进行重建和搬迁复原，在4个社区建设4所全新的图书馆，并对3所分馆进行翻新改造和扩建。

在《图书馆杂志》采访苏珊·肯特时，上述27个分馆建设项目的进度都比计划有所提前，大多数也都在预算之内。苏珊·肯特指出，在接下来的2周内将举行5所分馆的奠基仪式，有7个项目在设计阶段，6个项目在投标和定标阶段，18个项目正在建设中，一个项目已经完工。上述数据显示，1998—2002年短短4年时间里，洛杉矶公共图书馆的分馆建设无论从数量和规模来看都令人惊诧，可以想象作为一馆之长的苏珊·肯特的工作任务非同一般。

（2）直面挑战，完成繁复的管理职责

管理洛杉矶公共图书馆面临一系列挑战。苏珊·肯特承担的职责包括：管理每年9600万美元的运营经费，服务人口380万。作为城市图书馆馆长，其工作必须与各色人等和机构打交道。除了洛杉矶民众外，还包括高度支持图书馆的市长、人数众多的市议会以及包括洛杉矶图书馆基金会在内的多个基金组织和捐款人，也包括人数众多的图书馆工作人员和图书馆员工会。她效仿图森市图书馆馆长的做法，对洛杉矶公共图书馆的领导职责进行合理分工。图森市图书馆的馆长负责处理外部事务，副馆长作为主要运营官负责图书馆的工作，苏珊·肯特作为洛杉矶公共图书馆馆长，主要负责对外事务。当被问道这种做法是否错过了与洛杉矶公共图书馆日常运营的密切联系时，她回答道，尽管自己花在与民选官员、筹款和图书馆基金会方面的时间更多，但是，仍然要花许多时间与其他从事内部运营的工作人员打交道。笔者认为，作为领导团队的首要负责人，她的领导是保障这个全美最大的公共图书馆系统生机勃勃地运行不可或缺的。

苏珊·肯特负责的外部事务非常繁忙。在接受《图书馆杂志》采访时，她一周的工作日程包括以下内容：（1）出席3个新建分馆的开工奠基仪式（groundbreaking ceremony）；（2）参加多个基金会的会议；（3）参加一次图书馆理事会会议；（4）参加一次图书馆债券监管委员会会议；（5）参加2次市长办公会；（6）主持每周的行政管理会；（7）与一家基金会举行第二次会议；（8）参加一次洛杉矶公共图书馆预算会议；（9）接待记者来访；（10）参加另外一次理事会会议。在笔者看来，苏珊·肯特的工作内容大多是与开拓图书馆的生存发展空间相关的。她的日程再次印证了美国的公共图书馆馆长大多具有社会活动家的特征。

（3）多渠道筹措资金，支撑图书馆开展各类项目

洛杉矶公共图书馆的年运营经费高达9600万美元，运营经费差不多全部来自公共基金，主要是城市的税收，另外有少量州和联邦拨款。这种经费支持水平在全美城市图书馆中位居最高之列。2001年，洛杉矶公共图书馆得到州拨款630万美元，预计2002年州拨款将会减少。

苏珊·肯特在接受《图书馆杂志》采访时说，图书馆的经费充足，民选官员信任图书馆。之所以如此，是因为他们的选民得到了很好的服务并告诉他们自己对图书馆有多么满意。肯特以自己的现身说法表明，要得到公众的支持，必须从最基础的做起，提供很好的用户服务，好口碑就会传遍社区。事实上，这对任何图书馆都是适用的铁律。

苏珊·肯特说自己喜欢筹款，她在洛杉矶图书馆基金会的董事会任职，每天都要处理相关工作。该基金会是一个独立的非营利组织，成立8年的时间，已筹集资金3500万美元，其中大多数资金花费在图书馆服务方面。该基金会资助专门项目和新试验项目。例如，资助图书馆开展的所有针对青少年和儿童的专门阅读与课外阅读项目、文学项目、展览以及科技实验项目。

在谈到基金会的工作时苏珊·肯特指出，捐款人想知道基金会是一个可信的组织，想知道自己为图书馆提供的捐款是否按照指定的用途花费，想确认我们是否成功地推进他们捐助的项目。基金会的资助会使一家好图书馆变为卓越的图书馆。它给了我们研究与发展资金，使我们有可能进行新的试验项目。它允许我们扩大运营资源完成那些大大改变面貌的事情。该馆利用来自4个基金会的资助，设立了名为“走向成功”（Destination Success）项目。该项目内容包括负责年轻成

年人服务的图书馆员为全市年轻人举办实用且受欢迎的职业与大学宣介会。

此外，笔者通过网络搜索得知，1999 年，苏珊·肯特领导的图书馆获得卡内基基金会的 50 万美元捐赠[①]，用于拓展儿童课外阅读俱乐部以及学龄前至 11 岁儿童的暑期阅读强化项目。图书馆希望能够通过社区分馆和中心馆惠及 5000 名儿童。计划购买英语和其他语言的图书，同时为其他年龄的群体完成文化素养的提升。在洛杉矶联合学区，从幼儿园到小学 3 年级的儿童中有 80% 达不到应有的阅读水平，洛杉矶市在全美属于文盲率最高的城市之一。苏珊·肯特在卡内基基金会捐赠仪式上致辞说，洛杉矶公共图书馆是卡内基慈善的直接受益者。早在 1921 年，卡内基捐资建设了洛杉矶公共图书馆，当时只有 10 家分馆，现已经发展为拥有 67 家分馆和 4 所流动图书馆的庞大系统。

（4）采取行之有效的儿童上网管理举措

在苏珊·肯特的带领下，洛杉矶公共图书馆针对儿童利用因特网采取了独特举措，使图书馆得到稳定的资金和广泛的支持。具体做法是当儿童首次登记领取借书证时，需要家长签署一份声明，声明的内容是：家长已知晓图书馆的上网终端没有采取过滤措施。对自家孩子利用因特网进行管理是家长的工作。为协助家长的上述工作，图书馆在每个分馆都设有多个终端，让儿童通过洛杉矶公共图书馆的“儿童频道”设置，访问经过选择的因特网资源。此举对网络过滤这一棘手的问题提供了有原则性且有益的解决方案，体现了处理儿童利用因特网这一棘手问题的政治智慧。

三、服务理念、管理风格与特质

（1）为图书馆服务倾注满腔热爱和激情

《图书馆杂志》的专稿开篇指出，当苏珊·肯特接受采访，被问道作为全美服务人口最多的图书馆系统的负责人有何感受时，她回答道：“我热爱我的工作，这是我曾经有过的最好的工作！我与最伟大的群体一起工作。”

洛杉矶市图书馆是全美最大的公共图书馆系统，作为馆长，苏珊·肯特热爱

---

① Carnegie's commemorative grants to urban public libraries [EB/OL].[2017-06-18]. https://www.carnegie.org/news/articles/carnegies-commemorative-grants-to-urban-public-libraries/.

这份工作并不令人意外，但是，她谈起工作以及这所城市时洋溢着令人愉悦的激情使采访者感到震惊。苏珊·肯特的工作量大得几乎令人难以置信。当接受《图书馆杂志》的采访被问道她的工作时间有多长时，她说，我每天早晨7：30上班，直到夜晚结束工作，很多时候忙到深夜才能回家，周末也不例外。我没有怨言，我正在考虑休假。当记者问道她未来的打算时，她飞快地回答道：这要看市长的决定。我的计划是继续留在这里，这对我是一个完美的工作，我没有考虑过其他工作。我不希望勉强接受一个职位。

（2）乐观，喜爱冒险和试验

尽管苏珊·肯特对专业领域存在的种种问题和发展方向有深深的担忧，但是，她对未来还是抱有难以置信的乐观态度。她在接受《图书馆杂志》采访时指出，我看到利用图书馆的人比以前要多。“9·11”恐怖袭击后这一现象更加明显。无论这是恐怖袭击还是经济下行导致的结果，两周前图书馆比以前更加拥挤了，大家都在排长队。图书馆正在走向消亡的观点遭到了公众的否定。

在谈到图书馆存在的问题时她指出，我们面临的最严峻的问题是：如何取代我们自己？下一代的图书馆员来自何处？图书馆员未来的作用是什么？如何培养教育图书馆员？我们打算以什么方式找到他们？图书馆员具有重要的技能和知识。就硕士学位的图书馆员而言，我们提供的薪资没有竞争力。不过上述问题对苏珊·肯特而言也是机遇。她指出，洛杉矶公共图书馆录用人员非常主动，我认为这也是到图书馆求职的最好机遇。在未来5年将有大批图书馆员退休，在此领域有许多成长和升职的机会。除了图书馆，没有任何地方可以将如此多的要素集为一体。

此外，苏珊·肯特在接受记者采访时还指出，她的工作基本上是与外界打交道。幸运的是，该馆的管理人员在全美是最优秀的，他们具有奉献精神和创造力，相互尊重支持，团结协作，知道如何做事。她认为自己不是一个好的维护人员，维持现状不是自己的强项，能够在顺境下处理问题，也可以在逆境下处理问题。喜欢投资理念并努力做新事情。图书馆不断进行着各种试验。尽管苏珊·肯特反复强调其管理团队对该馆取得的成就所发挥的作用，显然，她的管理天才和乐观的试验风格提供了成功的保证。

（3）善于沟通，与市政官员保持良好关系

洛杉矶市规模庞大，辖区达470平方英里。有一位市长，15名市议会议员。苏珊·肯特自豪地说，我们与市议会议员和市长办公室一起工作，我们举办每一次社区活动都邀请他们参加，每一位市议会议员在其选区都有大量工作人员和现场办公室。肯特对城市政治有深刻的理解，与其他地区一样，社区支配洛杉矶——自治权。每一个市议会议员代表25万—30万选民，他们就像一座小型城市的市长。图书馆花很多时间向市议会和市长办公室反映情况，共同讨论问题，与他们一起工作。在苏珊·肯特看来，图书馆有时是社区里唯一的公共机构，总是努力让全体民众参与。

洛杉矶市的前任市长理查德·瑞奥登（Richard Riodan）是苏珊·肯特的同盟和图书馆的坚定支持者，他的名字被镌刻在了中心图书馆。苏珊·肯特获奖时的在任市长吉姆·哈恩（Jim Hahn）曾长期担任市律师，苏珊·肯特与其相识很久，他非常支持教育和图书馆。在笔者看来，图书馆馆长必须与市政官员保持良好的沟通，以便获得支持，这在美国和中国都是适用的管理技巧。

（4）具有超强的人事管理能力

苏珊·肯特的工作中还要面对强大、咄咄逼人、直言不讳的图书馆工会和洛杉矶公共图书馆的1400名员工。该馆的劳资谈判耗时长久非常艰难。图书馆员协会[①]的要求，美国州、县、市雇员联合会的地方2626号书面文件不仅篇幅长而且内容复杂，其中包括图书馆员协会对一些图书馆设施某些时段工作人员配备不足、因特网上的色情资源、工资待遇等问题的看法。洛杉矶公共图书馆人力资源部的负责人直接与工会打交道，但是，此方面的管理苏珊·肯特责无旁贷。

经过多年与图书馆员协会的谈判协商，周日下午开馆首先在中心馆和8个分馆开始，很受用户欢迎。截至苏珊·肯特获奖时，谅解备忘录要求周日值班的图书馆员工作5小时获得8个小时的报酬。每个月4个周日图书馆员仅仅需要值班一次。尽管工会对馆方提出要求和批评，协商困难，苏珊·肯特仍将工会视为同

① 笔者于2017年10月通过网络搜索发现，洛杉矶公共图书馆的图书馆员协会建有独立网页，标注为代表洛杉矶公共图书馆工作的图书馆员的专业组织和工会。从网站发布的信息看，该组织仍十分活跃。来源：The librarians' guild（AFSCME 2626）.http：//lg2626. org/.

盟。苏珊·肯特认为，从根本上讲，图书馆行政管理方和工会所要求的事情是相同的，这就是提供良好的工作环境与薪资福利，想方设法为民众提供最好的服务。在笔者看来，无论在国内还是国外，图书馆馆长都不可避免地直面并处理员工因利益受损而提出的相关维权诉求等问题。心胸宽阔的馆长，绝不会与员工对立，而是善于换位思考，妥善进行相关政策调整。因为，作为公共机构，图书馆馆长需要站在有利于整个机构发展的高度来观察并解决问题。

（5）善于向身边的图书馆员学习

在进入图书馆领域工作之前，苏珊·肯特曾在出版界求职，但是，在面试时均被问到会不会打字。她自己虽然拥有相关学位，但是并不打算从事此类工作。在她转向图书馆领域求学和工作期间，结识了许多优秀的专业人士，她的同窗与同事可谓名人荟萃。除了图森市公共图书馆馆长安德森外，苏珊·肯特也将前任副馆长艾格尼丝·格里芬[①]（Agnes Griffen）视为自己的导师。苏珊·肯特尤其赞赏艾格尼丝·格里芬和其他几位同事，例如，荣获 2004 年度图书馆员奖的凤凰城公共图书馆馆长托妮·加维（Toni Garvey）、芝加哥公共图书馆的行政管理负责人玛丽·德姆西（Mary Dempsey）。她还高度赞赏 1994 年度图书馆员奖获得者黛博拉·雅各布，认为她具有政治家的技巧和令人惊叹的热情，改变了西雅图图书馆的面貌。从苏珊·肯特的上述经历可以看到，图书馆员之间的专业传承和影响不仅非常重要而且极为深远。

（6）身兼多职，积极参与专业活动

苏珊·肯特 1998 年起在贝塔斯曼基金会国际公共图书馆网（Bertesmann Foundation International Network of Public Libraries）兼职，该组织由来自全球 16 位图书馆界人士组成。苏珊·肯特在接受采访时指出，我们习惯以美国为中心，相信美国的做法是唯一正确的。而通过参与该项目，使自己获得了一个大开眼界的经历。每个地方的人都在做着难以置信的事情，我们需要跟他人分享并向他人学习。该基金会对国际公共图书馆的发展具有非常重要的支持作用。上述话语显示苏珊·肯特在与其他专业人员共同工作时，反思并摒弃了之前以美国为中心的

① 艾格尼丝·格里芬的职业生涯的顶点是升任图森图书馆馆长。

偏见和思维习惯。

苏珊·肯特的其他兼职包括美国城市图书馆理事会主席、美国公共图书馆协会主席和美国图书馆协会理事会理事。此外，她还担任许多其他社会兼职，例如，加州大学洛杉矶分校（UCLA）教育与信息研究学院顾问委员会委员、美国国家人文学科捐赠基金会（National Endowment for the Humanities）公共项目顾问委员会委员。另外，她还经常担任图书馆的顾问，并完成许多难度较大的工作，例如，撰写旧金山新图书馆主馆以及西雅图大型综合性建筑项目的使用评价报告。

四、提名与获奖缘由

《图书馆杂志》的特稿未披露本届年度图书馆员的提名情况。但是，对获奖者苏珊·肯特给予了很高评价。指出：苏珊·肯特领导着全美最大的公共图书馆系统，集技能、天分和热忱为一体，将极为艰难、耗费精力的工作变成了一项令人兴奋的实验。《图书馆杂志》通过实地采访，看到了苏珊·肯特作为城市图书馆馆长以及在国家层面取得的令人振奋、印象深刻的成就，连同她对公共服务的有力承诺、突出的政治敏锐、对图书馆的清晰愿景以及实现愿景的能力为她赢得了2002年度图书馆员的桂冠。

在笔者看来，苏珊·肯特是一个极有事业心、具有实干精神的图书馆员，在某种程度上甚至可以称为“事业狂”。虽然她对图书馆学院的课程评价不高，但是，从作为实习生进入图书馆接受职业培训开始，她凭着对图书馆工作的热爱和满腔激情，在实践中不断从其他图书馆员和管理者身上学习图书馆的服务准则以及职业领域所需要的各种技能，并创造性地发挥到极致。因此，她的获奖也是实至名归。

五、获奖之后

2004年8月19日洛杉矶当地媒体发文报道，苏珊·肯特于2004年9月结束在洛杉矶公共图书馆长达10年的工作，赴纽约公共图书馆担任分馆馆长。纽约的人口是洛杉矶的2倍还多，分设3个独立的图书馆系统。该文肯定了苏珊·肯特在洛杉矶取得的成就，包括使中心馆成为城市重要的文化机构，规划了一系列分馆建设项目，并指出她位居这个城市最受欢迎的公务员之列①。

2008 年 1 月，为庆祝年度图书馆员奖设立 20 周年，《图书馆杂志》回访 19 位年度图书馆员，并发布了相关报道。据该报道，苏珊·肯特表示，自己的愿望是为将图书馆建成欣欣向荣、富有远见、令人振奋的机构而尽力，希望自己成为推动图书馆朝向该日程迈进的有生力量的构成部分。

此外，苏珊·肯特在获得年度图书馆员奖之后，美国图书馆协会也授予她利平科特奖（Lippincott Award）。之后，她转任纽约公共图书馆分馆（the Branch Library of the New York Public Library）馆长兼首席执行官，负责 87 所分馆的运营管理。据《图书馆杂志》2007 年 5 月报道，她前去纽约公共图书馆分馆任职的具体日期为 2004 年 9 月 1 日。不过，在担任纽约公共图书馆分馆馆长兼首席执行官 2 年零 8 个月后，苏珊·肯特宣布辞职②。

辞职之后，苏珊·肯特凭借自己在公共图书馆工作 30 多年的经历，开办了一家独立的咨询公司（S. R. Kent LLC），帮助图书馆进行战略规划、基础设施规划以及财务发展与管理等。2010 年苏珊·肯特与琼·加西亚（June Garcia）合伙开办了另一家咨询公司（Library Strategies International LLC），将顾问咨询业务拓展至全球范围的图书馆。更多信息请参见苏珊·肯特 2014 年撰写的文章与公司网页信息③。

当《图书馆杂志》的记者在 2008 年 11 月份与苏珊·肯特联系时，她正在赴荷兰和丹麦的途中，落实城市图书馆理事会 2008 年 11 月的研究访问。作为国际图书馆会议的常邀演讲嘉宾，她认为最紧要的任务是制定规划，进行美国和国际的专业人员交换，培养下一代图书馆界的领袖人物。对苏珊·肯特而言，她现在的工作是完全国际化的。在谈到最新的技术进步时她说，我们绝不能仅仅是设想和希望，而应当跟上潮流，学习并理解。

---

① 来 源：Mayor appoints new chief for public library. http：//articles. latimes. com/2004/aug/19/local/me-librarian19.

② 来 源：LJ Staff. NYPL's Susan Kent resigns branch libraries job. May 4，2007. http：//lj. libraryjournal. com/2007/05/ljarchives/nypls-susan-kent-resigns-branch-libraries-job/.

③ 来源：Your library wants you to make some noise. http：//www. zocalopublicsquare. org/2014/02/21/your-library-wants-you-to-make-some-noise/ideas/nexus/；公司网址：https：//www. susankent. org/Susan_Kent_Consulting/Welcome. html.

保障县图书馆获得资金支持的年度图书馆员（2003）

2003 年 1 月《图书馆杂志》公布了 2003 年度图书馆员评选结果，获奖者是佛罗里达州迈阿密－戴德县公共图书馆系统（Miami-Dade public Library System，简称MDPLS）负责人雷蒙德・圣地亚哥（Raymond Santiago）先生[①]。《图书馆杂志》2003 年第 1 期不仅将雷蒙德・圣地亚哥的大幅照片刊登在杂志的封面，还以特稿形式用 3 个版面篇幅对他的业绩、经历等进行了图文并茂的报道。从《图书馆杂志》配发的照片看，雷蒙德・圣地亚哥睿智、温文尔雅，具有亲和力。

一、教育背景与职业生涯

雷蒙德・圣地亚哥在美国纽约市出生，成长于曼哈顿林肯中心附近的克林顿社区。1969 年他作为 VISTA 志愿者前往纽约州罗彻斯特市（Rochester，NY）与移民工人一起工作。他先在罗彻斯特技术学院获得摄影学位，接着被日后成为他妻子的图书馆员克里斯特尔（Crystal）招募至图书馆学硕士研究班，于 1975 年就读纽约州立大学布法罗分校图书馆信息研究学院，那时他已掌握了政治技巧并确立了对社会的关注点。该学院教授约翰・埃里森（John Ellison）发现雷蒙德・圣地亚哥具有一系列突出的特质，这些特质包括领导力、对专业的热情、奉献精神、创造与创新能力。

获得硕士学位后，雷蒙德・圣地亚哥在波多黎各圣胡安世界大学[②]学习资源中心担任负责人 6 年。期间，雷蒙德・圣地亚哥先后在该大学的海地、多米尼加和圣・胡安分校履职，这些经历使他学会了在多元文化背景下工作所需的灵活性。之后，他前往佛罗里达州坦帕区希尔斯伯勒县（Tampa Hillsborough County）公共图书馆系统就职，最初作为参考和外语专家在图书馆分馆和中心馆从事成人服务工作，后担任该图书馆系统的分馆行政支撑服务主管。

20 世纪 90 年代初，雷蒙德・圣地亚哥就任佛罗里达州迈阿密－戴德县公共图

---

① BERRY J N. Raymond Santiago—Library Journal Librarian of the year 2003［J］. Library journal，2003，128（1）: 44—46.

② 波多黎各圣・胡安世界大学（San Juan World University）在雷蒙德・圣地亚哥获年度图书馆员奖时已不复存在。

书馆系统助理馆长，1998 年被提升为图书馆馆长。获奖时，他已在该馆工作 13 年。

二、工作业绩

（1）身兼数职，全方位推进图书馆系统的建设

在佛罗里达州迈阿密－戴德县公共图书馆系统担任助理馆长 7 年间，雷蒙德·圣地亚哥做出了巨大贡献。他负责全系统的资源建设、主馆的运营、签署协议购买并部署了价值为 360 万美元的新自动化系统，管理图书馆总额达 6000 万美元的图书信托基金，每年平均支出 500 万美元购买资料和自动化设施；起草、管理迈阿密－戴德县公共图书馆系统的馆藏建设规划，负责主馆参考服务和实物产业的运营管理。在任期间，连续 6 年获得《图书馆服务与建设法案》馆藏建设资助，累计每年拨款额达 10 万美元。此外，因安德鲁飓风造成馆藏损失，他通过谈判获得了 700 万美元的保险赔偿。

（2）制定并实施战略规划，证明图书馆系统的价值

1998 年被提升为迈阿密－戴德县公共图书馆系统的馆长后，雷蒙德·圣地亚哥领导迈阿密－戴德县公共图书馆系统的工作人员制订了雄心勃勃的 2000—2004 战略规划。该规划题为《把握更好的未来》（Seizing a Better Future）。他们利用自己对社区需求的综合研究，结合对美国图书馆协会 1998 年出版的《面向结果的规划：公共图书馆的转型过程》（*Planning for Results*: *A Public Library Transformation Process*）一书的研究学习，制定了首个迈阿密－戴德县公共图书馆系统的社区驱动规划。哪怕在私人交往的场合，雷蒙德·圣地亚哥也不忘向县委员会负责图书馆片区的多位委员通报图书馆系统的情况，使他们认识到迈阿密－戴德县公共图书馆系统对其选民的重要性。

雷蒙德·圣地亚哥在接受《图书馆杂志》采访时指出，自己首先遇到的政治上的挑战是证明图书馆系统对县委委员和管理当局的价值。此后，便是让县委委员和管理当局参与图书馆服务并令他们感到兴奋。随时邀请他们到图书馆来视察，大声朗读并与民众互动。只要按照上述进程操作，图书馆的预算就会增加。由于政治领导人要求我们缩短完成战略规划的时间，我们现在正在按照他们的要求去做。

迈阿密－戴德县公共图书馆系统有一个独立的税收区，该税收区由县里进行

统一管控。当县官员了解图书馆的价值，支持就会随之而来。雷蒙德·圣地亚哥介绍说，对图书馆的支持在当地肯定是不分党派的。作为馆长，我首先跟县委员会委员打交道，县执行官和县长也一直给予大力支持。

雷蒙德·圣地亚哥对迈阿密县长和戴德县执行官所提供的支持表示感谢。他还跟一位负责图书馆系统管理的女性县助理执行官一起工作，感谢她推动图书馆完成工作任务，实现快速发展。雷蒙德·圣地亚哥认为，相比得到县级政府的大力支持而言，在州的层面具有更大的政治挑战，他将获得州级支持列入下一阶段需要推动的事情。之所以产生上述问题，部分原因在于州级官员的任期时限。常常是刚获得州层面的支持不久，立法者就更换了。多年以前，佛罗里达州提供的资金占图书馆预算的 25%，截至雷蒙德·圣地亚哥获奖时，佛罗里达州提供的资金仅占图书馆预算的 8%。

（3）实现图书馆资金收入的大幅增长

为了补充州政府日益降低的资金支持，建立持续增长的县级政府的资金支持，雷蒙德·圣地亚哥推动成立了图书馆基金会，并推动基金会融合，使之居于重要地位。基金会采取不同的筹款方式，致力于协同一致的专业发展，以便为实现更大的愿景提供资金。图书馆基金会生存发展所面临的最大问题是竞争，必须跟其他类似的机构展开竞争才能获得资金支持。

雷蒙德·圣地亚哥指出，在欢迎来自该系统的图书馆之友组织的小额捐赠的同时，他希望图书馆之友这一非常有价值的草根组织做其他一些事情。其中最迫切需要图书馆之友做工作的是政治上的支持。在笔者看来，雷蒙德·圣地亚哥争取同盟者的思路是正确的。因为，来自个人的捐款相对于图书馆的庞大需求而言仅仅是杯水车薪，通过营造对图书馆筹款有利的政治氛围，获得稳定增长的政府税收支持才能从根本上缓解图书馆资金短缺的问题。

截至获奖时，雷蒙德·圣地亚哥领导制订的 4 年战略规划中的任务已经完成了一大半。迈阿密 – 戴德县公共图书馆系统顾问委员会主席杰夫·唐纳利（Jeff Donnelly）指出，在圣地亚哥担任馆长之前的 12 年中，迈阿密 – 戴德县公共图书馆系统的年预算在 2900 万美元停滞不前，1998 年他就任图书馆馆长后，该系统的预算实现翻番，增长到 5900 万美元。获奖时还有约 900 万美元投入资本融资和建设项目。平均统计下来，在雷蒙德·圣地亚哥担任馆长的4年间，每年的运营预算接近4500万美元，比过去提高了近2000万美元。

（4）以独到的眼光规划建设一系列新馆

在雷蒙德·圣地亚哥领导下，迈阿密－戴德县公共图书馆系统经过深思熟虑制定了清晰的商业规划。其中继续列出了一系列建设项目。雷蒙德·圣地亚哥在接受《图书馆杂志》采访时指出，我们这里上一次建设分馆是20世纪80年代初期，它们都是基于70年代的人口统计选址建设的永久性建筑。（笔者由此想到我们的图书馆选址有无基于人口分布呢？近年来，各地陆续建设一大批远离居民区的新馆，难免造成设施利用率低的问题。）此后，经历了人口激增，由那时的150万人增加到近250万人。我们的新规划要求开设18所新馆，其中8所新馆采取租用空间方式开设，总计3千英尺左右。雷蒙德·圣地亚哥接着介绍说，已有4所新馆准备开放，2003年6月份开放第5所。这些新馆对于不断增长的社区是全新的，位于购物中心和类似场所，租期为5年。

雷蒙德·圣地亚哥认为图书馆空间必须灵活，能动态适应人口的增长。考虑本地的实际情况，摒弃建造纪念碑式图书馆建筑的思路。因为纪念碑式的图书馆建筑有时仅仅是为了服务于政治目的，就实用性而言，它们并不能很好地服务于公众的需求。从资金上看，迈阿密－戴德县公共图书馆系统也根本未达到建设那种图书馆的实力。于是，本着利用要比纪念物更加重要的理念，走出了一条建设小型社区分馆的路子。他在接受《图书馆杂志》采访时说：当我们的分馆建在小型的临街房里，里面立马就挤满了民众。政治家们看到这些早期的临街分馆如此受欢迎，也希望尽快在他们的社区建设此类建筑。一旦图书馆开放，民众就开始敦促建设永久性设施，这是一件好事。

（5）拓展多层次服务，满足计算机与网络应用需求

除了增加开放时间和服务天数外，迈阿密－戴德县公共图书馆系统在所有34个分馆都开设了新的星期六培训课程。在最初6个月时间里，参加培训课程的学生就达到34 000人。图书馆还新聘任了一位负责社区拓展的助理馆长，积极着手制定更多新的课程计划。截至获奖时，迈阿密－戴德县公共图书馆系统已配置了1200台具有联网功能的公共检索计算机，使用者众多。雷蒙德·圣地亚哥在接受

《图书馆杂志》采访时指出，图书馆系统的有些分馆看起来就像公共汽车站一样繁忙，人们抱怨计算机数量仍然不够，需求量太大，我们将继续增加相关设备。

此外，为了满足民众日益增长的需求，迈阿密－戴德县公共图书馆系统成功申请40万美元的联邦图书馆服务与技术法案（LSTA）资助，用于建设2个先进的计算机培训实验室，为图书馆为工作人员和公众提供培训。图书馆为实验室项目配套10万美元资金并提供场地。公众如饥似渴地到图书馆来，实验室的利用率居高不下。雷蒙德·圣地亚哥认为这是值得的，并为此颇感自豪。

（6）重视在职培训，建设工作人员队伍

雷蒙德·圣地亚哥重视图书馆工作人员队伍建设，令他感到自豪的是，随着图书馆的预算不断增加，图书馆工作人员的培训资金也保持不断增加的势头。与其他图书馆一样，迈阿密－戴德县公共图书馆系统招聘工作人员时也会遇到这样或那样的问题，难以如愿。凭借雷蒙德·圣地亚哥富有激情的支持，图书馆系统设立了实习生和培训项目，鼓励工作人员攻读图书馆学硕士学位。规定图书馆工作人员均可到图书馆学院攻读学位并担任实习生。实习生的薪资比刚入职的图书馆员略低一点儿，一旦完成了18学分的专业课程学习，就会获得提薪。最终拿到学位后，会再次获得提薪。在笔者看来，随着美国一些图书馆学院的关闭或转型，加上有些图书馆学院的毕业生选择到图书馆以外的机构和公司工作，美国的一些图书馆也遭遇难以招聘到理想的专业图书馆员的困境。迈阿密－戴德县公共图书馆系统鼓励工作人员在职学习的做法，为解决图书馆专业人员队伍建设和人才培养提供了借鉴。

在推行上述举措的基础上，图书馆还设立了奖学金。仅2003年，就为9位图书馆工作人员筹集了1万美元奖学金基金。县里为参加学习的工作人员提供的图书馆学院学费的补偿金约占总学费的一半，为方便在读工作人员上课，图书馆还允许他们灵活调整工作时间。

雷蒙德·圣地亚哥在接受《图书馆杂志》采访时说，我们正在从本系统的工作人员中培养图书馆员，我们认为这样做很好。因为他们都肩负着对社区的承诺，已经与我们一起工作，也知道自己未来的角色，现在整个图书馆系统已有23位工作人员在攻读硕士学位。

此外，雷蒙德·圣地亚哥还计划设立鼓励工作人员攻读学士学位的资助项目。他指出：我们正开始聘用本科学历的员工，并努力尝试在他们没有取得学位之前便作为助理图书馆员和辅助图书馆员为我们工作。一旦他们拿到第一个学位，我们就鼓励他们继续攻读图书馆学硕士学位。在迈阿密－戴德县公共图书馆系统，员工所取得的教育成就一经认可，图书馆就会发放奖学金。当工作人员获得文科副学士学位或本科学位，图书馆就会因此大大受益。图书馆界存在忽视辅助图书馆员的现象，事实上，各个层次工作人员的队伍建设都是最基础的投资。

不仅如此，在雷蒙德·圣地亚哥领导下，迈阿密－戴德县公共图书馆系统对确立实践标准的职业认证课程持欢迎态度。认为在招聘工作人员时，持有特定职业证书的人值得优先考虑。职业认证课程对于辅助人员是非常有价值的。鉴于尚不存在对该群体的正规教育培训，雷蒙德·圣地亚哥表示如果有可能，他会在全县范围为庞大的图书馆雇员群体设立培训项目，为他们提供职业生涯的发展阶梯。

三、服务理念、管理风格与特质

（1）服务居于首要地位

迈阿密－戴德县公共图书馆系统的服务覆盖30个社区，人口多达220万。雷蒙德·圣地亚哥在接受《图书馆杂志》采访时谈到，他的一位朋友曾说过图书馆是少有的与政府部门打交道不产生对抗冲突的地方之一。这正是图书馆的高尚之处。图书馆是为民众服务的，服务第一，比任何事情都重要。在迈阿密－戴德县公共图书馆系统的实践中，坚守服务第一富有成效。这里的民众尊敬并热爱图书馆，对图书馆最大的抱怨是：你们为什么不建一个离我们很近的图书馆呢？

当问到他未来的打算时，圣地亚哥快速答道：我计划待在这里，我热爱这里，这个社区令人兴奋，我喜欢这里对待图书馆的做法，最重要的是政治家和政府支持我们的方式。在笔者看来，作为图书馆馆长要想拓展所在地图书馆的业务，地方的文化和政治环境非常重要。而坚持服务第一，使民众和政府都实实在享受到图书馆的贴心服务，是不二法门。因为，只有建立良好的互动才能双赢。

（2）强化自主管理

作为优秀的管理者，雷蒙德·圣地亚哥认为图书馆管理者做出错误决策在所难免，但是，可以犯的对所有人造成损害的错误很少。我们偶尔会说错话或者做出不良决策，从不良决策导致的失败中学习决策是提升管理水平的最好的途径。

雷蒙德·圣地亚哥对于员工自主管理的重要性的看法也颇有新意。他指出：我的一部分工作就是庇护员工免受错误的惩罚。我们都在学习，不应为犯错而受到惩罚。不仅如此，他还乐于倾听员工的意见和建议。在接受《图书馆杂志》采访时他坦承：我会提出一些想法，但是，员工们的主意更多。员工也会对我提出挑战，因为有时我的想法很愚蠢。但是我有足够的安全感，不需要让身边围绕着爱讲将奉承话的人。我已经53岁了，如果一位工作人员对我说：雷蒙德，这不是个好主意！我会聆听。尤其是当该工作人员属于高层管理人员时，我知道我一定要支持他们。

为了贯彻实施自己的观点和理念，雷蒙德·圣地亚哥把许多行政管理职责都下放给属下，将自己的许多时间都花在与政治家和民众的会面上，尽可能做那些能保证图书馆系统持续发展壮大的方方面面的事情。他认为，图书馆馆长主要的关注点是让系统成长，而不是管理该系统。为此，他配备了4个能力超群的助理馆长，让他们负责所有的日常事务，自己则专注于外联和沟通等。在笔者看来，雷蒙德·圣地亚哥能够听得进诤言，说明他是一个头脑清醒的管理者，此点非常难得。他成功的管理实践值得借鉴，这就是：馆长要做的不是关注细枝末节，而是为图书馆的长期可持续发展把握方向，融入社区，解决资金问题，拓展图书馆的生存发展空间。

（3）优先考虑本地实情，善于沟通

在接受《图书馆杂志》采访时，雷蒙德·圣地亚哥指出：关键是要意识到政治现实。假如图书馆馆长不能把握和理解你的组织机构以及所处的政治形势就不会走远。服务于全县30个社区的220万民众，这便是他管理图书馆系统所需的最基本的实情。

此外，雷蒙德·圣地亚哥还认为，必须了解自己管辖范围内的政治进程，在任何地方任何情况下，图书馆馆长都不能感到羞怯，必须具有或者培养热情周旋、外向的性格，把自己引荐给他人。这意味着无休止地参加各种会议，可以在任何场合进行演讲。

当被问到他未来的打算时，雷蒙德·圣地亚哥快速答道：我计划待在这里，我热爱这里，这个社区令人兴奋，我喜欢这里对待图书馆的做法，最重要的是政治家和政府支持我们的方式。在笔者看来，图书馆所在地的文化和政治环境非常重要。雷蒙德·圣地亚哥作为馆长领导全体工作人员开拓创新，坚持服务第一，使民众和政府馆员实实在在体察并享受到图书馆的贴心服务，基于良好的互动才产生了双赢的效果。

四、提名与获奖缘由

雷蒙德·圣地亚哥获奖的推荐人包括纽约州立大学布法罗分校图书馆信息研究学院教授约翰·埃里森（John Ellison）。早在1975年雷蒙德·圣地亚哥就读于该校时，约翰·埃里森教授就发现雷蒙德·圣地亚哥具有卓越的领导能力。他在推荐信中写道：尽管我知道课堂与专业领域的实际工作有别，但是，我认为，在这两个场合都能够对学生的领导特质予以明察。在雷蒙德·圣地亚哥身上，我看到了对专业的热情，深沉的奉献，诸多创造与创新，他将上述特性带到了专业领域。从那时起，我就一直以密友和专业人员的身份关注他的动向。

《图书馆杂志》的特稿开篇写道：圣雷蒙德·圣地亚哥的职业生涯与工作经历丰富多样，他不仅是一位经验丰富的图书馆管理者，还在南佛罗里达大学信息与图书馆学院担任教师，讲授图书馆馆藏建设、公共图书馆服务、图书馆管理等课程。他对管理公共图书馆系统有明确的观点。他所实施的创新性商业计划使迈阿密－戴德县公共图书馆系统得以获得源源不断的资金支持，迅速走向成功，为他赢得了2003年度图书馆员的桂冠。然而，这充其量仅仅是他成就的一小部分。

在笔者看来，雷蒙德·圣地亚哥荣膺2003年度图书馆员是因为他卓越的领导力。他对图书馆服务对象的热爱以及与政治人物的良好互动，为图书馆营造了宽松有益的生存发展环境。此外，他借助商业计划推进图书馆设施建设，在图书馆工作人员队伍建设方面采取的一系列举措以及对图书馆工作的定位，也在业界产生了很好的影响。记得上海图书馆馆长吴建中先生的一篇博文曾提到与雷蒙德·圣地亚哥有关的一件事。原文如下：有一篇报道，说的是美国迈阿密－戴德县（Miami-Dade County）图书馆系统的馆长雷蒙德·圣地亚哥（Raymond Santiago）是如何招聘员工的。他说，当我们雇用员工的时候，常常会问一句话，你为什么要来图书馆工作？如果他们说，因为我很爱书，我会跟他们说，你答错了。图书馆的工作是跟人有关的①。

五、获奖之后

2008年1月，为庆祝年度图书馆员奖设立20周年，《图书馆杂志》回访19位年度图书馆员，并发布了相关报道。据该报道，雷蒙德·圣地亚哥在接受采访时说，回想1972年初到图书馆就职时，从未料想到各种手持设备的广泛应用。希望更多地看到各种设备的应用，使它们越来越多地融入图书馆每一天的活动之中，成为不可分割的一部分。

雷蒙德·圣地亚哥担任佛罗里达州迈阿密－戴德公共图书馆系统馆长的10年间，帮助图书馆系统的年度预算从2900万增加到1.08亿美元，同时启动长达8年的资本扩张计划，实现18个新馆舍的建成与开放。鉴于上述突出成就，2005年，美国公共图书馆协会（PLA）授予他查利·鲁宾孙奖（Charlie Robinson Award）。

在接受采访时，雷蒙德·圣地亚哥对公共图书馆资金长期的稳定性表示担忧。他指出，这是一个仅被零星谈及的问题。大多数图书馆的资金运作都以1年或2年为周期。不过，雷蒙德·圣地亚哥确信，解决好此问题将为公共服务带来新的投入。他预言在当代年轻图书馆员身上看到的特质将引领他们超越所有的期待。他感到如果任何人尚未实现期望的话，就是那些像他一样在领导岗位的人。他认为图书馆领导者应当减少对微观管理的关注，以便能够寻求更多的进步和外部感知度。

另据《图书馆杂志》2014年7月22日发布的图书馆人事变动消息，雷蒙德·圣地亚哥宣布于当年8月1日正式退休，结束自己在佛罗里达州迈阿密－戴德公共图书馆系统长达24年的服务生涯②。

---

① 来源：博物馆与图书馆服务协会．博物馆图书馆及其21世纪技能．http：//www.imls.gov/about/21stcskills.aspx。

② 来源：Santiago Retires，Marcus-Bey To Direct E. Cleveland，and More Library People News. http：//lj.libraryjournal.com/2014/07/people/library-people-news-hires-promotions-retirements-and-obituaries-071614/。

重塑城市公共图书馆的年度图书馆员（2004）

2004 年 1 月《图书馆杂志》公布了 2004 年度图书馆员评选结果，获奖者是美国亚利桑那州首府凤凰城公共图书馆（Phoenix Public Library，简称 PPL）的馆长托妮·加维（Toni Garvey）女士[①]。《图书馆杂志》2004 年第 1 期不仅将托妮·加维的大幅照片刊登在杂志的封面，还以特稿形式用 3 个版面篇幅对她的业绩、经历等进行了图文并茂的报道。

从《图书馆杂志》配发的多幅照片看，托妮·加维留金黄色掩耳直削短发，美丽优雅，笑容温文抑或灿烂，平易近人，具有亲和力。

一、教育背景与职业生涯

托妮·加维 1975 年获西密歇根大学学士学位，旋即入读该校图书馆学院，1977 年获图书馆学硕士学位后，在美国西部一所县监狱图书馆开始图书馆员的职业生涯。1979 年，她就职于亚利桑那州图森－皮马公共图书馆（Tucson-Pima Public Library），担任儿童图书馆员。在她看来，该图书馆是一个进行尝试和实验的安全场所，可以自由进行创新实验。图书馆特有的创新文化令工作人员无须担心失败，最怕的是不去尝试。

与托妮·加维同时期在图森－皮马公共图书馆工作的同事中，有 3 位日后在图书馆界颇有影响的图书馆员。她们是：洛杉矶公共图书馆馆长、2002 年度图书馆员苏珊·肯特；图森－皮马公共图书馆已退休的图书馆馆长艾格尼丝·格里芬（Agnes Griffen）；图森市助理市执行长丽兹·罗德里格兹·米勒（Liz Rodriguez Miller）。在此后的职业生涯中，每当遇到需要讨论的问题，托妮·加维总会给上述 3 位打电话商议。

20 世纪 80 年代中期，托妮·加维辞别图森－皮马公共图书馆，前往劳顿县公共图书馆（Loudoun County Public Library）任职。1987 年起担任劳顿县公共图书馆副馆长。在那政治动荡的年代，虽然在劳顿县公共图书馆工作的体验不像在

---

① BERRY J N. Toni Garvey—Library Journal Librarian of the year 2004 [J]. Library journal，2004，129（1）：44—46.

图森－皮马公共图书馆那样愉悦，但是，她从工作中学到了很多之前不了解的知识。不久，劳顿县监事会任命托妮·加维担任图书馆馆长。虽说此举有点儿违反行规（与美国图书馆协会制定的《图书馆权利法案》选聘图书馆馆长的程序和规定不一致），但这却成为一个具有地方特色的案例。托妮·加维认为，在劳顿县担任图书馆馆长是自己职业生涯一次很好的历练。小城镇政治让她对政治运作有了更多了解。她决定今后按照自己的条件选择继续留任抑或是辞别。1996年，当收到前往凤凰城公共图书馆任职的邀约时，托妮·加维欣然赴任。她认为自己在凤凰城得到了职业生涯中最好的工作。获奖时，她已担任该馆馆长7年。

二、工作业绩

（1）从提高利用率入手重塑凤凰城公共图书馆

就任凤凰城公共图书馆馆长伊始，托妮·加维便和同事一起致力于重塑凤凰城公共图书馆。他们将提高图书馆的利用率作为实现上述目标最关键的突破口。

为了实现图书馆到访率的提升，托妮·加维首先推出的改革措施是增加图书馆的服务时间。图书馆每个分馆连同中心馆在内，做到每周7天开放，周服务时间为66小时，长于大多数城市图书馆的开放时间。在预算未削减之前，图书馆的周服务时间为75小时。相比之下，在托妮·加维担任该馆馆长之前，凤凰城公共图书馆分馆的开放时间短，且不统一。有的分馆周服务时间为40小时，有的为55小时，有些分馆在学期的周日开放，其他分馆则周日不开放。最需要提供服务的社区分馆往往是服务时间最短的。

正是基于对服务需求和服务提供不匹配信息的掌握，托妮·加维觉得必须大幅改变图书馆的服务时间。她在接受《图书馆杂志》采访时指出，在凤凰城，我们用13个分馆服务于140万民众，不得不重新定义到访图书馆意味着什么。增加并统一服务时间对实现我们的既定目标至关重要。据统计，自1995—96财政年度至获奖时，凤凰城公共图书馆的流通量增加了105%，2003年突破了千万大关（11 726 840）。

（2）规划建设更多大型分馆

托妮·加维初到凤凰城公共图书馆时，图书馆系统共有分馆11所。增加图书馆的到访率需要图书馆有更多的空间和设施，在20世纪90年代至21世纪初尤其如此。尽管经济形势严峻，托妮·加维就任馆长之后，仍想方设法扩大并改善图书馆的基础设施。截至获奖时，凤凰城公共图书馆在建的分馆有 2 个，第 3 个分馆正处于设计阶段。图书馆还着手为建设第 4 个分馆购买土地，并且计划随着城市的扩容，继续购买地块再建设 6 个分馆。一旦当时资助已到位的建设项目结束，图书馆的分馆数量将增加至 15 所。

凤凰城规模较大，不是一个步行城市。针对本市的具体情况，托妮·加维对分馆建设采取了不同的方法。在接受《图书馆杂志》采访时她指出：我们需要建造大图书馆，并保证图书馆长时间开放。凤凰城在地理上与洛杉矶面积相当，而且发展更加迅速。民众要长距离驱车才能抵达中心馆，他们希望能在就近的分馆找到大量资源。因此，凤凰城公共图书馆所建分馆的面积均不少于 1.5 万平方英尺，而且均留有拓展空间。有些分馆的开放空间达到 2.5 万平方英尺。

以凤凰城公共图书馆的波顿·巴尔中心图书馆（Burton Barr Central Library）为例，尽管该馆的建设始于托妮·加维尚未担任该馆馆长之前，但作为一个未完工项目，仍给托妮·加维留下了继续规划和筹款的机会。由托妮·加维负责建设的青少年中心，建成后每天都吸引 400 名青少年到访，并在 2002 年赢得了美国城市图书馆理事会（Urban Libraries Concil）颁发的海史密斯奖（Highsmith Award）①。

（3）促成管理变革，实现图书馆机构归属的调整

在托妮·加维就任凤凰城公共图书馆馆长之前的近 20 年时间里，图书馆一直作为不起眼的机构被市政当局划入公园和娱乐设施之列，长期默默无闻。在托妮·加维的领导下，图书馆锐意进取，影响力大增。2001 年，凤凰城市议会经投票表决，同意将图书馆从公园和娱乐设施部门分离出来，单独列为新的市政部门。从此，图书馆得以确立自己的独特身份，表明自己是一个大型、复杂的机构。

托妮·加维在接受《图书馆杂志》采访时指出，通过展示他们提供的大量服

① 据凤凰城公共图书馆网站发布的信息，美国当地时间 2017 年 7 月 15 日晚，因遭受龙卷风和暴雨袭击，已建成 15 年之久的凤凰城公共图书馆中心馆屋顶破损，严重漏水，导致该馆关闭，预计 2018 年夏季维修完成后才能重新开放。来源：http://www.phoenixpubliclibrary.org/Aboutus/Press-Room/Pages/Burton-Barr-Central-Library-Restoration-Updates-Archive.aspx.

务，外加众多坚定支持他们的选民呼吁，图书馆作为一个成功的部门得到了认可。他们知道自己正在做的事情，把握住了恰当的政治时机。

（4）通过一系列创新项目，提升图书馆的精准服务

随着凤凰城这一庞大城市的居民数量迅速增长（获奖时该城居民已经接近 150 万人），图书馆也从方方面面配合城市发展的脚步，不断从设施、服务和资源等方面打造为用户量身定制的富有现代性和创新性的图书馆项目。

在凤凰城公共图书馆的实施的一系列创新项目中，首当其冲的是采取多种方式了解民众的需求。图书馆经常进行用户需求调查，采取的方式包括利用图书馆网站进行在线调查以及采取传统方式对重点群体或者个人进行调查等。2001 年，该馆首次进行网站在线调查，该项目得到了美国博物馆与图书馆服务协会（Federal Institute of Museum and Library Services，简称 IMLS）的资助。调查结果表明，用户对图书馆当时订购的 56 个数据库的满意度达到 85%。截至 2004 年，凤凰城公共图书馆订购的数据库已经有 90 多个，所有的数据库均可以远程访问。在笔者看来，哪怕是 10 年后的 2014 年，我国许多公共图书馆都难以达到该馆订购数据库的数量。

另外值得一提的是一个对工作人员进行语言培训的创新项目。在大量主流群体得到比较充分服务的基础上，提升图书馆的到访量还需要挖掘非主流群体的需求，为多样化的社区居民提供服务。有一位图书馆员探访西班牙人聚居社区的分馆时，发现该分馆的工作人员均不会讲西班牙语。托妮·加维得知此事后，立即找到具有西班牙语特长的图书馆工作人员，并将其调往该分馆弥补空缺。与此同时，图书馆开始招聘熟练掌握西班牙语的工作人员。还专门招聘一位工作人员为图书馆全体工作人员讲授西班牙语。图书馆常年开设西班牙语基础班和中级班培训课程，主要讲授图书馆情景会话和词汇。在笔者看来，这一为提升工作人员与服务对象的沟通技能实现对多样化居民社区的精准服务而进行的员工培训，值得肯定和借鉴。

（5）调整资源采购政策，让民众获得实惠

托妮·加维就任馆长后，为提升图书馆服务的覆盖面、吸引力和有效性，对凤凰城公共图书馆的预算分配方案进行调整，用于资源采购的预算比例逐年增加。

2004年，用于资源建设的经费在总预算中占比约为17%。总额由7年前的250万美元增加至470万美元。2001年的调查显示，凤凰城的居民为公共图书馆提供1美元的税收支持，可以获得10美元的收益；花费在图书馆土地和建筑上的每1美元可以获得1.5美元的回报。在距获奖最近的一次图书馆债券发行公投中，有75%的居民投了赞成票。在笔者看来，上述数字显示了图书馆为民众带来了实实在在的效益，这样的评价很有说服力。

托妮·加维指出，凤凰城公共图书馆获得的经费支持比其他地方更具稳定性，因为图书馆的运营经费来自营业/销售税，而不是财产税。她举例说，自己之前就职过的弗吉尼亚州利斯堡的劳顿县，遇到经济崩溃时，图书馆便受到沉重打击。当时图书馆正利用发行债券得到的资金建设新馆，但由于无法收取同样水平的财产税，只能靠解雇图书馆工作人员度日。

（6）通过丰富多彩的合作活动筹集资金、拓展服务

在托妮·加维的推动下，1997年成立了凤凰城公共图书馆基金会。基金会先是利用1998年建馆百年纪念的机会筹集到100万美元，此后直至获奖时，基金会每年能为图书馆增收资金约25万美元。由于没有留本捐赠，筹集的资金都会用掉。在托妮·加维看来，此点也是一个好图书馆和一个伟大的图书馆的差距所在。

与凤凰城公共图书馆合作的重要组织还包括“图书馆之友”。该组织成立时间早于凤凰城公共图书馆基金会，作为图书馆忠实的合作伙伴，在每个分馆都设有分支机构。在长达25年的时间里，大力宣传图书馆服务。比如，在每次举行的城市预算听证会上都为图书馆发声，为购买古籍馆藏和凤凰城公共图书馆的儿童文学中心提供资金，并为工作人员发展、专门项目和展览活动提供帮助。图书馆之友和基金会还共同主办图书馆一年一度的“书库晚宴”（Dinner in the Stacks）筹款活动①。

---

① 书库晚宴是凤凰城公共图书馆在当地举办的独特的拍卖筹款晚宴，托妮·加维获奖后十多年来仍在持续举办。笔者曾于2015年通过网络搜索到2014年书库晚宴活动的网页和大量现场照片。从网页发布的答谢辞获悉，2014年12月举办的晚宴筹款超过20万美元，筹得的款项有1.4万美元专门用于对即将升入小学的幼儿园儿童进行辅导的夏令营项目“幼儿园新兵训练营”（Kindergarten Boot Camp）。来源：“Thank you”. http://dinner.phxfriends.org/?page_id=1390.

其他一些创新性的合作也大大拓展了凤凰城公共图书馆的服务与影响。例如，图书馆与凤凰城历史博物馆合作，将 2 家机构收藏的照片数字化；与亚利桑那科学中心共同举办了 128 场地球卫星研习班；与亚利桑那职业棒球队和《亚利桑那共和报》联合举办县域暑期阅读项目，吸引约 3.3 万名凤凰城的儿童参加；与位于亚利桑那州盐河皮马印第安人社区（Salt River Pima Indian Community）的博彩公司 Casino Arizona 以及凤凰城大学合作，举办首次冬季阅读活动，有 1.2 万个家庭从中受益。此外，图书馆还与城市公共服务部门合作，在青少年中心派驻一位社会工作者为青少年用户提供咨询服务。

三、服务理念、管理风格与特质

（1）了解民众需求，为每一个人提供平等服务

托妮·加维在接受《图书馆杂志》采访时指出，她感兴趣的是公众想要什么。她喜欢了解他们能接受什么以及是否准备好了以数字方式使用资源。她认为为每一个人提供平等服务是图书馆的价值所在，也是很好的政治宣传策略。在上述服务理念引领下，凤凰城公共图书馆不断推出各种服务举措，赢得了民众的赞许和信赖。

（2）热心参与专业活动

2001 年，托妮·加维担任全球最大的公共图书馆和图书馆员组织——美国公共图书馆协会（PLA）主席。此外，还在北美最大的公共图书馆组织——城市图书馆理事会（ULC）发挥积极作用。2002 年，托妮·加维和凤凰城公共图书馆担任在凤凰城举办的美国公共图书馆协会大会的本地主办者，2006 年她担任在波士顿举办的美国公共图书馆协会大会的主席。获奖时，她还担任未来图书馆理事会理事（Board of Libraries for the Future），该理事会刚在凤凰城新设立了一家办事处。

在托妮·加维看来，在专业组织中工作并不仅仅是职业生涯成长的问题，还代表了所在的城市。市行政管理当局力促她加入城市图书馆理事会担任委员。因为，市政官员们认为，本地的图书馆系统在全国具有知名度是一件好事。在托妮·加维的鼓励下，图书馆的许多工作人员都积极参与专业活动，这不仅对他们个人有利，也为图书馆系统带来益处。

（3）善于沟通，对凤凰城的市政管理模式盛赞有加

托妮·加维在凤凰城公共图书馆任职期间，凤凰城也许是全美仍然采取很强

的城市行政官管理的最大城市。凤凰城的行政管理层包括市长和市议会，下设市执行长和副执行长作为行政官。托妮·加维喜欢这种方式。她向市副执行长汇报工作，最后向市执行长汇报，而市执行长则向市长和市议会汇报工作。

由市长和市议会任命的凤凰城图书馆顾问委员会负责制定图书馆的服务政策。托妮·加维在接受《图书馆杂志》采访时指出，图书馆顾问委员会由见多识广且有担当精神的委员组成，他们认真履行职责，了解图书馆存在的问题并能向托妮·加维及其团队指出严峻的问题。图书馆的财政政策则由市议会起草制定。

市议会议员们常说：我们聘用专业人员管理这个城市。托妮·加维认为这样的体制非常棒，建立了对城市雇员的极大尊重。此点与她之前工作过的劳顿县大相径庭。那里的顾问委员会与政治管理机构的关系不稳定，关系顺畅时工作很好做，当二者关系不顺畅时图书馆就会受到伤害。托妮·加维希望凤凰城公共图书馆是自己任职的最后一个大型图书馆系统，在此完美地结束自己的职业生涯。

（4）恪守职业操守，理性豁达

在接受《图书馆杂志》采访被问道如何应对预算削减时，托妮·加维强调说，她不采取政治上的举措应对预算缩减。她心里明白在某种程度上会失去一些时光，但是，相信经济会变得好起来。从长久的眼光看，托妮·加维的态度是有益的。她坦承自己曾因预算削减关上门哭过，但是，她不是因政治层面的问题而哭。因为，在她看来，图书馆受到的打击并不比其他市政部门大。其他部门预算平均削减数额约为 10%，图书馆的预算削减还略少于上述数额。在遭遇预算削减之后，当市里收到少量资金时，仍将 10 万美元打入图书馆的购书预算。寥寥数语，勾勒出一个豁达、优雅的图书馆馆长面对困难仍保持着平和心态。她的善解人意、知足常乐是难能可贵的。

在谈到在凤凰城公共图书馆工作的体验时，托妮·加维说："我热爱图书馆的建筑，这里的馆藏资源优越。然而，最令我自豪的是图书馆对那些到访者的影响。这是我的驱动力。当我正经历糟糕的一天时，走进青少年中心或者走进一所分馆，看到人们在利用图书馆，就会使我非常从容地处理其余的工作。"

这段话令笔者感慨万千。从托妮·加维平实的话语中，可以看到图书馆的效用不仅是其工作的动力，也是她保持内心稳定强大的因素。她对自己心理感受的描述，绝好地诠释了专业图书馆员的价值追求和素养。可谓一语中的。服务至上说来容易，但现实中，我们身边到底有多少图书馆员和管理者能超越对馆舍和资源的炫耀，说出这样到位的话语呢？这不仅是境界和视野的问题，而是建立在对图书馆的终极目标与所追求的社会价值的深刻把握基础上的可敬的职业操守使然。这就是巨大的差异所在！因为，从事图书馆工作无论在哪里都不可能出人头地、光鲜无比，需要解决的问题事无巨细。如果没有服务他人的奉献精神和满足感，很多人的心态是很难平衡的

四、提名与获奖缘由

《图书馆杂志》未披露本年度图书馆员奖的提名情况，因而笔者无从得知详情。《图书馆杂志》的特稿开篇指出，托妮·加维是一个经历颇丰的图书馆员。她先在美国西部一所县监狱开始自己的职业生涯；之后在美国南部一所公共图书馆政治委员会任职；就职于大学社区的儿童阅览室；经历一个美国大都市的经济兴衰。她管理过分馆和图书馆系统、儿童与参考服务、大型建筑计划与重大的技术升级。自转至亚利桑那凤凰城任职以来，她以魅力和优雅行事，以对工作、专业和社区的爱，集中拯救一个深陷重围的公共图书馆系统，借此获得了2004年度图书馆员的殊荣。

在笔者看来，作为一名优秀的图书馆员和图书馆管理者，托妮·加维在凤凰城公共图书馆所做的一切，如增加图书馆开放时间、加强印本和数字馆藏建设、雇佣多样化的优秀员工，扩大并改善基础设施等，看似平凡，但影响深远，实现了凤凰城公共图书馆的涅槃重生。她做事的心态和职业操守，令笔者肃然起敬。

五、获奖之后

2008年，为庆祝年度图书馆员奖设立20周年，《图书馆杂志》回访19位年度图书馆员，并发布了相关报道。据该报道，托妮·加维在接受采访时指出，身为当今的图书馆员，意味着需要做30年前的一切事情，只是每一件都增加了竞争要素。尤为紧迫的是图书馆员要在当今的信息世界中找到我们合适的位置。

在获得年度图书馆员桂冠后，托妮·加维又得到业界更多的奖励和认可。例如，2006年获得亚利桑那州图书馆协会颁发的罗森茨韦格杰出服务奖（Rosenzweig Distinguished Service Award），还因规划新建图书馆的数个分馆而获奖。此外，托

妮·加维还应邀担任 2005 年《纽约时报》年度图书馆员的评委。

托妮·加维关注图书馆如何回应年轻人的需求。指出，当今年轻人的学习方式和方法正在发生改变，图书馆以何种方式和方法应对新需求，还是疏于做出反应，都会引发问题。托妮·加维相信，正如美国公共图书馆协会寄希望于儿童发展专家洞察早期阅读习惯一样，图书馆员需要再次与专家一起合作，研究解决上述问题。

在接受回访时，托妮·加维表示自己为路易斯维尔免费公共图书馆（Louisville Free Public library，KY）发生的一切感到振奋。在那里，由于采取发放学校卡、提供交通费折扣、免除 40 美元的 GED[①] 考试费等措施，图书馆借书证发放数量成倍增加。她指出：我们过去曾谈及让图书馆借书证成为大家钱包中最值钱的卡片，在路易斯维尔，这已经成为现实[②]。这些话语显示了她关注行业的进展，寻求吸引用户的好方法，为同行的成就感到鼓舞和振奋。

另据《图书馆杂志》2011 年 12 月发布的消息，托妮·加维于当年年底从凤凰城公共图书馆退休。她担任凤凰城公共图书馆馆长一职 15 年，作为公共图书馆管理者有 25 年多的实践经验，将自己的热情和才华奉献给了公共图书馆事业。

---

① 据维基百科词条（https://en.wikipedia.org/wiki/General_Educational_Development），GED（General Education Development）是美国教育理事会为未完成高中学业的退伍军人或其他未取得正规高中毕业文凭的 16 或 17 岁以上年龄段的人群设计的高中水平课程考试。美国的各个州以及加拿大均举办此考试。通过考试者可以获得 GED 证书，等同于普通高中毕业文凭。

② 有关路易斯维尔免费公共图书馆的更多情况，请参见本章《图书馆杂志》2010 年度图书馆员的评介。

领导州立大学图书馆走向卓越的年度图书馆员（2005）

2005 年 1 月《图书馆杂志》公布了 2005 年度图书馆员评选结果，获奖者是美国北卡罗来纳州立大学图书馆（North Carolina State University Libraries）的馆长苏珊·纳特（Susan Nutter）女士[①]。《图书馆杂志》2005 年第 1 期不仅将苏珊·纳特的大幅照片刊登在杂志的封面，还以特稿形式用 3 个版面篇幅对她的业绩、经历等进行了图文并茂的报道。

从《图书馆杂志》配发的多幅照片看，苏珊·纳特留金色过耳外翻短发，体态丰腴，安详和善，笑容可掬，具有亲和力。

一、教育背景与职业生涯

苏珊·纳特曾就职于弗吉尼亚大学人文科学高级技术应用研究所，并获得英语学位。她的职业生涯是从图书馆实习生开始的。1966—1973 年，苏珊·纳特作为图书馆员就职于美国麻省理工学院图书馆信息传递试验项目（Project INTREX）[②]。与她一同工作的有卡尔·奥弗哈格（Carl Overhage），还有卡尔·奥弗哈格的同事兼朋友瓦尼瓦尔·布什（Vannevar Bush）。瓦尼瓦尔·布什担任项目负责人，苏珊·纳特认为瓦尼瓦尔·布什是与自己共事过的最鼓舞人心的人。卡尔·奥弗哈格的价值观始终是与教师和学生的需求密切相连，他密切关注用户所需任何东西的及时获取。在回忆过往的职业生涯时，苏珊·纳特指出，在麻省理工学院参与图书馆信息传递试验研究项目，是改变职业生涯的一段经历——对联机图书馆充满期待并开始进行模拟。

之后，苏珊·纳特就任麻省理工学院工程图书馆副馆长。与此同时，她被派往北卡罗来纳州立大学教堂山分校（UNC-Chapel Hill）图书馆作为图书馆与信息资源理事会（CLIR）的实习生工作 2 年。担任实习生期间，她在伟大的图书馆员

---

① BERRY J N. Susan Nutter—Library Journal Librarian of the year 2005［J］. Library journal，2005，130（1）：50—52.

② Project INTREX 项目着眼于为那些在大型图书馆寻找信息的人提供新服务和设施（is a program of information transfer experiments directed toward new services and facilities for people who seek information in large libraries）。

詹姆斯·戈万（James Govan）的庇护下工作。詹姆斯·戈万不仅将苏珊·纳特引荐给北卡罗来纳州立大学教堂山分校的校长，还让她参加每一次决策过程和会议，向她传授大量有关图书馆和大学工作的知识和见解。纳特在接受《图书馆杂志》采访时回顾说，詹姆斯·戈万将所有事情向她完全公开，使她得以观察并向他学习。麻省理工学院的杰伊·路克尔（Jay Lucker）也具有非常公开的风格。20 世纪 80 年代在他领导下工作时，他将自己的日程与她分享。正因为从上述图书馆馆长兼导师身上学到了自己专业领域之外的许多知识，苏珊·纳特担任图书馆馆长时才能够淡定自如。在担任实习生期间，苏珊·纳特还分别在杜克大学和北卡罗来纳州立大学见习一周。

在回忆上述见习经历时苏珊·纳特说，那时，同事们纷纷猜想她更喜欢上述两所大学中的哪一所，没有人认为她会喜欢北卡罗来纳州立大学。而最终结果是苏珊·纳特告诉同事，自己爱上了北卡罗来纳州立大学。理由是它更像麻省理工学院。见习期间，苏珊·纳特除了学习之外不需要承担其他职责。她对自己喜欢处理各种事情、喜欢政策问题感到惊讶。此后，苏珊·纳特顺利通过 5 个职位的面试。她自己意识到，北卡罗来纳州立大学比其他 4 家单位更需要自己。于是决定前往北卡罗来纳州立大学任职。在接受《图书馆杂志》采访，谈到自己的抉择时苏珊·纳特指出，专业人员求职时应当从特定职位对个人的需求程度进行考量。在笔者看来，苏珊·纳特的上述观点具有极大的启示作用。专业人员求职不应一味地选择名校、大馆。与其锦上添花，不如雪中送炭，应当选择更需要自己的图书馆。只有这样，才有机会施展抱负与才华，从事更多具有开创性的工作。

1987 年，苏珊·纳特被聘为北卡罗来纳州立大学图书馆馆长。获奖时，她已担任该馆馆长 18 年。

二、工作业绩

（1）提升图书馆的地位和影响力

苏珊·纳特初任图书馆馆长时，北卡罗来纳州立大学图书馆名不见经传，不仅在校内没有地位，在图书馆界也没有知名度和竞争力。然而，苏珊·纳特并没有因当时的现状产生畏难情绪，而是志存高远，开辟了一条艰苦、漫长的追求卓越之路。

在接受《图书馆杂志》采访时苏珊·纳特说：自己 1987 年履新时面临的挑战是人们不会想到像我们这样的机构，他们总是想到声名卓著的机构，认为那里才会产生影响。我必须让我们的图书馆在本校、本地区、在全州甚至全国出名，成为北卡罗来纳州的学术中心，并成为学校所有重大决策的一部分。（在笔者看来，苏珊·纳特关于图书馆成为州以及校园学术中心的目标定位是难能可贵的。她是这样说的，也是这样做的，践行了自己的诺言。联想到近年来，我国越来越多的大学将图书馆视为辅助部门。在此背景下，大学图书馆如何审时度势，选择恰当的发展目标，苏珊·纳特的做法值得借鉴。）

尽管迎接上述挑战所花费的时间大大超出了苏珊·纳特的预期，但是，她和全体工作人员仍然警觉地致力于保持图书馆在校园的新地位。凭借坚持不懈的努力以及新上任的校长、北卡罗来纳州立大学委员会（NCSU committees）、学生会和全体教职员工的推动，苏珊·纳特最终成为由 10 位学院院长组成的北卡罗来纳州立大学理事会的成员。该理事会是在学校发挥重要作用的团体，进入理事会是苏珊·纳特朝向既定目标前进的关键之一，解决了与学院院长打交道的问题。在苏珊·纳特之前，北卡罗来纳州立大学的图书馆馆长没有资格进入学校理事会，只有学院院长才能担任理事会成员。学院院长的权力很大，分别领导 10 个学院，每个学院都有独立的行政管理和资金资助。为了避免院长们不情愿将苏珊·纳特视为院长，除了担任图书馆馆长外，1995 年，学校还任命苏珊·纳特为学校的副教务长，使她的职级与那些学院院长相当。

笔者访问北卡罗来纳州立大学网站发现，在学校领导页面下的学校理事会（University Concil）栏目，苏珊·纳特的姓名列在首位，头衔是学校副教务长和图书馆馆长（Vice Provost and Director of NCSU Libraries）[①]。

（2）以创新和技术服务制胜，实现弯道超车

苏珊·纳特担任北卡罗来纳州立大学图书馆馆长之初，图书馆基础薄弱，馆藏量为 320 万册，连同其他指标算起，图书馆的影响力难望一流大学图书馆之项背。例如，就馆藏数量而言，该馆在美国研究图书馆协会（ARL）所有成员馆的

---

① University leadership［EB/OL］.［2015-03-12］. https：//www. ncsu. edu/about/university-leadership/.

排名居后；与其他图书馆相比，馆舍面积和图书馆工作人员的排名分别位于第 99 位和第 32 位。尽管存在上述明显的劣势，图书馆还是充分挖掘自己的潜力和强项——北卡罗来纳州立大学下设 10 个学院的学科优势。这些学院共开设 92 个本科专业、101 个硕士专业和 58 个博士专业。图书馆依托并服务于学校的教学科研需求，选择新技术应用作为提升服务的突破口，弥补馆藏、设施和人力资源等方面的不足，一步步铸就了图书馆的制胜法宝。

继在北卡罗来纳州立大学赢得校园的中心地位后，在苏珊·纳特领导下，图书馆又通过持续增加工作人员、推出一系列创新举措拓展服务，大大提高了图书馆在业界的地位和影响力。比如，跨入最早开展全学年每周 7 天每天 24 小时不间断提供参考咨询、借阅和安全服务的图书馆之列。在北卡罗来纳大学系统的 16 所校园中，北卡罗来纳州立大学的研究经费支出位列第一。

北卡罗来纳州立大学图书馆在其他方面的领先优势还包括：居于首批创设学习技术服务帮助教师开发网络课程的研究图书馆之列；在全美率先聘用知识产权律师，设立专门机构帮助图书馆和教师处理知识产权问题；为北卡罗来纳州立大学制定相关知识产权政策；是北卡罗来纳地区最早建立网站的图书馆。

此外，随着技术的进步，图书馆设立了数字图书馆试验项目部。下设的数字时代学习与资源中心提供学习技术服务，配备工作人员和设备支撑新技术方法的应用。提供的服务不仅包括出借笔记本电脑，还负责为本地提供独一无二的全套美国专利和商标寄存资料的自动化数据检索。

（3）倾听服务对象的意见和建议，建设支持图书馆的社区

苏珊·纳特在接受《图书馆杂志》采访时指出，自己一直努力在本地建立与图书馆有关的各个部门的支持社区，以便大家对研究图书馆的价值有真正的理解。她总结概括自己所采取的方法是建立由学生和教职员工组成的大学图书馆委员会，请他们对图书馆的工作提出建议。她认为，学生和教职员工常常提出一些有趣的想法，有时是比较基础的事情，其中也有与图书馆的意见不一致的地方。但无论如何，这是他们的图书馆，必须倾听学生和教职员工的意见，做他们需要的事情。在获奖时，大学图书馆委员会已是校园里最受欢迎的委员会，学生们甚至从不缺席委员会召集的每一次会议。

（4）以独特的用人之道，建设图书馆工作人员队伍

在苏珊·纳特看来，建设图书馆最重要的因素是人。她在接受《图书馆杂志》采访时指出："重要的不是你打算做什么事情，而是谁会成为你的工作人员。"她将工作人员称为"主要资产"，不惜花费重金为工作人员投资。这意味着慎重物色得力的工作人员，用图书馆之友的捐款为选中的工作人员提供搬迁和重新安置补助津贴，并支付较高的薪资。

在以优厚待遇吸引得力专业人员的同时，苏珊·纳特对工作人员的选择也非常慎重。填补一个空缺岗位常常要经过 3 到 4 轮的筛选。如果有任何疑问就不会做出录用候选人的决定。她选用专业人员的标准是：第一，具有自我激励特质，即具有自动力，知道自己要做什么的人；第二，有激情、团队工作能力、良好的人际关系技能以及具有使命导向的人；第三，尤其喜欢那些愿意实话实说、敢于提出自己的观点，不服输，一旦做出决策能共同维护并执行决策的人。令苏珊·纳特自豪的是，图书馆的大多数决策都来自工作人员，不需要身为馆长的她授权，甚至不需要担心，工作人员就能做出很好的决策。

在笔者看来，苏珊·纳特喜欢聘用的工作人员，都是有思想、有追求、坚守原则、刚正不阿、顾大局、懂得执行既定决策的图书馆精英人才。而她对图书馆工作人员队伍建设的高度重视，恰恰源自她个人职业生涯的丰富经历。

（5）改善工作人员的待遇，实现多元化发展

截至获奖时，北卡罗来纳州立大学图书馆共有 310 名工作人员。其中有 100 名是图书馆员，其他支撑辅助人员的职位则属于由州政府管控的公务员。由于在图书馆工作的公务员的职级分类与州内其他公务员一致，这给苏珊·纳特的管理带来了不便，甚至难免遭受挫折。事实上，所有北卡罗来纳州的大学图书馆馆长都设法改善那些属于公务员的支撑人员的待遇，但是，唯有发放的薪资难以改变。稍微容易一些的是对工作人员的发展提供支持①。

---

① 州立大学图书馆的支撑人员作为公务员受聘，而且薪资待遇低于专业图书馆员，这是美国的许多州都存在的现象。由于国情不同，对国人而言，当下可能会觉得此点有些费解。不过，相信随着我国行政管理体制改革的不断深化，打破官本位的藩篱，专业技术人员的薪资也是会高于普通行政人员或公务员的。

在接受《图书馆杂志》采访时苏珊·纳特指出，自己正努力筹集资金，利用发放奖金和其他方式使公务员编制的图书馆工作人员受益。比如，图书馆为他们提供奖学金、颁发奖励并支持他们就读图书馆学院。图书馆还制定了资深工作人员带动新入职员工的互助计划，许多与支撑人员一起工作的图书馆员为他们提供帮助，已经使许多支撑人员提升为专业图书馆员。

此外，该馆还注重招聘非洲裔美国人，将工作人员中的男性非洲裔美国人派驻到中小学图书馆工作，这是在其他图书馆无法看到的景象。苏珊·纳特认为，不管出生背景如何，图书馆需要的是最优秀的图书馆员。该馆少数族裔工作人员约占全部工作人员的 25%，不仅如此，在该馆所有图书馆员中少数族裔图书馆员的占比超过了 25%。笔者曾访问北卡罗来纳州立大学图书馆网站，在工作人员介绍栏目，可以看到一众肤色各异、富有朝气、漂亮、精干的工作人员的照片，很多人的履历和专业能力也相当突出。从一个侧面展示了苏珊·纳特坚持选聘优秀人才的良好成果。

（6）设立奖学金，从长谋划专业人员队伍的建设

在苏珊·纳特的领导下，北卡罗来纳州立大学图书馆着眼于未来，以及未来的图书馆多样化，建设一流的工作人员队伍。除了通过馆内帮扶措施实现工作人员的专业成长外，还采取多种途径，积极从图书馆围墙以外招聘培养有潜力的图书馆员。

比如，图书馆努力吸引社区中对图书馆感兴趣的中学生从事图书馆工作，为此提高了以学生身份到该馆工作的实习生的奖学金，如果实习生被图书馆学院录取，图书馆就为他们付学费。全馆所有工作人员每个学期都可以免费选修一门课程。

1996 年，苏珊·纳特决定在北卡罗来纳州立大学图书馆设立一项奖学金。该奖学金用于到图书馆学院招募在读研究生，为他们提供优厚的薪资、发展津贴和搬迁补助。要求接受奖学金资助者将一半的时间用于自己选定的图书馆部门工作，另一半时间花在从地理信息系统应用到长期保存等领域的战略性创新项目上。截至获奖时，每次奖学金的申请人数都达 200 人，最终入选奖学金名单者除了与苏珊·纳特会面，还要跟图书馆员指导教师团队互动。

苏珊·纳特在接受《图书馆杂志》采访时说，获得奖学金资助的学生在入学

第二年年底就表现得非常优秀，成为所有雇主竞相追逐的对象。因此，这也使北卡罗来纳州立大学图书馆面临一些问题。为了留住优秀毕业生，图书馆往往提出更优厚的挽留条件，努力阻止他们参加其他机构的面试。

三、服务理念、管理风格与特质

（1）竭尽全力为用户提供快速服务

早年在麻省理工学院图书馆从事信息传递试验项目的经历使苏珊·纳特形成了必须迅速做事、向用户提供快速服务的理念，并贯穿在此后领导图书馆的实践之中。

作为图书馆管理者，最关键的是她心中明白图书馆为谁而存在这一基本问题。在与用户的不间断互动过程中，即便服务对象向图书馆提出的意见和建议是图书馆不认同的，苏珊·纳特也要求做到顺应用户的需求而为之。

反观我国的情况，虽然许多高校图书馆设立了名称各异的用户咨询委员会，也征求学生和教师的意见，但是，扪心自问，我们的图书馆能在多大程度上达到上述境界呢？有的图书馆虽然能礼貌面对用户的意见，表示虚心接受，但常常是一句道歉推卸责任后，便不去花力气找到影响用户体验问题的根源予以纠正；有的图书馆新换的外行馆长，热衷于做表面文章，上任伊始便大动干戈，调整用户熟悉、本该相对稳定的图书馆空间布局，造成图书馆焕然一新的假象；还有的为追求时髦，受技术公司或者设备厂商的蛊惑乃至利诱，频繁更换系统和设备，甚至推出与用户意愿相左的所谓服务创新。比如，笔者就见证过某图书馆强行推介使用自动借还书设备，导致用户反感，意见纷纷。

（2）亲力亲为聘用培养工作人员

在长期的管理实践中，苏珊·纳特形成了独特的用人观和风格，她亲自面试每一位前来应聘的求职者，在短时间认识并了解候选人。她很喜欢这部分工作，为自己具有识别人才的能力感到自豪。并坦言过去劝说中意的候选人到图书馆工作比较困难，而获奖时，劝说中意的候选人到图书馆工作则容易多了。以笔者所见，这大概要归功于在苏珊·纳特领导下图书馆在业界的美誉度和知名度的大幅提高，从另一个侧面证明了马太效应的存在。

苏珊·纳特青睐聘用初出茅庐、具有成长性的工作人员，经常聘用那些并未充分准备好从事图书馆工作的人。尤其喜欢将有些职位留给刚从研究生院毕业的新人。这种做法是她 20 世纪 80 年代末在麻省理工学院图书馆工作时，从当时的负责人杰伊·路克尔（Jay Lucker）那里学来的。她引用杰伊·路克尔的话说，如果我们不聘用刚从研究生院毕业的学生，就不会有我们这个专业。

由于北卡罗来纳州立大学图书馆是一个科学与工程图书馆，具有文科背景的毕业生前来申请职位时往往犹豫不决。苏珊·纳特注意到上述现象后，重新分配图书馆的资金，拿出许多资金支持工作人员的专业发展。她在接受《图书馆杂志》采访时指出：行业标准规定要将 15% 的预算投入到专业发展上，我们的图书馆也非常接近该标准。

在笔者看来，苏珊·纳特抓住工作人员队伍建设这个牛鼻子，持续不断遴选新生力量，不惜血本培养、吸引优秀人才，以创新文化凝聚合力，提供最大限度发挥工作人员聪明才智的空间，这就是她领导图书馆走向卓越的制胜法宝。

（3）重视并参与专业合作

在领导北卡罗来纳州立大学图书馆的同时，苏珊·纳特还积极参与专业活动，为专业合作倾注了大量精力。据维基百科美国研究图书馆协会词条记载，苏珊·纳特曾于 1993 年担任美国研究图书馆协会主席①。

此外，她领导的北卡罗来纳州立大学图书馆还与北卡罗来纳地区图书馆网保持密切合作。例如，由北卡罗来纳地区三所大学组成的三角研究图书馆网（Triangle Research Library Network，简称 TRLN）支持苏珊·纳特的工作，将该馆列入由美国国家自然科学基金支持的第二代因特网项目（Internet2）的一部分，还将其列入向第二代因特网提供音视频和其他新技术的国家轻轨项目（National Light Rail program）。三角研究图书馆网人力资源委员会为成员馆补贴工作人员（包括专业人员和支撑人员）发展方面所花费的资金。

苏珊·纳特在接受采访时说：我相信图书馆教育，但是，教学单位尚未培养出足够的图书馆员来满足我们的需求。我认为遇到短缺和特殊需求领域时必须寻

① ARL［EB/OL］.［2015-01-07］. http://en.wikipedia.org/wiki/Association_of_Research_Libraries.

求其他方法。这意味着我们必须聘用具有更高学位的人，并寻找各种途径向他们反复灌输图书馆的价值观念。我们聘用的人大多数是具有图书馆学位的，但有时我也另辟蹊径，招聘博士后研究人员到图书馆工作。苏珊·纳特在北卡罗来纳州立大学图书馆设立了图书馆与信息资源博士后流动站，她为此而自豪，并用自己的现身说法在北卡罗来纳图书馆理事会上介绍经验。

（4）敬业、达观、远见卓识

在漫长的职业生涯中，苏珊·纳特不断学习，实习既是她职业生涯的开端，也贯穿于职业生涯的过程之中。她敬业、勇于尝试和创新，成就卓著。1999 年《图书馆杂志》曾报道她获颁美国图书馆协会休·阿特金森纪念奖（Hugh Atkinson Memorial Award，简称 HAMA），以表彰她在图书馆馆藏建设和技术服务方面的贡献[①]。在接受《图书馆杂志》采访时苏珊·纳特说，自己从未考虑过个人的职业生涯，也从未制订过个人的 5 年规划，无暇料想自己将走向何方。她坦承自己雄心勃勃，但是，雄心大志仅限于她从事的工作和共事的人，始终与组织机构的建设发展有关，与个人无关。寥寥数语，展示了苏珊·纳特的敬业精神和追求建设卓越组织机构的境界，令笔者由衷钦佩。

当被问到如何看待研究图书馆的未来这一问题时，苏珊·纳特表现得乐观且富有战斗精神。她指出：我们必须拿回版权，这是我们可以选择的唯一途径。这不仅对图书馆，对大学和教师也是必须选择的路径。正是源自高校教师的研究成果日益引发令人沮丧的问题，尤其是与资源采购价格有关的问题。

苏珊·纳特又补充道，对图书馆的未来表示乐观需建立在以下前提之上——我们要有聪明的头脑并不断改变，必须付诸行动，不能自认为我们对所从事的事情有某些特权。在笔者看来，苏珊·纳特的上述话语为身处变革时代的图书馆送上了制胜锦囊。事实上，尽管图书馆是公共设施的理念在实践中不断被证实，但是，如果图书馆的公共性不能辅之以高效率和较高的投入产出比，即图书馆的效能不能充分显现，那么，即便理论上讲图书馆具有上述潜质，也会失去存在的正当性与合理性。因为，竞争和网络带来的巨大机遇，会导致其他新型服务机构或

---

① ALLISON W. Nutter wins Hugh Atkinson Award［J］. Library journal，1999，124（7）：15.

服务方式的涌现，不仅会分流用户，甚至逐步取代图书馆。总之，进入信息网络时代，图书馆作为知识信息服务提供者面临更加激烈的竞争。应对竞争采取的态度和措施有误，将置图书馆于万劫不复之境地。

四、提名与获奖缘由

向《图书馆杂志》提交推荐信支持苏珊·纳特获奖的人很多，其中既有同行，也有图书馆的服务对象。举例如下：

（1）苏珊·纳特过去的同事、时任亚利桑那大学图书馆馆长卡拉·斯多弗（Carla Stoffle）指出，“苏珊·纳特将一个中等图书馆建设成了全行业的样板”。

（2）弗吉尼亚大学图书馆馆长卡琳·威腾堡（Karin Wittenborg）指出，“尽管取得了很多的成就，苏珊·纳特对自己的贡献非常谦虚，而且慷慨支持他人”。

（3）北卡罗来纳州立大学教务长詹姆斯·奥布林格（James Oblinger）指出，“北卡罗来纳州立大学全校上下已经认识到图书馆对我们学校的成功至关重要”。

（4）北卡罗来纳州立大学教授迈克尔·斯多斯克波特（Michael K. Stoskopt）在推荐信中讲述了在苏珊·纳特的指导下，北卡罗来纳州立大学的教职员工在北卡罗来纳州遭遇财政困难时决定放弃个人薪资的增长，将节省下来的资金用于支持学校图书馆的发展。该教授指出：“这一由全校教职员充满感情慷慨馈赠的礼物是使我们的图书馆转变为值得尊敬和赞赏的图书馆的催化剂。这也是我对苏珊·纳特的特殊能力所能提供的最好例证。”

正是由于上述成就和富有激情的举荐认可，使《图书馆杂志》的编辑们遴选并祝贺苏珊当选2005年度的年度图书馆员。《图书馆杂志》的特稿评价道，苏珊·纳特从最初的“小角色”成为一个令人尊敬、声誉卓著的校园领导。她建设并重新定位了位于北卡罗来纳州首府罗利的北卡罗来纳州立大学图书馆，将一位资深教授所说的“使人难堪之地”转变为一个具有现代职能的北卡罗来纳州立大学的学术中心力量和场所。在获奖前夕，北卡罗来纳州立大学正在将建设一座新的耗资7000万美元的研究图书馆列为学校的首要资助项目，新图书馆建成后，将使现有图书馆的规模大大扩展。《图书馆杂志》认为，仅此一项成就，便足以让苏珊·纳特当选为2005年的年度图书馆员。

五、获奖之后

2008 年，为庆祝年度图书馆员奖设立 20 周年，《图书馆杂志》回访 19 位年度图书馆员，并发布了相关报道。据该报道，苏珊·纳特在接受采访时指出：现有专业领域中已经有一些真正的天才，但是，我们需要在工作团队中保有更广泛的多样性。我所指的多样性是多方面的，包括了兴趣、技能、学科背景、年龄、地域背景、看待世界的方式等。

北卡罗来纳州立大学科学与工程图书馆数十年来在图书馆界引领潮流，要归功于馆长苏珊·纳特。截至 2008 年，她已担任图书馆馆长 21 年，任学校副教务长 13 年。同年，北卡罗来纳州立大学校园内一座新图书馆正在建设中。该馆耗资 1.14 亿美元，由一家挪威建筑公司比照埃及的亚历山大图书馆设计建设。

苏珊·纳特希望此举激发社区已经改变的行为，将图书馆打造为更加主动、引人入胜的学习环境与空间。她预料今后一些年，将有更多类似的行动和举措。各种形式的合作将是主要方式。技术将渗透至工作空间、围墙和空气中，不再局限于特定的机器。在苏珊·纳特看来，各种事物不仅是移动的，而且是可移动的，包括设施、人和空间。合作、创造和发现将主宰一切。更重要的是，路过图书馆的人被图书馆可感知的各层次的能量和强度以及“最新的信息技术的孵化器的声誉所吸引，将继续涌入图书馆”。她甚至迫不及待地表示目前一切进展顺利，自己无法等到下一个 5 年。

另据媒体报道，2016 年美国图书馆协会下属的大学与研究图书馆协会也授予苏珊·纳特年度图书馆员称号 [①]。

2017 年 9 月 17—19 日，由卡尔加里大学（University of Calgary）、网络信息联盟（Coalition of Networked Information）和北卡罗来纳州立大学联合主办的图书馆设计大会在北卡罗来纳州立大学校园举行。据图书馆网站发布的会议议程和演讲人信息[②]，苏珊·纳特作为该校副教务长与图书馆馆长在会上致开幕词和闭幕词。此外，鉴于苏珊·纳特以其远见和想象力指导了北卡罗来纳州立大学科学与

---

① Susan K. Nutter was named the 2016 ACRL Academic/Research Librarian of the Year［J］. Information today，2016，33（2）：6.

② 来源：http：//www. lib. ncsu. edu/designing-libraries-conference-2017/speakers#Susan-K.

工程图书馆（D. H. Hill Library）的转型和图书馆主馆（the Hunt library）的建设，2017 年 9 月 19 日，网络信息联盟副总裁琼·利平科特（Joan K. Lippincott）在苏珊·纳特退休前夕对她进行访谈，主题是苏珊·纳特对未来的憧憬以及领导图书馆转型的感想。从网站发布的照片看，此时的苏珊·纳特已经满头白发，与 2005 年《图书馆杂志》专稿配发的照片相比显得消瘦了一些，但精神矍铄。

综上所述，苏珊·纳特将大半生无私奉献给了自己热爱的研究图书馆的管理与服务工作，她最大的成就体现在用 30 多年的时间建设一流的图书馆工作人员队伍，领导昔日名不见经传的北卡罗来纳州立大学图书馆走向卓越，使之在业界享有盛誉，成为第一个获得美国图书馆协会下属的大学与研究图书馆协会颁发的杰出研究图书馆奖的大学图书馆。不仅如此，在苏珊·纳特获得 2005 年度图书馆员桂冠之后的 11 年中，该馆工作人员 9 次被《图书馆杂志》评为感动与震撼人物，位居全美所有图书馆之首。2016 年，她领导的北卡罗来纳州立大学图书馆获得美国博物馆与图书馆服务协会颁发的图书馆服务奖章，成为 10 年来首家获该奖的研究型大学图书馆。

富有进取与冒险精神的年度图书馆员（2006）

2006 年 1 月，《图书馆杂志》公布了 2006 年度图书馆员评选结果，获奖者是美国内布拉斯加州（Nebraska）奥马哈市公共图书馆（Omaha Public library，简称 OPL）馆长瑞夫卡·萨斯（Rivkah Sass）女士[①]。《图书馆杂志》2006 年第 1 期不仅将瑞夫卡·萨斯的大幅照片刊登在杂志的封面，还以特稿形式用 3 个版面篇幅对其业绩、经历等进行了图文并茂的报道。从《图书馆杂志》配发的多幅照片看，瑞夫卡·萨斯留褐色运动短发，漂亮时尚，充满活力，脸上洋溢着快乐、自信的笑容。

一、教育背景与职业生涯

据领英网发布的信息和《图书馆杂志》特稿的介绍，瑞夫卡·萨斯的职业生涯冒险旅程漫长且丰富多彩。她 1972—1974 年就读于墨西哥索诺拉州立大学（Sonora State University）获政治学学士学位[②]。1977 年就读于美国华盛顿大学图书馆与信息学院，1978 年获硕士学位。在研究生院学习期间，著名教授梅·贝恩（Mae Benne）讲授儿童服务课程。毕业后，瑞夫卡·萨斯到斯波坎县公共图书馆任职，将从导师和最喜欢的教授梅·贝恩那里学到的知识付诸实践，以儿童图书馆员的身份开始了自己的职业生涯。在接受《图书馆杂志》采访时瑞夫卡·萨斯说，自己属于少数喜欢图书馆学院的学生之一，这很大程度上应归功于梅·贝恩教授。

20 世纪 80 年代，瑞夫卡·萨斯作为社区图书馆协调员，在总部位于华盛顿州塔姆沃特（Tumwater）的森林地区图书馆（Timberland Regional Library，简称 TRL）工作 6 年多，由此积累了对其日后发展至关重要管理经验[③]。

在回忆上述经历时瑞夫卡·萨斯说，自己负责管理奇黑利斯分馆（Chehalis

---

① BERRY J N. Rivkah Sass—Library Journal Librarian of the year 2006［J］. Library journal，2006，131（1）：44—46.

② 来源：Rivkah Sass. http：//www. linkedin. com/in/rivkah-sass-2328703.

③ 据维基百科，森林地区图书馆图书馆系统成立于 1968 年，有 27 家社区图书馆、2 个合作图书馆中心和 3 个图书馆信息亭。来源：Timberland Regional Library. http：//en. wikipedia. org/wiki/Timberland_Regional_Library.

Branch），该馆坐落在一个历史悠久富有趣味的小镇。整个图书馆系统服务区域很大，囊括华盛顿州西南部的格雷斯港、刘易斯、梅森、太平洋和瑟斯顿等 5 个县。1983 年图书馆就采购了期刊索引的缩微胶卷。在那里她第一次见到了传真机，系统内的图书馆借助传真机实现馆际互借的无缝操作。回顾往事，瑞夫卡・萨斯的言辞中对森林地区图书馆充满赞许。认为自己有幸在几家伟大的图书馆工作，其中，森林地区图书馆位居首位。她甚至将自己服务过的特殊的客户和做过的项目记得一清二楚。比如，当时一位"家庭主夫"正在撰写一本关于草本植物的著作，本地图书馆没有足够的资源，只能从大英图书馆获取他需要的图书和参考资料；做过的项目中包括图书馆申请专项资助为失业的木材工人提供信息。

结束森林地区图书馆的工作后，瑞夫卡・萨斯到华盛顿州立图书馆（Washington State Library）担任继续教育协调员。该职位使她有机会规划并提供全州 44 所公共图书馆以及 28 所社区学院图书馆的工作人员的技术培训。她热爱该工作，在富有远见的馆长玛丽・穆尔（Mary Moore）的领导下与各类型图书馆进行良好的合作。4 年之后，瑞夫卡・萨斯被任命为马里兰州立图书馆副馆长。在任期间，她领导图书馆的发展与合作，创设了首个图书馆公共存取网络。由于州图书馆的职能定位于帮助图书馆进行创新和试验，该目标并不太容易实现，瑞夫卡・萨斯意识到州图书馆的工作并不是最适合自己的工作。于是，1996 年辞去马里兰州立图书馆副馆长一职，转到一家信息存取公司（汤姆森－盖尔公司）担任产品经理。瑞夫卡・萨斯在回顾上述经历时指出，她想离开图书馆进行学术休假，建立一个虚拟社区从事研究开发工作，虽然最终没有实现预定计划，但是积累了极好的学习经验。

1999 年，瑞夫卡・萨斯赴俄勒冈州最大的图书馆系统马尔特诺玛县图书馆（Multnomah County Public Library）担任参考与信息服务协调员。时任馆长是美国图书馆界传奇人物、大名鼎鼎的基尼·库珀（Ginnie Cooper）①。

瑞夫卡·萨斯在接受《图书馆杂志》采访时指出，虽然基尼·库珀不是导师，但是对自己有巨大影响。她对基尼·库珀的创新勇气以及承担风险的意愿表示由衷钦佩。正是上述工作经历，铺就了瑞夫卡·萨斯走向图书馆馆长之路。2003年，瑞夫卡·萨斯就任奥马哈市公共图书馆执行馆长（executive director），获奖时已经在该馆工作3年。

二、工作业绩

（1）推进人事管理改革，调整岗位职级

奥马哈市公共图书馆始建于1857年，是一个具有悠久历史的美国中西部城市公共图书馆②。但是，正因为历史的包袱沉重，在进入20世纪90年代以后，图书馆的管理已经不适应新形势的发展，与往日的辉煌相去甚远。瑞夫卡·萨斯2003年9月抵达奥马哈公共图书馆就职时，告诉该市民众的第一件事就是“这里的图书馆眼下是二流的”。当地的《奥马哈世界先驱报》（Omaha Herald-World）专栏作家迈克尔·凯利（Michael Kelly）在撰写瑞夫卡·萨斯就职的报道时引用了她的上述评价，并指出“令人遗憾的是，瑞夫卡·萨斯的评价是真实的”。

为实现让奥马哈市公共图书馆走向伟大的目标，瑞夫卡·萨斯以激情、快乐和极大的勇气投身到图书馆工作中，首当其冲的就是持续推动一系列管理改革。

瑞夫卡·萨斯刚到任时，奥马哈市公共图书馆的岗位设置缺乏弹性，存在严重的结构不合理现象。全职工作人员数量为82人，其中有50人的职位为图书馆员或更高的级别；没有设置辅助图书馆员或流通职员（circulation clerk）等支撑职位。有的图书馆员的工作仅仅是清点藏书，从不去社区拓展服务，不承担管理工

---

① 基尼·库珀在明尼苏达大学获图书馆学硕士学位后，1970年开始图书馆员的职业生涯。2013年基尼·库珀在哥伦比亚特区图书馆馆长位置上退休，返回自己的故乡俄勒冈生活。之前，她担任过多家图书馆馆长，主导建设数十座图书馆建筑，并获得美国建筑协会颁发的最佳公共建筑奖——托马斯·杰斐逊奖（Thomas Jefferson Award）。来源：Sam Ford. Chief librarian Ginnie Cooper retires，leaves a legacy. http：//www. wjla. com/articles/2013/10/-d-c-chief-librarian-ginnie-cooper-retires-leaves-a-legacy-96186. html；Sara Fernández Cendón. Ginnie Cooper-2013 Thomas Jefferson Award for Public Architecture. http：//www. aia. org/practicing/awards/2013/thomas-jefferson-award/gcooper/index. htm.

② 来源：Omaha public library. http：//en. wikipedia. org/wiki/Omaha_Public_Library.

作，也不维护馆藏。为了扭转人力资源配置不当导致的浪费和低效率，每当遇到高级别图书馆员（例如，一位仅管理 2 名工作人员的二级图书馆员）退休，瑞夫卡·萨斯便果断调低原岗位的职级，采取限高增低的方法，增加工作人员。就任 2 年多的时间里，通过调整不合理的人员职级和岗位，随工作量的变化调整岗位职级，在预算不变的情况下，瑞夫卡·萨斯将图书馆全职岗位的数量由 82 个增至 87 个。瑞夫卡·萨斯还计划在 2006 年继续推进人事改革，增加更多职位。截至获奖时，图书馆员在该馆工作人员中所占比例有所下降，由过去的 50 个职位下降至 40 多个职位。

（2）与时俱进优化馆藏

瑞夫卡·萨斯初到奥马哈公共图书馆时，发现该馆馆藏资源老旧，新资源寥寥无几，结构不合理，对用户缺乏吸引力。

在推进人事管理改革的同时，瑞夫卡·萨斯领导图书馆工作人员将一些没有价值的老旧馆藏进行剔除，还根据用户需求调整各类资源采购资金的分配比例。尽管资金有限，还是增加了购置可下载的有声读物和电子图书、数字化视频光盘（DVD）的经费，并力求做到优选性价比高的资源，增强了馆藏资源对用户的吸引力。

瑞夫卡·萨斯在接受《图书馆杂志》采访时指出：在我们的 DVD 馆藏中也许找不到《律政俏佳人》（Legally Blonde）之类的热播剧，但是，可以看到去年圣丹斯电影节的获奖影片和其他一些重要的电影。

（3）从实际出发调整服务空间

奥马哈公共图书馆的中心图书馆是一幢 4 层楼的建筑，该建筑空间巨大，但是缺乏实用性。为了提升图书馆空间的可用性，瑞夫卡·萨斯决定关闭图书馆中心馆的第四层，将服务空间集中在 1—3 层，新设立了小说区和期刊区，腾出的工作人员保证服务空间每周 7 天不间断开放。关闭的中心馆第四层的面积有 4000 平方英尺，之前作为存储空间堆满了杂物甚至废物。经过调整后，腾出的空间用于增加图书馆的停车空间和其他功能。

上述举措曾被视为瑞夫卡·萨斯在奥马哈公共图书馆采取的最冒险的行动，所产生的效果超出预期，导致奥马哈市公共图书馆的服务发生了很大变化。据统计，到访图书馆的用户数量和馆藏流通量均实现了 13% 的增长。瑞夫卡·萨斯认为正是由于老旧馆藏的剔除和重新布局提升了馆藏资源的可见度，对图书馆利用率的提升起到了很大推动作用。

（4）举办丰富多彩的合作项目与活动

在瑞夫卡·萨斯领导下，奥马哈公共图书馆还积极尝试与其他机构合作，举办一系列丰富多彩的合作项目与活动。将图书馆的社区建构、公民参与及合作学习提升到前所未有的水平，例如，图书馆与当地社区学院共建一所分馆；图书馆还与一所小学和娱乐中心共享服务空间。此类项目有一定风险，但是富有趣味性，大大拓展了图书馆服务和对社区的影响。

此外，瑞夫卡·萨斯还发起了“奥马哈阅读活动”（Omaha Reads）。它类似西雅图的南希·珀尔（Nancy Pearl）首创的“社区同读一本书，或全城同读本一书”（one book/one community）阅读推广活动。奥马哈公共图书馆的创新之处在于与当地的舞蹈教授合作，为奥马哈阅读活动增加了作品的解释、朗诵和舞蹈沙龙等环节，使之大获成功。

其他由图书馆参与的合作活动包括：①与路易斯安娜艺术理事会合作的试验项目。该项目主要帮助英语作为第二语言的居民提高读写能力，在晚上 7 点至 11 点的黄金时段举办。奥马哈市有大量讲西班牙语和苏丹语的居民。图书馆招聘会讲西班牙语的工作人员并对他们进行培训，建设双语工作人员队伍。图书馆的南奥马哈分馆还聘用了许多以西班牙语为母语的工作人员。②奥马哈市中心文学艺术节（Downtown Omaha Lit Fest）。该艺术节也在晚上 7 点至 11 点的黄金时段举办。由全美有影响的小说家蒂莫西·沙夫特负责组织，每次都动员十多位与奥马哈有关的艺术家回到奥马哈市并参与表演活动。图书馆是一年一度举办的艺术节的合作者。③与比米斯当代艺术中心（Bemis Center for Comtemporary Arts）开展将艺术引入图书馆的合作项目。位于奥马哈市比米斯当代艺术中心因驻场艺术家项目而蜚声全球，图书馆通过与该中心的合作，得到 10 幅由儿童创作的公共艺术作品。

据奥马哈公共图书馆网站（http：//www. omahalibrary. org/）发布的信息，图书馆还提供多项特色服务，其中包括面向退休和即将退休人士的服务项目等。

三、服务理念、管理风格与特质

（1）寓图书馆推广于服务之中，以服务更多民众为乐

瑞夫卡·萨斯初到奥马哈公共图书馆履职时，发现仅有三分之一的市民办理图书馆的借书证。于是，将提升办证率作为推广活动的目标。

在做好内功，提升服务的同时，瑞夫卡·萨斯身先士卒，走出图书馆，作为图书馆品牌的代言人，宣传图书馆的价值，通过与用户的良好互动，引导用户利用图书馆。据统计，任职 2 年多时间里，瑞夫卡·萨斯采用巡回方式，做过 50 多次演讲。她讲述图书馆的愿景以及奥马哈市民应当对图书馆有哪些期待。演讲的听众广泛，包括文学团体、各种服务俱乐部、社区团体等。每当听到“噢，图书馆。我们使用因特网，自己买书”这样的老生常谈，瑞夫卡·萨斯就会不厌其烦地说“要收藏最好的图书，借阅其他的图书。请利用图书馆发现那些你想要收藏的图书。”截至获奖时，奥马哈公共图书馆已成为自主采购的样板。

通过不遗余力地宣传、改进图书馆的服务，奥马哈公共图书馆的新形象得到了广大民众的认同。瑞夫卡·萨斯在接受《图书馆杂志》采访时指出，每当自己被引荐给他人时，对方会说:“哇，图书馆！现在我听到图书馆的事情比以前多了，你做了很了不起的工作！”听到这些话语，自己心中的成就感便油然而生。在萨斯看来，上述评论意味着以前没有意识到图书馆有用的人将会办借书证，成为图书馆的用户。

（2）善于学习，以满足用户所需为己任

瑞夫卡·萨斯最重要的导师是富有传奇色彩的查尔斯·鲁宾孙（Charles Robinson）。他曾任巴尔的摩县公共图书馆系统馆长，提出满足用户所需的图书馆学理论，在专业领域影响深远。

瑞夫卡·萨斯信奉查尔斯·鲁宾孙的理论，以满足用户所需为己任。不仅如此，还将他视为英雄人物，声称他对自己的职业生涯有最重要的影响。她在许多公开场合高度评价查尔斯·鲁宾孙对 20 世纪图书馆的贡献堪比麦维尔·杜威对 19 世纪图书馆的贡献。话语中充满激情和虔诚。

瑞夫卡·萨斯获奖时，查尔斯·鲁宾孙已退休数年。他在全美各地的领导岗位上曾指导了像瑞夫卡·萨斯一样的诸多图书馆员。正是查尔斯·鲁宾孙和图书

馆猎头琼·加西亚（Jone Garcia）说服瑞夫卡·萨斯，在其职业生涯中适时申请某些开放的顶级图书馆职位。

琼·加西亚是查尔斯·鲁宾孙的门徒，曾任圣安东尼奥公共图书馆馆长，时任一家猎头公司（Dubberly Garcia Associates）合伙人，曾代表猎头公司担任奥马哈图书馆理事会寻找新馆长的顾问。该公司的另一合伙人罗恩·杜伯里（Ron Dubberly）也是查尔斯·鲁宾孙的门徒，曾任西雅图和亚特兰大公共图书馆馆长。在研究生院就读期间，瑞夫卡·萨斯曾在西雅图公共图书馆工作过，时任馆长就是罗恩·杜伯里。瑞夫卡·萨斯在跟上述各位源远流长的专业联系中，学到了很多。

（3）勇于承担风险

2003 年，奥马哈市图书馆理事会决定聘用瑞夫卡·萨斯担任图书馆馆长，此举是冒着风险的。因为，在此之前，她从未担任过图书馆馆长一职。同样，瑞夫卡·萨斯本人也是冒了风险的。因为，在前任馆长 1992 年去世后的 10 年间，奥马哈市公共图书馆走马灯似地频繁更换馆长，继任者超过 6 人之多，都令人遗憾地一一辞别。

通过图书馆学院的学习和多年职业生涯的历练，瑞夫卡·萨斯认为图书馆系统应有的定位是面向服务的系统。基于自己过往从事的图书馆工作取得的成绩，瑞夫卡·萨斯对于改变奥马哈公共图书馆的面貌充满了自信。她说，我想向奥马哈的市民展示他们能对一个伟大的图书馆有哪些期待。她在回顾自己的职业生涯时说，如果没有到马尔特诺玛县的工作经历，自己就没有能力完成奥马哈图书馆的工作。在谈到自己首次担任馆长一职的体会时，瑞夫卡·萨斯笑着说：我从未像现在这样有如此多的乐趣，任职 2 年多的时间里，自己成为图书馆系统的一分子，做了很多有风险的事情，几乎是个问题人物。因为不仅是关闭图书馆中心馆的第四层，重新对工作人员的职位进行调整也是有风险的。正如《图书馆杂志》的专稿评述的那样，瑞夫卡·萨斯和奥马哈图书馆理事会是天造地设的一对。承担风险是瑞夫卡·萨斯管理风格的核心。

（4）寻求理念一致、志同道合的合作伙伴

瑞夫卡·萨斯担任馆长后，立即着手招聘副馆长。她自拟的招聘广告开篇写道：奥马哈公共图书馆寻找一位能够帮助图书馆创立新愿景、强化其在社区存在感的应聘者。应聘成功者将作为合作者和同事，秉承博斯韦尔（Boswell）、约翰逊（Johnson）、露西（Lucy）、埃塞尔（Ethel）、布奇（Butch）、森德斯（Sundance）、巴特曼（Batman）、罗宾（Robin）、弗雷德（Fred）和金格（Ginger）的精神而工作。……上述洋溢着理想和激情的别样广告吸引了 36 岁的斯泰西・奥尔德里奇（Stacey Aldrich）① 前来应聘，最终成为瑞夫卡・萨斯的左膀右臂。

在接受《图书馆杂志》采访时，瑞夫卡・萨斯为聘用斯泰西・奥尔德里奇担任副馆长而感到自豪。她毫不掩饰自己的兴奋说，斯泰西・奥尔德里奇简直不可思议。自己对她百分百信任。她有多领域工作的实践经验，对图书馆的愿景有不同观察视角。担任过马里兰州图书馆副馆长，还是一个未来学家和未来学会会员。瑞夫卡・萨斯称赞斯泰西・奥尔德里奇完全改变了自己完成所有工作的态度，并确信，无论是在奥马哈还是在其他地方，斯泰西・奥尔德里奇迟早要担任图书馆馆长②。

四、提名与获奖缘由

《图书馆杂志》未披露本年度图书馆员奖的提名情况，因而笔者无从得知详情。在 2006 年 1 月刊发的年度图书馆员特稿中指出，瑞夫卡・萨斯的职业生涯冒险旅程漫长且丰富多彩。并将瑞夫卡・萨斯称为“风险承担者、变革促进者和图书馆真正的信徒”。

《图书馆杂志》在特稿的最后一段指出，瑞夫卡・萨斯植根服务，秉承满足读者所需的图书馆哲学，是一位不怕冒险、勇于冒险、乐于推动变革的图书馆员，一个坦诚、愿意承担风险后果、对民众充满热情、对图书馆学充满激情的人。这些特质加上她在各类图书馆作为管理者和一线工作人员的传奇职业生涯，具备了一位杰出的年度图书馆员的所有要素。

在笔者看来，上述评价连同获奖是对瑞夫卡・萨斯多年对专业领域持续奉献

① 斯泰西・奥尔德里奇 2003 年曾被《图书馆杂志》评为震撼与感动人物。

② 真是一语成谶！2006 年，就在瑞夫卡・萨斯与斯泰西・奥尔德里奇合作完成了奥马哈公共图书馆 2007—2010 战略规划之后，两人先后离开了奥马哈公共图书馆。瑞夫卡・萨斯于 2009 年担任加州萨克拉门托市公共图书馆系统馆长。2010 年斯泰西・奥尔德里奇被任命为加州图书馆馆长。来源：Stacey Aldrich（currents）. American libraries，2010，41（1-2）：100（1）.

的最好总结。在充满挑战的奥马哈公共图书馆，她以爱和激情为引领，通过大胆改革，提高图书馆的服务效能。通过语言培训、阅读推广活动和其他艺术合作项目，让市民更多了解、体验图书馆的作用，提高到访与办证率，拓展服务范围。将奥马哈公共图书馆这所历史悠久、日趋没落的中西部城市图书馆的面貌焕然一新，使图书馆由门可罗雀、可有可无的边缘状态，变成市民为之赞叹、生机勃勃的公共服务中心，在与社区的良性互动中实现了令图书馆走向伟大的承诺。

五、获奖之后

据笔者追踪发现，瑞夫卡·萨斯作为年度图书馆员并非昙花一现的人物，获奖之后，她在专业领域继续保持着勇于冒险和创新的本色。

2006 年 8 月，瑞夫卡·萨斯作为图书馆馆长，与奥马哈市图书馆理事会一起制定了奥马哈公共图书馆 2007—2010 战略规划[①]。

2006 年 11 月，美国加州伯克利一家报纸报道了瑞夫卡·萨斯应聘伯克利图书馆馆长的消息。该职位竞争激烈，瑞夫卡·萨斯在最后一轮参加面试的 4 位候选者中排名第二。排名第三的是自 2001 年起担任霍华德县图书馆系统馆长的瓦莱里亚·格罗斯（Valerie J. Gross）。尽管她们二人此次应聘均未能如愿[②]，有趣的是，瑞夫卡·萨斯和瓦莱里亚·格罗斯的名字在《图书馆杂志》公布 2013 年年度图书馆奖时又联系在了一起（详情见后）。

2008 年，为庆祝年度图书馆员奖设立 20 周年，《图书馆杂志》回访 19 位年度图书馆员，并发布了相关报道。瑞夫卡·萨斯在接受《图书馆杂志》采访时指出："我们对接班计划和多样性有很多抱怨。我认为我们在聘用、培养和提拔图书馆员方面做了很好的工作，但是，在审视我们到底需要什么以及大胆方面做得不够。"接受采访那天，瑞夫卡·萨斯刚刚参观谷歌公司位于山景城的总部回来，在那里她了解到谷歌在学术搜索、图书搜索和视频（YouTube）搜索等领域与多所大学进行的一系列合作。也许是一次访问，或是签署了保密协议的缘故，瑞夫

---

① 来 源：Omaha public library strategic plan 2007—2010. http：//www. docin. com/p-79762497. html。

② 来 源：Judith Scherr. Search for New Berkeley library director continues（November 21，2006）. http：//www. berkeleydailyplanet. com/issue/2006-11-24/full_text.

卡·萨斯对上述活动的细节三缄其口。只是问道，为什么图书馆不能像苹果的音乐播放器 iPod 和贝宝（PayPal）那样利用技术的优势？她告诉记者自己新买了一台触控式音乐播放器（iPod Touch）测试它的可转换性。她的困惑是，当时如果只能从图书馆下载有声图书（audiobooks），为什么用贝宝（PayPal）很容易完成费用支付，而许多情况下向图书馆支付罚款却非常困难？二者为何存在如此大的差异？她表示，据了解有些商家已经增加了电子商务解决方案，但是，从大多数情况看，对图书馆而言，实施起来不仅过程烦冗而且费用昂贵。

与在她之后获 2007 年度图书馆员奖的玛丽·贝坎一样，瑞夫卡·萨斯对当今图书馆学院的毕业生抱有信心。她看到年轻人存有抛弃一些走向没落的工具的意愿，比如 MARC、传统目录和 OCLC。她们二人也希望看到图书馆学院的课程不断拓展，比如，增加社区发展、营销、品牌创建等课程，并增加急需的服务以及公共 / 私人基金筹款方面的案例。

2009 年，瑞夫卡·萨斯辞去奥马哈公共图书馆馆长一职，就任加利福尼亚州萨克拉门托市公共图书馆馆长。笔者看到瑞夫卡·萨斯在领英网的个人介绍中写道：对公共图书馆以及扩大图书馆在创建充满活力社区方面的影响充满激情。个人目标是帮助萨克拉门托公共图书馆建设一支投入、创新的工作人员队伍，使图书馆成为社区的心脏，并成为全国的样板。事实证明，无论顺境还是逆境，她都为实现上述目标持续努力，取得了突出成绩。与此同时，有关她的报道也不断见诸各类媒体。

2012 年 3 月《图书馆杂志》刊登关于处于十字路口的编目工作的专门访谈，瑞夫卡·萨斯作为受访者之一，表达了对城市图书馆编目工作的看法[①]。

同是 2012 年，瑞夫卡·萨斯领导的加利福尼亚州萨克拉门托市公共图书馆连续遭遇意外事件。先是 2012 年 5 月《图书馆杂志》报道，该馆因经费不足，只能让部分工作人员暂时下岗，从而导致图书馆的开馆时间缩减，乃至关闭分馆。估计最终需要 8 至 15 名工作人员暂时下岗，此举将导致 3 个分馆关闭。

---

① 来源：Cataloging at the crossroads：challenging the only show in town. http：//lj. libraryjournal. com/2012/05/webcasts/tech-webcasts/cataloging-at-the-crossroads-challenging-the-only-show-in-town/.

另据网络报道[①]，2012年，图书馆还因电子资源试验项目引发诉讼。2012年8月，瑞夫卡·萨斯以萨克拉门托公共图书馆馆长身份与美国盲人联合会签署和解协议。案由是该馆的一个电子阅读试验项目购买了允许用户借阅的电子图书馆阅读器（Barnes and Noble NOOK e-book readers），但是，由于技术的原因，上述资料无法被盲人利用。美国盲人联合会反对该项目，并因技术因素导致盲人无法利用而提起诉讼。最终图书馆与美国盲人联合会达成和解。

美国司法部就该案发布的通告指出，图书馆与盲人联合会签署和解协议的目的是停止歧视。州和地方政府的项目，无论是否为试验项目，若将残疾人排除在外则违反《美国残疾人法案》（ADA）。类似电子阅读器之类的新兴技术正在改变我们与外部世界的交互方式，一旦使用这些设备，需要确保那些有残障的人不被排除在项目之外。作为和解协议的一部分，美国司法部命令图书馆系统至少购买18套盲人可以使用的电子阅读器。图书馆指出将增加iPod Touch和iPad平板电脑设备，供计算机朗读电子书使用。正是因为诉讼以及落实和解协议购买额外的阅读设备，致使图书馆的预算超支。在笔者看来，此案例足以警醒图书馆，在将新技术引入用户服务时，应当对馆藏资源和服务的普惠性予以高度重视。

据《图书馆杂志》网站报道[②]，《图书馆杂志》主办的2013年度图书馆奖角逐激烈，最终花落瓦莱里亚·格罗斯执掌的霍华德县图书馆系统。在颁布评选结果时，《图书馆杂志》公布了入围终选提名并予以特别表彰的图书馆：一是由苏珊·奎因（Susan Quinn）任馆长的新泽西州大洋县图书馆（Ocean County Library，NJ）；二是由瑞夫卡·萨斯任馆长的加州萨克拉门托公共图书馆（Sacramento Public Library，CA）。可以说，当时瑞夫卡·萨斯领导的图书馆距摘得年度图书馆桂冠仅有一步之遥。饶有趣味的是，获2013年度图书馆奖的图书馆的掌门人瓦莱里亚·格罗斯，正是2006年与瑞夫卡·萨斯同时应聘加州伯克利图

---

① HARRINGTON E. DOJ targeted public library for lending e-books “Inaccessible” to the blind［EB/OL］.［2012-08-31］. http：//cnsnews. com/news/article/doj-targeted-public-library-lending-e-books-inaccessible-blind.

② 来源：2013 Gale/LJ library of the year：Howard County Library System，MD. http：//lj. library journal. com/2013/06/awards/2013-galelj-library-of-the-year-howard-county-library-system-md/.

书馆馆长未被选中的候选人。笔者不禁感叹，正是类似上述公平竞争的环境，为专业图书馆员提供了施展个人才能和抱负的广阔的空间和舞台。

另据美国图书馆协会网站报道，2014 年，美国图书馆协会下属的美国公共图书馆协会推举瑞夫卡·萨斯代表公共图书馆协会出任美国图书馆协会理事，任期 3 年。由此可见，瑞夫卡·萨斯在专业领域已具有广泛的影响力[①]。

① 来源：PLA members elect Oehlke as president-elect；Huggins，Sass and Shorr to board. http：// www. ala. org/news/press-releases/2014/05/pla-members-elect-oehlke-president-elect-huggins-sass-and-shorr-board.

推动民意调查彰显图书馆价值的年度图书馆员（2007）

2007年1月《图书馆杂志》公布了2007年度图书馆员评选结果，获奖者是总部位于美国马里兰州黑格斯敦的华盛顿县免费图书馆（Washington County Free Library，简称 WCFL）馆长玛丽·贝坎（Mary Baykan）女士[①]。《图书馆杂志》2007年第1期不仅将玛丽·贝坎的大幅照片刊登在杂志的封面，还以特稿形式用3个版面篇幅对她的业绩、经历等进行了图文并茂的报道。从特稿配发的照片看，玛丽·贝坎深褐色卷发披肩，时尚、知性、优雅，脸上洋溢着富有亲和力的微笑。

一、教育背景与职业生涯

像许多图书馆员一样，玛丽·贝坎的职业生涯是从图书馆辅助/支撑人员开始的。她本科就读于德克萨斯的休斯敦大学（University of Houston），所学专业是政治学。她在接受《图书馆杂志》采访时说，自己年轻的时候，要半天工作，挣钱支付上大学的费用。读大学期间，玛丽·贝坎作为学生助理在该校图书馆工作。那是1969年，时任休斯敦大学图书馆馆长的是众所周知的爱德华·霍利（Edward Holley）。爱德华·霍利后来离开休斯敦大学，担任北卡罗来纳州立大学教堂山分校图书馆与信息学研究生院院长，还担任过美国图书馆协会主席。时任休斯敦大学图书馆副馆长的查尔斯·丘奇韦尔（Charles Churchwell）是玛丽·贝坎十分敬仰的导师。查尔斯·丘奇韦尔后任布朗大学图书馆馆长。

本科毕业后，玛丽·贝坎去见查尔斯·丘奇韦尔，告诉他自己还没有选定职业，想先在图书馆找一个固定工作尝试一下，然后再做最后决定。于是，查尔斯·丘奇韦尔聘用了她。在此后的一年时间里，玛丽·贝坎意识到图书馆工作正是自己想要从事的职业，便心无旁骛地继续留在图书馆工作下去。

4年后，玛丽·贝坎转到位于休斯敦的得克萨斯大学健康科学中心（Health Science Center），在公共卫生研究生院（Graduate School of Public Health）下属的得克萨斯医学中心图书馆就职。期间，她从著名的图书馆馆长斯蒂芬尼·诺曼

---

① BERRY J N. Mary Baykan—Library Journal Librarian of the year 2007［J］. Library journal，2007，132（1）: 44—46.

（Stephanie Normann）那里学到了深厚的图书馆学和丰富的管理知识[①]。

后来，因丈夫到佛罗里达工作，玛丽·贝坎随迁至佛罗里达，开始在当地的图书馆求职。由于佛罗里达的研究图书馆职位稀少，她接受了棕榈滩县公共图书馆系统（Palm Beach County Public Library System）提供的工作职位。

在接受《图书馆杂志》采访时玛丽·贝坎回忆说，棕榈滩县共图书馆副馆长凯西·佩里诺夫（Kathy Perinoff）之所以聘用我，是因为我会开卡车。那时，自己尚未获得图书馆学硕士学位，只能以辅助图书馆员的身份在图书馆工作。除了开流动书车，还在不同的分馆临时帮忙。她的最初计划是，一旦有大学图书馆公开招聘，就前去应聘换个工作。但是，在棕榈滩县公共图书馆系统工作半年以后，玛丽·贝坎彻底改变了之前的想法，她对公共图书馆的工作着迷了。因为，与大学图书馆的参考咨询工作不同，在公共图书馆她每天都会遇到至少二到三个自己从未听说过、也不了解的问题。在笔者看来，节奏缓慢、较为规律的大学图书馆的工作与充满挑战、忙碌充实的公共图书馆工作的确有很大区别。敬业、乐于奉献的玛丽·贝坎正是基于亲自从事上述工作的体验，做出了此后职业生涯的不二选择。

南佛罗里达大学在东海岸开设图书馆学硕士教学课程后，玛丽·贝坎参加学习，于 1981 年获南佛罗里达大学图书馆信息学硕士学位。之后由辅助馆员晋升为图书馆员，开始担任西棕榈滩中心图书馆馆长。

1995 年，玛丽·贝坎转任总部位于黑格斯敦的华盛顿县免费图书馆馆长，同时担任马里兰州 4 个地区图书馆系统之一的西马里兰公共图书馆执行馆长。获奖时，她已担任华盛顿县免费图书馆馆长、西马里兰公共图书馆执行馆长 12 年。

二、工作业绩

（1）通过民意调查，赢得立法机构对图书馆的支持

经费短缺是玛丽·贝坎初到华盛顿县免费图书馆任职时面对的挑战之一。拨款连续多年没有增加，还面临州政府关闭地区图书馆的威胁。图书馆馆舍更是乏善可陈。中心图书馆自 1966 年建成后一直维持原貌，图书馆的电话不能自动转

---

① 在玛丽·贝坎获奖时斯蒂芬尼·诺曼已经退休。

接，主楼三分之一的照明设施损坏，县委会 100 年来没有建设新图书馆，有些图书馆的设施在全州是最差的。史密斯堡分馆看上去像电影《蓬门今始为君开》(The Quient Man) 中的小屋，就差该电影中的男主角约翰 · 韦恩现身了。

2003 年，玛丽 · 贝坎在马里兰州率先提出聘用全美知名的民意测验公司——波托马克公司 (Potomac，Inc.) 调查马里兰州的居民对图书馆的认知。她推动的这项民意调查得到了马里兰州立图书馆提供的经费支持。民意调查结束后，波托马克公司向马里兰州的每一个县提供了调查获得的相关统计数据。结果显示，图书馆被民众视为当地最理想的社区资产。这一结果令图书馆界感到非常振奋。此后，兼任马里兰州图书馆协会立法委员会主席一职的玛丽 · 贝坎劝说该州的图书馆工作者将民意调查结果提供给立法者，图书馆员们用翔实的调查数据向县议会、市政官员和其他领导人证明了图书馆的价值。

玛丽 · 贝坎指出，该调查具有其他任何民意调查都无法比拟的说服力，为我们提供了非常有效的工具，帮助打造了非常强大的政治宣传优势。结果导致该州对图书馆的资金支持出现了有史以来最大规模的增长。连续 4 年，每年对图书馆的资金支持以人均 1 美元的幅度增加，对该州下设的地区图书馆的预算也增加了一倍。为表示对图书馆史无前例的支持，马里兰州的立法机构 (众议院和参议院) 一致通过议案，并经州长签署，改变了以往州政府对整修和新建图书馆建筑的资本项目资金没有相关规定的情况。

为保证图书馆获得持续的支持，多年来，玛丽 · 贝坎与一些能在州议会施加影响的人保持着紧密联系。其中包括被称为图书馆夫人 (Lady of the Library) 的希拉 · 希克森 (Sheila Hixson)，她是图书馆选区在州立法机关的代表，并担任筹款委员会主席这一要职。再如马里兰州参议院议长迈克 · 米勒，他也是非常强势的图书馆支持者。

(2) 以信息技术服务为突破口，改变图书馆的面貌

玛丽 · 贝坎刚到华盛顿县免费图书馆任职时，该县还没有因特网服务提供商。玛丽 · 贝坎看过 SAILOR 系统的材料，了解到位于黑格斯敦的图书馆主馆有网络只是没有开通，图书馆是唯一一个具有联网能力的政府机构。马里兰州立图书馆提出华盛顿县免费图书馆能够向市和县政府提供因特网服务，于是，阿巴拉契亚

地区委员会（Appalachian Regional Commission）拨款购买了第一台服务器。因为只有图书馆有网线，服务器被安装在图书馆，由此诞生了华盛顿县的公共网络，并成为遍布黑格斯敦市中心的光纤主干网。至 2007 年玛丽・贝坎获奖时，华盛顿县免费图书馆仍然是市县政府的因特网服务提供者，而且最新增加了对教育委员会的服务。不仅如此，华盛顿县免费图书馆还向学校提供因特网服务。

在接受《图书馆杂志》采访时玛丽・贝坎自豪地说，我们图书馆的计算机信息部实现了跳跃式发展，帮助图书馆通过各种来源实现业务预算从 150 万美元增至超过 400 万美元，使图书馆的地位上升，很快就成为与社区学院和教育委员会一样的核心教育服务机构。此前，县里将图书馆的经费预算归入慈善组织类。当我们的图书馆变身为县里的技术资源和民众前来寻求帮助的场所，大家开始用不同的方式看待图书馆。自己正是凭借以上工作，改变了当地对图书馆的看法。《图书馆杂志》的特稿将此概括为“以图书馆技术作为政治工具”。

在笔者看来，图书馆的地位从慈善组织到基础教育服务机构的转变是通过自身提供的服务赢得的，若仅靠引经据典或空口无凭的理论宣传则永远无法达到这样的效果。这是一个可以很好地阐释“有为才能有位”的最佳案例。

（3）实现图书馆系统的转化升级

华盛顿县免费图书馆是一个非常古老、历史悠久的图书馆系统，主要服务于农业社区。随着城市拓展，该地区在玛丽・贝坎获奖时已经演变为华盛顿特区的郊区。从地理位置上看，华盛顿县位于华盛顿特区西北方向 60 英里处，位于巴尔的摩正西方向 60 英里。南山将该县与城市中心分隔开来，美国历史上南北战争中最血腥的战役安提耶坦之战（The Battle of Antietam）就发生在华盛顿县。河流的对岸是哈珀斯费里（Harpers Ferry），沿路而下是葛底斯堡（Gettysburg）。多年来，该地区被视为阿巴拉契亚县（Appalachian County），华盛顿县免费图书馆曾经从阿巴拉契亚地区委员会得到较多资助，但由于经济衰落资助已被取消。

玛丽・贝坎作为华盛顿县免费图书馆馆长，在大力推进网络服务的同时，还非常重视拓展图书馆实体空间的建设与服务。截至获奖时，已领导华盛顿县免费图书馆建设了 2 座新馆，还有第 3 座位于克利尔斯普林地区的新馆正在建设中。图书馆的自动化管理系统也不断更新。截至获奖时，华盛顿县免费图书馆共有 7

家分馆、一个流动图书馆，为华盛顿县约14.6万民众提供服务。图书馆的流通量居马里兰州之首。图书馆采用的是SIRSI管理系统，这是十多年来该馆使用的第三个自动化管理系统。

三、服务理念、管理风格与特质

（1）以技术为手段，丰富用户的服务体验

玛丽·贝坎在接受《图书馆杂志》采访时表示，自己为有幸担任华盛顿县免费图书馆馆长而感到由衷高兴，也对华盛顿县以及自己管理的图书馆的历史着迷。以丹尼尔·布恩（Daniel Boone）的表弟乔治（George）命名的布恩分馆（Boonesborough Branch）坐落在一个银行大楼内，有拱顶的部分是图书馆，余下的部分归市政厅使用。美国图书馆界大名鼎鼎的玛丽·蒂特库姆（Mary Titcomb）曾任该馆馆长。正是在玛丽·蒂特库姆的领导下，华盛顿县图书馆在美国最先设立流动图书馆。初创的流动图书馆只是一辆马车，由车夫驾驭一匹马拉着馆藏图书提供便民流动服务。该服务一直持续到因一次意外交通事故马车被火车撞坏为止。之后的流动图书馆设施逐步升级。《图书馆杂志》的特稿在醒目的位置刊登了图书馆最新的流动书车的照片。那是玛丽·贝坎获奖前2年才配备的一辆白色豪华客车，车体装饰着漂亮的图片和醒目的文字。

玛丽·贝坎作为该图书馆的继任馆长，对传承和发扬光大图书馆的光荣历史做出了很大贡献。进入网络时代，她没有沉溺于图书馆往日的辉煌，而是以高度的历史责任感，敏锐把握向政府、教育机构和民众提供网络服务的机遇，丰富了用户的服务体验。此外，她还领导建立了虚拟图书馆（www. whilbr. com），集中展示具有悠久历史的华盛顿县免费图书馆的馆藏资料和图片，其中还可以看到最早的流动书车的图片。

（2）谦虚感恩，重视专业互助

玛丽·贝坎抵达华盛顿县免费图书馆赴任伊始，首先想到的是拨打电话寻求马里兰州图书馆同行的帮助和启迪。她拨打电话的对象包括大名鼎鼎的马里兰州立图书馆馆长内蒂·泰勒（Nettie Taylor）在内。数十年来，内蒂·泰勒启迪了马里兰州图书馆界的每一个领导人。内蒂·泰勒向玛丽·贝坎介绍了马里兰州的政治、地理和专业情况，给了她极大的启发。

在接受《图书馆杂志》采访时，玛丽·贝坎对马里兰州难以置信的支持专业的精神充满感激，表示多位图书馆领导者曾给予自己极大的帮助，其中包括巴尔的摩伊诺克·普拉特免费图书馆馆长、1995 年年度图书馆员奖获得者卡拉·海登，巴尔的摩县图书馆馆长吉姆·菲什（Jim Fish）。玛丽·贝坎指出，如果没有马里兰图书馆市民联盟（Citizens for Maryland Libraries，简称 CML）及其领导者玛丽·马洛里的强大支持，图书馆就无法成功。

玛丽·贝坎还指出，自己也受到全马里兰州忠诚的图书馆员和辅助图书馆员的启发，自己曾作为辅助图书馆员工作多年，了解这个群体的奉献和敬业，至今仍重视自己过往的经历。

此外，玛丽·贝坎也感念马里兰州其他一些有影响的图书馆员。其中包括：蒙哥马利县公共图书馆的艾格妮丝·格里芬（玛丽·贝坎获奖时她已退休）；2006 年度图书馆员、曾在马里兰州立图书馆工作过的奥马哈公共图书馆馆长瑞夫卡·萨斯；霍华德县公共图书馆馆长瓦莱里亚·格罗斯；卡罗尔县公共图书馆的琳恩·惠勒（Lynn Wheeler）。此外，她还感谢东海岸地区图书馆（Eastern Shore Reginal Library）的雷尼·科伊罗（Raineyl Coiro）、马洛里和惠勒向《图书馆杂志》提交推荐信，提名自己为年度图书馆员候选人。

玛丽·贝坎说，在马里兰，无论你来自小规模、单一图书馆系统还是经费过百万的大型图书馆系统，大家都凝聚在一起。马里兰的图书馆领导者之间的友情、相互支持和真正的爱是自己以前在得克萨斯和佛罗里达工作时所没有经历过的。大家互相支持是马里兰最精彩绝妙之处。在笔者看来，玛丽·贝坎所体验到的独一无二的精诚团结，是马里兰的图书馆人共同培育和享有的专业文化，可谓一荣俱荣，一损俱损。正是这种独特的文化，构筑了马里兰州拥有众多优秀图书馆员和图书馆的重要基础。

（3）不断学习，追求卓越

在多年的职业生涯中，玛丽·贝坎除了攻读图书馆信息学硕士学位外，还在马里兰州弗罗斯特堡州立大学（Frostburg State University，MD）获得工商管理硕士学位。此后，还被选入哈佛大学约翰·肯尼迪政府学院参加州及地方政府高级总裁班的学习。这些教育经历使她掌握了更多有用的管理与政治工具。在接受《图书馆杂志》采访时她指出，政治学基础课教授、曾任约翰·肯尼迪白宫助理的丹·芬恩（Dan Fenn）的授课，使自己受到激励和启发。丹·芬恩在课堂上说："在座各位都是非常聪明的人，人生是可以选择的。你们可以进入私人企业，选择更高报酬的职业生涯，然而，你们选择舍弃更高报酬的职业去从事更艰巨的战斗。"上述话语一直鼓舞着玛丽·贝坎。

四、提名与获奖缘由

《图书馆杂志》未披露本年度图书馆员奖的提名情况，因而笔者无从得知详情。在2007年1月刊发的年度图书馆员特稿中指出，在玛丽·贝坎担任华盛顿县免费图书馆馆长的十多年时间里（1995—），她一直在说服县官员增加图书馆的预算经费。尤其是她在全州率先提出聘用全美知名的民意测验公司——波托马克公司调查马里兰州的居民对图书馆的认知。结果导致该州对图书馆的支持出现了有史以来最大规模的增长。仅凭上述她在地方和州一级所取得的成就，玛丽·贝坎足以获得2007年度图书馆员的桂冠，而这还不是故事的全部。

在笔者看来，玛丽·贝坎从图书馆学生助理、辅助图书馆员开始自己的职业生涯，在研究图书馆和公共图书馆工作的同时，攻读专业学位和管理学学位，使自己的视野扩大，业务能力、领导力和境界得到不断提升。不仅如此，她以谦虚感恩的心态向同行学习，矢志奉献，成长为一名卓越的图书馆员和领导者。她的获奖是当之无愧的。

五、获奖之后

2008年，为庆祝年度图书馆员奖设立20周年，《图书馆杂志》回访19位年度图书馆员，并发布了相关报道。据该报道，玛丽·贝坎在接受采访时指出："我们不必出于技术的缘故而考虑技术：要通过技术丰富用户的图书馆体验，为他们提供更多资源。否则，技术就变成了令人沮丧和没有人情味的迷宫。"

她作为华盛顿县免费图书馆系统馆长、西马里兰公共图书馆执行馆长，敏锐地认识到在未来自己及其同行所面临的一系列挑战，包括满足新移民的需要，满足老年人群体的需要，在全球经济中保持竞争力，减轻市民和所在社区不断增大的疏离感。她确信图书馆的责任就是迎接上述挑战。要保持图书馆的重要作用，图书馆员必须展示我们如何对所在社区的可持续发展做出积极贡献。

此外，她高兴地看到，图书馆员在宣传图书馆和明智寻找合作伙伴方面正变得更加积极主动，具有政治意识。换言之，图书馆员正在认识到“游说并不是一个肮脏的字眼”。

尽管她对当今图书馆学院毕业生的智能、热情和技术娴熟颇为赞叹，但是，仍然希望他们在处理理事会、政客、立法机构、预算、无家可归者以及其他许多图书馆与生俱来的现实问题方面有更多准备。因为，在玛丽·贝坎看来，合格的图书馆员需要具有特蕾莎修女之心、财富 500 强首席执行官的敏锐、核物理学家的才智以及资深参议员的政治技巧。

2017 年 10 月，距玛丽·贝坎获得年度图书馆员奖 10 年之后，笔者追踪访问华盛顿县免费图书馆网页，发现玛丽·贝坎仍在担任该馆馆长。网页中心位置有她撰写的 2015—2016 年度报告[①]。打开阅读，可以看到在繁忙的一年中，她领导的图书馆在教育、网络服务、特色活动等方面做了大量的工作。

玛丽·贝坎在年度报告中，强调了图书馆的“连通”作用。指出图书馆充当了市民与政府、教育机会、培训、与外部世界尤其是市民之间的联系通道。各级政府越来越多应用网络为市民服务，包括在网上提交税单、申请医保卡、更换护照、支付各种费用等。图书馆则为民众上网操作和从网络获取信息提供帮助。此外，图书馆所提供的休闲、读书俱乐部、与作家见面、写作竞赛、电影讨论小组等活动，在丰富民众生活的同时，也为所在社区、家庭、朋友以及所有人相互之间的联系提供了最重要的通道。

在儿童服务方面，在一年时间里，整个图书馆系统为学龄前儿童开设的科学技术工程和数学课程有 2488 学时，听课儿童接近 2 万人次。此外，图书馆还面向成年人开设技术、金融、简历写作、网上职位搜寻、退休生活规划等辅导课程，提供高质量信息，帮助市民掌握技能，享受更好的生活。

浏览该馆网页时，笔者在网上还看到了图书馆的流动书车在各个社区停靠时间的公告。尽管图书馆早在十多年前就开始提供网络服务，但是，这所美国最早提供流动书车服务的公共图书馆，至今仍然在充分利用传统的流动书车提供面向

① 来源：Annual report 2015-2016. http：//www. washcolibrary. org/?q=node/302.

社区的服务。笔者认为图书馆采取传统与现代服务方式并存的做法非常明智，值得借鉴。

相比之下，我国很多图书馆在处理现代技术服务和传统服务的关系上存在偏颇。比如，有的图书馆在流通部门有工作人员值守的情况下，遇到用户到馆借书或者还书，以培养用户自主服务为名，强迫用户使用自助借还设备操作，而不是根据用户的习惯或者第一要求提供服务。再有，随着图书馆网络服务不断拓展，有的图书馆规定用户只能通过网络提交馆际互借或者代检代查服务申请，放弃以往用户熟悉的到图书馆现场提交服务申请的方式。笔者认为，如果图书馆选择的某种服务方式在给大多数用户带来方便的同时，令少部分用户感到不适或者不方便的话，势必在整体上损害用户对图书馆的依存度，降低服务的覆盖面和满意度。类似的服务无论冠以何种名义，终究是有缺陷的，更谈不上先进或者成功。总之，图书馆由传统服务方式向现代服务方式转变的过程中，二者之间并不是完全替代的关系。无论何时，图书馆都不能漠视用户需求的多样化，应当坚持基于满足用户多样化的需求提供多样化的图书馆服务。绝不能数典忘祖，拒绝小众群体的服务需求。

以创新提升州域图书馆服务的年度图书馆员（2008）

2008 年 1 月《图书馆杂志》公布了 2008 年度图书馆员评选结果，获奖者是美国新泽西州立图书馆（New Jersey State Library，简称 NJSL）馆长诺玛·布莱克（Norma Blake）女士[①]。《图书馆杂志》2008 年第 1 期不仅将诺玛·布莱克的大幅照片刊登在杂志的封面，还以特稿形式用 3 个版面篇幅对她的业绩、经历等进行了图文并茂的报道。从特稿配发的照片看，诺玛·布莱克留齐耳内扣短发，金发碧眼，美丽端庄、笑容灿烂，颇具职业范儿。

一、教育背景与职业生涯

诺玛·布莱克生长在被称为花园之州的新泽西州穆尔斯城（Moorestown），接受的教育及其职业生涯都始于新泽西州，有着深厚的本地根基。她本科就读于蒙特克莱州立大学，获英语学士学位。在开启图书馆员职业生涯之前，曾在成人教育领域和中学任教。

获得罗格斯大学图书馆信息学硕士学位后，诺玛·布莱克成为专业图书馆员。她从基层图书馆员做起，逐步成长为领导者。在担任新泽西州立图书馆馆长之前，有过在各种规模的图书馆担任馆长的经历。先后担任西德特福德镇的小型公共图书馆馆长、格洛斯特县图书馆系统馆长、新泽西州最大的图书馆系统伯灵顿县图书馆系统馆长。2001 年诺玛·布莱克转任新泽西州立图书馆馆长。截至获奖时，已担任该馆馆长 7 年。

二、工作业绩

（1）通过知识试验项目为小企业创建信息基础设施

为了发现并服务于新泽西的科技创新企业的需求，诺玛·布莱克参加由州

① BERRY J N. Norma Blake—Library Journal Librarian of the year 2008［J］. Library journal，2008，133（1）：36—38.

众议员拉什·霍尔特（Rep. Rush Holt）[①] 发起的“爱因斯坦小路”（the Einstein’s Alley）[②] 的每一次会议，她意识到参与该机构活动的企业需要信息基础设施，提出图书馆有能力和意愿提供信息基础设施，并开始进行新泽西知识试验项目（New Jersey Knowledge Initiative，简称 NJKI）的策划立项准备工作。

为了建设创建信息基础设施所需的资源，诺玛·布莱克进行了新泽西州立图书馆网络资源调查，请各类企业、全州性组织、所有学院和大学列出他们需要的数据库。通过调查发现，得到上述信息服务将有助于一些公司做出在新泽西州落户的决定。诺玛·布莱克将调查结果提交给新泽西州经济发展局、商务局、小企业发展中心和孵化器中心（Incubator Center）等部门，最终新泽西州科技委员会批准了创建基础设施的计划。诺玛·布莱克从州立法机构获批 600 多万美元资金用于为期两年的新泽西知识试验项目。该项目由州立图书馆、新泽西图书馆协会、新泽西图书馆网、虚拟研究图书馆环境合作完成。

另据《图书馆杂志》2005 年 3 月报道，新泽西州立图书馆拨出 690 万美元州预算资助知识创新项目购买数据库，用新提供检索的数据库支撑学生和企业家的需求。截至报道时，图书馆已经初步考察选择计算机器协会数字图书馆、医学与护理学核心期刊精选、科学指南、电气与电子工程师协会电子图书馆、自然、纽约时报、美国参考、威利科学等数据库[③]。之后，新泽西州立图书馆与十多个高端数据库签订特殊许可协议，在全州开放最新的科学、技术、医学和商业资料的检索，使州内所有学院和大学以及 350 家小企业，尤其是那些接受孵化器和经济发展局服务的企业都能获取所需资料。在项目进行的前 18 个月中，进行了一千多万次检索。这些资料若以零售方式检索的话，价格为 7450 万美元。而通过项目以

---

① 拉什为物理学家，曾连任 8 届新泽西州民主党众议员。他所在的 12 选区位于新泽西的中心地带，通过设立爱因斯坦小路，吸引制药和其他小型生物科技公司到新泽西创业。他已从国会议员岗位退休，2014 年底当选为全美国科学促进会（The American Association for the Advancement of Science）CEO（首席执行官）。来源：Rep. Rush Holt，PhD，Climate Hawk，To head the world’s largest scientific society. http：//thinkprogress. org/climate/2014/11/18/3593612/rush-holt-aaas/.

② 据官网信息，爱因斯坦小路是一个私立、非营利经济发展与科技创业扶持机构，是新泽西州的研究与技术中心。网址：http：//www. einsteinsalley. org/.

③ ANDREW A. NJ to offer new databases［J］. Library journal，2005，130（5）：18.

集中购买许可的方式为居民、公司和所有机构节省了数百万美元。诺玛·布莱克领导的州立图书馆还因知识试验项目获得了州政府理事会颁发的 2007 年创新奖（Council of State Governments 2007 Innovations Award）。

在接受《图书馆杂志》采访时，当被问及新泽西州立图书馆如何说服数据库商签订许可协议时，诺玛·布莱克说，知识试验项目实现了数据库上以任何其他方式也无法达到的市场销售规模，用户主要是无力购买这种服务的 50 人 或 50 人以下的小公司。她还提到了一个有助于知识创新的典型案例：在没有知识试验项目之前，有一位用户不得不驱车数小时到图书馆检索数据库。通过项目许可购买了数据库桌面检索入口后，该用户可以足不出户检索资源，并得到大量联邦资助，最终发明了一种新型的胰岛素泵。

在历时两年的项目结束后，诺玛·布莱克努力为知识试验项目持续下去筹措资金，并于 2008 财政年度得到 200 多万美元资助，她筹划与其他单位合作共同发起一个大西洋中部或者东海岸试验项目。

（2）建设网络高效拓展图书馆服务

除了知识试验项目外，在新泽西州长乔恩·科尔辛（Jon Corzine）的网页上，新泽西州立图书馆的另一个试验项目赫然在目，这就是“新泽西问答”（QandANJ）。它是一个每周 7 天、每天 24 小时不间断的虚拟信息系统。图书馆员通过此系统实时回答来自全州的咨询。新泽西州立图书馆还建有门户网站（JerseyClicks），借此为家庭、学校、办公室和图书馆提供 28 个数据库的联合检索，为纳税人节省资金达 2600 万美元。

在诺玛·布莱克领导下，新泽西州立图书馆建立了面向州内公共图书馆服务的新泽西联合网（JerseyConnect），它通过对现有项目的扩充，实现对公共图书馆低成本的因特网检索和相关服务。这个 2006 年设立的网络应用项目，为 320 多家图书馆服务。美国电信运营商威瑞森（Verizon）公司捐赠了价值 170 多万美元的设备使之成功运行。

正因为上述努力，在 2007 年图书馆计算机大会上，因在视频分享网站 YouTube 上制作与图书馆相关优秀视频，新泽西州立图书馆与其他 4 家图书馆一起被授予信息视频奖（Info Tubey Award）。新泽西州立图书馆的技术主管罗布·赞加拉（Rob Zangara）也因在新泽西联合网的设立和运维方面的工作获得领导奖。

（3）开展创意十足的推广活动，提升图书馆的利用率

为了提高新泽西州各个图书馆的可见度，向用户展示图书馆服务和资源的变化，用独特有趣的方式吸引民众到当地的图书馆，诺玛·布莱克发动了新泽西州的首次图书馆营销推广活动——超级图书馆员（The Super Librarian）。在威尔逊基金会（H. W. Wilson Foundation）的资助下，推广活动采用的宣传手段富有特色，包括播放电视广告、打造超级图书馆员卡通形象、推出一系列创意产品、开办网店进行文创产品的销售等。

据2004年5月《图书馆杂志》刊发的新泽西超级图书馆员推广活动的介绍与访谈，该活动经州立图书馆、新泽西图书馆协会和新泽西图书馆网3家联合花费一年时间准备。期间，召集了该州的图书馆员大会，以全州图书馆员提升形象的意愿为支撑，策划了全州的推广营销活动。2003年9月，在东不伦瑞克公共图书馆（East Brunswick Public Library）举行新闻发布会，会上超级图书馆员首次亮相。与此同时，新泽西州立图书馆还建了超级图书馆员网站（http：//superlibrarian. org），其中有图片、视频，还有参与全州推广活动的图书馆的成功故事。笔者访问超级图书馆员网站看到，超级图书馆员被设计成女性形象。她昂首挺胸站立，身材修长。装束打扮类似女超人，一袭紧身紫衣，身披橘黄色斗篷，戴黑框眼镜，留黑色波浪长发。右手握拳，左手拿着2册黑色精装图书。

自新闻发布会推出超级图书馆员后，在接下来一周的时间里，通过有线电视插播超级图书馆员广告2100次。超级图书馆员网站的点击量超过5万次。超级图书馆员第一年的推广费用耗资8万美元，由3家合作单位新泽西州立图书馆、新泽西图书馆网和新泽西图书馆协会共同分担。

在之后由6个图书馆展开的对超级图书馆员推广活动的用户调查中，大多数用户指出他们喜欢超级图书馆员推广活动，觉得很有特色，抓住了自己的注意力。还有多家州内的图书馆索要超级图书馆员的视频副本，投放到本地电视台播放或者进行团体展示。超级图书馆员还成为新泽西州图书馆协会一年一度的春季大会期间举办的州立图书馆展览的焦点。许多人驻足摆出超级图书馆员的姿势拍照。

首次超级图书馆员推广活动开展8个月后，策划团队就开始进行第二年活动

的策划工作。接下来的推广活动吸引了更多合作伙伴共同出资，其中包括新泽西卫生科学图书馆协会、美国专门图书馆协会新泽西分会、新泽西虚拟研究图书馆环境、时代华纳有线电视。策划团队计划在第二年的推广活动中，将广告投放至广播电台和公共服务电视，制作面向青少年的漫画书，并进行征文大赛，让青少年亲自动手撰写超级图书馆员记事[①]。

持续的宣传推广令图书馆的形象在全州范围大大提升，带来了对图书馆服务的新关注，也使图书馆员和用户倍感振奋。在接受《图书馆杂志》采访时，诺玛·布莱克自豪地说：我们想让超级图书馆员这一形象帮助青少年对图书馆和图书馆员有好感，幽默和熟悉的卡通形象是向该群体介绍图书馆的有趣方式。超级图书馆员形象一经推出，就捕获了全球的想象力。澳大利亚图书馆同仁要求获得使用该形象的许可。我们还设计了全套网络产品。更重要的是，我们通过公告板和其他媒体直达青少年受众。我们正在举行视频大赛和连环漫画大赛。孩子们可以在网上观看视频和漫画，推选自己喜欢的作品。

在诺玛·布莱克领导下，除了超级图书馆员外，新泽西州立图书馆举办的“三个理由”活动（Three Reasons Compaign）也成为该馆的另一个引人瞩目的营销推广杰作。

该活动的具体内容及操作是：邀请市民录制视频，陈述自己喜欢或者需要图书馆的 3 个理由。图书馆将市民录制的视频汇总，并将视频内容应用到该馆一些最有效的宣传推广活动中。

正是得益于上述多样化的推广活动，促进了全州公共图书馆流通借阅量的提升。新泽西州公共图书馆 2007 年借阅量超过 5200 万册，与上年相比，公共图书馆的借阅量足足增加了 100 万册。此外，2007 年到访图书馆的用户数量达 4200 万，较上年增加了 100 万人。

（4）多渠道筹措图书馆运营和建设资金

诺玛·布莱克就任新泽西州立图书馆馆长时，该州官员正在与成本上升、收

① KERESZTURY T. Super librarian to the rescue. Library Journal archive content on May 15, 2004［EB/OL］.［2015-03-30］. http://lj. libraryjournal. com/2004/05/ljarchives/super-librarian-to-the-rescue/.

入缩减做斗争。她不得不寻找独出心裁的方式，通过申请项目和州的资助以及增加其他来源的收入为州立图书馆配置资源。新泽西州拨给公共图书馆的经费多年保持不超过百分之四，图书馆不断精简压缩业务，尽量做到收支平衡。最终争取到州立图书馆的运营经费增加 90 万美元，此后，因为州财政收入困难，该经费被迫不断减少。

为了增加州拨款和美国博物馆与图书馆服务协会以及其他项目资助，新泽西州立图书馆与数十个部门和机构联系，成功争取到多笔专项资助，如：来自 WebJunction 的 3.4 万美元用于西班牙语推广；来自盖茨基金会的 20 万美元用于计算机安全；来自威瑞森（Verizon）通信公司的 5.6 万美元用于读写文化普及；来自巴诺公司（Barnes & Noble）的 8000 美元用于新泽西州立图书馆全州夏季阅读推广；迪弗利斯信托（deForest Trust）提供 2.1 万美元帮助购买新泽西州立图书馆的文化普及流动车（literacy van）；IMLS 的 46.3 万美元用于与大学和历史机构合作进行新泽西历史资源的数字化。截至获奖时，该项目已经将 1000 种数字对象添加至移民网站中。

此外，争取到新泽西州 4500 万美元的图书馆建设项目专款，用于 68 所图书馆的建设，最终导致全州经济发展达 2.2 亿美元。在了解到大多数社区都在为预算奋争后，新泽西州立图书馆设立了名为“交易空间”（Trading Spaces）的项目，用以寻找用很少投资改造旧图书馆建筑的方法。南泽西的一所图书馆仅用了 4.5 万美元就将旧馆改造得焕然一新，使图书馆的利用率和流通量成倍提升。在馆舍升级方面，包括了浏览架、上网咖啡厅、自由组合家具设施、还书堆栈，还有为老年人专门设计的空间，提供他们所需的技术。

三、服务理念、管理风格与特质

（1）以提升全州的图书馆服务为己任

诺玛·布莱克在接受《图书馆杂志》的采访时说，在 2001 年到州图书馆任职前，自己就决定尝试确认怎样做才能对全州产生影响。如果帮助一个地方做试验项目，她希望该项目能具有广泛的关注度，并被其他地方所效仿。

在总结自己在新泽西州立图书馆的工作时她指出：我信奉冰球明星韦恩·格雷茨基的话：滑到冰球将要达到的点，而不能跟着冰球的轨迹滑行。在笔者看来，诺玛·布莱克担任州立图书馆馆长可谓有备而来。她信奉的是不做被动的追随者的管理原则。在州立图书馆这个大平台上，以高度的前瞻性领导新泽西州图书馆进行一系列管理与服务创新，推动了新泽西州图书馆的服务效能提升。她在服务小企业和图书馆推广等方面的成功案例，为全球图书馆树立了样板，成为行业发展的引领者。

（2）善于发现并采纳好的创意，合作共赢

诺玛·布莱克在接受《图书馆杂志》采访时指出，身为州立图书馆馆长，最重要的事情之一就是能够识别好想法。自己刚到州图书馆时，想挖掘 4 个地区图书馆馆长的才能，她很快认识并将他们的才能派上了用场。以前述“新泽西问答”项目为例，该项目创意最初源自南泽西地区图书馆合作组织的图书馆馆长卡伦·海曼（Karen Hyman），她原本计划在自己管辖的地区设立一个问答项目。布莱克认为卡伦·海曼的想法很好，将会对全州产生很好的影响，于是，提供资金支持并将该系统作为服务全州的系统。

除了卡伦·海曼外，布莱克还高度评价高原地区图书馆合作组织的馆长乔安妮·罗肯斯（Joanne Roukens）、INFOLINK（即东新泽西图书馆合作组织）的馆长谢丽尔·奥康纳（Cheryl O’Connor），以及中泽西图书馆合作组织的馆长康妮·保罗（Connie Paul）。他们也对布莱克赞赏有加。当新泽西州图书馆协会一位新任领导问道为什么图书馆界的许多好事情都发端于新泽西时，康妮·保罗回答说，这一切都是诺玛·布莱克 7 年前担任州图书馆馆长后发生的。同样，在谈到诺玛·布莱克任职以来的图书馆服务时，卡伦·海曼指出，显然，这是一个相互欣赏的案例，是我们大家的黄金时代。

（3）为工作人员提供学习与提升机会

新泽西州立图书馆约有100名工作人员，固定预算为1700万美元。在诺玛·布莱克领导下，图书馆注重为工作人员提供学习与提升机会，实现了工作人员队伍建设的多元化。图书馆先后两次获得美国博物馆与图书馆服务协会的专项资金资助，使城市图书馆的工作人员继续攻读二年制专科、学士或硕士学位成为可能。第二项资助允许那些已经获得学士学位的人继续攻读硕士学位，以便他们能够在城市图书馆以专业图书馆员的身份继续工作。学校攻读学位期间，可以使用该专项资金为那些家中没有计算机的在学校攻读学位的工作人员提供笔记本电脑，并为工作人员支付图书馆的保险费。

此外，诺玛·布莱克致力于在新泽西州构建多层次领导能力成长的系统，提升不同层次工作人员的能力。除了为新入职的图书馆员设立“新兴领导者”课程项目外，州立图书馆还为那些希望继续提升能力者增加了面向中层管理者的领导学院课程项目。该学院新的培训对象定位于经验丰富的图书馆员，包括接班人规划、重新注入能量等。学员们利用参加州立图书馆领导力培训课程的机会，结识许多导师并参与新泽西州图书馆协会的活动。

（4）恪尽职守，政治技巧娴熟

新泽西州立图书馆是美国唯一一个附设在高等教育机构的州立图书馆，隶属于托马斯·爱迪生州立学院（Thomas Edison State College）。该学院专注于成人教育，开设了远程教育和学习评估中心。新泽西州立图书馆与托马斯·爱迪生州立学院的合属始于1996年，此后使得各项工作大为改观。诺玛·布莱克直接向该学院院长汇报工作，她与院长的关系融洽，是天作之合。

除了理顺与学院的关系外，作为州立图书馆馆长，诺玛·布莱克还需要在州立法层面做很多工作。她在接受《图书馆杂志》采访时说，她的工作就是将自己的立法观点告诉政府部门。她还要向图书馆界解释政府正在想什么，同时必须监督遵守法律，并提出立法草案。

她的政治合作伙伴是新泽西州图书馆协会的执行主席帕特·图马尔蒂（Pat Tumulty）。诺玛·布莱克说，尽管在与立法机构一起工作时自己比其他州立图书馆馆长有更大的回旋余地，但帕特·图马尔蒂在立法层面能做自己做不到的事情。她可以更加公开发言或撰文指出图书馆的问题。她是一个能够更好集结部队的人。

（5）着眼未来丰富图书馆的职能

就在诺玛·布莱克获奖前不久，新泽西州立图书馆协助主办了大西洋中部未来图书馆大会。来自新泽西、弗吉尼亚、马里兰和宾夕法尼亚州的图书馆员参会，听取著名人类学家、人口统计学家、未来学家和图书馆员的报告。会后，诺玛·布莱克成立了由50名成员组成的“蓝丝带特别工作组”（Blue Ribbon Task Force）探讨创新设想及其实施计划。按照规划，特别工作组将历时半年完成报告并提交给诺玛·布莱克。报告内容主要涉及州立图书馆应当为图书馆的未来做些什么。已经讨论的方案包括设置一种技术车库（technology garage），将其作为让民众观看新技术演示的场所。

在接受《图书馆杂志》的采访时布莱克指出：我将图书馆视为社区中心，但是，我认为我们还必须展示图书馆员在社会网络环境之外还能做些什么。社会需要能在更加社会化的环境中使用技术的人行使教师和向导的职责。此外，她还预见到实体图书馆正在转变职能。指出图书馆将成为应用和学习技术的场所、提供笔记本电脑的场所、设有多用途会议室举行小组会议的场所与会议中心。图书馆能够举办全球网络会议，这将改变图书馆的建筑设计。诺玛·布莱克的前瞻性想法与她的奉献精神产生共鸣，这使她产生了不竭的动力。

四、提名与获奖缘由

《图书馆杂志》未披露本年度图书馆员奖的提名情况，因而笔者无从得知详情。

2008 年 1 月刊发的年度图书馆员特稿，描述诺玛·布莱克的成就不惜笔墨，洋洋洒洒地指出：诺玛·布莱克的名字在新泽西州家喻户晓，图书员、教育工作者和政府官员都能详述她的领导和创新带给新泽西图书馆服务的影响。她发起了多个主动合作创意项目，令所有类型的图书馆走出舒适区域，进行业务合作，与教育机构、公司和包括小企业以及大型生物技术公司在内的全州经济发展和商业的参与者建立联系。在诺玛·布莱克的领导下，新泽西州立图书馆以新型图书馆服务支持新泽西州的每一个人，同时，将新泽西州的图书馆带入高度竞争的战场，给花园之州带来就业岗位和生意。新泽西州立图书馆还帮助包括图书馆工作者在内的本州劳动者成长，发展专业才能，以适应未来需求。很少见到一个图书馆员通过创新做出如此多的贡献。一系列确凿的事实，令人印象深刻，转变了以往那些持怀疑态度的市民、政客以及其他公务员对图书馆的看法，认识到强有力的图书馆对于该州的未来至关重要。正因为诺玛·布莱克的领导力和如此多的贡献，《图书馆杂志》选择她作为 2008 年度图书馆员。

在笔者看来，诺玛·布莱克以高度的职业责任感和奉献精神，为身处从传统服务到网络服务转型中的州立图书馆的发展做出了巨大贡献。诺玛·布莱克取得的首要成就，便是通过对新泽西科技创业领域活动的参与，从中发现了新的服务需求。接下来，通过设立新泽西知识试验项目，为小企业、教师、研究者和学生建设创建信息基础设施和便于检索的数据库资源。项目与科学、技术、医学和商业高端数据库签订许可协议，令该州所有大学校园以及数以百计的小企业通过网络顺畅检索所需的资料。2008 年，正值肇始于美国的全球金融危机爆发之际，诺玛·布莱克的所作所为，展现了图书馆推动科技进步、服务经济与社会发展的潜能和价值。《图书馆杂志》将 2008 年度图书馆员的桂冠授予她具有极大的示范效应。

五、获奖之后

2008 年获得年度图书馆员奖之后，诺玛·布莱克在新泽西州立图书馆馆长的岗位上继续工作了 4 年，直到 2012 年退休。在此期间，她以旺盛的激情，策划新的项目，争取经费，举办富有创意的推广活动，购买新数据库为民众就业提供帮助，取得了更多成就。

2009 年，新泽西州立图书馆与州图书馆协会共同组织了新泽西图书馆快闪日活动，还建立该活动的专门网页[①]。据网页发布的信息，快闪日是新泽西州立图书馆和和州图书馆协会的联合项目，举办该活动的目的是掌握新泽西州各种类型的图书馆在一个典型的日子对所在社区的影响。2009 年共举办了 2 次图书馆快闪日活动。一次是 2 月 19 日，另一次是 10 月 7 日。新泽西全州参与快闪日活动的图书馆平均有 225 家。组织者要求在所有类型图书馆工作的图书馆员一起参加，事实的确如此。公共与研究图书馆、学校与专门图书馆、医院图书馆与政府图书馆，无论最小规模的图书馆还是最大规模的县图书馆系统都参加了快闪日的活动。

据数百个参加活动的图书馆的汇总统计数据，快闪日活动取得了非常震撼的效果。快闪日活动当天，图书馆员回答的参考咨询问题达 20 000 个，有超过 16 万人到访新泽西州图书馆，是单日到访迪士尼乐园人数的 4 倍还多。这一联合项目为多类型图书馆合作项目提供了很好的模式和范例。诺玛·布莱克在谈到该活动时指出：新泽西州的图书馆每天提供准确的信息，提供就业帮助，协助政府网站的导航，为新泽西的居民提供丰富的文化体验。快闪日使图书馆突出显示其一

---

① 来源：Snapshot：one day in the life of New Jersey libraries. http：//snapshot. njlibraries. org/.

天中发生的活动，给图书馆的用户提供了描述图书馆在他们生活中所发挥的突出作用的机会。

据报道，2012 年 2 月，新泽西州立图书馆为全州图书馆购买了 2 个用于检索企业信息、帮助民众就业的数据库。一个是盖尔公司的职业转换（Gale's Career Transitions）数据库，是一个先进的联机职业服务工具；另一个数据库名为小企业资源中心，是一个联机的企业商务指南。购买数据库的资金来自依《美国复苏与再投资法案》（American Recovery and Reinvestment Act，简称 ARRA）设立的宽带技术机会项目（Broadband Technology Opportunity Program，简称 BTOP）的资助。

在接受采访时诺玛・布莱克指出：新泽西的公共图书馆将帮助民众寻找就业机会、提高技能放在特别重要的地位，在经济不景气的时候尤其如此。我们相信上述工具将有助于降低本州民众的失业率，帮助小企业获得走向成功所需的值得信赖的信息。

联机计算机图书馆中心（OCLC）发布的研究报告《图书馆如何站稳脚跟》（How Libraries Stack Up）显示，每天有 30 万美国民众在公共图书馆获得求职帮助，图书馆每个月对小企业支持有近 300 万次。新泽西州立图书馆购买的上述两个数据库将帮助图书馆员满足该州民众和企业的需求①。

2012 年，诺玛・布莱克宣布她将在新泽西州立图书馆馆长职位上工作至当年 6 月 30 日，于 7 月 1 日起退休，结束历时 36 年的职业生涯②。

《图书馆杂志》专门刊发一篇诺玛・布莱克退休的报道。在接受《图书馆杂志》采访时她指出，作为新泽西州立图书馆馆长，自己在这个常聘职位上已经履职 11 年，这也是自己服务时间最长的一个职位。退休意味着为 36 年的图书馆职业生涯画上完美的句号。接下来便是趁自己健康可以享受退休生活而开启人生的新篇章。

诺玛・布莱克回顾自己的职业生涯时指出：首先，我心里总会惦念民众；其

---

① 来 源：New Jersey State library offers new resources and programs to help unemployed citizens and small businesses. https：//www. prnewswire. com/news-releases/new-jersey-state-library-offers-new-resources-and-programs-to-help-unemployed-citizens-and-small-businesses-139436593.html.

② 来源：N. J. State librarian reflects on changes over her 36-year career. Philadelphia Inquirer（Philadelphia，PA），2012-02-18.

次我遇到了世界上最好的领导；有最好的工作人员。不仅如此，新泽西的图书馆界非常团结。作为州立图书馆馆长，她最为自豪的成就之一就是新泽西的知识试验项目。在项目进行的2年的时间里，下载资料1500万次，为新泽西纳税人节省资金约7000万美元或者更多。

令她特别自豪的最新成就是：帮助落实720万美元的资助（其中500万美元来自联邦依《美国复苏与再投资法案》设立的宽带技术机会项目；220万美元来自比尔与梅琳达·盖茨基金会），使全州图书馆得以改进计算机安全、硬件和网络带宽，更好地为求职者、小企业主和其他企业家提供帮助。

此外，诺玛·布莱克领导建立了“有声图书与盲文中心”，面向那些因视力损害、身体不好或者阅读障碍而导致阅读能力受损的人提供服务。服务对象囊括了所有无法阅读标准印刷字体，或者无法手持图书，或者无法翻页阅读的人[①]。

---

① WARBURTON B. NJ State librarian retires [EB/OL] .(2012-02-13) [2015-03-12] . http: //lj. libraryjournal. com/2012/02/people/nj-state-librarian-retires/.

勇抗洪灾坚持服务的年度图书馆员团队（2009）①

2009 年 1 月《图书馆杂志》公布了 2009 年度图书馆员评选结果，获奖者来自美国爱荷华（又译为艾奥瓦）州锡达拉皮兹市公共图书馆（Cedar Rapids Public Library，简称 CRPL）②。与以往不同的是，本年度获奖者不是 1 位图书馆员，而是由该馆 11 位图书馆员构成的管理团队。

该管理团队以代理馆长塔玛拉·格利斯（Tamara Glise）为首，还包括成年人服务主管卡伦·琼森（Karen Johnson）、儿童服务主管卡罗尔·霍克（Carol Hoke）、流通服务主管克里斯蒂娜·里德尔（Christina Riedel）、成年人服务协调员丽贝卡·巴特利特（Rebecca Bartlett）、对外沟通协调员玛丽·德夫里斯（Marie DeVries）、爱荷华药物滥用信息中心（Iowa Substance Abuse Information Center）的巴伯·盖伊（Barb Gay）、信息技术服务主管罗杰·雷伯恩（Roger Raybom）和莱昂·格林（Leon Green）、排架主管帕特·沙波（Pat Schabo）、维修主管杰夫·克朗（Jeff Krohn）。

《图书馆杂志》2009 年第 1 期不仅将 11 位获奖图书馆员的大幅合影刊登在杂志的封面，还以“洪水之后，锡达拉皮兹市公共图书馆提振了城市社区”为标题，用 3 个版面的篇幅图文并茂地介绍了该馆 11 位图书馆员直面洪灾以及灾后恢复服务的事迹。

一、洪灾来袭

2008 年 6 月 11 日，爱荷华州锡达拉皮兹市遭遇严重洪灾。锡达拉皮兹市公共图书馆工作人员在洪水来袭前不到 5 个半小时接到防洪警报，预计锡达河最高洪峰将达到 24 英尺。接到防洪预警后，为安全起见，图书馆工作人员奋不顾身地英勇奋战，将馆内所有资料搬运至 26 英尺的高层书架上。尽管如此，由于稍后来

---

① 国内一家期刊曾在 2009 年 1/2 期合刊的海外栏目，刊登《图书馆杂志》2009 年度图书馆员获奖者的报道。遗憾的是，该文作者对《图书馆杂志》年度图书馆员奖获得者的报道有失准确。笔者的评介将基于原始内容的梳理和相关网络资料展开。

② BERRY J N. Team Cedar Rapids—Library Journal Librarian of the year 2009［J］. Library journal，2009，134（1）：28—30.

袭的最高洪峰达到了31英尺，图书馆在这场灾难中损失惨重。洪水损毁了包括大部分成人和少年用书、各类报纸杂志、参考资料、CD和DVD等在内的16万件馆藏。不仅如此，大多数供读者使用的计算机、计算机实验室和微缩胶片设备，以及图书馆的自动化流通借阅系统和安全系统统统被毁。最为严重的是，持续3天的洪水，将图书馆主馆8.4万平方英尺的馆舍全部污染，导致主馆被迫关闭。

在严重的灾难面前，锡达拉皮兹市公共图书馆全体工作人员毫不懈怠。洪水尚未退却，就投身工作，每一个管理人员和工作人员都坚守岗位。有一些工作人员被临时借到其他市政机构和该地区都市图书馆合作共同体工作，还有一些图书馆工作人员值守311电话专线[①]，向正在进行灾后恢复工作的锡达拉皮兹市民提供信息，强化了图书馆员为公众提供高效服务的形象。

由于位于市中心的主馆被洪水污染被迫关闭，图书馆灾后恢复服务之初，只能选择在距市中心有一定距离的西部分馆提供服务。该分馆位于韦斯特代尔购物中心（Westdale Mall），面积仅有2600平方英尺。图书馆管理人员被临时安排在市政厅的办公室办公。洪水消退之时，管理团队便聚在一起规划灾后恢复。另据维基百科，2009年2月9日，锡达拉皮兹市公共图书馆开放了一个临时图书馆，取名为桥梁（The Bridge）。该馆所在的空间过去是韦斯特代尔购物中心的一家药店。在对因洪水严重损毁的主馆的未来做出最终决定前，该馆承担主馆的职能。图书馆宣布计划当年2月将西部分馆一并迁往韦斯特代尔购物中心的新址中[②]。在《图书馆杂志》的记者为写作获奖特稿前去采访时，锡达拉皮兹市公共图书馆的管理人员已全部搬到位于韦斯特代尔购物中心的临时图书馆工作。据笔者查证，截至获奖时该馆位于市中心的主馆仍未开馆。

二、灾后服务与重建规划

截至2009年，代理馆长塔玛拉·格利斯已在锡达拉皮兹市公共图书馆工作了

---

① 311电话系美国20世纪90年代中后期设立的非紧急事件求助电话，它与911紧急救助电话和511出行信息服务电话均为美国的免费公共服务电话。311非紧急事件求助电话为市民服务的内容包括水、电、煤、交通、道路、卫生等公共事业方面，市民也可以借此向政府反映意见、提出建议、投诉控告、报警求助等，几乎没有范围限制。

② Westdale Mall［EB/OL］.［2015-04-15］. http://en. wikipedia. org/wiki/Westdale_Mall.

11年，她为113名工作人员面对洪灾的所作所为感到自豪。在这个了解图书馆的社区，图书馆团队的行为使公众的图书馆意识得到强化，并将图书馆重要性排在高度优先的位置。

在接受《图书馆杂志》采访时，塔玛拉·格利斯指出，自己不能肯定图书馆能否搬回已有24年历史、令锡达拉皮兹引以为傲的主馆。回迁原来的主馆仅是一个选项，另一个选项是建设一座新馆。当她复述保存馆藏的努力时说道，具有讽刺意味的是，2008年曾被设计为“河流之年”，作为城市和县域重新开发努力的一部分。

尽管如此，塔玛拉·格利斯仍然表示乐观。她指出：我必须谨慎行事，因为有许多居民询问我们是否会搬回原来的图书馆主馆，我们不得不让他们知道那是一个非常缓慢的过程，要等待3年时间我们才能拥有主馆。

事实上，如前所述，洪灾后图书馆先是在离市中心较远的西部分馆提供服务。之后筹划开放了与西部分馆合署办公的锡达拉皮兹市公共图书馆临时主馆。该临时主馆位于韦斯特代尔购物中心，共占用了6个店面房的面积。图书馆在其中建设了起连接作用的桥设施，一家名为OPN Associates的本地建筑事务所免费提供设计服务作为捐赠。

在由6个店面房构成的临时主馆中，最大的空间是成人、参考和儿童馆藏。锡达拉皮兹市公共图书馆的技术中心设置在一个单独的店面房中，吸引了大量用户。由州政府公共卫生部资助的药物滥用信息中心设在另一个店面房。

在接受《图书馆杂志》采访时，锡达拉皮兹市公共图书馆理事会主席苏珊·科里根指出，市中心仍然需要图书馆服务与设施，也许我们要在旧图书馆提供流动书车服务，或者与市中心的其他机构合作。在灾后重建的同时，我们需要出现在该地区。

像塔玛拉·格利斯一样，苏珊·科里根对于锡达拉皮兹市公共图书馆的未来选择持开放态度。她说，我们也可能在原址重建新馆，也可能在新址建新馆。图书馆可能会得到联邦紧急事务管理署（Federal Emergency Management Agency，简称FEMA）提供的一些重建资金，该款项有助于图书馆对以何种方式建设新主馆做出决定。

锡达拉皮兹市公共图书馆所做的研究表明，美国历史上还没有任何一家公共图书馆在一次灾难中遭受到如此巨大的损失。苏珊·科里根指出，自己对图书馆的未来绝对乐观。社区将图书馆视为基础城市服务，图书馆具有难以置信的治愈力，我们的图书馆将是社区重建的一个重要组成部分。

锡达拉皮兹市公共图书馆对外沟通协调员玛丽·德夫里斯在接受《图书馆杂志》的采访时指出，灾后重建规划尚处于待定状态，最终决断取决于联邦紧急事务管理署的资助。图书馆原主馆恰好位于百年一遇的洪泛平原，联邦紧急事务管理署已计划尽快到图书馆查看实情。假如该馆的损毁超过 50%，联邦紧急事务管理署就会推荐建设新馆舍。

三、获奖图书馆员记事

《图书馆杂志》的特稿指出，与锡达拉皮兹市公共图书馆有关的每一个人都从洪灾中有所收获。笔者认为，以下简短的记述呈现了他们的风貌和有条不紊的工作。

（1）玛丽·德夫里斯是锡达拉皮兹市公共图书馆基金会的唯一雇员，她的常规工作是开发主管，洪水袭来后，图书馆理事会指定她负责锡达拉皮兹市公共图书馆对外沟通协调，负责处理沟通协调事务。她的工作不仅包括与联邦紧急事务管理署联络，协商灾后馆舍重建方案，还要现场接听许多来自全美的电话和媒体采访请求。尽管在获奖时还没有敲定馆舍重建最终方案，图书馆仍需要善款帮助重建。锡达拉皮兹市公共图书馆基金会已经筹集了近 25 万美元善款，一旦做出重建或者是新建主馆的决定后，筹款运动就会真正开始。

玛丽·德夫里斯在接受《图书馆杂志》记者采访时说，在锡达拉皮兹市公共图书馆遭受洪水袭击之前，也曾有美国图书馆因遭受卡特里娜飓风袭击收到大量社会捐赠的旧书。因为所捐图书不符合图书馆的需求，至今仍有半卡车不知如何处理。那里的图书馆员建议锡达拉皮兹市公共图书馆不要让市民盲目地给图书馆寄书。于是，锡达拉皮兹市公共图书馆吸取相关图书馆过往的经验，在亚马逊公司网站列出了当前希望接收的捐赠图书目录，并将该目录链接至本馆主页，目录所列出的图书都曾是有着高借阅率的图书馆馆藏。图书馆之友组织代表图书馆接收捐赠的图书，并帮助其将收到的赠书分类。

（2）获奖时，儿童服务主管卡罗尔·霍克作为资深图书馆员已在锡达拉皮兹市公共图书馆工作23年。在2008年6月的那个星期三，她刚刚开始主持暑期阅读活动，就接到洪水来袭的警报。管理团队召集紧急会议，商定分工应对洪灾方案，卡罗尔·霍克想到的第一件事就是将锡达拉皮兹市公共图书馆特有的珍贵儿童图书插图馆藏转移至安全的地方。

卡罗尔·霍克在接受《图书馆杂志》采访时说，我们认为图书馆举办活动很重要。即便在目前购物中心拥挤的空间里，我们也举办更多的活动。例如，图书讨论会、年轻父母的阅读活动以及许多面向儿童的活动。这些活动使图书馆的名字萦绕在人们耳边。大家知道图书馆没有被洪水冲走，仍在行使服务职能。锡达拉皮兹市公共图书馆的许多活动都是经她策划设立的。

由于位于韦斯特代尔购物中心的临时主馆远离市中心，参加图书馆活动的儿童数量比洪灾之前有所减少。以前住在主馆附近的家庭失去了联系，还有许多忠实读者因洪灾被迫搬迁，正常的生活被打乱。但是，图书馆为儿童讲故事的日程安排没有改变，讲故事活动仍然满员。此外，图书馆在韦斯特代尔购物中心中央的大公共空间举办名为白光的假期音乐活动，还邀请当地教堂的唱诗班前来表演。在图书馆主办的牛皮纸袋介绍会上，向参与者演示了如何设计和制作节日礼品包装。

尽管锡达拉皮兹市公共图书馆大部分儿童馆藏未因洪水受损，但是，由于担心发霉和污染只能束之高阁。获奖时虽然馆藏经过清扫，并搬出了部分图书，但仍有超过4.5万册藏书在市中心原主馆的书架上等待处理。卡罗尔·霍克对几年内建好新主馆表示乐观，但也表示具体时间和地点难以预测。她说，我现在忙极了，甚至达到了工作极限，没有时间为新馆建设担心。

（3）获奖时，成人服务主管卡伦·琼森在锡达拉皮兹市公共图书馆已工作8年，她负责馆藏建设、维护、加工、参考咨询服务和部分规划工作。回忆洪峰预报出错时她说，这令我们和图书馆用户都感到沮丧。这是一个参与度很高的社区，大家都热爱图书馆。她喜欢大家一起工作的方式，指出："现在我们倾听公众的意见，找出大家最迫切的需求。我们计划尽快替换所有的东西，但是，眼下只能尽力追踪新的东西。"

（4）流通服务主管克里斯蒂娜·里德尔之前已经有多年的管理经历，获奖时到锡达拉皮兹市公共图书馆工作仅有一年半时间。她笑着说："我接手这份工作想获得一些工作经验，但绝没想到会是这样的经验。从许多方面来讲，这是极好的学习机会。"

她自豪地说："如果你关注最困难的事情，你只能却步不前。我们决定最优先考虑的是社区和我们的工作人员，接着就是全力以赴去做。很少有机会加入这样的团队，大家之间以及公众互相照顾。主要的教训是，图书馆必须将基本服务放在优先地位，不只是关注所有技术性的东西。应始终将最基本的客户服务放在首位，确认他们是首要的工作。在一场大灾难过后，图书馆意识是一个最大的问题。因为当我们回来工作时，市民并不会始终认识到我们实际提供了多少服务，无论我们能否回到原来的主馆，我们恰好借此极好的机会来检视我们的服务，决定我们在哪些地方可以做得更好，改进我们的组织，这就像一个新的开端。"在笔者看来，上述话语非常精到。在技术至上的环境下，图书馆人或多或少有些迷失对人的关注。不再将基本服务放在首位，我们应当汲取教训，重新思考图书馆作为人际交流场所和设施的定位，而不是将来到实体空间的读者推到网上，无论何时，服务多元化才是正道。

（5）信息技术服务主管罗杰·雷伯恩与另一位同事莱昂·格林一起负责锡达拉皮兹市公共图书馆的信息技术服务。洪灾来临之时，他们曾经用沙袋阻击洪水，并把所有东西抬到高于洪峰预警水位的地方。结果，因实际洪峰水位大大超过预警水位，导致洪灾将图书馆的60多台计算机损毁，只能将它们报废投入垃圾箱。损毁的计算机约占图书馆大楼中全部计算机的一半。洪灾之后，爱荷华市公共图书馆（Iowa City Public Library）借给锡达拉皮兹市公共图书馆16台计算机，图书馆正在陆续替代被毁的60多台计算机。然而，由于图书馆的服务器因洪水被三家图书馆组成的联盟关闭了，所以，每一台计算机都无法使用。两位技术人员利用本馆的SIRSI系统备份重新恢复了图书馆的借阅系统功能。

四、提名与获奖缘由

在征集2009年年度图书馆员提名过程中，《图书馆杂志》收到两位推荐人联合署名的推荐信，提名锡达拉皮兹市公共图书馆管理团队获奖。这两位推荐人分别是：

（1）锡达拉皮兹市公共图书馆理事会主席、美国全球保险集团公司（Aegon USA）的高级经理苏珊·科里根（Susan Corrigan）。苏珊·科里根自2008年7月1日起担任锡达拉皮兹市公共图书馆理事会主席，此前担任该理事会副主席。美国全球保险集团公司一直全力支持科里根在图书馆的工作。她在推荐信中指出："面对灾难必须不屈不挠，我们的团队就是如此。很难不去看障碍，也容易放弃。但是，我们通过解决问题、克服障碍，取得了胜利。我们原本有可能满足于稍做努力，甚至放弃。但是，由于临时馆长塔玛拉·格利斯的卓越领导，我们没有那样做。"

（2）锡达拉皮兹市公共图书馆基金会主席克里斯廷·舒伊（Christine Schuey）。该基金会是一个独立的慈善组织，为图书馆的建设项目提供资金支持。克里斯廷·舒伊还是美国富国银行当地分行的投资经理。她认为确认并保存这次洪灾的经历非常重要。

她指出：我们为团队应对这次洪灾的所作所为感到自豪。我们想把整个事件都记录下来。有一天，别人也许会需要我们的信息。我们这座城市也需要一个保存场所，假如我们将全城和图书馆与洪水抗争所经历的每一件事都记录下来，那么3年甚至30年之后，具有同样经历的其他社区就能参考并利用所有信息。她强调说："我们必须尽快重建图书馆并运转起来，哪怕只是为了有一个场所为我们和他人记录这些信息。"

《图书馆杂志》在特稿中指出，锡达拉皮兹市公共图书馆管理团队灾后恢复服务和重建复原的工作极大地鼓舞了锡达拉皮兹民众和所有图书馆员。鉴于锡达拉皮兹市公共图书馆管理团队的勇气，不屈不挠的乐观主义态度，深切坚定地承诺为市民提供不间断图书馆服务，他们被《图书馆杂志》授予2009年度图书馆员的殊荣。

《图书馆杂志》在连续多年将年度图书馆员的桂冠授予担任图书馆馆长的图书馆员之后，打破惯例，选择为11名图书馆员组成的锡达拉皮兹市公共图书馆的管理团队颁发年度图书馆员奖，这一做法令笔者赞叹。在洪灾面前，锡达拉皮兹市公共图书馆的图书馆员们不屈不挠，将洪灾洗礼视为新的开端，彰显了难能可贵的敬业、奉献、团结、服务至上的专业精神。可谓沧海横流，方显英雄本色。

他们与洪灾抗争和灾后恢复服务的努力，堪称寓伟大于平凡之中，定会赢得人们发自内心的尊重。

锡达拉皮兹市议会议员莫妮卡·弗农（Monica Vernon）称赞锡达拉皮兹市公共图书馆管理团队面对洪灾无所畏惧，从不懈怠，图书馆是希望的灯塔。《图书馆杂志》在特稿的末尾写道：正是因为希望，因为重建和服务于市民的决心，因为战胜灾难的勇气和富有成效的努力，该公共图书馆团队共同赢得了2009年度图书馆员奖。

五、获奖之后

据《图书馆杂志》报道，2009年6月，锡达拉皮兹市公共图书馆收到了500万美元图书馆重建资金，爱荷华州政府和美国联邦紧急事务管理署均对此做出努力①。

2009年11月美国联邦紧急事务管理署决定，爱荷华州锡达拉皮兹市必须寻找新址建设因洪水而毁坏的公共图书馆②。

2010年2月，美国联邦紧急事务管理署批准锡达拉皮兹市公共图书馆提交的申请，拨付临时图书馆服务补助金37.9127万美元③。

笔者从曾任锡达拉皮兹市公共图书馆代理馆长的塔玛拉·格利斯的领英网页获悉④，塔玛拉·格利斯于2012年从西密苏里州立大学图书馆退休。她自述自己从大学时代就从图书馆的服务生做起，从事过所有岗位的工作，是图书馆职业道德和所有公民需要平等获取信息的坚定信徒。她坚信公共图书馆应当是每一个社区成员感到快乐有趣的地方。她提到自己面对的最大的专业挑战来自2008年，那时她担任锡达拉皮兹市公共图书馆的代理馆长。洪水冲毁了图书馆，图书馆管理团队一起工作恢复服务，没有解聘工作人员，继续为社区提供最好的服务。自己在专业领域最为自豪的时刻是2009年12月，那时美国联邦紧急事务管理署同意将图书馆归入基本公共服务范畴，为全国图书馆遇到自然灾害时获得该机构的临

---

① NORMAN O. Cadar Rapids PL gets ＄5M［J］. Library journal，2009，134（10）: 14.

② NORMAN O. Cedar Rapids PL to move downtown library［J］. Library journal，2009，134（19）: 12.

③ FEMA reverses itself on Cedar Rapids funding［J］. Library journal，2010，135（2）: 12.

④ 来源：Tamara（Glise）Norris. http：//www. linkedin. com/in/tamara-norris-05291010.

时援助资金铺平了道路。

2017 年 10 月笔者访问锡达拉皮兹市公共图书馆官网，看到现任图书馆馆长为达拉・施密特（Dara Schmidt）。达拉・施密特的领英网个人页面显示，她毕业于圣何塞州立大学，2014 年起担任该馆馆长[①]。图书馆网站发布的馆长致辞显示，该馆日接待读者量为 1800 人次，通过社区合作和拓展活动，每年向数千位馆外用户提供服务。图书馆积极参与英雄的流行、枪支暴力、政治、防洪墙等社区关心问题的讨论，成为探讨影响所有人问题的论坛；除了阅读、计算机编程辅导、文化普及、讲故事、终身学习活动外，该馆在一年时间里还举办了 23 场婚礼，帮助一所高中在一个绿植覆盖的教学屋顶上发射气象气球。

此外，笔者阅读了锡达拉皮兹市公共图书馆网站发布的图书馆年度报告[②]。图书馆理事会主席哈丽特・卡林斯基（Harriet Kalinsky）在其撰写的 2016 年度报告的前言中披露，2016 年锡达拉皮兹市又一次遭遇洪水袭击。洪灾期间，图书馆采取了周到、热情的应对措施。在市中心的图书馆主馆关闭之时，抓住机会将图书馆员派到社区。图书馆员向当地避难所的儿童提供图书，跟孩子们一起做游戏，组织活动、开展填字游戏等；在困难的时刻帮助疏散人员；在当地的青少年营地为突然中断学业的孩子提供编程课程与支持辅导；图书馆工作人员还在基金会呼叫中心回答来自社区的问题，并帮助指导他们找到资源。

哈丽特・卡林斯基总结道：在遭遇自然灾害和奋争之时正是显示图书馆不可或缺之时。图书馆用实际行动诠释了参与他们每天服务的社区意味着什么，并做出了最好的示范。这意味着提供信息的获取和娱乐，意味着为民众提供安全的聚会和庆典的空间，意味着通过教学活动、专门服务和令人惊异的工作人员为民众提供机遇和灵感。

---

① 来源：Dara Schmidt. http：//www. linkedin. com/in/dara-schmidt-8112165.

② 来源：http：//www. crlibrary. org/wp-content/uploads/2017/01/Annual-Report-FY2016. pdf.

为学生学习和就业提供服务的年度图书馆员（2010）

2010 年 1 月《图书馆杂志》公布了 2010 年度图书馆员评选结果，获奖者是美国肯塔基州路易斯维尔免费公共图书馆（Louisville Free public Library，简称 LFPL）馆长克雷格·巴特霍德（Craig Buthod）先生①。《图书馆杂志》2010 年第 1 期不仅将克雷格·巴特霍德的大幅照片刊登在杂志的封面，还以特稿形式用 3 个版面篇幅对他的业绩、经历等进行了图文并茂的报道。从特稿配发的照片看，克雷格·巴特霍德满头白发，和善、温文尔雅，笑容灿烂，具有书卷气和亲和力。

一、教育背景与职业生涯

《图书馆杂志》的特稿中未披露克雷格·巴特霍德的教育背景，笔者经过多次网络搜索也未能发现相关信息，只能做留白处理。

克雷格·巴特霍德职业生涯的起点是俄克拉荷马州东北部城市塔尔萨（Tulsa）市与县图书馆系统（TCCL），在那里他工作了长达 17 年之久。期间，曾与美国历史上最伟大的图书馆员阿莱·贝思·马丁（Allie Beth Martin）②以及帕特·伍德拉姆（Pat Woodrum）③共事，担任他们的下属。

---

① BERRY J N. Craig Buthod—Library Journal Librarian of the year 2010［J］. Library journal，2010，135（1）：36—38.

② 据维基百科，她 1914 年 6 月 28 日出生于堪萨斯州安尼韦尔，1935 年获堪萨斯学院外国语言与英语学士学位，1939 年获 Peabody College 图书馆学学士学位；1949 年获哥伦比亚大学图书馆学硕士学位，旋即在塔尔萨图书馆工作，1963 年起担任该馆馆长直至 1976 年 4 月 11 日逝世。此外，1975 年她担任美国图书馆协会主席。1979 年美国公共图书馆协会设立以她冠名的年度奖项“阿莱·贝思·马丁奖”。1990 年阿莱·贝思·马丁入选《美国图书馆》杂志评选的 100 位最具影响力的图书馆学人名单。来源：https：//en. wikipedia. org/wiki/Allie_Beth_Martin.

③ 据维基百科和塔尔萨图书馆主页发布的信息，帕特·伍德拉姆 1941 年生于堪萨斯州哈钦森。12 岁那年，举家迁往堪萨斯帕森斯，15 岁起便在帕森斯公共图书馆工作。后获匹茨堡州立教师学院学士学位，1964 年获俄克拉荷马大学图书馆学硕士学位。获图书馆学硕士学位 3 天后，她便开始在塔尔萨图书馆担任新建成的林地分馆的图书馆员，从事过各个岗位的工作。1976 年起担任塔尔萨图书馆系统的馆长直至 2008 年退休。笔者曾在亚马逊网上看到她 1989 年出版的《21 世纪公共图书馆管理》（*Managing Public Libraries in the 21st Century*）一书仍在销售中。来源：https：//en. wikipedia. org/wiki/Pat_Woodrum；http：//www. tulsalibrary. org/hardesty-regional-library；http：//www. amazon. com/gp/product/0866569456?ie=UTF8&tag=oceintelleweb-20&linkCode=as2&camp=1789&creative=390957&creativeASIN=0866569456.

克雷格·巴特霍德将阿莱·贝思·马丁和帕特·伍德拉姆视为自己的重要导师。他在接受《图书馆杂志》采访时指出，“她们的领导力、对自己信奉的公共服务的承诺以及强化公共服务承诺的行动，为年轻的参考馆员克雷格·巴特霍德赋予了价值观念与准则”。

20 世纪 90 年代，克雷格·巴特霍德被聘为西雅图公共图书馆副馆长兼首席执行官。1998 年 4 月《图书馆杂志》刊登了克雷格·巴特霍德被任命为路易斯维尔免费公共图书馆馆长的报道①。获奖时，克雷格·巴特霍德已担任该馆馆长 11 年。

二、工作业绩

（1）多渠道筹措资金，建设新分馆

据维基百科和《图书馆杂志》特稿②，路易斯维尔免费公共图书馆是百年老馆，也是美国肯塔基州规模最大的公共图书馆系统。图书馆于 1905 年正式开馆，1908 年建成位于市中心的图书馆主馆，之后又陆续建设多家分馆，鼎盛时期分馆数量达到 30 多所。克雷格·巴特霍德担任馆长期间，于 2007 年提出增税动议，希望筹集资金用于旧馆翻新和维护。尽管该动议得到政客和商界领袖的强力支持，但是，最终未通过选民公投。

面对增税公投的失败，克雷格·巴特霍德毫不气馁，以执着的事业心和个人魅力，发起成立图书馆基金会，为图书馆的建设发展筹集资金。克雷格·巴特霍德在接受《图书馆杂志》采访时指出，图书馆基金会是根据 501（c）（3）成立的组织，董事会成员均不属于政治任命。董事会成员的选择很关键，选对了人，他们可以捐赠或者与同行一起募集资金。图书馆基金董事会成员在路易斯维尔拥有很强的领导力。

在图书馆基金会和社区的支持下，在不到 2 年的时间里，图书馆筹集资金 190 万美元，于 2009 年 8 月在纽堡地区建成了一所定位于教育和技术服务的新分馆。该分馆也是路易斯维尔自 1996 年以来建设的首个新图书馆，采用了先进技术，设有自助服务亭、地热采暖与制冷、自然采光室内照明。

---

① DIMATTIA S. Buthod named Louisville director［J］. Library journal，1998，123（6）：18.

② 来源：Louisville free public library. https：//en. wikipedia. org/wiki/Louisville_Free_Public_Library.

不仅如此，纽堡分馆填补了之前的服务空白。分馆所在的社区居民大多数是非洲裔美国人，讲西班牙语的居民也持续增加。以往该地区仅有流动图书馆服务，居民要求提供更好的服务。值得指出的是，该分馆的选址经过了慎重的论证和考虑。笔者调查发现，在美国，图书馆是否设立分馆存在一定之规，那就是特定区域的居民人数。克雷格·巴特霍德在接受《图书馆杂志》采访时说，在决定是否在该居民区建分馆之前，图书馆统计了选址附近的居民数量，发现该地区的人口已超过了建设分馆的居民基数。观察学龄儿童的数量发现，儿童从偏远的居住地到其他分馆非常困难。该居民区有孩子家庭所占的百分比在全县最高。显然，在笔者看来，这些数据都是分馆选址的考虑因素。

上述经历使克雷格·巴特霍德明白，图书馆筹款的最大秘诀之一就是用不同的途径实现捐赠基金的多元转化。他在接受《图书馆杂志》采访时指出：公众和城市资金支持那些设立选区的图书馆提供持续的服务。政府官员趋向于规避风险，我无法使一个新的有风险的项目通过政府预算，政府预算的制定和论证往往要花半年时间，那时，我会发现当年不会得到足够的资金支持。另一种选择是，通过改变筹款模式，我能找到捐款人并告诉他们，我们迫切需要为社区的移民群体提供服务，并就如何提供服务的方式做出说明。捐款人喜欢见到自己捐款的实际效果。他们必须相信机构的目的，必须看到他们的捐款如何影响了接受捐赠的机构的发展。

一位捐款额最高的捐款人曾告诉克雷格·巴特霍德，一分钱也不能用于减少预算！然而，每当捐款用于推进图书馆的使命时，他则非常慷慨。路易斯维尔免费公共图书馆利用捐款人的捐款将图书馆拓展成面向未来的状态。总之，克雷格·巴特霍德将捐款用于那些无法用纳税人的钱支付的事情。譬如不能赠送公共资产，纳税人的资金不能给工作人员支付学费，然而，图书馆基金可以承担所有图书馆工作人员的教育费用[①]。

路易斯维尔免费公共图书馆基金会主席保罗·汤普森（Paul Thompson）在接受《图书馆杂志》采访时指出：捐款人信任克雷格·巴特霍德和他的工作，基金

---

① 记得 2002 年笔者曾接待到访清华大学图书馆的美国路易斯维尔大学图书馆的一位女馆长，她讲到自己的很大一部分工作就是争取社会捐款。捐款可以用于开展新的服务项目，甚至为读者提供免费咖啡等用途，但不能用于图书馆工作人员的任何福利。

会的捐款直接与克雷格·巴特霍德对我们图书馆系统的热爱和感染力有关。

路易斯维尔的一家私人家族基金会（C. E. &S. Foundation）[①] 执行主席布鲁斯·马扎（Bruce Maza）指出，克雷格·巴特霍德令人敬畏之处在于对图书馆专业全心全意奉献，对图书馆提高、丰富社区生活品质的力量深信不疑。

（2）将洪灾转变为机遇，实现主馆的改造升级

据今日美国报道，2009 年 8 月 4 日，路易斯维尔遭遇暴风雨袭击，引发洪灾。位于市中心的图书馆主馆建筑遭到水淹，图书被毁[②]。洪水灌入图书馆主馆的地下室，深达 1 米。冲毁了图书馆设施和馆藏，造成了 500 万美元的损失（另据维基百科词条所述，洪灾损失高达 800 万美元）。包括图书馆的多部流动书车和其他车辆、所有的因特网连接设备、数以万计的图书都毁于一旦。在洪灾面前，克雷格·巴特霍德显示出非同一般的品格，决定将洪灾转变为机遇。不是仅局限于修复毁坏的馆舍，而是借助资本改善，用数百万美元翻新和改进主馆。

在接受《图书馆杂志》的采访时他指出：我们正在将洪灾损坏的设施及资源修复 200%，我们将重建被损毁的所有设施，甚至包括采暖与制冷系统。这方面的支出很难获得公共拨款。幸运的是，我们可以利用保险金完成修复并购买数年的维护。除了固定资金来源外，图书馆还筹集私人资金强化少儿服务，增加少儿中心和礼堂。克雷格·巴特霍德计划恢复 1908 年建筑的外观和部分内饰，为此已经学习了很多机械系统和电梯方面的知识。截至 2010 年年底，图书馆花费在修复改造主馆方面的资金已达 120 万美元。令人惊诧的是，他计划在 2011 年春季完成上述所有的事情。

（3）与中小学建立联盟，拓展面向学生的服务

在克雷格·巴特霍德的领导下，路易斯维尔免费公共图书馆与路易斯维尔中小学合作，为提高学生利用数字资源的能力建立了独一无二的联盟，并依托这一联盟，实施“学生超能借书卡”（the student power plus card）的办理与使用项目。该项目的

---

① 该基金会是当地一家私人家族基金会，资助高等教育、国际合作和城市环境改善相关的项目，基金致力于培育慈善精神和非营利管理企业。来源：http：//www. cesfoundation. com/.

② 来源：Heavy storm causes flash flooding in Louisville. https：//usatoday30. usatoday. com/weather/floods/2009-08-04-louisville_flooding_N. htm.

主导思想是保证学生获取路易斯维尔免费公共图书馆的所有资源，尤其是电子数据库。克雷格·巴特霍德注意到学生为了完成作业需要使用数据库等电子资源，而数据库商仅允许办理图书馆借书卡的用户获取图书馆购买的数据库资源，因此，为了满足中小学生的需求，扩大数据库资源的利用率，为每一位学生发放借书卡是顺理成章的。于是，首先选择公立学校开始了学生借书卡的发放工作。

在推进学生借书卡发放的过程中，路易斯维尔免费公共图书馆与系统分销商一起工作，说服学校同意大批量数据转储。学校马上意识到这将满足他们对学生借书卡的需求，该借书卡不设置失效日期，仅仅注明学生高中毕业的日期，该卡还可用于学生参加课外活动，包括参加本地慈善募捐组织联合之路（United Way）和教堂主办的活动、享有本地公交系统乘车半价优惠，还享有参加普通教育发展证书（GED）和其他考试收费的大幅折扣。上述收费曾是阻碍那些需要参加考试的学生完成学业或者继续接受教育的障碍。总之，该市的每一个居民可以使用同一种带有路易斯维尔免费公共图书馆图标的借书卡。

发放学生卡的举措使学生群体对图书馆的使用率有了惊人的提升。截至获奖时，发放学生借书卡的工作已经进入第二年。教区附属学校和其他私立学校也加入了该项目，办卡学生总数达到了12万人。这一由克雷格·巴特霍德和路易斯维尔免费公共图书馆推动的项目令克雷格·巴特霍德引以为傲。（笔者认为，这种独特的合作推广模式值得提倡。阅读和利用图书馆的习惯应当从儿童时期培养。正因为克雷格·巴特霍德对图书馆少儿服务的重视和成就，《图书馆杂志》随特稿刊发的第一张照片就是克雷格·巴特霍德与许多中小学生的合影。照片中的每一个人均手持学生卡，露出灿烂的笑容。）

路易斯维尔免费公共图书馆围绕为学生服务还设立了许多项目。例如，学术能力评估考试（Scholastic Assessment Test，简称SAT）① 辅导课程。克雷格·巴特

① 据维基百科，该考试由美国大学委员会（College Board）主办，SAT主要是考察学生们在大学阶段所必需的阅读和写作能力。大学委员会称，SAT会测验学生们将在学校学到的知识付诸实践运用分析、解决问题的能力，而这些知识在大学是至关重要的。在美国，学生一般会在10、11或12年级参加SAT考试。SAT考试成绩，或和其具有同等效力的ACT考试（American College Test）成绩，在申请美国大部分大学时都是必须提供的。来源：SAT. https://en. wikipedia. org/wiki/SAT.

霍德还安排在路易斯维尔免费公共图书馆网页上开辟了考试练习栏目，图书馆员到学校为学生们讲解并演示如何做习题和考试技巧。图书馆还引进馆外的考试辅导公司在图书馆办辅导班，由图书馆支付讲课费。在笔者看来，这相当于图书馆出钱请商业性公司在馆内开设考试辅导班，图书馆借此拓展对学生的服务，凭借好的口碑，进一步扩大图书馆的影响。

（4）组织开展丰富多彩的成年人项目和活动

担任路易斯维尔免费公共图书馆馆长 11 年的时间里，克雷格·巴特霍德倡导让全县每一个人都享有教育机会的理念，使图书馆和工作人员重新焕发出勃勃生机，并依据上述理念设立了由基金支持的众多实验项目。比较有影响的项目包括：①“谷登堡路易斯维尔”项目。项目设立于 2000 年，依托该项目，图书馆举办了罕见的早期印刷品和谷登堡印刷机模型展览，参观者达 10 万人。②音乐讲座项目。邀请多位著名流行歌曲作者到图书馆演讲，每场听众平均有 700 人。③“易洛魁[①]阅读”项目。该项目开发并向路易斯维尔的这一国际化人口群体提供了独特的资源，改变了路易斯维尔免费公共图书馆的易洛魁分馆之前服务水平较低的情况。

此外，路易斯维尔免费公共图书馆还举办富有吸引力的暑期阅读活动，参与阅读活动的儿童数量超过了那些规模比路易斯维尔大一倍的城市举办的类似活动。

三、服务理念、管理风格与特质

（1）倡导并践行社区图书馆管理理念

克雷格·巴特霍德强调图书馆与社区的互动与影响，倡导“社区图书馆管理”理念。这对于图书馆的成功至关重要。他说：公众将我们看作基于社区的教育机构，我自己也这样认为。这是图书馆花费数百万公共资金的正当性所在。不仅如此，图书馆还是兴趣多样社区中的一个服务机构，图书馆与社区之间存在持续不断的信息交流和影响。我们的职责是强化这种交流……社区应当参加图书馆的项目活动，图书馆应当参与社区生活。

践行该理念的实例就是图书馆计划建设机场分馆为移民服务。克雷格·巴特

---

① 据维基百科，易洛魁是历史上强大的东北部地区的北美原住民（印第安人）联盟。该联盟由 5 个印第安人部落组成。2010 年，有 4.5 万多印第安人居住在加拿大，居住在美国的有约 8 万人。来源：Iroquois. https：//en. wikipedia. org/wiki/Iroquois.

霍德在接受《图书馆杂志》采访时指出，该馆聘用的首位工作人员将是对外营销推广人员。其工作是走出图书馆，到目标客户所在的社区空间，包括杂货店、街头集市以及当地所有的活动场所，请社区居民告诉工作人员他们需要图书馆提供哪些服务。显然，社区图书馆管理的理念正在发挥主导作用。

（2）勤于学习，知人善用

从俄克拉荷马州的塔尔萨图书馆工作时起，克雷格·巴特霍德不仅得到2位美国图书馆界著名的图书馆馆长的真传，还与南希·珀尔（Nancy Pearl）相识相惜[①]。克雷格·巴特霍德在塔尔萨聘用南希·珀尔作为自己的工作团队成员。20世纪90年代，在克雷格·巴特霍德被聘为西雅图公共图书馆副馆长兼首席执行官后，又劝说南希·珀尔跟他一起转到西雅图公共图书馆工作。克雷格·巴特霍德还将南希·珀尔视为导师，并称与她共事收获良多。

上述事例彰显了图书馆文化在优秀图书馆员身上的共享与传承。就在克雷格·巴特霍德与南希·珀尔晤谈不到2年后，时任塔尔萨图书馆系统的馆长帕特·伍德拉姆对到访该馆的《图书馆杂志》的编辑说：我要向你引荐我们这里的2位最优秀、最聪明的年轻图书馆员，他们有朝一日肯定成为图书馆行业的重要领袖人物。《图书馆杂志》特稿的作者指出，眼下著名的南希·珀尔是这2位图书馆员之一，另一位便是克雷格·巴特霍德。

（3）具有娴熟的政治技巧

克雷格·巴特霍德理解城市政治学，理解政治与路易斯维尔免费公共图书馆的关系。他提到之前的增税公投遭遇令人失望的失败时指出，公投能否成功，时机的选择非常重要。我们花了6个月时间准备公投，营业征税增加将创立一个独立的图书馆选区，这具有很多优势并避免政党政治。然而，正如克雷格·巴特霍德所言，该设想与经济一同崩溃。尽管如此，他仍为路易斯维尔市议会和市长杰里·艾布拉姆森（Jerry Abramson）的支持感到自豪。

克雷格·巴特霍德向市长汇报工作，为市长服务。获奖时，该市市长已经任

---

① 南希·珀尔既是书商也是图书馆员，是享誉全球的图书馆阅读推广明星，她紧随克雷格·巴特霍德之后，获2011年度图书馆员桂冠。详情见后。

职20年，计划下一年离职。巴特霍德无法确定市行政长官更换后情况如何，他承认，自己的工作与政治非常密切。

此外，大都市议会共有26位议员，每一个人代表一个2.6万人口的小选区，克雷格·巴特霍德吃惊地发现，社区的压力并不像在西雅图那样强大。在西雅图时，他作为市图书馆的副馆长、首席执行官，在20世纪90年代图书馆和城市政治动荡的艰难时期，行使图书馆馆长的职责。

四、提名与获奖缘由

向《图书馆杂志》提名克雷格·巴特霍德获奖的推荐人既有图书馆界的同行，也有当地的政府官员和专业人士。他们是：

（1）2004年度图书馆员、凤凰城公共图书馆馆长托妮·加维（Toni Garvey）。她在2009年8月写给《图书馆杂志》的推荐信中指出，2007年11月，路易斯维尔举行了一次公民投票，有三分之二的人不赞成为支持改变路易斯维尔免费公共图书馆管理增加税收的提议。此事过后不到2周的时间，克雷格·巴特霍德就向公众发誓要继续推进图书馆的宏大计划——翻新/重建主馆、改造/重建大多数分馆、新建5座分馆，拓展图书馆的服务。增税提议被否决后不到2年，路易斯维尔免费公共图书馆就建成面积达8300平方英尺的纽堡（Newburg）分馆，该分馆的建成填补了所在社区没有图书馆的空白，恰好在2009年的洪水冲毁主馆一周后开放服务。克雷格·巴特霍德建构了让全县每一个人都享有教育机会的理念，创造了“成功文化”。

（2）路易斯维尔市市长杰里·艾布拉姆森。他在推荐信中指出：我们的未来依赖一个强大的图书馆系统。感谢克雷格·巴特霍德馆长的领导，感谢他的创造力和不屈不挠的精神。

（3）肯塔基助理副检察长泰德·托马斯（Tad Thomass）。他在推荐信中着重介绍了克雷格·巴特霍德与捐赠人建立密切联系，在图书馆募捐方面取得的成就。指出，路易斯维尔免费公共图书馆基金会在过去几年中获得的捐赠均有据可查。

（4）曾在塔尔萨和西雅图与克雷格·巴特霍德共事的南希·珀尔（Nancy Pearl）。她在写给《图书馆杂志》的热情洋溢的推荐信中指出：“在塔尔萨与巴特霍德简短晤谈后，我回到家里告诉我丈夫说，我终于遇到了一位跟我有着相同图书馆理念的图书馆员。”

（5）与克雷格·巴特霍德在许多项目上有过合作的MS & R有限公司（MS & R Ltd.）的建筑师杰弗里·谢勒（Jeffrey Scherer）。他在推荐信中重点谈到了克雷格·巴特霍德具有的特殊的政治技巧。指出，克雷格·巴特霍德的特殊之处在于拥有不让日常棘手的问题干扰良好的图书馆系统必要的可能性的能力。

《图书馆杂志》的特稿指出，克雷格·巴特霍德职业生涯成功的关键就是具有将挫折转变为机遇的能力。他集乐观、管理才能、政治智慧和战斗意愿等特质于一身，即便遭受严重损失也不气馁。正是这些不可思议的复合特质使他在激烈的竞争中胜出，荣膺《图书馆杂志》2010年度图书馆员。

在笔者看来，克雷格·巴特霍德的职业生涯经历丰富，在担任路易斯维尔免费公共图书馆馆长期间，直面增税公投失败、洪水冲毁主馆等困难，想方设法拓展图书馆的经费来源，新建分馆、改建图书馆主馆，以先进的管理理念推动图书馆的社区服务，通过发放学生借书卡拓展数据库的利用，凸显了他的优秀品质，《图书馆杂志》将2010年度图书馆员的桂冠授予他，具有良好的示范效应。

五、获奖之后

据《图书馆杂志》报道，2014年12月克雷格·巴特霍德从路易斯维尔免费公共图书馆退休，告别了就任15年的图书馆馆长职位①。

尽管如此，他在职时所创设的图书馆的许多项目和服务仍在发展壮大。尤其值得指出的是，2013年秋季，针对本地科技发展缺乏合格的软件开发人才的短板，克雷格·巴特霍德促成图书馆与所在社区的政府机构、非营利组织和公司合作设立了技术培训项目，为年轻人提供网站搭建和软件编程培训，使那些经培训掌握上述技能的学员在本地公司的技术职位就业，解决了当地产业发展长期存在的问题。

克雷格·巴特霍德代表图书馆经过与劳动力投资非营利机构商谈，获得在线网站设计教育平台“树屋”（Treehouse）的授权许可②，最终创建了本地的编程教

---

① 来　源：Library people news：hires, promotions, retirements, and obituaries. http：//lj. library journal. com/2014/12/people/library-people-news-hires-promotions-retirements-and-obituaries-12082014/.

② 该平台提供网站开发设计及应用相关课程的在线学习，所有学习均通过教学视频和测试进行。被许多人视为学习前端开发的最佳网站。

学项目“路易斯维尔编码”（Code Louisville）。在该项目进行过程中，本地的雇主详述空缺职位所需的实用编程知识，有时也为培训课程提供导师。愿意学习编程技能的当地居民，使用图书馆借书卡登录，就可以免费获取树屋平台的网络培训课程。借此，克雷格·巴特霍德领导的路易斯维尔免费公共图书馆在以联盟方式为中小学生学习提供特色服务的基础上，又增添了高科技就业培训服务。

据《图书馆杂志》报道，“路易斯维尔编码”项目被视为路易斯维尔免费公共图书馆服务社区教育和终身学习的标志性项目，自 2013 年底项目开始至 2015 年，有 160 多人参加了课程学习。在克雷格·巴特霍德退休后的 2015 年，项目得到 300 万美元的联邦资助，并新增合作教学机构和信息公司。计划到 2018 年，参与培训学习的学员有 850 人到当地技术公司就职[①]。

随着美国政府制定促进科技就业的政策，路易斯维尔编码项目也引起了全美的关注。时任总统奥巴马在访问路易斯维尔时称赞该项目是美国政府创设的技术雇用试验项目（TechHire Initiative）[②] 的样板。从时间上看，美国政府设立的技术雇用试验项目晚于路易斯维尔免费公共图书馆的编码技能培训。这从一个侧面彰显了克雷格·巴特霍德的远见卓识和开拓创新的特质。

另据《图书馆杂志》报道[③]，2015 年，克雷格·巴特霍德被任命为菲尔森历史学会[④] 总裁兼首席执行官（President and CEO of the Filson Historical Society）。

---

① CHANT I. Louisville libraries help train local talent for tech jobs [EB/OL]. [2015-04-17]. http://lj.libraryjournal.com/2015/04/technology/louisville-libraries-help-train-local-talent-for-tech-jobs/.

② 2015 年 03 月，美国总统奥巴马打算将科技领域作为政府一个新重点发展对象。美国政府跟多家私营企业签订协议，联合推出了 TechHire Initiative 项目。该项目涉及 20 多个领域，其目标是向美国民众提供编程等 IT 技能培训的机会。通过这种方式，他们才能进入科技行业，获得薪资更高的职位。来源：奥巴马宣布为美国民众科技技能培训项目拨款 1 亿美元. http://www.cnbeta.com/articles/tech/376135.htm.

③ 来源：Library people news: hires, promotions, retirements, and obituaries. http://lj.library journal.com/2015/10/people/library-people-news-hires-promotions-retirements-and-obituaries-101915/.

④ 据官网资料，菲尔森历史学会成立于 1884 年，是一家私人支持的历史学会。位于美国肯塔基州路易斯维尔，致力于保存肯塔基和俄亥俄山谷地区的历史。来源：http://filsonhistorical.org/.

开创图书馆阅读推广服务的年度图书馆员（2011）①

2011年1月《图书馆杂志》公布了2011年度图书馆员评选结果，获奖者是美国著名图书馆阅读推广明星，自由代理人、西雅图公共图书馆（Seattle Public Library，简称SPL）的退休图书馆员南希·珀尔（Nancy Pearl）女士②。《图书馆杂志》2011年第1期不仅将南希·珀尔的大幅照片刊登在杂志的封面，还以特稿形式用3个版面的篇幅对其经历、业绩等进行了图文并茂的报道。从《图书馆杂志》配发的照片看，南希·珀尔留灰白色超短发，戴彩色半框眼镜。笑容可掬，温文尔雅，富有书卷气。

一、教育背景与职业生涯

据维基百科③，南希·珀尔生于1945年1月12日，成长于美国密歇根州的底特律。年轻时，南希·珀尔希爱好诗歌和文学，曾于1980年在期刊发表《骑车去上学》一文，讲述自己的成长故事。自述在公共图书馆里度过自己童年的大多数时光。

南希·珀尔将底特律市公共图书馆帕克曼分馆的两位儿童图书馆员视为自己的导师。她记得她们分别是怀特黑德小姐和朗小姐，她们通过图书和阅读为南希·珀尔展现了将要追寻的职业生涯。在接受采访时南希·珀尔指出，“如果我想改变世界、让世界变得更美好，最好的选择就是去做她们曾为我做过的事情”，“底特律市公共图书馆帕克曼分馆是我儿时的生活中心和家园，是她们铸就了这一切”。

1967年，南希·珀尔在密歇根大学获图书馆学硕士学位后，开始图书馆员的职业生涯。她的第一份工作是在故乡底特律公共图书馆系统担任儿童图书馆员。之后，随丈夫乔·珀尔（Joe Pearl）教授一起搬迁至俄克拉荷马。在养育2个女

---

① 国内一家期刊曾在2011年第1期刊登过本届《图书馆杂志》年度图书馆员获奖者的报道。遗憾的是多处内容翻译有误。笔者的评介将基于《图书馆杂志》报道获奖者的特稿内容的梳理以及相关网络资料展开。

② BERRY J N. Nancy Pearl—Library Journal Librarian of the year 2011［J］. Library journal，2011，136（1）：24—26.

③ 来源：Nancy Pearl. http：//en. wikipedia. org/wiki/Nancy_Pearl.

儿的同时，她还攻读了另一个历史学硕士学位。之后开始在塔尔萨一家独立书店工作。书店倒闭后，南希·珀尔转到塔尔萨市县合一的公共图书馆工作。当时的助理馆长简·基恩（Jan Keene）发现了南希·珀尔的特殊才能，让她担任资源建设部负责人，拥有馆藏建设的自主权。

1993 年，塔尔萨公共图书馆的同事克雷格·巴特霍德就任西雅图公共图书馆副馆长兼执行馆长，他力邀南希·珀尔到西雅图公共图书馆工作。在西雅图，南希·珀尔首创了图书馆的阅读推广项目，受邀定期在公共广播电台做图书评论节目，向听众推荐图书。最终担任该图书馆系统设立的华盛顿图书中心的执行主任，直至 2004 年退休。可以说，在西雅图、底特律和塔尔萨等公共图书馆的工作经历，磨炼并提升了南希·珀尔在读者咨询辅导方面的技能。

截至获奖时，南希·珀尔已参与不同级别的图书馆工作人员、用户以及想跟她讨论阅读写作的读者小组举办的数百场研讨会和现场演讲。她还在华盛顿大学信息学院给图书馆信息学专业的学生讲授馆藏建设、读者咨询以及宣讲图书的技巧与技术。

二、成就与贡献

（1）创设“一城一书”项目

1998 年，南希·珀尔在西雅图公共图书馆下设的华盛顿图书馆中心担任执行主任。有一天她突发奇想：如果西雅图的每个人都阅读谈论同一本书，那会是什么样的情景呢？为了找到答案，南希·珀尔专门设立了名为“一城一书”（One City，One Book）的阅读项目。该项目创意独特，实施反响和效果很好。随后，全城或全社区同读一书的活动风靡全美各地，带动整个图书馆行业推出成千上万个效仿或翻新的项目。不仅如此，随着时间的推移，类似的阅读推广项目和活动在全球各地纷纷涌现。可以说，南希·珀尔创设的“一城一书”项目，成为各国图书馆、其他社会团体和组织开展阅读推广活动的样板，也是无数阅读推广新创意的源头和一道亮丽的风景线。

（2）通过阅读推广讲习班，为图书馆服务注入生机

2004 年，南希·珀尔从西雅图公共图书馆退休。然而，图书馆职业生涯的结束，并不意味着她全身而退。她旋即成为一名自由职业者，开始以阅读推广人的

新角色，为促进阅读和图书馆的利用继续发挥作用。正如《图书馆杂志》在特稿中指出的那样，全美图书馆都因南希·珀尔的读者辅导咨询天才而获益。

华盛顿州公共图书馆的许多馆长敦促州立图书馆聘请南希·珀尔到9家图书馆进行现场指导，培训来自周边地区的图书馆工作人员。通过对图书馆工作人员的培训和辅导，大大提升了图书馆工作人员的阅读推广意识和服务水平，使图书馆的利用率得到实实在在的提高。

彰显南希·珀尔的示范效应的例证还有很多。例如，南希·珀尔受邀到华盛顿州伊萨夸的金县图书馆系统，指导过那里的工作人员。她面向全系统的1200名工作人员举办讲习班，使该图书馆系统2009年的馆藏借阅量超过2130万件/册。金县图书馆系统馆长比尔·普塔塞克（Bill Ptacek）在评价讲习班的效果时指出，从基层助理到图书馆管理人员每个人都从中学到了接近读者的新方法，这带来了无数绝妙的新创意。为了让金县成为更有文化的社区，该图书馆还基于南希·珀尔的研讨班，设计了自己的阅读推广项目——“花时间阅读”（Take Time To Read）。工作人员都焕发活力，兴趣盎然地向读者宣传图书推广阅读，并且对自己推荐各种门类图书的能力充满自信。

此前，南希·珀尔曾在受人尊重的克利夫兰郊区的凯霍加县公共图书馆从事类似的培训指导工作。在凯霍加县公共图书馆工作期间，南希·珀尔在所有分馆组织公开图书讨论和研习班，帮助该馆发起一系列公关活动，强化凯霍加县公共图书馆作为图书与阅读场所的形象。

凯霍加县公共图书馆的执行馆长萨里·费尔德曼（Sari Feldman）指出，经过南希·珀尔的指导，该馆的整体借阅量增加，尤其突出的是，印本馆藏的借阅量在整体借阅量中占有较高的增长比率。南希·珀尔数十年的努力确立了公共图书馆的中心地位，并使我们重新意识到图书和阅读是我们的品牌。

就在《图书馆杂志》联系南希·珀尔告知她荣获年度图书馆员称号的好消息时，南希·珀尔刚从孟菲斯公共图书馆与信息中心回到西雅图。在孟菲斯，她举办工作人员读者咨询辅导发展研习班，接受电台采访，还面向图书馆读者举办了“好书共分享”图书推介活动。

在接受《图书馆杂志》采访时，南希·珀尔以自己的经历和现身说法指出了图书馆注重进行全民阅读推广的缘由。她指出，“从事流通借阅工作的图书馆职员或助理在图书馆工作都是出于对图书馆的热爱，否则他们就去麦当劳工作了”，“我们不能阻碍他们与前来使用图书馆的读者谈论图书和其他资料”。

（3）潜心著述，以独特视角推荐阐释图书

2003 年，南希·珀尔撰写的《书之渴望：适用于任何心境、时刻和缘由的读物》（*Book Lust：Recommended Reading for Every Mood，Moment，and Reason*）一书，由西雅图大脚野人出版社出版。据维基百科词条[①]，这部 304 页的阅读推广专著一面世便获得如潮好评，大获成功。出版第一年就 4 次印刷，印数高达 9 万册，入围最佳畅销书榜单。

2010 年南希·珀尔撰写的该书续集《书之渴望：适用于旅行者、漂泊者和寻梦者的读物》（*Book Lust To Go：Recommended Reading for Travelers，Vagabonds，and Dreamers*）出版。在去各地宣传自己的新作时，南希·珀尔曾在康涅狄格州的韦斯特波特向图书馆员和读者解释自己对好书的看法。她指出“所谓好书并不是指权威指定的文学巨著或者经典，而仅仅指那些你喜欢的图书”，“某人喜欢一本书，它就是好书，不喜欢的书就是一本坏书。有些人在某一段时间不喜欢一本书，并不意味着他们永远不喜欢该书，不喜欢仅仅是在那一时刻而已”。

南希·珀尔认为，“我们不必担心向读者推荐各种各样的图书。图书馆是最后的民主机构，是个体自主决定式的民主。但现实运作并非始终如此。图书馆员往往行使守门人的职责……尽管如此，当向读者提供咨询时，我们需要对读者的读物予以首肯或确认”。

南希·珀尔在讲解推荐图书的技巧时指出，“当读者向图书馆员询问自己接下来该看什么书时，图书馆员应该设法向他推荐三本书。第一本应与读者喜爱的书非常接近；第二本要与读者喜爱的书有少许差别，略有延深；第三本则是彻头彻尾延伸的图书。这种书不是小说，读者永远不会自己找来看，他们自己仅关注西部小说之类的图书”。

她还进一步补充说，“人们走进图书馆，往往会径直奔向曾给自己带来最大

① 来源：Book lust. http：//en. wikipedia. org/wiki/Book_Lust.

快乐的区域，而我们的工作就是要让他们转转其他地方”，“我相信，一个人读过的好书越多，对糟糕的作品的容忍度就越低。但最困难的是如何界定好书。当有人告诉你说喜欢一本书，是因为自己喜爱写得好的书。这通常意味着该人喜欢获奖图书，比如获普利策奖的图书。那些获奖图书因写作出色而获奖。但是，推荐图书时对写得好的图书不必拘泥于上述理解，应当超越众所周知的一些获奖作品，推荐国外的获奖作品，比如加拿大的总督奖获奖作品，或者英国的布克奖获奖作品。仅看故事情节的人不会说我喜爱写得好的图书。他们会谈论那些巴不得很快就看完的引人入胜的图书”。

从上述言辞不难看出，南希·珀尔推荐阅读有独到之处，不仅满足准备好读者自发需要的读物，还有意识引领读者拓宽阅读范围，将拓展读者的阅读视野作为图书馆员的分内工作。

（4）教书育人

华盛顿大学信息学院聘请南希·珀尔担任教师，并将她的课程列为常设课程，此举令人兴奋。在接受《图书馆杂志》的采访时南希·珀尔指出，教学工作是自己当下从事的最有意义的事情。信息学院的图书馆与信息学硕士教学负责人约瑟夫·简斯（Joseph Janes）对南希·珀尔能担任固定教师同样感到兴奋。他指出，南希·珀尔令富有激情的学生为之倾倒，她的每一次教学都得到学生的赞许。南希·珀尔还答应加入图书馆与信息学硕士学位教育顾问委员会和录取委员会。她总是充满激情、不厌其烦地宣传长久形成的重要的图书馆理念：普及文化、阅读、消遣娱乐。从不对传统方式持势利态度，也不蔑视新的想法，当被问及有声图书或电子图书或者游戏时，她会对各种载体形式图书的重要性做出细致的讲解。

南希·珀尔在讲述自己教书的体会时说，在心情不好的日子，给学生讲伟大的职业生涯会令我感到灰心丧气，因为，他们要面对毕业了却找不到工作的严酷现实。我总是告诫学生说，如果他们想改变图书馆的运作方式，如果想将我们在课堂上谈论的理想付诸实施，他们就应当到小型公共图书馆工作，在那里才能让现实有所改变。

三、服务理念、特质与影响力

（1）保持图书馆服务的平衡

南希・珀尔很敬重那些担任图书馆管理者同时也是阅读爱好者的图书馆馆长，比如金县图书馆系统的比尔・普塔塞克，凯霍加县公共图书馆的执行馆长萨里・费尔德曼，还有她在塔尔萨和西雅图的老同事、先于南希・珀尔一年获 2010 年度图书馆员奖、时任肯塔基州路易斯维尔公共图书馆馆长的克雷格・巴特霍德。

南希・珀尔指出："他们都意识到了保持图书馆服务平衡的重要性。我所担心的是，我们很多人没有认识到，或者说忘记了图书馆服务是一条三条腿的凳子：信息、拓展课程项目以及阅读，这三者缺一不可。"

（2）对图书传播方式的变化持开放态度

尽管有人担心纸质印刷图书会彻底被电子出版物所取代，但是，在南希・珀尔看来，作为叙事小说和非小说作品的图书永远不会消亡。只不过显而易见的是，图书的格式与传播方式正在发生变化。基于对人性的了解，南希・珀尔相信人们永远需要逃避和故事，并透过他人的经历观察世界。她认为一个人读书越多，个人修养就会越好。因为，从阅读中可以看到其他人如何应对世事，如何思考以及在不同情况下的行为方式。

截至获奖时南希・珀尔还没有电子阅读器（Kindle），但她有一台平板电脑（iPad）。尽管图书不以实体对象形式存在使她感到不安，但她也承认，电子书很实用，尤其适用于旅途阅读。

在接受《图书馆杂志》采访时南希・珀尔说："在最近的旅行中，我想下载玛格丽特・阿特伍德所著《强盗新娘》（*The Robber Bride*）和其他几本新出版的小说，但没有一种有电子版。这仅仅是电子书的一个轻微局限，电子书还存在必须拥有技术设备的问题。"她因此而担心图书馆难以提供公平服务。

南希・珀尔指出，我们正面临因收入水平不同而导致的服务分化。如果没有电子阅读设备，就无法从图书馆下载电子书。尽管外借设备是一个解决方案，除非这一类设备变得非常便宜，图书馆才有可能外借阅读设备。她希望图书馆外借电子阅读设备能尽快实现。（令人欣慰的是，近年来，国内外图书馆外借阅读器已经变为现实，只是外借数量以及覆盖面仍然有限。）

（3）怀旧并希望图书馆对未来的变化施加影响

南希·珀尔在接受《图书馆杂志》采访时坦承，有时她会感到疑惑，就像她认为所有的图书馆都应当像卡内基图书馆一样，自己对图书的接触是一种怀旧。她注意到浪漫的读者喜爱技术。

南希·珀尔看重阅读作为私密交流的体验，认为阅读一本图书时，参与者只有读者和作者两人。即使不同的人读同一本书，每个人的理解也不尽相同。而使用有声读物时，读者听书的过程则有第三个人的加入，这是一种不同的体验。

此外，南希·珀尔还对独立书店的消亡以及与之相关的公共图书馆的健康发展感到担忧。她强调图书馆员必须清楚我们需要什么，需要到何种地步，接下来团结一致将其变为现实。她相信图书馆员仍然有能力对诸多变化的方向施加影响。

（4）知名度高，将快乐融入工作

南希·珀尔是一个以阅读为乐的人，她也把快乐融入自己的工作。在个人网站[①]发布的自我介绍中指出，南希·珀尔是一个畅销书作者、图书馆员和文学批评家。在全球的图书馆、扫盲组织和社区团体讲述阅读的重要性与快乐。还在全国广播电台的早间节目、塔尔萨的调频广播（KWGS-FM in Tulsa）和西雅图的电视频道谈论自己喜欢的图书。最重要的是，南希·珀尔是一位读者，终身致力于阅读推广，使阅读成为所有人最有益和愉悦的体验。

南希·珀尔享有很高的公众知名度，甚至成为一款图书馆员活动玩偶的原型。笔者通过网络搜索发现，该玩偶名为“英雄图书馆员南希·珀尔”，是西雅图模型玩具制造商阿尔奇·麦克菲（Archie McPhee）生产的所有玩偶中最畅销的一种。玩偶的外形是卡通化的南希·帕尔形象，每个玩偶高 5 英寸（12.7 厘米），用硬塑料做成。将玩偶的手臂拉下，按下背后的按钮，玩偶的手臂就会抬起，手指放到嘴唇边，做出令人惊叹的嘘声动作，示意保持安静。尽管褒贬不一，该活动玩偶仍是图书馆员和爱书人的最爱，也是南希·珀尔影响力的体现[②]。

---

① 来源：Nancy Pearl. https：//www. nancypearl. com/about-nancy.

② 笔者 2015 年 3 月 30 日检索到网上销售的图书馆员活动玩偶每个售价 9.95 美元，已经脱销。玩具商即将推出新版活动玩偶。来源：Librarian action figure. http：//mcphee. com/shop/librarian-action-figure. html.

多年来社会的关注和荣誉使得南希·珀尔自称为“个人成功的受害者”。正如她指出的那样，“我把读书视为纯粹的快乐，并将读书的快乐与工作融为一体。现在，每当我读书时，总会考虑哪类读者会喜欢这本书，我应当写些什么”。在笔者看来，读书与分享已经成为南希·珀尔下意识的行为，阅读和推广不仅是她的工作，更是她快乐生活的源泉。

四、提名与获奖缘由

向《图书馆杂志》提交推荐信提名南希·珀尔获奖的是尼尔·怀亚特（Neal Wyatt）。他是读者咨询（RA）思想的领袖人物，作为《图书馆杂志》的专栏作家，是书评撰写者和“读者书架”（The Reader's Shelf）的编者。

尼尔·怀亚特在推荐信中谈到“一城一书”阅读推广项目的创意时指出：“南希并未打算观察所有学生或者所有银行家阅读同一本书会产生什么样的结果。她的着眼点是城市中的无家可归者、快餐店厨师和临时照看孩子的保姆。”《图书馆杂志》的特稿指出，尼尔·怀亚特提名南希·珀尔作为年度图书馆员获奖候选人，并得到了众多图书馆领袖人物的支持。

《图书馆杂志》的特稿开篇写道，恐怕没有人能像南希·珀尔一样，让美国人确信图书馆、图书和阅读对美国社会极为重要。她亲临各地图书馆服务一线所进行的充满激情的宣传，影响了全美数以万计的读者和居于服务一线的图书馆工作者。她还通过国家公共电台的早间节目、地方电台、电视媒体等渠道，并借助个人博客和推特播撒读书的渴望。南希·珀尔的工作强化了图书馆阅读作为所有民众基本权利的意识；她在图书馆培训方面的创新使图书馆工作者的图书服务向纵深发展；她进行的公众拓展宣讲有效地促进图书馆超越图书馆馆舍，拓展了公众对图书馆作用的认知。所有这一切努力为珀尔赢得了年度图书馆员的殊荣。

《图书馆杂志》特稿的末尾写道：显然，对南希·珀尔而言，与他人分享阅读的快乐仍不减当年。这的确是南希·珀尔的驱动力，也是写推荐信提名南希·珀尔获奖的那些人将她称为“我们国家的图书馆员”的原因之一。

事实上，自20世纪80年代末至2010年的20多年时间里，《图书馆杂志》从未将年度图书馆员的殊荣颁发给已退休的图书馆员。这一破例之举和迟来的荣誉到底意味着什么？在笔者看来，这份迟来的荣誉，恰好反映了网络环境下图书馆行业面对各种挑战，意识到无墙图书馆不仅需要通过采用新技术和信息网络服务来实现，还离不开各种融入社区的阅读推广活动。重新定位、拓展并坚守图书馆的核心价值和竞争优势已经成为有识之士的共识。此外，南希·珀尔与 1995 年度图书馆员获奖者卡拉·海登一样，都是非洲裔美国人。她们的获奖，也是对美国非主流、多元化图书馆员的鼓舞。

笔者认为，南希·珀尔取得的卓越成就除了与她的图书馆员经历相关外，还与她的个人综合素养相关。南希·珀尔年少起在公共图书馆员的辅导下走进图书和知识的世界。这一成长背景成为她开启图书馆职业生涯并将图书馆阅读辅导无限期延续的不尽源泉。她阅读广泛，具有丰富的图书和文史知识。加上善于积累、笔耕不辍、出版畅销书、在公共广播电台做节目等，吸引了广泛的社会关注。更重要的是，她从儿时接触到的儿童图书馆员那里获得了最好的示范，始终以普通读者的身份秉持同理心与用户亲密互动，尊重和理解用户的喜好与阅读习惯。即便是 2004 年从西雅图公共图书馆退休后，南希·珀尔凭着对阅读推广工作的热爱，持续关注图书馆如何为满足普通民众的读书渴望提供渠道，并通过一系列培训与示范，为图书馆服务的转型与可持续发展奉献了非同一般的解决方案，产生了极为深远的影响。

总而言之，南希·珀尔的创造性奉献就是在技术至上的环境下，恢复图书馆阅读辅导的传统职能，树立图书馆阅读服务的品牌，重新展现图书馆服务的人文关怀，让图书馆成为提升民众的文化素养、提升文艺鉴赏力和审美情趣的重要场所。在我国大力加强公共文化服务的背景下，图书馆服务在此方面有很大的提升空间，只有花大气力提高图书馆工作人员的人文素养和职业素养，我们才能到达理想的彼岸。

五、获奖之后

在刊发南希·珀尔获奖报道特稿的同时，《图书馆杂志》刊发了主编弗朗辛·法耶尔科夫（Francine Fialkoff）撰写的编者按。编者按的标题是“阅读的激情——南希·珀尔入选《图书馆杂志》伟大的图书馆员”[①]。编者按回顾了《图书

---

① FIALKOFF F. Passionate about reading—Nacy Pearl joins the short list of LJ’s great librarians［J］. Library journal，2011，136（1）：8.

馆杂志》此前评选的22位年度图书馆员的经历和主要特征，指出：在已经评出的22位获奖者中，有21位个人获奖者，有一个图书馆员团队。获奖者绝大多数是城市或县公共图书馆系统的馆长，均具有服务和促进变革的激情。尽管许多获奖的年度图书馆员就像第一届和第二届年度图书馆员一样，是因为在普及文化和“鼓励阅读方面的贡献”（此为获奖标准之一）而获奖，还从未有一位年度图书馆员的主要贡献是充满激情地宣传图书倡导阅读。现在，我们做到了。恐怕没有人能像南希·珀尔一样，让美国人确信图书馆、图书和阅读对美国社会极为重要。她不仅推动图书馆服务超越围墙，改变公众对图书馆员的印象，还使读者咨询辅导重新恢复为图书馆工作重要的组成部分。在这样做的同时，她在我们走入电子图书世界之时，为图书馆员创造了成为引人瞩目的角色。

在笔者看来，随着南希·珀尔的获奖，将带动更多图书馆员思考并寻找转型时期拓展图书馆服务的新生长点。图书馆应当采取哪些手段实现超越馆舍的服务？如何将前网络时代行之有效的方法迁移至网络环境并实现新的突破？这些问题值得思考。

据南希·珀尔的个人网站披露，在获得2011年度图书馆员奖之后，南希·珀尔还获得了西北太平洋书商协会颁发的终身成就奖。

另据维基百科南希·珀尔的词条记载，2012年1月，亚马逊宣布计划以《书之渴望：再发现》（*Book Lust*: *Rediscoveries*）为题，将南希·珀尔推荐的1960年至2000年出版、已经不在版的小说，以每年6部的速度用各种印刷和电子格式再版。邀请南希·珀尔为计划再版的图书撰写介绍以及进一步阅读的讨论点和建议。该计划令南希·珀尔喜出望外，同意与亚马逊合作让那些已经不在版的图书重新进入人们的视野。但是，联系出版社授权时，最初却并未如愿。20家传统出版商拒绝为南希·珀尔颁发许可，亚马逊的再版发行协议也引发了强烈的负面反应。

南希·珀尔2012年2月接受《纽约时报》采访时指出，在签合同的那一刻自己就知道会有人不高兴，但是，气势之大令她吃惊。她理解并同情出版商对亚马逊在图书世界所扮演角色的关切。但是，仍然希望那些不在版的图书能够重新出版。

2018年初，笔者搜索亚马逊网站发现，2015年11月3日亚马逊已在发售英文儿童图书《最好的朋友》（*Best Friends*）的再发现版本，分别以电子格式、精装印刷本和平装印刷本发售[①]。此外，亚马逊网站还有多部再发现版本的儿童小说在售。由此推测上述图书再版项目所涉图书已有部分获得许可并付诸实施。

2014 年 6 月 6 日，笔者从美国之音英语学习网发布的一篇介绍南希 · 珀尔的短文获悉[②]，《纽约时报》称南希 · 珀尔为图书馆界的话题人物。每当她到访书店和图书馆时，听众多得仅有立锥之地，读者可以从她那里得到很多建议。自 2003 年出版畅销书，并且以她的形象制作图书馆员活动玩偶后，南希 · 珀尔成为读者心目中的摇滚明星，她对图书的知识和热爱是无与伦比的。她在全美的书店和图书馆演讲，并在电视节目中盛赞书面文字。读书之余，她是一个狂热的自行车骑行者和快乐的外祖母，与丈夫一起在西雅图生活。

① 来源：Nancy Pearl's book crush rediscoveries（English Edition）Kindle. https：//www.amazon.cn/dp/B00MG1JOKS.

② 来源：Nancy Pearl. http：//www.tingvoa.com/html/20140606/Nancy-Pearl.html.

践行分享式管理持续创新的年度图书馆员（2012）

2012 年 1 月，《图书馆杂志》公布了 2012 年度图书馆员评选结果，获得年度图书馆员桂冠的是旧金山公共图书馆（San Francisco Public Library，简称 SFPL）馆长路易斯·赫雷拉（Luis Herrera）先生[①]。《图书馆杂志》2012 年第 1 期不仅将路易斯·赫雷拉的大幅照片刊登在杂志的封面，还以特稿形式用 3 个版面的篇幅对其业绩、经历等进行图文并茂的报道。从《图书馆杂志》配发的照片看，路易斯·赫雷拉头发灰白，笑容灿烂，淳朴和善，平易近人。此外，《图书馆杂志》网站发布的特稿，配有他更多潇洒的照片。

一、教育背景与职业生涯

据《图书馆杂志》特稿和美国白宫所发布的公告[②]，路易斯·赫雷拉在德克萨斯大学埃尔帕索分校获学士学位，在加利福尼亚州立大学长滩分校获公共管理硕士学位，还在著名教授阿努福·特雷乔（Arnulfo Trejo）创办的招收讲西班牙语的美国人的图书馆研究生院获得图书馆学硕士学位[③]。阿努福·特雷乔还创立了美国促进拉丁美洲和讲西班牙语人群图书馆与信息服务协会（REFORMA）。在接受《图书馆杂志》采访时路易斯·赫雷拉说，阿努福·特雷乔从不放弃战斗，自己最初的培训基础就是来自 REFORMA。

获图书馆学硕士学位后，路易斯·赫雷拉在加州长滩市公共图书馆开始自己的职业生涯。时任加州长滩公共图书馆馆长科迪莉亚·霍华德（Cordelia Howard）聘用他担任长滩市公共图书馆分馆负责人和该馆副馆长；之后，他担任加州帕萨迪纳市公共图书馆信息服务部主任、圣地亚哥公共图书馆副馆长等职。1998—

---

① BERRY J N. Luis Herrera—Library Journal Librarian of the year 2012［J］. Library journal，2012，137（1）：28—30.

② 2012 年 3 月 9 日，时任美国总统奥巴马提名路易斯·赫雷拉担任美国博物馆与图书馆服务理事会理事。美国白宫发布的公告介绍了路易斯·赫雷拉的简历。来源：President Obama Announces More Key Administration Posts. https：//obamawhitehouse. archives. gov/the-press-office/2012/03/09/president-obama-announces-more-key-administration-posts.

③ 路易斯·赫雷拉获奖时，该校已更名为亚利桑那大学信息资源与图书馆学研究生院，校址位于亚利桑那州第二大城市图森市。

2002年，路易斯·赫雷拉兼任比尔与梅琳达·盖茨基金会的图书馆顾问委员会委员。2005年起，路易斯·赫雷拉担任旧金山市公共图书馆馆长，获奖时已担任该馆馆长7年时间。

二、工作业绩

（1）推动实施分馆改善项目

早在2000年，旧金山公共图书馆有史以来最大规模的分馆改善发行债券计划就获民众投票通过，但直至赫雷拉2005年到任时，该项目仍处于停滞状态。

路易斯·赫雷拉到任后，立即组建工作组，任命一位新的副馆长兼分馆馆长，使系统就位。同时，改善与正在着手启动建设项目的旧金山公共建设工程部工作人员的关系。此时，由于成本上升和其他问题，分馆改善项目的资金缺口高达3500万至4000万美元。

面对严峻的资金压力，路易斯·赫雷拉采取了大胆的举措，再次求助于选民。请求他们同意将原定于2009年到期的财产税延长15年。在实现税收变更的同时，请求选民同意旧金山公共图书馆发行收益债券，为建成图书馆建筑筹集所需资金。

投票结果是75%的民众同意上述举措。此后，图书馆与市长办公室倾力合作，构想出有创造性的解决方案，将这一庞大的项目付诸实施。截至获奖时，分馆改善项目包括的24所分馆建设任务已经完成了22个。

2011年，旧金山公共图书馆之友组织（Friends of SFPL）向旧金山公共图书馆捐款4100万美元，其执行主任唐纳·贝罗（Donna Bero）评价说，路易斯·赫雷拉接手了一个与目标严重脱节的建设项目，将其转变为富有示范意义的振兴社区的公共工程项目。这些项目恰逢其时，没有超出预算，赢得了诸多奖项。

（2）实现全市范围图书馆的复兴

在接受《图书馆杂志》采访时路易斯·赫雷拉指出，他将上述公民投票的结果称为图书馆的复兴。所有工程完工预计花费资金2亿美元，假如图书馆建设其他建筑，或者改造主馆需要更多资金，民众赋予图书馆使用收入债券的权利。

在路易斯·赫雷拉领导下，旧金山公共图书馆改建的分馆建筑取得了令人瞩目的成就。图书馆的伯纳尔分馆（Bernal Branch）的整修翻新获得了美国公共建设工程协会（American Public Works Association，简称APWA）颁发的国家历史保护奖。不仅如此，该分馆和另外一所位于尤里卡山谷（Eureka Valley）的分馆还获得了北加利福尼亚公共建设工程协会的奖项。

此外，图书馆建筑得到了旧金山市市长的高度赞誉，图书馆的开放包容服务也得到一些社团群体的肯定。2011 年，艾丽斯·托克拉斯民主学会（Alice B. Toklas Democratic Society）授予图书馆“公共服务伙伴”（Partner in Public Service）奖，以表彰图书馆对同性恋和跨性恋群体的服务[①]。

单列的城市税收保障了旧金山市公共图书馆的扩展，也意味着图书馆在困难时期能够保持资金稳定。有了稳定的资金支持，图书馆的服务时间也得以延长。截至 2010 年，图书馆开放时间连续三年持续增加。主馆和占半数的分馆每周开放 7 天，其他分馆每周开放 6 天，长远的目标是所有图书馆分馆每周均开放 7 天。

（3）推动跨部门合作，保障图书馆安全并拓展服务

路易斯·赫雷拉 2005 年初到旧金山市公共图书馆上任时，与图书馆主馆的工作人员谈话了解情况。听到有工作人员反映说，因为许多精神有问题的人和无家可归的人到访图书馆，这样的工作环境令自己感到有压力、倍受折磨。鉴于图书馆员不是社会工作者，没有与上述人群打交道的技能，为了使情况有所改观，路易斯·赫雷拉开始组织讨论，创造机会与公共卫生部和警察局一起解决问题。图书馆与上述两部门合作，共同制订并实施了旧金山市公共图书馆的安全方案。

旧金山市公共图书馆聘用了社会工作者利厄·埃斯古拉（Leah Esguerra），其薪资部分由公共卫生部支付，负责在图书馆帮助那些需要分派至适当机构的人，或者为他们提供其他帮助。这一举措收到了很好的效果。利厄·埃斯古拉具有在不侵犯他人隐私或不打扰那些不需要帮助的人的前提下与大家一起工作的技能和灵活性。

路易斯·赫雷拉指出，此事不关乎无家可归者，而是关乎需要住所或者精神卫生治疗的所有人。每一个季度，利厄·埃斯古拉都能为 250—300 人提供帮助，为许多人找到永久居所。《图书馆杂志》2011 年 6 月还专门刊发特稿，介绍该合

---

① 进入 21 世纪以来，美国公共图书馆为同性恋群体服务已经逐步增多，据 2015 年 6 月 5 日网易新闻报道，有几对中国大陆的男同性恋，通过网络投票遴选，获得赴美举办婚礼的机会。婚礼的举行时间为美国当地时间 6 月 9 日上午，地点为洛杉矶市图书馆。来源：洛杉矶图书馆举办同性恋婚礼 . http：//news. 163. com/special/tongzhiairen/.

作项目的情况。

另外一个跨部门创新的实例是，当图书馆保安负责人的职位空缺时，路易斯・赫雷拉询问警察局能否“借调”一位警员培训并管理旧金山市公共图书馆的保安人员。图书馆负责支付该警员的薪资，截至获奖时该警员仍然在岗。

旧金山市公共图书馆副馆长吉尔・伯恩（Jill Bourne）[①] 指出，路易斯・赫雷拉馆长的意愿对合作者是独一无二的。除上述项目外，图书馆还与环境部、公园管理部和学校合作。比如，图书馆主馆的华莱士・斯特格纳中心，正是由于跟环境部合作，由图书馆和环境部共同支付环境图书馆员的薪资，才使得环境图书馆员成为全职岗位。环境图书馆员实施了很多项目，其中的城市公园项目就大受欢迎，正在广泛流行。

三、管理风格与特质

（1）实施共享式管理

路易斯・赫雷拉担任领导最引人入胜的特点之一，就是对团队的理解和愿意与工作人员一起工作。他秉持团队合作精神，实施共享式管理。他的做法得到了该馆图书馆员工会负责人凯瑟琳・布雷默（Catherin Bremer）的赞许。她在提交给《图书馆杂志》的推荐信中指出，路易斯・赫雷拉理解工会与图书馆都是为了实现自己的使命——保障我们多样化的社区免费、平等地获取信息、独立学习并享受阅读的快乐。在明确共同目标的基础上，就可以推出大家都满意的解决方案。《图书馆杂志》的特稿指出，在城市图书馆圈子里，工会负责人力挺图书馆馆长是很少见的事情。

路易斯・赫雷拉建立了与管理团队和图书馆员工会本地负责人的每月例会制度，双方都将问题列入议事日程。在路易斯・赫雷拉担任图书馆馆长的 6 年时间里，共同解决了一些不确定的问题。例如，在分馆闭馆期间图书馆启用临时人员值班、修改公务员考试，以更好地反映图书馆工作人员的实际工作。工会负责人凯瑟琳・布雷默评价说“路易斯・赫雷拉欢迎大家提意见并洗耳恭听。”

路易斯・赫雷拉指出，持续不断的沟通非常重要，自己努力工作去赢得工会

---

① 吉尔・伯恩是路易斯・赫雷拉获奖的提名人，她本人还曾获颁《图书馆杂志》感动与震撼人物奖，并于 2016 年荣获年度图书馆员奖。

的支持，毕竟这是为了公众的最大利益。我们一起制定例会日程，有一次，没有人想出有什么问题可以列入日程，图书馆员工会负责人问是否仍然需要召集会议，大家果断地回答说仍需要召集会议，永远需要进行面对面交谈。

（2）着眼长久成功，在馆内实施领导力培训

路易斯·赫雷拉面向未来，在馆内培养领军人物，实施广泛的参与式管理。他创立了名为“下一代公共图书馆”（GenPL）的馆立项项目，着眼培养下一代公共图书馆领袖人物。截至获奖时，该项目第 4 期刚启动。目标是从现有工作人员中培养图书馆未来的领导人。

上述内部领导力培养和后续规划工作，涉及全馆从看门人到专业图书馆员各个层级的工作人员，为工作人员提供了进入上层管理的通道。不仅如此，还以团队方式调动工作人员为图书馆面临的最艰巨的挑战提供解决方案，为所有层级的工作人员提供新技能培训，允许他们为组织领航。

例如，委派一个小组负责改进馆藏管理。此前，馆藏分散在城市图书馆的各个分馆，加工处理混乱。在 18 个月的时间里，工作组重构馆藏管理并将该职能划归技术服务部。（美国的图书馆管理也是有死角的，馆与馆之间有差距，关键是领导者的管理能否做到与时俱进。）

再如，委派另外一个工作组改变旧金山市公共图书馆的流动图书馆的拓展服务。工作组将儿童部、主馆和各个分馆的流动书车，划分出来统一管理，合并组成一个独立的部门。

总之，该项目改进了图书馆各部门的内部交流，在参与者之中创立了新型网络。路易斯·赫雷拉在接受采访时说，GenPL 项目组从用户的角度审视问题，改变了原有的工作方式，最终实现了改变。城市图书馆理事会也对该项目持同样的态度，为此授予旧金山市公共图书馆最高创新奖（Top Innovator Award）。在全美城市联盟奖的评选中，旧金山人力资源部选择了旧金山市公共图书馆的“下一代公共图书馆项目”。

据路易斯·赫雷拉和副馆长吉尔·伯恩介绍，该项目业已培养出了优秀领导，并创造了一种使员工们感到自己可以为图书馆的进步做出贡献的参与文化。许多参加项目的员工已得到提拔，几乎所有人都在承担艰巨的任务。

（3）谦虚好学，拥有众多榜样与导师

路易斯·赫雷拉在亚利桑那大学信息资源与图书馆学研究生院读书时，曾与马丁·戈梅斯同住一个宿舍。路易斯·赫雷拉获奖时，马丁·戈梅斯正担任洛杉矶公共图书馆馆长。

在接受《图书馆杂志》采访时，路易斯·赫雷拉列举了许多自己的导师和榜样：①时任加州萨利纳斯公共图书馆馆长的伊丽莎白·马丁内斯。她曾任洛杉矶图书馆馆长、美国图书馆协会执行主席。②加州长滩公共图书馆馆长科迪莉亚·霍华德（Cordelia Howard）。她为路易斯·赫雷拉的职业生涯提供了最初的机会。③新泽西州图书馆前馆长罗格斯（Rutgers）教授。④美国图书馆协会前主席贝蒂·图罗克（Betty Turock）以及其他三位前任主席。E. J. 乔西（Josey）为路易斯·赫雷拉提供在他领导的 ALA 公平问题特别工作组（Equity at Issue ALA Task Force）工作的机会；出版商帕特里夏·舒曼（Patricia Schuman，Neal-Schuman Publishers）和亚利桑那大学、得克萨斯女子大学图书馆学院院长布鲁克·谢尔登（Brooke Sheldon）。路易斯·赫雷拉将他们视为长期的导师，截至获奖时还记得他们的教诲。路易斯·赫雷拉指出：所有导师都说要让优秀的人围绕在自己身边，我正是这样做的，我组建了很好的团队。

路易斯·赫雷拉尤其佩服旧金山市公共图书馆的前任馆长、时任美国博物馆与图书馆服务协会主任的苏珊·希尔德雷思（Susan Hildreth）。认为是她开辟了旧金山市公共图书馆的发展道路，自己的进步都是在此基础上取得的。

四、提名与获奖缘由

向《图书馆杂志》提交推荐信提名路易斯·赫雷拉为 2012 年度图书馆员候选人的既有图书馆的同事，也有旧金山市政部门的官员，他们是：

（1）国际服务业雇员联盟图书馆员协会第 1021 分会总干事（The chief steward of the Librarians Guild of the Service Employees International Union）（SEIU）凯瑟琳·布雷默（Catherin Bremer）。凯瑟琳·布雷默在推荐信中写道：我们知道赫雷拉总有一天会赢得这一奖项，因为他是一个非常棒的领袖人物。

（2）旧金山市公共建设工程部的临时部长穆罕默德·努鲁（Mohammed Nuru）和前任部长、现任旧金山市交通部部长爱德华·瑞思金（Edward Reiskin）。

他在推荐信中指出：路易斯·赫雷拉的领导对完成非常紧张的分馆建设项目起了积极的推动作用。他对每一个项目的预算、设计、公共艺术品选择和环境特征等方面都极为熟悉，每周召集一次项目组会议，每个月与旧金山公共建设工程部的管理人员会面。他组建工作团队的技巧、应对挑战和突发情况的稳定积极态度，极大帮助了项目组的每一个成员保持关注、激励和欣赏。

（3）新当选的旧金山市市长埃德温·李（Edwin Lee）。市长在推荐信中写道：旧金山的新图书馆是可持续与多样化的典范。采用绿色建筑规范建造，为所有用户提供开放存取，确保馆藏反映居民语言的混合性。正如路易斯·赫雷拉经常说的那样，包容并丰富了这个城市的文化记述。

（4）旧金山公共图书馆副馆长吉尔·伯恩（Jill Bourne）。她指出，路易斯·赫雷拉的管理风格是最大限度的参与式管理。他聚焦于为工作人员授权、建立信心，信任工作人员的付出。有些项目属于管理者可以提出并吩咐下属完成的事情，但是，转变成来自工作人员团队提出的项目则更具执行力。因为，工作人员会感到自己能够亲力亲为实施改变。

此外，提名路易斯·赫雷拉获奖的还有许多其他支持者，包括旧金山市监事会成员、代表图书馆分馆的市民以及旧金山市其他部门的首脑等。

《图书馆杂志》的特稿指出，如此广泛的民意支持使路易斯·赫雷拉在2012年度图书馆员遴选中脱颖而出。路易斯·赫雷拉谦虚、善良，这正是他能在旧金山公共图书馆取得成功并赢得年度图书馆员大奖的关键。简而言之，他说服选民将对旧金山公共图书馆的支持延长了15年；他采取参与式管理方式在管理者和工会之间创建了少有的联盟；他凭借与其他市政部门建立强有力高效合作的能力，以非同寻常的勇气，让工作人员团队做出重大的管理和机构变革决策。将年度图书馆员奖颁发给路易斯·赫雷拉，是因为他个人的快乐精神以及对图书馆富有感染力的乐观，还有就是他将乐观精神传播给所有相关民众，尤其是旧金山市民的意愿。

在笔者看来，路易斯·赫雷拉是一位以个人品德和教养见长的年度图书馆员。当然，截至获奖时他担任旧金山公共图书馆馆长7年所取得的业绩也是令人瞩目的。比如，将拖延多时的庞大的分馆建设项目付诸实施并获得多个建筑奖项，通过跨部门合作实现图书馆安保创新等。尤其重要的是，他推动设立特色项目，培育追求卓越和分享参与的图书馆文化，产生了很好的效果，具有示范作用。

五、获奖之后

从2012年起，《图书馆杂志》将报道年度图书馆员评奖结果的特稿同步在网站发布，与纸质期刊相比，网站发布的特稿配发的照片更多，还允许读者在文后提交评论。据笔者浏览统计，报道路易斯·赫雷拉的特稿后共有19条跟帖评论。其中绝大多数评论表达了对路易斯·赫雷拉的祝贺和肯定。不过，有3条帖子篇幅较长，是负面的评论。细细看来，一是批评分馆建设失调，资金花费严重超预算，工期拖延；二是表达对图书馆仅增加技术投入、不增加开馆时间以及2011年减少购书经费的不满；三是对图书馆馆长和图书馆委员会没有充分披露会议记录表示不满[①]。上述事实证明，只要观察角度和立场不同，人们总会对同一件事情得出截然不同的评论。

2012年初，美国数字公共图书馆理事会指导委员会宣布，任命路易斯·赫雷拉在内的5位成员担任美国数字公共图书馆理事会理事。美国数字公共图书馆理事会的目标是创建维护免费、开放可持续的国家数字图书馆资源，首届理事会的5位成员囊括了全美公共与研究图书馆员、技术专家、知识产权学者和商业专家。他们分别是：①知识共享组织首席执行官凯西·卡瑟利（Cathy Casserly）；②密歇根大学图书馆馆长、公共政策、经济学与信息学教授波尔·库兰特（Paul Courant）；③谷歌图书搜索图书馆合作项目前主任劳拉·德博尼斯（Laura DeBonis）；④旧金山市与县公共图书馆馆长路易斯·赫雷拉（Luis Herrera）；⑤马萨诸塞州菲利普斯安多佛中学校长约翰·帕尔弗里（John Palfrey）。路易斯·赫雷拉同时兼任数字公共图书馆指导委员会委员[②]。

2012年3月9日，时任美国总统奥巴马提名路易斯·赫雷拉担任美国国家博物馆与图书馆服务理事会（National Museum and Library Services Board）理事[③]。

---

① 来源：Luis Herrera：LJ's 2012 Librarian of the year. http：//lj. libraryjournal. com/2012/01/managing-libraries/luis-herrera-ljs-2012-librarian-of-the-year/#_.

② PRICE G. DPLA announces inaugural board of directors［EB/OL］.［2012-09-11］. http：//lj. libraryjournal. com/2012/09/technology/dpla-announces-inaugural-board-of-directors.

③ 来 源：President Obama announces more key administration posts. https：//obamawhitehouse. archives. gov/the-press-office/2012/03/09/president-obama-announces-more-key-administration-posts.

2012年12月，《纽约时报》辩论专栏开展有关图书馆未来的辩论。路易斯·赫雷拉发表了题为“图书馆比以往更具相关性”（Libraries are more relevant than ever）一文。针对是不是还需要图书馆这一问题，阐述了自己的看法。他指出，尽管有许多人觉得可以通过因特网找到自己需要的东西，但是，正是因为因特网的存在，我们比以往更需要图书馆①。

2014年路易斯·赫雷拉获美国图书馆协会颁发的佩吉·沙利文奖。该奖专门用于奖励那些支持公共图书馆儿童服务并展现对儿童服务非凡理解力的图书馆管理者②。

《图书馆杂志》2015年11月报道，旧金山公共图书馆完成了历时14年的分馆改造项目。该项目规划起始于2001年，是该馆有史以来最庞大的分馆建设项目。修复16个具有历史意义的分馆；用市属建筑替代4个租用的分馆设施；有3个分馆彻底翻建为全新的建筑；建设了1个新分馆，填补了40年来图书馆系统没有建设新分馆的空白。至此，路易斯·赫雷拉领导的旧金山公共图书馆系统的图书馆总数达到28个（包括一个主馆和27个社区分馆）。

旧金山市管理办公室发布的研究报告显示，投入分馆改造项目的资金每1美元的收益为5.19美元至9.11美元。此外，图书馆分馆也得以扩大馆藏，改进技术资源，增加社区会议空间，通过合作与各种项目拓展了跨社区服务。研究还发现，与分馆改造项目相关的资本投资和额外经营支出，总共为该市经济发展贡献的直接与诱导（2级与3级）效益超过了3.3亿美元③。

另据报道，在2016年10月6日召开的城市图书馆理事会年度论坛上，路易斯·赫雷拉领导的旧金山公共图书馆获得了城市图书馆理事会颁发的最高创新

---

① GODDARD M E. Friends of the libraries: in internet age, libraries more necessary than ever [EB/OL]. [2013-08-08]. http://articles.dailypilot.com/2013-08-08/entertainment/tn-dpt-et-0809-friends--of-the-libraries-20130808_1_costa-mesa-donald-dungan-library-city-library-duplo-day.

② Luis Herrera receives 2014 Peggy Sullivan Award [EB/OL]. [2014-03-10]. http://www.ala.org/news/press-releases/2014/03/luis-herrera-director-san-francisco-public-library-receives-2014-sullivan.

③ PEET L. Report details ROI on 14 years of citywide library improvement [EB/OL]. [2015-11-19]. http://lj.libraryjournal.com/2015/11/buildings/report-details-roi-on-14-years-of-citywide-library-improvement/.

奖。路易斯·赫雷拉为自己领导的图书馆系统赢得卫生健康、安全与可持续领域的奖项而自豪。他指出：获得最高创新奖意味着我们跻身最优行列。在旧金山的一些地方，新鲜食品缺乏，营养不均衡。为了满足社区的迫切需要，图书馆发起了卫生健康对话，设立了专门的宣传推广项目（Biblio Bistro），图书馆员在全市和农贸市场进行食品示范展示，以强调家庭自制食物与健康的关系①。

2016 年 11 月，路易斯·赫雷拉所领导的图书馆接受哈佛商学院校友团队的公益咨询，帮助 27 家分馆系统定义面向数字包容性未来的需求和计划②。

另外，2016 年 11 月 20 日至 23 日，第 7 届信息技术与教育国际学术研讨会（ITIE2016）在广州召开，前来参会的路易斯·赫雷拉于 2016 年 11 月 22 日上午接受国内专业电子媒体 e 线图情的采访，就记者关心的问题作答，介绍了旧金山公共图书馆 2015 年 5 月创建的创客空间的发展③。

据《图书馆杂志》2018 年 6 月 5 日报道，旧金山公共图书馆作为全球公共图书馆启发灵感的样板，被评为《图书馆杂志》2018 年度图书馆。此前 3 个月，即 2018 年 2 月，路易斯·赫雷拉从旧金山公共图书馆退休。正是在他的领导下，旧金山公共图书馆成为启发灵感的样板。在笔者看来，继他个人获 2012 年度图书馆员桂冠后，他曾领导的图书馆再获殊荣，这无疑是对他领导该馆 13 年所付出心血的告慰和褒奖，也为他的个人职业生涯画上完美的句号④。

---

① STREZO K. ULC awards celebrate 2016 top innovators［EB/OL］.［2016-11-15］http：//lj. libraryjournal. com/2016/11/library-services/ulc-awards-celebrate-top-2016-innovators/.

② PEET L. Harvard business alumni offer SFPL pro bono consulting［EB/OL］.［2017-03-02］. http：//lj. libraryjournal. com/2017/03/managing-libraries/harvard-business-alumni-offer-sfpl-pro-bono-consulting/.

③ 刘锦山 . 路易斯·赫雷拉：图书馆创客空间新构想［J］. 图书馆建设，2017（6）：100—101.

④ BERRY J N. 2018 Gale/LJ library of the year：San Francisco public library［EB/OL］.［2018-06-05］. https：//lj. libraryjournal. com/2018/06/awards/2018-galelj-library-year-san-francisco-public-library/.

改变电子资源采购与服务模式的年度图书馆员（2013）

2013 年 1 月,《图书馆杂志》刊发特稿，公布了 2013 年度图书馆员评选结果。获得年度图书馆员桂冠的是美国堪萨斯州立图书馆馆长（State Librarian of Kansas）乔安妮·巴德勒（Joanne Budler）女士[①]。《图书馆杂志》2013 年第 1 期不仅将乔安妮·巴德勒的大幅照片刊登在杂志的封面，还以特稿形式用 3 个版面的篇幅对她的业绩、经历等进行了图文并茂的报道。从特稿配发的照片看，乔安妮·巴德勒留棕黄色超短发，着一袭黑色职业装，戴咖啡色半框眼镜，目光笃定，笑容灿烂。

一、教育背景与职业生涯

乔安妮·巴德勒在美国纽约市皇后区临近的里士满希尔（Richmond Hill）长大。本科就读于纽约州的锡拉丘兹大学。在都市成长的她感觉读本科时的环境宛若乡下。本科毕业后，乔安妮·巴德勒来到位于艾奥瓦城（又译：衣阿华城）的艾奥瓦大学，师从普利策奖获奖诗人（Pulitzer Prize-Winning poet）唐纳德·贾斯蒂斯（Donald Justice）研究写作。她选修了该大学写作研究班的诗歌课程。由于不打算从事教学工作，出于择业考虑，又在艾奥瓦大学攻读了图书馆学情报学硕士学位。

乔安妮·巴德勒在接受《图书馆杂志》采访时说，写诗是个人爱好。直到获奖时自己还经常写诗，只是不再将诗作寄出发表。过去自己的诗作曾被收入女诗人诗集发表，是很有意思的事情。回忆在艾奥瓦的时光，她感觉那里就像天堂，充满乡土气息，非常美丽。

乔安妮·巴德勒的职业生涯起始于内布拉斯加州。1984 年至 1987 年，乔安妮·巴德勒在内布拉斯加州林肯的贝内特·马丁公共图书馆工作。最初担任编目馆员，后来担任图书馆特藏主管。之后，她转至内布拉斯加州立法参考图书馆担任多年图书馆员，为自己能够为全美唯一的一院制立法机构服务而感到自豪。此后的 6 年多时间里，她还担任过联机计算机图书馆中心（OCLC）当时设在内布

---

① BERRY J N. Joanne Budler—Library Journal Librarian of the year 2013［J］. Library journal，2013，138（1）：28—30.

拉斯加的地区网络中心（NEBASE）以及内布拉斯加图书馆委员会网络服务部主任。此后，担任密歇根州立图书馆副馆长近 4 年。2004 年 6 月被任命为俄亥俄州立图书馆馆长。2010 年起，担任堪萨斯州立图书馆馆长。获奖时，已担任该馆馆长 3 年①。

二、工作业绩

（1）拒绝签署不公平的电子图书销售合同

2010 年，电子图书销售商 OverDrive 公司向堪萨斯州立图书馆提出更改之前与该馆签订的电子图书销售合同。乔安妮·巴德勒发现，按照对方提出的合同更改要求，州立图书馆需要支付的电子图书管理费将在此后数年中增加 700%。乔安妮·巴德勒冒着堪萨斯图书馆的用户中断甚至无法获取电子图书的风险，多次否决了 OverDrive 公司修改合同的提议。经过与 OverDrive 公司长时间沟通谈判，最终于 2012 年获准将之前购买的电子图书从 OverDrive 公司的平台转入图书馆新选择的平台。该抵制行为不仅重构了堪萨斯州的电子图书采购模式，上述与电子图书销售商的争议也引发了全美对图书馆服务合同长期公开的检视。

乔安妮·巴德勒在接受《图书馆杂志》采访时指出："当不得不做某些事情的时候，就要顺势而为。对我们而言那是一种新的操作，边干边学，完成它花费了较多时间。"

她还指出，虽然该馆订购电子图书的数量并不是太多，但是，利用电子图书服务的人群对电子图书的使用频率很高，她与图书馆员以及用户进行过非常明确的沟通。堪萨斯州的图书馆员克服自己的担心，支持乔安妮·巴德勒为解决电子图书的问题所做的工作。他们不喜欢被迫停止为客户提供服务，也认识到图书馆若仅依赖一家供应商提供电子图书，存在与生俱来的问题，支持乔安妮·巴德勒寻找新的供应商为堪萨斯州的民众提供电子图书存取。

图书馆专门设立了电子图书热线电话，公众可以拨打电话提出抱怨。当图书馆工作人员向他们解释事情的原委时，大家都同意应当放弃合同，不支付修改合

---

① MI's Budler named new state librarian of Ohio [EB/OL]. [2004-06-02]. https://lj. libraryjournal. com/2004/06/ljarchives/mis-budler-named-new-state-librarian-of-ohio/.

同增加巨额管理费用。乔安妮·巴德勒与图书馆工作人员得到用户的支持，共同抵制出版商和销售代理商对电子图书漫天要价的恶行①。

（2）借助媒体宣传图书馆的立场和诉求

2012 年 10 月，堪萨斯州立图书馆致信电子图书出版商，要求将已购买的电子图书内容转移至自己选择的平台。然而，出版商却对该馆的信件置之不理。面对强势的出版商，堪萨斯州立图书馆决定利用社交网络，宣传自己的立场和诉求。图书馆在 Facebook 上建立页面（facebook. com/thebig6ebooks），发布对六大出版商的抗议，使得出版商强加在图书馆电子图书和其他受影响图书上的不合理限制广为传播。作为美国绝大多数最畅销图书的出版者，这六大出版商分别是：法国阿歇特出版集团（Hachette）、哈珀柯林斯出版集团（HarperCollins）、麦克米兰出版公司（Macmillan）、西蒙与舒斯特出版公司（Simon & Schuster）、兰登书屋集团公司（Random House）、企鹅出版集团（Penguin Group）②。

除了利用社交媒体发布信息外，堪萨斯州立图书馆还召开新闻发布会，将图书馆的努力呈现给世人，使更多的图书馆员和图书馆用户意识到，正是由于出版商的种种不合理限制，才导致自己的数字书架空空荡荡。《威奇塔鹰报》（Wichita Eagle）和其他报纸纷纷刊发了关于该新闻发布会的特稿。

乔安妮·巴德勒在报纸发布声明指出，仅仅给出版商写信，相互抱怨出版商/图书馆电子图书的冲突是不够的，我们需要自己的社会媒体平台，与公众一起真正关注那些无法提供的内容。堪萨斯州立图书馆想让出版商将不公平的电子图书出借实践变得更加负责，建立包括图书馆用户在内的足够强大的群体，以便对电

---

① 此事令笔者想起，2010 年 9 月 2 日，以中国科技图书文献中心、国家图书馆、中科院国家科学图书馆和北京大学图书馆为首的 33 家国内主要图书馆联合发表《致国际出版商的公开信》和《致中国科技文献读者的公开信》，公开反对个别出版商大幅度涨价行为，呼吁担任国际学术期刊的编委、审稿专家、顾问等专家学者向出版商施加影响。来源：我国 33 家图书馆联合反对个别国际出版商大幅涨价行为 .http：//www. cas. cn/xw/zyxw/yw/201009/t20100909_2957268. shtml. 此外，据《图书馆杂志》2013 年 1 月报道，美国图书馆协会也针对出版商向图书馆销售电子图书的政策发布联合抗议声明。ALA chapters protest ebook pricing and terms［J］. Library journal，2013，138（1）：22.

② 2012 年下半年，兰登书屋集团公司和企鹅出版集团宣布合并，事发时正在等待合规审查。2013 年正式合并为企鹅兰登书屋出版公司。

子图书借阅的前景施加影响。集体行动在产生广泛影响之前还要有漫长的路要走，在堪萨斯州立图书馆的努力和其他类似社会媒体的努力下，更多的读者意识到导致他们阅读困境的根源，有助于聚凝聚大家的关注和评判。

堪萨斯州立图书馆尤其关注一些流行新书电子版的获取问题，诸如《哈利波特》的作者罗琳的新著《偶发空缺》（*The Casual Vacancy*），以及内特·西尔弗（Nate Silver）所著《信号与噪声》（*The Signal and the Noise*），这些图书的电子版当时均不向图书馆提供，由于图书馆与出版商的争议事件才导致民众的需求浮出水面。堪萨斯州立图书馆还列出了其他一些电子图书价格过高的问题。比如，出版商提供给图书馆的一些电子图书标价高达 85 美元，是消费者原意支付购买价的数倍。

（3）着眼未来，寻求建立电子图书存取新模式

在乔安妮·巴德勒的领导下，堪萨斯州立图书馆经过一系列努力，最终签订了首个州电子图书平台合同。在此过程中，堪萨斯州司法部副部长杰夫·钱尼（Jeff Chanay）功不可没。乔安妮·巴德勒与他密切合作，他的专业知识帮助堪萨斯州立图书馆就复杂的版权和所有权问题进行抗争并实现了预期的目标。

在取得上述成果的同时，乔安妮·巴德勒还着眼于长远发展，开始思考如何建立电子图书存取新模式。此举促使全美图书馆展开更广泛的对话，共同探寻电子图书存取的新模式。

2012 年 1 月召开了州立图书馆馆长联席会议（COSLA session），与会者就“我是否拥有这些电子图书”这一主题展开讨论。乔安妮·巴德勒在会上指出，尽管我们还没有敲定电子图书采用哪一种模式，但是，我们知道不想被限定于一家供货商。乔安妮·巴德勒的不懈努力，为图书馆员树立了榜样，提高了图书馆员缜密思考所签署电子图书购买合同的意识，鼓舞他们捍卫自己所服务机构的权利。

乔安妮·巴德勒在接受《图书馆杂志》采访时表示，协商谈判的秘诀在于寻求双赢，不能过于生硬，不要想打败任何人，只求供货商切实为我们提供服务。关键的问题是，图书馆以许可方式购买的电子图书在终止与供货商的合同后会产生什么后果？她的努力目标是将图书馆已支付许可费的那些电子图书转移到另外的平台（3M 平台）继续提供服务，而不是失去对那些电子图书的存取权，造成

州财政对内容投资的浪费。

截至乔安妮·巴德勒获奖时，堪萨斯州立图书馆正与包括3M、Freading、Baker & Taylor以及Bilbary等在内的多家电子图书供应商探讨共同合作的方式。乔安妮·巴德勒的努力值得大书特书之处在于，她所探讨的新模式将使所有图书馆获益。3M公司的标准合同条款中，就包括图书馆可以将已购买的电子资源转移至其他平台这一内容。

《图书馆杂志》的特稿指出，当下的电子图书市场仍呈漂浮不定状态。尽管围绕电子图书存取模式的抗争在可预见的未来仍将持续，但是，乔安妮·巴德勒和堪萨斯州立图书馆已经推动美国图书馆界朝着更加明确的电子图书许可、朝着建立图书馆更加稳定的电子图书市场前进。

三、服务理念、管理风格与特质

（1）着眼本地需求，保障关键服务

堪萨斯州立图书馆为州和地方政府、州内其他机构、州议会议员和工作人员、各类地方图书馆、堪萨斯州的公民、居民和来访者提供馆内和联机信息服务。

堪萨斯的主要产业为农业和高等教育，就业不够充分。针对本州的实际情况，图书馆订购了学习资源平台（Learning Express）以及对州各个相关部门在教育和就业培训方面有应用实效的图书。图书馆还利用《美国联邦图书馆服务与技术法案》（Library Service & Technology Act）专项资助和部分州级拨款，向州内图书馆提供所有电子资源和州级数据库，维护联合目录，并在历史名城恩波利（Emporia）提供有声图书服务。

与其他政府部门一样，堪萨斯州立图书馆的运营经费近年来面临巨大挑战。经费总额在过去5年中削减了约38%。这意味着图书馆地位的下降，也迫使乔安妮·巴德勒与工作人员重新评估所提供的每一项服务。2012年图书馆进行的评估密切检视堪萨斯州的现状，以便精准判断图书馆需要做些什么，如何才能与乔安妮·巴德勒和图书馆的工作人员所感到州的需要相匹配。例如，堪萨斯州立图书馆之前运营一个图书中心，其使命是激发公众对图书在教育和文化方面作用的兴趣，但是，由于经费缩减被迫彻底取消。

据乔安妮·巴德勒介绍，堪萨斯州立图书馆承担面向全州的服务。此服务极为重要，发挥着巨大的平衡器作用，保障每一个人得到同样、基本良好的图书馆服务。另外一项极为重要的服务是为立法机构和州政府提供服务。州立图书馆聘用了一些才华横溢的参考馆员，不仅是立法者在议会召开期间，而且州政府机构全年对图书馆参考咨询服务的使用率均非常高。堪萨斯州立图书馆还在州议会大厦草坪设立流动图书馆，为民选官员提供便捷的参考咨询服务。

（2）在州长支持下拓展工作

州立图书馆的工作，必须以州政府的支持为基础，州长掌握着州立图书馆馆长的聘用大权。2010 年 3 月，堪萨斯州前任州长马克 · 帕金森聘用乔安妮 · 巴德勒为州立图书馆馆长。新州长萨姆 · 布朗巴克上任后，继续聘用乔安妮 · 巴德勒。她按照州长的喜好拓展图书馆服务，很享受与州长以及州长夫人顺畅共事的快乐。

乔安妮 · 巴德勒在接受《图书馆杂志》采访时指出，萨姆 · 布朗巴克州长非常支持图书馆的工作，他理解阅读的价值，他的目标之一就是让堪萨斯州儿童的阅读达到与自己年龄适宜的水平。2012 年，州长提出在全州开展暑期阅读活动（Read Kansas）。活动的高潮是邀请阅读活动期间阅读图书最多的 20 名孩子和他们的家人参加在州长官邸举办的颁奖会。此外，州长夫人还于 2012 年设立了读书节，并计划 2013 年继续举办。在读书节期间，堪萨斯州立图书馆公布优秀图书，并为优秀图书的作者颁奖。

（3）扩大多层次本地接触

乔安妮 · 巴德勒在接受《图书馆杂志》采访时表示，她对联机计算机图书馆中心的地区中心的取消感到伤心。因为，地区中心进行了许多本地和地区的培训，对于联机计算机图书馆中心这样的组织而言，假如缺少本地接触，做上述工作会困难重重。基于内布拉斯加的工作经历，乔安妮 · 巴德勒确信存在对小型地区图书馆系统的需求。

她指出：在某些层面上，州图书馆也存在同样的问题。我们可以做全州范围的事情，而且做得很好，但是，我们无法处理当地社区的本地化需求。堪萨斯州有 6 个地区级图书馆，他们所做的都是更加个性化和本地化的事情。比如进行培训和技术支持。帮助图书馆处理联邦资助接入因特网项目（E-rate）相关的事务和技术规划[①]。

堪萨斯州共有350多家图书馆，大多数规模很小。那些基层图书馆工作人员的奉献精神给乔安妮·巴德勒留下了深刻印象。她指出，她热爱所有图书馆工作者为工作付出的激情，这远比资金支持更加重要。虽然自己无法更多介绍这些优秀的图书馆工作人员，但是，觉得每一个州的图书馆工作人员都是如此。在笔者看来，乔安妮·巴德勒的寥寥数语印证了美国图书馆工作者对工作的热爱和奉献是普遍现象。加上美国各级各类图书馆组织，连同有影响的传媒等持续评选表彰图书馆优秀榜样人物，为从业者提供了正向激励机制，保障了图书馆服务文化、职业素养与奉献精神的良性互动与长盛不衰。

（4）参与跨州电子图书合作项目

对乔安妮·巴德勒而言，合作是图书馆管理始终有效的传统核心价值之一。她认为正是因为对合作的信念、对合作的需求以及协作，使自己想要成为图书馆员。她高度重视合作，坚信现实中不存在不能合作的任何理由，常常探讨是否能够实现跨州合作。在她看来，那将会产生更加美妙结果。

正是在强化图书馆服务的一腔热情驱使下，乔安妮·巴德勒在本地、地区和全国努力工作，不断寻找能够让电子图书被所有美国公民获取的途径。对她而言，这是比较紧迫、通过协作才能完成的一项工作。

2013年伊始，在乔安妮·巴德勒的领导下，堪萨斯州立图书馆加入了由加州图书馆组织发起的泛加利福尼亚图书馆网络（Large Califa Library Network），参与该非营利图书馆合作组织的电子图书合作项目。项目聚焦于建设电子图书平台，用来存储管理图书馆拥有的电子图书并进行借阅服务。该电子图书平台仿照科罗

---

① E-rate项目为中小学和图书馆接入因特网提供资助。该项目由美国联邦通信委员会1996年设立，系美国联邦政府最大的教育技术项目。项目设立之初，全美仅有14%的中小学教室能接入因特网，10年之后，实现了所有中小学和图书馆的全接入。2010年，联邦通信委员会开始启动E-rate项目升级，2014年7月11日通过E-rate现代化政令，在继续支持宽带接入因特网的同时，拓展无线网在全美中小学和图书馆的应用。2014年12月11日联邦通信委员会通过了第二个E-rate现代化政令，调整项目资助上限至39亿美元，让中小学和图书馆优先购置高速宽带设备。来源：Federal Communications Commission. The E-Rate Program. https：//www. fcc. gov/e-rate-update.

拉多州道格拉斯县的模式，使图书馆真正拥有自己存储的电子图书，并且依托独立的平台，向用户出借服务器中以 PDF 格式管理的电子图书内容。堪萨斯州立图书馆为该项目提供了种子基金。该合作项目还计划提供金融支持，使自助出版电子书经销平台（Smashwords）为图书馆提供自出版图书和本地作者作品的存取[①]。

四、提名与获奖缘由

《图书馆杂志》的特稿未披露本年度图书馆员奖的提名情况，故笔者无从得知详情，暂且留白。

《图书馆杂志》公布获奖结果的特稿指出，在为美国图书馆用户努力创建可操作的电子图书存取模式的过程中，乔安妮·巴德勒主导策划了震撼世界的平台迁移行动。她为捍卫图书馆已购买的电子图书的存取权利所做的持续努力，担任州立图书馆馆长联席会议电子图书馆特别工作组主席所做的工作，以及对堪萨斯州本地做出的巨大贡献，均显示她是一位卓有成效的领导者，被《图书馆杂志》遴选为 2013 年度图书馆员。

在笔者看来，乔安妮·巴德勒的获奖，具有很强的示范作用。她的贡献也具有典型的时代特色。在图书馆为适应用户需求增加电子图书和网络服务的背景下，屡屡遭遇出版商和电子数据库销售商对电子资源利用的种种限制与不合理收费，尤其是很多图书馆为了购买使用电子资源，不得不忍气吞声，接受一些不合理的霸王条款。当乔安妮·巴德勒面对骄横的出版巨头敢于说不的时候，就注定了她抗争的勇气和胆识将被载入史册，并鼓舞更多的图书馆员凝聚合力，探寻更加公平、有利于用户长久使用电子图书的存取模式。

五、获奖之后

2013 年 5 月，乔安妮·巴德勒受邀担任《图书馆杂志》年度图书馆奖的评委，参与该年度全美最佳图书馆的评选工作[②]。

据《图书馆杂志》2013 年 7 月 13 日报道，2013 年 5 月，加州图书馆组织

---

① MATT E. Technology：Califa launches Enki for ebooks［J］. Library journal，2013，138（11）：24.

② 来源：Library of the year 2013 judges. http：//lj. libraryjournal. com/2013/06/awards/2013-galelj-library-of-the-year-howard-county-library-system-md/.

Califa 与堪萨斯州立图书馆推出了自有电子图书平台 Enki。堪萨斯州立图书馆计划 7 月份在自己的网站推出 Enki，实现自有电子图书的获取。堪萨斯州立图书馆为该项目提供了种子基金[①]。

2013 年 6 月，在乔安妮·巴德勒领导下，堪萨斯州立图书馆推出了“机场阅读”项目。图书馆工作人员经过艰苦努力，与堪萨斯第二大机场曼哈顿地区机场合作，向候机旅客提供电子图书阅读服务。具体操作是：旅客用手机扫描机场候机室内招牌上的二维码，就可以登录堪萨斯州立图书馆的电子图书借阅服务网址。图书馆的持证读者，可直接用手机获取图书馆购买的电子图书；没有该馆借书证的游客，则被引导到谷登堡项目的移动优化网站，在该网站下载公共领域的图书。该项目易于实施而且不需要太多花费，图书馆主要的支出就是印制带有二维码的宣传导引招牌和卡片。对于那些持有不具备扫码功能的电子阅读器的读者而言，只能人工输入借阅网址进行电子图书的借阅[②]。

2014 年 10 月，乔安妮·巴德勒接受美国博物馆与图书馆服务协会项目管理官员米歇尔·法雷尔的访谈，阐述州立图书馆如何看待该州民众信息需求的变化，并就州立图书馆向美国博物馆与图书馆服务协会新申请的图书馆服务与建设法案基金资助计划（2013—2017）与前五年计划的变化展开讨论。

乔安妮·巴德勒在谈到图书馆服务应当满足的最紧迫的社区需求时指出，州立图书馆将把握提供移动设备服务的机遇，教会偏远农村地区的老年人使用电脑，普及数字技能；通过教会近郊和偏远农村的贫困家庭的儿童掌握数字技能，为脱贫和开发劳动力市场服务。在谈到图书馆新的 5 年计划时指出，将继续提供快速学习图书馆，并且通过与劳工部长和商务部下属的一站式就业中心的沟通，继续推进更多的就业服务工作。用项目数据库资助资金集中购买护理方面 的数据库，满足本州二年制和四年制护理学院认证的需求。此外，还计划将项目拨款与州资

---

① 来源：Matt Enis. Declaring independence. https：//lj. libraryjournal. com/2013/07/lj-in-print/declaring-independence/.

② CHANT I. Libraries partner with local airports［EB/OL］.［2013-07-26］. http：//lj. libraryjournal. com/2013/07/marketing/libraries-partner-with-local-airports/.

金投入儿童早期阅读准备方面，以培养儿童养成终生学习的习惯[①]。

2014 年 12 月，堪萨斯州立图书馆开始与一家名为 Total BooX 的电子图书平台合作，建设覆盖全州的电子图书借阅项目，向图书馆用户提供包括 3M 云图书馆、Freading 电子图书、自有电子图书（Enki）、有声图书（OneClickdigital Audiobooks）、有声绘本童书（TumbleBooks）、经典少儿文学作品（BookFlix）、最新非小说作品（Britannica E-STAX）的存取服务。据乔安妮·巴德勒介绍，她个人喜欢 Freeding 模式，Total BooX 与前者类似。两个平台没有并发用户限制，没有前期费用或维护费，可以为图书馆用户提供数以千计的电子图书。

据《图书馆杂志》报道，2013 年 9 月，美国纽约的韦斯特切斯特图书馆系统宣布与 Total BooX 合作，是首个与该电子图书计量销售平台合作的图书馆。该馆执行馆长特瑞·克史纳（Terry Kirchner）指出，与五大出版巨头要求的一本电子图书对应一位用户以及其他限制相比，他更喜欢 Total BooX 的概念[②]。

---

① FARRELL M. Interview：Kansas State Library［EB/OL］.［2014－10－23］. https：//www. imls. gov/blog/2014/10/interview-kansas-state-library.

② ENIS M. State library of Kansas partners with Total BooX［EB/OL］.［2014－12－18］. http：//lj. libraryjournal. com/2014/12/technology/ebooks/state-library-of-kansas-partners-with-total-boox/.

将图书馆再造为创新孵化器的年度图书馆员（2014）

2014 年 1 月 7 日，《图书馆杂志》刊发特稿，公布了 2014 年度图书馆员评选结果。获得 2014 年度图书馆员桂冠的是美国田纳西州东南部城市查塔努加公共图书馆（Chattanooga Public Library）的执行馆长科琳・希尔（Corinne Hill）女士[①]。《图书馆杂志》2014 年第 1 期不仅将科琳・希尔的大幅照片刊登在杂志的封面，还以特稿形式用 3 个版面的篇幅对她的业绩、经历等进行了图文并茂的报道。与此同时，《图书馆杂志》网站也发布了该特稿。从《图书馆杂志》特稿配发的照片看，科琳・希尔留金色齐耳短发，身穿玫红色上衣，笑容灿烂，充满活力和自信。

一、教育背景与职业生涯

科琳・希尔出生于加拿大纽芬兰，在美国佛罗里达的迈阿密长大[②]。1995 年，科琳・希尔在位于丹顿的北得克萨斯大学获图书馆学硕士学位。当年 5 月，她开始在丹顿公共图书馆工作。先是担任该馆馆藏建设主管 6 年，后担任分馆负责人。并于 2004 年当选《图书馆杂志》感动与震撼人物。她还作为活跃会员积极参加得克萨斯州图书馆协会、美国促进拉美裔美国人与讲西班牙语者图书馆与信息服务协会、美国图书馆协会参考与用户服务委员会等专业组织的活动策划。2008 年 6 月，科琳・希尔离开丹顿公共图书馆，担任达拉斯公共图书馆分管资源建设的副馆长。2010 年 6 月被任命为该馆临时馆长。在丹顿和达拉斯这 2 个城市图书馆任职期间，科琳・希尔成功地领导分馆实施转型，为弥补图书馆对当地部分群体服务的不足，增加全球多国语言的文献，收藏同性恋文献，将沉闷、鲜有人利用的分馆转变为充满活力的社区中心。2012 年 2 月，科琳・希尔被聘为查塔努加公共图书馆执行馆长。获奖时，已担任该馆馆长 2 年。

---

① BERRY J N. Corinne Hill：executive director，Chattanooga public library—LJ Librarian of the year 2014［J］. Library journal，2014，139（1）：1.

② 来源：Corinne Hill：Movers & Shakers 2004. http：//lj. libraryjournal. com/2004/03/people/movers-shakers-2004/corinne-hill-movers-shakers-2004/.

二、工作业绩

（1）实施千兆图书馆项目

美国田纳西州的查塔努加市是西半球首个向所有居民和企业提供每秒千兆比特光纤因特网服务的城市，致力于打造技术驱动的创新文化。科琳·希尔认为，千兆城市必须拥有千兆图书馆。于是，将建设千兆网提供图书馆服务作为一系列转变图书馆举措的重中之重。她领导实施了“千兆图书馆项目”（Gig library Project），使查塔努加公共图书馆跃居全美最早向居民提供免费千兆网存取的图书馆之列。除了提供电子图书和其他资源的高速下载外，该馆的千兆存取还为图书馆开启潜在的合作，助力图书馆成为社区的创新中心。在接受《图书馆杂志》采访时科琳·希尔说，图书馆正打算建设一个孵化空间，以便努力回应并满足企业家的需求。

（2）实施图书馆的环境修复

在科琳·希尔担任查塔努加公共图书馆执行馆长之前，查塔努加市市长罗恩·利特菲尔德（Ron Littlefield）曾花费5万美金，聘请有深厚图书馆从业背景的专家、图书馆咨询公司顾问琼·加西亚和苏珊·肯特对图书馆进行评估。她们到查塔努加市与汉密尔顿县合办的图书馆对中心馆和4个分馆进行实地考察后，向市政当局提交了评估报告。报告指出，图书馆不仅外观丑陋，而且服务不切实际，管理不当。建议对图书馆从管理、组织架构、设施、馆藏和技术等方面进行改进与再造。

就任查塔努加公共图书馆执行馆长伊始，科琳·希尔便着手对图书馆进行外观和环境修复。首先用高压冷水冲洗去除图书馆建筑上的污垢，呈现图书馆建筑令人惊叹的外观。紧随其后的是聘请花匠修复建筑周围的景观。之后，让工作人员从库房中取出那些被遗忘的充满艺术与设计感的家具用于内部陈设，并重新开启图书馆入口处的喷泉，让水流喷洒在青铜图书雕塑之上，为外观靓丽、焕然一新的图书馆营造优雅宜人的环境。

（3）引进富有创新意识的年轻图书馆员

图书馆的环境修复工作完成后，科琳·希尔将工作重点转向工作人员队伍建设，面向全美招聘具有创新精神、通过新设想和项目使自己在图书馆界崭露头角的年轻的图书馆员。

在谈到选聘新的查塔努加公共图书馆领导骨干时，科琳·希尔说，自己的助理内特·希尔（Nate Hill）跟自己一起工作非常合拍。他原是加州圣何塞市公共图书馆的网络图书馆员，是图书馆顾问公司的加西亚帮助物色的。科琳·希尔于2012年7月聘用内特·希尔担任馆长助理，负责技术与数字创新业务；2012年11月聘用来自缅因州波特兰公共图书馆的少年图书馆员贾斯廷·霍恩克（Justin Hoenke）；2012年4月，曾与科琳·希尔共事过的达拉斯公共图书馆的青年服务主管阿莱·伯恩斯（Alei Burns）加入查塔努加公共图书馆；2012年9月，聘用纽约西塞罗北奥农达加公共图书馆的系统管理员梅格·巴克斯（Meg Backus）担任系统管理员。这些新骨干的加盟为查塔努加公共图书馆的转变奠定了基础。

（4）重组团队，实现图书馆的再造

科琳·希尔聘用具有创新意识的图书馆员后，引入激励机制，进行图书馆工作人员的重组。放手让他们施展拳脚，通过提供别开生面的服务和活动，拓展图书馆的职能。图书馆增加了电子游戏、编程辅导、3D打印、摇滚音乐以及面向所有年龄段居民的全新的现代表演和服务。上述富有创新、不断变化的组合服务，唤醒了早就准备迎接新生活的图书馆。最重要的是，他们以创新精神实践自己的创意和灵感，在不到2年的时间里，实现了查塔努加公共图书馆的转变。

以查塔努加公共图书馆的主馆第四层为例，多年来，这个面积达1300平方米的空间一直用于存放档案、装饰性艺术品和闲置的家具。在馆长助理内特·希尔的带领下，图书馆将上述空间改变成了具有创造性、令人兴奋的实验室和创客空间。其中，除了随处可见的查塔努加公共图书馆千兆因特网服务设施外，还包括高分辨率平板扫描仪和3D打印机等先进设备。主馆第四层的巨大改变引人注目，甚至时任市长罗恩·利特菲尔德在接受电视台采访时，都将查塔努加公共图书馆主馆第四层的改造视为市政机构引进技术专家的展示窗口。

达拉斯公共图书馆青年服务主管阿莱·伯恩斯曾在该馆担任儿童图书馆员和分馆主管助理。她在查塔努加公共图书馆新创立了为婴儿服务的“婴儿弹跳”项目（Baby Bounce）。她认为，图书馆应当尽早为儿童提供服务。在这一理念驱动下，她正在将查塔努加公共图书馆一所不景气的分馆转型为专门的儿童图书馆。她在接受当地媒体记者采访时表示，儿童图书馆的服务对儿童年龄没有限制，如果有可能的话，我会接纳母亲腹中的胎儿参加暑期阅读。

来自波特兰公共图书馆的少年图书馆员贾斯廷·霍恩克将查塔努加公共图书馆的青少年中心搬至二楼，将其转变为学习中心和青少年游乐场。其中摆满了计算机、电子游戏、控制台和漫画。

尽管新团队成员的职责和专长各有不同，但是，他们都作为一个整体为查塔努加公共图书馆的彻底改造而协同工作。科琳·希尔在接受《图书馆杂志》采访时指出，我们的工作人员相互之间具有强烈的吸引力，这绝对是我们使图书馆产生变革的必要条件，反之，如果工作人员之间相处不融洽，就不会取得如此效果。

三、服务理念、管理风格与特质

（1）受命于危难之中，追求卓越

查塔努加公共图书馆的运营经费主要来自市政当局，每年约为 570 万美元，外加通过其他渠道获得的资金 30 万美元，相当于人均为图书馆提供 34 美元的支持。2010 年底，查塔努加市公共图书馆馆长戴维·克拉普（David Clapp）退休，此后馆长一职处于空缺状态。当地民众对查塔努加公共图书馆的前景持负面态度，大家甚至做好了关闭图书馆的准备。不断地说没有人到访这里，没有人利用图书馆，为什么我们要为此付出金钱？尽管如此，时任市长罗恩·利特菲尔德没有选择放弃不景气的图书馆，他任命支持查塔努加市城区振兴的有识之士组成社区小组，该小组开始为图书馆的振兴做调研准备工作。

2011 年，查塔努加公共图书馆开始寻找新馆长时，科琳·希尔正在达拉斯公共图书馆担任临时馆长。在接受《图书馆杂志》采访时，科琳·希尔曾充满激情地回忆 2011 年自己到图书馆接受面试的情景。她说，咨询顾问报告中对查塔努加公共图书馆的差评并未让她受到惊吓，反而发挥了正面效应，告诉她必须从何处着手做哪些事情。当她询问图书馆理事会的理事想让图书馆馆长做哪些事情时，他们回答说，他们没有具体想法，他们只知道需要选择一个理解他们的意图并推动图书馆前进的候选人担任图书馆馆长。他们想让民众提起图书馆就像谈论水族馆，就像谈论城市中心的复兴一样。就是想让查塔努加公共图书馆成为最出色的顶尖图书馆。上述话语使科琳·希尔当即感到查塔努加公共图书馆执行馆长这一职位仿佛是为自己量身打造的，具有无法抵御的吸引力。

于是，她决定离开达拉斯，到查塔努加这座风景优美的城市，在图书馆执行馆长这一永久职位上，开启富有挑战性的新征程。据当地媒体报道，2012 年 2 月，科琳・希尔被任命为查塔努加市公共图书馆执行馆长。时任市长罗恩・利特菲尔德在接受采访时指出，在得克萨斯，当遭遇经费缩减 11% 的情况时，科琳・希尔没有裁减工作人员，继续保持分馆正常开放，还增加资源采购资金。聘用科琳・希尔是为了帮助探索拓展电子图书以及因特网的利用，领导查塔努加市公共图书馆进入数字时代[①]。

（2）为传统业务流程注入新元素

在就任查塔努加市公共图书馆执行馆长之前，科琳・希尔的职业生涯历练不仅包括办公室，也包括公共服务和资源建设。她尤其重视资源建设，持续不断地购入激发用户活力的热门图书和其他资料。到查塔努加公共图书馆就职后，她依然保持过往的做法，并推出了一些新的举措。

作为喜欢购物的时尚女性，科琳・希尔在接受查塔努加当地媒体采访时指出，图书馆没有理由不像好的商店那样吸引人。集中式资源建设是实现此点的唯一途径，并且需要整个社区参与其中。在查塔努加市，用户如果发现图书馆没有收藏自己需要的图书或其他资源，只要提出需求图书馆都会为他们购买，无论是图书还是视听资源，均不需要经过繁复的评估程序，新颖是唯一的要求。此外，图书馆对用户提出需求的资源，还确保购买足够的复本，以减少用户的轮候时间，科琳・希尔为此感到自豪。

（3）打破陈规，放手让员工独立工作

在谈到新选聘的查塔努加公共图书馆领导骨干时，科琳・希尔说，自己的助理内特・希尔跟自己一起工作非常合拍。鉴于图书馆经费有限，没有足够资金发布招聘广告，负责人力资源管理的工作人员按照科琳・希尔的指示，利用推特（Twitter）和脸书（Facebook）等社交媒体发布招聘信息，寻找合适的候选人。

---

① KINSEY. Chattanooga ‘steals’ new library director Corinne Hill from Dallas in sweet coup [EB/OL]. [2012-02-02]. http://www.chattanoogapulse.com/citylife/chattanooga-steals-new-library-director-corinne-hill-from-dallas-in-sweet-coup/.

在接受《图书馆杂志》的采访被问到自己的管理风格时，科琳·希尔坦诚地回答说，自己想按照自己希望的方式管理图书馆。然而，到查塔努加公共图书馆任职后，听到太多诸如“这不可行”“让我告诉你为什么这种方法行不通”，或者“那种方法很多年以前就试过了，行不通”之类的话，令自己感到厌倦。

科琳·希尔相信，管理和领导的最好方式是聘用聪明人，并让他们独立工作。给员工自主权和自由是唯一的方法，如果图书馆馆长关注微观管理，就不会很快成功。科琳·希尔颇为自豪地解释说，找到真正聪明的人非常重要。查塔努加公共图书馆原有的工作人员中也有一些人非常聪明。他们有挫折感，不想让图书馆闭馆，很高兴并期待图书馆发生改变。我继续聘用他们，实现新旧工作人员的搭配组合。

科琳·希尔指出，在自己担任执行馆长的 2 年里，图书馆工作人员刚刚适应了独立决策的管理方式。但是，他们仍然存在恐惧心理，担心独自决策失误产生不好的后果。在科琳·希尔看来，每一个人都会偶尔做出错误决策，这并不足惧。通过尽可能摆脱官僚化繁文缛节，查塔努加公共图书馆团队才能快速实施新的计划项目，并迅速搜集公众反应数据。

科琳·希尔不喜欢开会谈论改变，而是想在查塔努加公共图书馆立即实施改变。她认为，如果放弃控制，就可以做更多的事情。因为，她不想在查塔努加公共图书馆沿袭以往曾工作过的图书馆的管理方式，不喜欢遏制创新的等级化官僚制度。希望创造一种环境，让大家为社区做出真正引人入胜的事情，真正回馈社区。在她看来，查塔努加市公共图书馆正在朝这个方向大踏步前进。

《图书馆杂志》的特稿指出，查塔努加公共图书馆所回馈的不仅是图书馆所在的社区，还有整个图书馆界。科琳·希尔及其团队通过网络和会议慷慨地分享他们再造图书馆的经验。科琳·希尔采取的试验方法，连同图书馆轻巧的形状和结构，使得查塔努加公共图书馆不仅成为企业的孵化器，还成为图书馆规划和服务模式的孵化器。

（4）面对危机努力寻求解决方案

早在达拉斯公共图书馆工作期间，科琳·希尔就在充满挑战的环境中致力于重建图书馆并回馈图书馆专业。该馆有 30 个服务网点，服务人口超过 110 万。从

2010 年 6 月担任达拉斯公共图书馆的临时馆长起直到 2012 年 3 月赴田纳西就任，由于达拉斯市对图书馆的支持迅速下降，达拉斯公共图书馆的处境每况愈下。

为了寻求解决方案，科琳·希尔与几所高校的教师共同开展了名为“重大挑战”（Grand Challenges）的合作项目。合作者包括纽约锡拉丘兹大学信息学院的戴维·兰克斯（David Lankes）、得克萨斯大学的安德鲁·狄龙（Andrew Dillon）、丹佛大学的玛丽·斯坦斯伯里（Mary Stansbury）以及普拉特艺术学院的图拉·贾安尼尼（Tula Giannini）。该项目聚焦于在专业领域发展更大的创新和共同管理。于 2011 年 4 月在达拉斯公共图书馆举行了项目的首次研讨会。

与此同时，科琳·希尔还与多所大学和图书馆以及学习中心合作开展“大思考”（The Big Think）项目，合作者既包括北得克萨斯大学、锡拉丘兹大学信息学院的主要研究人员，还包括提供图书馆管理系统开发与服务的北极星图书馆系统（Olaris Library Systems）、提供教育资源与服务的盖尔·圣智学习资源（Gale Cengage Learning）2 家公司以及社区领导人等，项目参与者为达拉斯公共图书馆制订了面向 21 世纪的战略规划。

科琳·希尔在接受《图书馆杂志》的采访时指出，当达拉斯公共图书馆的经费缩减 26% 后，我们尝试找出仍能发挥图书馆有效功能的途径，这实际上意味着图书馆的重构。不幸的是，最终经费被缩减 46%，使图书馆没有可能再恢复原有状态。《图书馆杂志》的特稿指出，若不是如此，科琳·希尔或许会继续留任达拉斯公共图书馆，并成为该馆的创新斗士。

即便是选择离开，科琳·希尔也认为达拉斯公共图书馆还有机会，有潜力设定新的步调。她坚信图书馆面对危机应不言放弃，要把握危机带来的机遇。

（5）改变永不停歇

查塔努加公共图书馆的再造，部分是通过发现并将闲置的艺术品和历史悠久的家具派上用场。而图书馆并未就此止步。在获奖前，图书馆正与一个创作儿童剧供成年人表演的团体商讨合作事宜，当双方讨论礼堂的灯光照明时，图书馆工作人员意外得知图书馆礼堂上面还有一个闲置的投影室，大家非常激动，将该空间改装为音响室，供有需求的表演团体使用。借此，图书馆又增加了新的服务。

科琳·希尔在接受《图书馆杂志》采访时指出，查塔努加市是一个很棒的地方，无论做什么都会得到大家的支持。自己最自豪的是社区民众谈论图书馆的方式。大家将图书馆工作人员称为图书馆员摇滚明星，将媒体有关图书馆的报道张贴在全市的公告板上。

《图书馆杂志》的特稿指出，查塔努加市公共图书馆并不满足于已经发生的转变，还在继续转变进程之中。科琳·希尔和她的新团队已经吸引了大批民众到访查塔努加公共图书馆，在此过程中建立起广泛的社区支持。科琳·希尔最终实现了按照自己想要的管理方式管理图书馆，体现了真正的领导力。

四、提名与获奖缘由

《图书馆杂志》的特稿未披露本年度图书馆员奖的提名情况，故笔者无从得知详情，暂且留白。

《图书馆杂志》的专稿开篇指出：科琳·希尔将处于衰落中的图书馆系统[①]。转变为城市创新创意的孵化器，成为无所不在的图书馆。早在 2004 年，我们就知道科琳·希尔将注定成为明星。那时，她成为图书馆员才 8 年时间，就被《图书馆杂志》遴选为感动与震撼人物（LJ Mover & Shaker）。10 年之后，担任查塔努加公共图书馆执行馆长的科琳·希尔入选 2014 年度图书馆员，意味着她的职业生涯在查塔努加达到了顶峰。她将图书馆评估专家琼·加西亚和苏珊·肯特所述“丑陋、不相关和管理不善”的公共图书馆转变为全新的充满活力的图书馆。正如《查塔努加时报》2013 年 8 月的一篇报道所指出的那样，科琳·希尔培育了改变和创新文化，几乎对图书馆的方方面面产生了影响。

在笔者看来，科琳·希尔担任查塔努加公共图书馆执行馆长的时间虽然不长，但是，凭借她的创新精神、胆识、魄力、管理理念，领导图书馆走上了再造和转变之路，一改图书馆过去的颓势和落后面貌。从她身上，我们可以看到诸多杰出的图书馆员身上所具有的勇于挑战、追求卓越的突出共性。作为图书馆的领导者，科琳·希尔面对危机的态度和应对方法对逆转图书馆的困境发挥了至关重要的作用。查塔努加公共图书馆的再造和转变，又一次为我们展现了图书馆置之死地而

① 在美国常常将总馆下设多个分馆的公共图书馆称图书馆系统。英文名称为 library system。值得指出的是，此处系统一词指的是体制 / 制度设计，而非信息技术领域所指的信息系统的含义。

后生的典型案例。

五、获奖之后

笔者发现《图书馆杂志》网站发布的获奖特稿后有 9 条评论。其中有 8 条是对科琳·希尔获奖表示祝贺。最后一条署名为奥德拉（Audra）的评论，表达了对图书馆变化的些许不满①。

该发帖人指出，图书馆主馆空荡荡的，找不到具有启发意义的图书，很多引人入胜的图书都被处理了。当下的图书馆仅满足玩游戏的需求。发帖人与朋友从该馆的“图书馆之友”组织正在处理的图书中发现了一些喜欢的图书。比如，朋友喜欢的一位作家的签名第一版图书，还有当地读书俱乐部捐赠的著名奇幻小说作家查尔斯·德林的多部新作。发帖人表示，从正面看，这虽是好事一桩，但令自己喜忧参半。觉得图书馆已经变得面目全非，不是自己所说的图书馆，更像一个有一些图书的娱乐中心。

显然，上述评论应当来自一位对传统图书馆和纸质藏书充满情感的用户。探究此负面评论产生的根源，少不了交代该馆处理图书的实情。笔者曾通过阅读一篇报道美国图书馆转型的文章得知，查塔努加公共图书馆将近三分之一的印刷型馆藏，包括百科全书、参考书目、冷门小说等，进行了公开拍卖。科琳·希尔认为，拍卖掉部分库存以建立实验空间的实际意义要远远超出书籍能提供给人们的帮助。图书馆行业数千年来一直在为公众传递信息，现在我们只是在用另一种方式来做这件事而已②。

在笔者看来，随着网络应用和电子阅读的日益普及，类似于发帖人的图书馆用户正在逐步变为小众群体。尽管上述观点没有其他人呼应，但是仍然值得图书馆思考。面对多样化需求的用户群体，图书馆做出任何改变前都需要仔细论证，认真细分用户需求，以失去老用户为代价吸引新用户是不足取的。尤其是做出剔除图书的决定时要慎之又慎，应寻求满足原有需求的替代性方案，提供有针对性

---

① BERRY J N. Corinne Hill：LJ’s 2014 Librarian of the year［EB/OL］.［2014-01-07］. http：//lj. libraryjournal. com/2014/01/awards/corinne-hill-ljs-2014-librarian-of-the-year/.

② 钟舒婷 . 这年头在图书馆做手工才是正经事［EB/OL］.［2014-09-06］. https：//site. douban. com/210084/widget/notes/13277212/note/415529875/.

的服务和引导，避免顾此失彼。

2014 年 6 月底至 7 月初，美国图书馆协会年会暨展览会在拉斯维加斯召开。大会的主题是“改变我们的图书馆和我们自己”。会议期间，科琳·希尔在图书馆未来分会场发言，听众云集，座无虚席。在一片有关实施数据驱动决策的呼声中，她的观点显得格外不同。她强调指出：我们过去就是基于数据做出决策，当下我们需要以更加人性化的态度做决策，应当相信自己的直觉。尽管数据仍是重要的，但是，如果过多地关注收集数据与商业计划，将导致我们陷入困境。她还呼吁图书馆停止接手那些其他社区机构不做的服务，认为只要该服务不能推进图书馆自身的使命，图书馆就应当果断放弃，转而创设与传统图书馆功能有关联的服务。比如，提供对技术的存取，提供可以低成本快速试错的实体空间。她所在的图书馆主馆的 4 层，就提供从织布机到无人机在内的一系列尖端和基础技术的获取。她指出：图书馆数千年来一直在为公众提供信息，现在我们只是在用另一种方式来做这件事而已，这可以令图书馆重焕新生[①]。

① BERRY J N. What happened in Vegas ALA 2014［EB/OL］.［2014-07-08］. http://lj.libraryjournal.com/2014/07/shows-events/ala/what-happened-in-vegas-ala-2014/.

在逆境中审时度势的年度图书馆员（2015）

2015 年 1 月《图书馆杂志》刊发特稿，公布了 2015 年度图书馆员评选结果。获得年度图书馆员桂冠的是费城免费图书馆（Free Library of Philadelphia，简称 FLP）馆长（president and director）西沃恩·里尔登（Siobhan A. Reardon）女士[①]。《图书馆杂志》2015 年第 1 期不仅将西沃恩·里尔登的大幅照片刊登在杂志的封面，还以特稿形式用 3 个版面的篇幅对她的业绩、经历等进行了图文并茂的报道。《图书馆杂志》网站也同步发布特稿。从网站配发的多张照片看，西沃恩·里尔登留棕黄色齐肩短发，优雅干练，笑容灿烂，颇具职业范儿和亲和力。

一、教育背景与职业生涯

据费城免费图书馆官网发布的信息[②]和《图书馆杂志》的报道[③]，西沃恩·里尔登本科就读于纽约州立大学帕切斯学院，获文学学士学位。之后，赴纽约著名私立大学福特汉姆大学深造，获国际政治经济研究硕士学位。在开始从事图书馆工作之前，西沃恩·里尔登有 10 年时间在一家私营公司从事预算和财务工作。1988 年，她成为纽约公共图书馆分馆系统的预算分析员，开始从事自己的第一份图书馆工作。数年后升职为分馆的高级预算分析员和预算与计划主管，接受纽约公共图书馆具有传奇色彩的埃德温·霍姆格伦（Edwin Holmgren）直接领导。这期间，数十年来以善于发现并提携优秀图书馆员而广为人知的伯尼斯·麦克唐纳（Bernice MacDonald）注意到西沃恩·里尔登。于是，埃德温·霍姆格伦和伯尼斯·麦克唐纳均成为她的导师。

1996 年，西沃恩·里尔登担任全美第五大图书馆系统——纽约布鲁克林公共

---

① BERRY J N. Siobhan A. Reardon—LJ Librarian of the year 2015［J］. Library journal，2015，139（1）：28—30.

② 来源：Siobhan A. Reardon—president and director. https：//libwww. freelibrary. org/about/president/.

③ 来源：Andrew Albanese，Norman Ode. New leaders at Syracuse，WLS. http：//lj. libraryjournal. com/2005/09/ljarchives/new-leaders-at-syracuse-wls/；BERRY J N. Siobhan A. Reardon：LJ's 2015 Librarian of the year［EB/OL］.［2015-01-06 ］. http：//lj. libraryjournal. com/2015/01/awards/siobhan-a-reardon-ljs-2015-librarian-of-the-year/.

图书馆财务部主任，行使首席运营官的职责。时任该馆执行馆长的金妮·库珀也被西沃恩·里尔登视为导师。正是她鼓励西沃恩·里尔登攻读图书馆学硕士学位。2005 年夏，西沃恩·里尔登在纽约长岛大学帕尔默图书馆学院获图书馆学硕士学位。2005 年秋，西沃恩·里尔登离开纽约布鲁克林公共图书馆，就任韦斯特切斯特图书馆系统执行馆长。该图书馆系统位于富裕的纽约郊区，由 38 个合作成员馆组成。2008 年 9 月，西沃恩·里尔登就任费城免费图书馆馆长，成为该馆历史上首位女性馆长，获奖时已担任该馆馆长六年半。

二、工作业绩

（1）制定发展规划，以试验项目拓展服务

2010 年，西沃恩·里尔登领导图书馆制定了雄心勃勃的 5 年规划——“发展灵感：21 世纪图书馆试验项目”（Building Inspiration：21st Century Libraries Initiative）。该规划着眼于未来费城免费图书馆的多阶段、多层面发展，意在通过从实体和程序等方面转变图书馆系统，体现费城免费图书馆在当今社会不断变化的角色；确定图书馆的服务创新试验，建立新的服务模式，使社区图书馆经历实体与程序的改变，迅速响应并满足周边社区的需求；强调图书馆的使命是：提升素养，指导学习，激发好奇心。

该规划历经 2 年时间完成后，西沃恩·里尔登领导图书馆通过多个试验项目推行超越馆舍的服务。其中最值得称道的是“机场图书馆”与“热点”项目。

机场图书馆是费城免费图书馆与费城国际机场的合作项目，主要是通过在机场建立虚拟分馆，向旅客免费提供以电子图书借阅为主的服务①。

具体运作方法是：图书馆在美国电报电话公司帮助下，在费城国际机场免费提供的场地上搭建两处无线网络站点，每处站点设立 2 个终端，通过终端接入图书馆网络，旅客便可以自动登录费城免费图书馆主页享受图书馆的所有网上服务。该服务在用户使用权限的设定上与堪萨斯州立图书馆的做法类似。即持有图书馆借书证的旅客可以下载最新的畅销书进行电子阅读，未办理借书证的旅客则只能

---

① CHANT I. Libraries partner with local airports [EB/OL]. [2013-07-26]. http://lj.libraryjournal.com/2013/07/marketing/libraries-partner-with-local-airports/.

通过图书馆员，了解作者评介等信息，或者经图书馆员的指引，免费下载公共领域的图书阅读。

尽管因特网检索是虚拟分馆的核心业务，费城免费图书馆在为机场旅客提供免费因特网检索服务的同时，还将机场的无线网站点打造成为旅客休息室，希望逐步开展讲故事等服务，将其拓展为具有实体服务功能的空间①。

“热点”是图书馆打造随处可见的图书馆服务的创新项目。图书馆在服务不足的社区与当地机构合作，通过首个技术流动车，创设名为“热点”（hot spots）的计算机和因特网前哨基地，提供免费技术获取和培训。截至获奖时，费城免费图书馆已建立了7处“热点”，连同另外54座实体建筑以及宾夕法尼亚大学的设施，有效拓展了图书馆的服务。正如《图书馆杂志》特稿评论的那样，在一个40%以上居民家中没有接通因特网的城市，西沃恩·里尔登的努力帮助弥补了数字鸿沟。

（2）通过图书馆空间改造打造特色服务

西沃恩·里尔登领导实施了十多年久拖未决的中心馆和其他分馆的改造。费城免费图书馆基金会主席托比·戈登·迪希特（Tobey Gordon Dichter）指出，西沃恩·里尔登做出了拆除闭架书库的大胆决定，使中心馆拥有4180平方米的新公共空间。

西沃恩·里尔登在接受《图书馆杂志》采访时指出，中心馆的闭架书库与主楼并不相连，因此，可以拆除重建。此前，图书馆已将闭架库中的大部分藏书进行馆外存储，转移至仅需10分钟路程的宾夕法尼亚大学新校校园内。大家对图书馆的空间改造充满期待，兴奋不已，正在馆外的新存储空间为学者建造办公室，以便他们能在藏书空间内工作。

此外，费城免费图书馆还在建设公众接触共享空间和商业研究与创新中心，与健康工作者、小企业和其他群体等一起工作。不仅如此，该馆在建设图书馆厨

① 2010年夏季由支持荷兰公共图书馆的非营利机构ProBiblio在荷兰阿姆斯特丹国际机场（Airport Schiphol）建成了全球首个机场图书馆。该馆有1250册实体图书，还有少量存有数字内容的平板电脑，馆藏只能现场阅读，不允许外借带走。相比之下，费城免费图书馆设立的机场图书馆可以通过因特网下载电子图书，这要比早期的机场图书馆更加便利。CHANT I. Libraries partner with local airports [EB/OL]. [2013-07-26]. http://lj.libraryjournal.com/2013/07/marketing/libraries-partner-with-local-airports/.

房方面也走在前列。图书馆新建了“烹饪素养中心”（Culinary Literacy-Center），还建设了一个演示厨房（demonstration kitchen facility）帮助提升民众素养。西沃恩·里尔登认为烹饪需要建立在数学、科学等最基础的素养之上，是动手操作型学习，也是社交的途径①。

（3）实施管理创新，组建图书馆集群

作为费城免费图书馆转型的一部分，西沃恩·里尔登领导建立了图书馆分馆运作的集群模式。集群模式的特点是：将具有不同专业人员的社区分馆组合，使这些分馆共享工作人员和专家。在一个以社区为主导的城市，集群模式使图书馆得以提供超局部水平的服务。

据西沃恩·里尔登介绍，集群的想法来自她在纽约布鲁克林公共图书馆的经历。集群管理的关键是使社区图书馆变得强大。在操作层面上，图书馆集群的组建非一次完成，而是分期分批进行。最早的集群是从费城经济不发达的北部地区开始的。由于集群模式下工作人员都是共享的，相当于为每一个社区分馆都配备包括儿童图书馆员在内的各方面专家，能够提供健康信息、家庭识字读写、面向新移民以及小型工商企业等多方面的服务。

2014年3月，图书馆宣布集群试验取得成功。西沃恩·里尔登获奖时，图书馆正在进行2个以上集群的联合，并计划短时间内将集群联合体建成运行。在西沃恩·里尔登看来，资金短缺时，集群是一种很好的运营方式。况且，图书馆将永远面临资金短缺的问题。在市政资金支持的机构工作，不得不采取灵活的方式，必须学会如何在有限的资金支持下实现最大的灵活性。

（4）多方筹资，分阶段推进图书馆改造与扩建项目

就职伊始，西沃恩·里尔登便承担巨大的筹款压力。她在接受《费城问询报》采访时指出，自己面临的一个重大挑战就是为耗资1.75亿美元的图书馆主馆的扩

---

① 在图书馆服务中有很多与提升素养有关的内容。在笔者看来，西沃恩·里尔登对烹饪作为一种素养的解释，很接近联合国教科文组织对素养一词的定义。即素养是使用与不同语境相关的印刷与书面资料，识别、理解、解释、创造、交流与计算的能力。素养包括为了实现个人目标而连续学习，开发知识与潜能，充分参与所在社区和更广泛的社会。来源：The Plurality of literacy and its implications for policies and programs. UNESCO Education Sector position paper（2004）. https：//www. mendeley. com/research-papers/plurality-literacy-implications-policy-programs/.

建项目募集 7 千万美元[①]。

据费城免费图书馆理事会主席鲍勃·海姆（Bob Heim）介绍，2008 年，西沃恩·里尔登刚刚就任馆长时，由于金融危机的影响，图书馆为中心馆扩建项目发起的筹款前景黯淡。许多在社区内有办法的人，包括费城免费图书馆理事会和费城免费图书馆基金会理事会成员，将分馆和中心馆筹款计划合并，试图一揽子解决问题。

两年后，西沃恩·里尔登向 2 个理事会汇报工作时指出，之前做事的方式有误。因为一揽子方案仅仅关注筹款总额，忽略了当下就能着手去做的一些工作。提出应当分阶段进行中心馆和社区图书馆的改造，相信按上述想法去做会收到不同的效果。最终她说服理事会成员接受了自己的建议，决定分阶段完成整个项目。事实证明，通过改变工作方法，不仅使项目得到了实质性的推进，而且能够与本市一系列重要的基金会建立联系，令他们愿意提供项目所需的资金。

西沃恩·里尔登在接受《图书馆杂志》采访时指出，募集捐款并不总是自己的强项。图书馆与威廉·佩恩基金会（William Penn Foundation）的管理人有着很好的关系，他们对图书馆进行的实体空间的整修翻新以及接下来的重组规划更感兴趣，对所听到的事情兴奋不已。基金会喜欢费城免费图书馆将社区图书馆与学校和学前识字阅读联系在一起的服务方式，喜欢中心馆的整修翻新和位于公园区的闭架书库改造项目（parkway stacks project）。就在图书馆努力寻找大额捐资时，佩恩基金会决定向图书馆系统捐赠 2500 万美元。图书馆将其中的 1800 万美元用于社区图书馆的转型，包括重建 5 个分馆并建立集群模式。

三、服务理念、管理风格与特质

（1）不能因服务时间的减少削弱社区服务

西沃恩·里尔登就职之初，恰逢 2008 年经济危机。由于税收急剧下降和养老金支出增加，费城采取对公共服务部门缩减 1 亿美元的应对措施，对图书馆造成了前所未有的影响。时任费城市长迈克尔·纳特（Michael Nutter）在接受当地媒

---

① BLUMENSTEIN L，ODER N. Reardon new Philadelphia head [EB/OL] . [2008-08-15] https：//lj. libraryjournal. com/2008/08/careers/reardon-new-philadelphia-head/.

体采访时指出，虽然尽力保护图书馆免遭缩减，但是，不得已只能在保留核心服务的前提下，忍痛减少图书馆的服务时间和项目。最终费城免费图书馆的经费缩减20%，图书馆被迫关闭54所分馆中的11所分馆，减少111个工作岗位，这是该馆有史以来最大规模的减员①。

西沃恩·里尔登在致员工的信中指出，图书馆85%的预算都花费在工作人员上。图书馆将通过工作人员主动辞职和正常退休减少40个职位，通过裁员减少71个岗位。保留的43个图书馆分馆仅能提供每周6天的服务。地区图书馆的周日服务也予以取消。尽管图书馆的周服务时间减少了一天，但是，西沃恩·里尔登提出，所有分馆不能因服务时间的减少削弱社区服务。

（2）具有全球视野

在馆长埃利奥特·谢尔克劳特（Elliot Shelkrot）2007年底退休后，费城免费图书馆开始公开招聘图书馆馆长。共有22名理事构成的费城免费图书馆理事会，推选10位理事组成馆长招聘委员会，负责为图书馆遴选新馆长。来应聘者众多。其中许多应聘者时任美国最大、最重要的图书馆馆长，给招聘委员会成员留下了深刻印象。西沃恩·里尔登通过了第一轮初选，得到了面试机会。在参加面试前，她实地参观了费城免费图书馆的几个分馆，接受面试时，以自己独特的见解和更广阔的视野从诸多候选人中胜出。

费城免费图书馆理事会主席鲍勃·海姆在接受《图书馆杂志》采访时回忆说，当招聘委员会委员向西沃恩·里尔登提问，请她阐述美国最伟大的图书馆正在做哪些事情时，西沃恩·里尔登回答道：我可以说出美国有影响的图书馆正在做的令我印象深刻的许多事情，但是，我认为上述提问应当扩大到全球范围，了解世界上最伟大的图书馆正在做些什么。她是唯一一个给了费城免费图书馆全球视野的候选人。

（3）善于沟通，多渠道募集资金

据西沃恩·里尔登介绍，制定费城免费图书馆的多阶段、多层面未来图书馆

---

① 来源：BLUMENSTEIN L，ODER N. Philadelphia closing 11 branches. Library Journal archive content on December 15，2008. https：//lj. libraryjournal. com/2008/11/managing-libraries/free-library-of-philadelphia-closing-11-of-54-branches/.

的服务试验和创新模式的进程，始于市长迈克尔·纳特拨款 450 万美元对该市的社区图书馆进行升级之时。迈克尔·纳特市长与弗兰克·迪西科（Frank DiCicco）曾被《图书馆杂志》授予 2005 年度政治人物奖。他们的业绩是作为市政委员会成员，代表社区图书馆寻求私人捐赠配套资金。通过公立和私人部门的合作，收到了许多慷慨的捐赠，大大超出了配套资金的数额。来自威廉·佩恩基金会的捐赠在 2014 年达到破纪录的 2500 万美元，是费城免费图书馆有史以来收到的最大一笔私人捐赠。此外，图书馆基金会每年能筹集大约 10 万美元，遇到有创意的项目，西沃恩·里尔登也会向图书馆基金会寻求资助。

2014 年，西沃恩·里尔登领导的费城免费图书馆基金会与享有盛名的罗森巴赫博物馆与图书馆基金会合并，将金融资产、人员和外部事务与费城公共图书馆基金会合二为一。费城公共图书馆和罗森巴赫珍本特藏（Rosenbach rare book collections）均由伟大的珍本书收藏家罗森巴赫（A. S. W. Rosenbach）本人设立，罗森巴赫基金会有独立的珍本书与博物馆部门，两家最优秀的世界级珍贵资料馆藏的合并，拓展了费城免费图书馆独具特色的珍本图书服务。对西沃恩·里尔登而言，费城免费图书馆在经历了数年艰难时光之后，开始有了突破，但是资金仍然短缺，只能抓紧创新与变革。

（4）实施组织机构调整，放手让工作人员独立工作

为了拓展数字网络服务，西沃恩·里尔登在图书馆新设立了数字资源专家这一重要职位。与此同时，为了提高效率，改善外部沟通和用户体验，西沃恩·里尔登还以集群项目的推出为契机，实施组织机构和人员调整，对 800 名工作人员进行重新组合。西沃恩·里尔登引进玛丽·帕金森（Mary Parkinson）担任集群试验项目的负责人，与她一起推动决策落实，保障分馆负责人独立制定运营以及工作人员有关的决策。

集群试验项目也受到了费城激进的退休计划的影响。费城的退休计划导致了图书馆工作人员的短缺。每当重要的工作人员离开重要的职位，图书馆不得不尽快寻找有天分的人。为了弥补工作人员空缺，西沃恩·里尔登还可以向图书馆基金会求助，这令她感到幸运。

西沃恩·里尔登认为，集群的负责人应当是个明星，并且对相关社区实际需

要的服务类型有着非常独到的想法。传统的集群负责人驱使工作人员，而现在他们的工作是关注外部的社区拓展和发展，将我们的工作本地化。工作人员花了很多时间才适应这种管理模式。接下来，集群负责人要组建社区理事会，理事会成员包括本地的工商业、社区组织、警察、学校以及其他与社区健康相关的组织。对费城而言这是一种全新的管理风格。

在接受《图书馆杂志》采访时西沃恩・里尔登指出，她聘用了很多年轻的图书馆员，给他们插上翅膀，他们就能飞翔，这就是集群中正在发生的改变。必须让他们独立去做他们要做的事情。由此看出：西沃恩・里尔登的管理之道就是放手让工作人员独立做事，这是许多身居领导职位的年度图书馆员获奖者具有的共性。

（4）主动进取，热心公益，具有突出的人格魅力

与西沃恩・里尔登打交道很多的费城免费图书馆基金会主席迪希特（Dichter）指出，西沃恩・里尔登塑造外部的关注点，从不满足于复制过往的成就。费城免费图书馆理事会主席鲍勃・海姆对西沃恩・里尔登评价是：训练有素，工作有条理，在社区很抢眼。具有亲和力、精力充沛、乐观、坚韧、主动的人格魅力。对于一个在此仅工作6年的馆长而言，西沃恩・里尔登穿透费城社区的能力是惊人的。无论市长还是市议会议员，人人都认识她。

西沃恩・里尔登积极参与专业活动，担任美国图书馆协会捐赠基金受托管理人、国际图联大都会图书馆委员会常务委员会委员、图书馆服务组织美国跨系统图书馆联盟（LYRASIS）主席等社会兼职。此外，她还在当地多个理事会任职，包括大费城商会与大费城文化联盟董事会董事、西费城儿童联盟秘书长和费城公园区机构基金会主席等职①。

四、提名与获奖缘由

《图书馆杂志》的特稿未披露本年度图书馆员奖的提名情况，故笔者无从得

---

① 据Parkway Council网页和维基百科，公园区机构（Parkway Council）是位于费城本杰明・富兰克林公园区的文教机构与企业联盟。公园区是一条穿越费城文化核心区的长约一英里的风景大道，道路两侧云集诸多文教机构，费城免费图书馆的中心馆坐落于此，还有著名的雕塑公园。费城本杰明・富兰克林公园区又被称为博物馆区。来源：Parkway Council. http：//www.parkwaymuseumsdistrictphiladelphia. org/Parkway-Council/27/；Benjamin Franklin Parkway. https：//en. wikipedia. org/wiki/Benjamin_Franklin_Parkway.

知详情，暂且留白。

《图书馆杂志》的特稿开篇写道：西沃恩·里尔登刚就任馆长不到一个月，就遇到费城免费图书馆经费缩减 20%，州图书馆拨款减少 34%。图书馆被迫关闭 11 家分馆，剩余分馆的服务时间也大幅缩减。2010 年，随着预算拨款的缓慢增加，西沃恩·里尔登领导图书馆开启为期 2 年的战略规划进程。她立足于提升文化素养、指导学习、启发好奇心的强大使命，主导制订了费城免费图书馆雄心勃勃的 5 年战略规划。新规划聚焦发挥图书馆的职能，将求职者、企业家、新移民、5 岁以下儿童、残障人士作为重点服务群体。规划还概述了集群模型、精简强化社区图书馆服务、在社区分馆之间共享资源和工作人员、与社区领导人合作、开发居民最需要的服务和活动项目。为实现既定目标，提高服务效率，改进内部沟通和用户体验，西沃恩·里尔登在设置诸如“数字资源专家”之类全新职位的同时，将 800 名工作人员进行重新调配。仅仅上述业绩，就足以让西沃恩·里尔登成为当之无愧的年度图书馆员。

然而，作为费城免费图书馆历史上首位女性馆长，她在短暂的任期内，为实现这座举足轻重且遭遇困境的图书馆的转变做出了更多的贡献。所有这一切都让西沃恩·里尔登摘得由 Baker & Taylor 出资赞助的《图书馆杂志》2015 年度图书馆员的桂冠。

《图书馆杂志》特稿的末尾，还引述了西沃恩·里尔登的一些话语，为她顺应社会现实的思想转变而感动的同时，对她的想法予以称颂。并将其作为《图书馆杂志》授予她 2015 年度图书馆员的佐证。

——在图书馆空间方面，我们不再谈论馆藏这些事情，图书馆空间必须引人注目，互动必须招人喜爱，活动也必须具有吸引力。我们需要更多更加灵活的空间，需要更多青少年的休闲空间，更可爱、更柔软的社会参与空间。现在空间不足，民众只能在喧闹中学习。

——关于工作人员队伍建设，我寻找真正理解我们的工作的就是在社区的人，而不是长时间以来所聘用的那种被动工作的人。我需要的是具有灵活人际互动能力的工作人员，这种能力是知晓人们何时需要帮助以及辨识自己如何提供帮助。

——我喜欢大思维……喜欢冒险，我们花费了很多时间，决定采取围绕风险的哲学。

——当下我最为自豪的是，经过两年半的困难时期后，我们终于走向了另一端。我们的战略规划一旦完成，生活将变得饶有趣味。眼下一切都会过去，这令人兴奋。

在笔者看来，西沃恩·里尔登审时度势，志存高远，将困境和挑战转变为创新动力，领导费城免费图书馆走出了一条不同于以往的发展路径。尤其是放弃过往试图为所有的人提供全方位服务的思维，通过建设热点和机场虚拟分馆，弥补服务空缺，打造随处可见的图书馆服务；为保证服务质量和覆盖面，创立分馆集群管理模式，实施分馆与中心馆的翻新改造，拓展创新服务空间。每一项举措都体现了她对社会和图书馆发展趋势的把握。她的话语和在逆境中促成图书馆全方位转变的经历，带给我们诸多有益的启示。《图书馆杂志》的特稿对西沃恩·里尔登的获奖缘由不惜笔墨的铺陈，展现了对她所具有的胆识、领导力和个人魅力的高度肯定，更重要的是，借由西沃恩·里尔登的示范作用，推动更多处于困境中的公共图书馆通过观念创新、管理创新和服务创新实现社会所需要的转型。

五、获奖之后

2015年1月6日报道年度图书馆员的特稿在《图书馆杂志》网站发布后，陆续有读者提交10条评论，对西沃恩·里尔登的获奖表示祝贺和肯定。笔者摘录以下6条评论，从中可以感知大家对西沃恩·里尔登当选2015年度图书馆员的认可。

一切属实。西沃恩·里尔登做了伟大的工作。没有比她任职的时机再糟糕的了，她2008年就职馆长时，恰逢经济下行，政府支持大幅减少，图书馆被迫缩减服务和人员，那些日子非常艰难。但是，她坚持下来了。我们正在为一个高效进步的城市图书馆建设基础，还有很多工作要做，但是，费城免费图书馆正在走向辉煌的未来。——评论人：Dan Gordon(2015年1月6日)

西沃恩使费城图书馆和所有的图书馆值得称颂。她的激情、智慧和工作

激发出如此多的新颖奇妙的事情！祝贺！——评论人：Shelly Yanoff（2015 年 1 月 7 日）

祝贺西沃恩获得殊荣。我可以来参加烹饪课程学习吗？祝万事如意，继续成功。——评论人：Heinrich Spillmann（2015 年 1 月 8 日）

祝贺西沃恩因在费城免费图书馆的管理与坚持不懈得到杰出认可。我与你相识已 20 多年，无论面对什么任务或项目你总是富有远见、努力工作。我为你自豪，为你激动。——评论人：Janice Greenberg（2015 年 1 月 9 日）

作为一名图书馆员以及费城免费图书馆系统的活跃用户和支持者，非常高兴看到里尔登被选为年度图书馆员。她在如此艰难的情况下短时间里为这个城市所做的一切值得获此殊荣。就我个人而言，曾在本地分馆三次与她相遇。要知道我所在的分馆仅仅是这个全美第六大城市的 61 个分馆中的一个。她给我留下了深刻印象，千真万确。——评论人：Catherin Collins（2015 年 1 月 9 日）

作为一个致力于成为终生学习者的变革代理人，我拥抱进步。西沃恩确实带领费城免费图书馆大踏步前进。我相信她的洞察力。——评论人：Robin Muldor（2015 年 1 月 11 日）

西沃恩 · 里尔登于 2015 年 2 月接受《图书馆杂志》的采访时，指出图书馆经费短缺将会始终存在。预言在未来几十年，资金的创造性使用将是一个关键的管理挑战[①]。

在笔者看来，上述观点值得肯定。尽管我国图书馆的管理方式与美国不同，但是，经费短缺同样是无法回避的问题。即便近年来我国开展的基本公共文化服务建设使公共图书馆的经费压力有所减轻，但图书馆的经费也不可能持续无限增长。对于中国的图书馆馆长而言，除了从政府获得预算经费外，也应当开阔视野，面向社会筹措资金，提供创新服务。

---

① BERRY J N. Public management is tougher: tech drives increased need for libraries [EB/OL]. [2015-02-03]. http://lj.libraryjournal.com/2015/02/opinion/john-berry/public-management-is-tougher-tech-drives-increased-need-for-libraries-blatant-berry/.

2017年9月中旬，美国国会图书馆馆长卡拉·海登博士到访费城免费图书馆。西沃恩·里尔登作为地主，花一整天时间陪同卡拉·海登在该馆参观。她们先是在罗森巴赫图书馆和中心馆观看了馆藏特殊珍本图书，之后参观了烹饪素养中心和在建的中心馆的新公共空间，还观看了纪念本杰明·富兰克林公园区设立100周年的文化长廊展览。卡拉·海登与图书馆集群领导举行座谈时，询问了该馆公民参与试验项目的进展[①]。

2017年11月2—3日，《图书馆杂志》与费城免费图书馆合作举办2017年度馆长高峰论坛。该论坛的主题是：图书馆在城市再造中的作用与公共参与的新面孔。会议期间，费城免费图书馆安排与会者参观了经过翻新改造的2所分馆，以及坐落在公园区的该馆中心馆[②]。

① SANDY H. Librarian of Congress Dr. Carla Hayden visits the free library of Philadelphia! [EB/OL].[2017-09-22] https://libwww.freelibrary.org/blog/post/3071.

② PEET L. Civic engagement at LJ's directors' summit 2017 [EB/OL].[2018-06-20]. https://lj.libraryjournal.com/2017/11/events-category/civic-engagement-ljs-directors-summit-2017/.

致力于提升用户体验的年度图书馆员（2016）

2016年1月,《图书馆杂志》刊发特稿[①]，公布了2016年度图书馆员评选结果。获得年度图书馆员桂冠的是科罗拉多州森特尼尔（Centennial）阿拉帕霍图书馆区（Arapahoe Library District，简称ALD）执行馆长妮科尔·英格·戴维斯（Nicolle Ingui Davies）女士[②]。《图书馆杂志》2016年第1期不仅将妮科尔·英格·戴维斯的大幅照片刊登在杂志的封面，还以特稿形式用3个版面的篇幅对她的业绩、经历等进行了图文并茂的报道。

《图书馆杂志》特稿配发的照片显示，妮科尔·英格·戴维斯留棕色齐肩短发，皮肤白皙，年轻漂亮，时尚优雅，笑容温婉。

一、教育背景与职业生涯

据领英网站发布的信息[③]和《图书馆杂志》的特稿报道，妮科尔·英格·戴维斯1994—1998年就读科罗拉多大学博尔德分校，获新闻学学士学位。她的第一份工作是电视新闻制片人，后担任一家公关咨询公司的高管。期间，妮科尔·英格·戴维斯于2001—2003年在科罗拉多大学丹佛分校攻读公共管理硕士学位。

2004年，阿拉帕霍图书馆区公开招聘传播部主任，妮科尔·英格·戴维斯应聘成功，于2005年1月开始担任阿拉帕霍图书馆区图书馆传播部主任。她的岗位职责除了肩负部门管理职责外，还担任社区组织、用户和媒体的联络员，编辑并指导诸如年度报告、推广资料、宣传活动、员工内部网络、员工通讯等内部和对外信息的发布设计。2006年1月起，担任该馆开发与通信部主任。2009年10月妮科尔·英格·戴维斯担任阿拉帕霍图书馆区副馆长。2009年入读威斯康星大学密尔沃基分校图书馆与信息学院，2011年获该校图书馆与信息学硕士学位。2012年9月她被任命为阿拉帕霍图书馆区执行馆长。获奖时已担任该馆馆长3年多时间。

---

① 网上发布的专稿网址：http：//lj. libraryjournal. com/2016/01/awards/nicolle-ingui-davies-ljs-2016-librarian-of-the-year/.

② BERRY J N. Nicolle Ingui Davies—LJ’s 2016 Librarian of the year［J］. Library journal，2016，140（1）：28—30.

③ 来源：Nicolle Davies. https：//wv. linkedin. com/in/nicolle-davies-4521b96?trk=pub-pbmap.

二、工作业绩

（1）着眼图书馆品牌重塑制订战略规划

妮科尔·英格·戴维斯担任阿拉帕霍图书馆区执行馆长不久，便开始进行图书馆品牌重塑的工作。领导图书馆管理团队一起确立了图书馆系统品牌重塑平台的4个核心。它们分别是：①提供非常重要的用户体验；②令人惊喜；③让每一次经历都有重要意义；④力求简单。上述4个核心，共同构成阿拉帕霍图书馆区战略规划的基础，也是图书馆工作的努力方向。

妮科尔·英格·戴维斯在接受《图书馆杂志》采访时介绍说：阿拉帕霍图书馆区的成功来自战略规划。所有一切都是以用户为中心，确保阿拉帕霍图书馆区向到馆用户或者社区内与阿拉帕霍图书馆区有联系的用户提供难忘的体验。我们想让用户铭记在图书馆经历的一切，真真切切因该体验而大吃一惊，因为那大大超出了他们对公共图书馆的期待。

为了保证战略规划密切结合实际，反映对社区有重要意义的事情，妮科尔·英格·戴维斯和管理团队以开放的方式制订战略规划，吸收采纳工作人员的意见和建议。战略规划中的有些设想来自工作人员，也有一些内容是大家在馆内或者在社区解决问题互动过程中产生的想法，它们都被吸收进战略规划之中，展示了领导层对创新的支持。

在制订战略规划的过程中，妮科尔·英格·戴维斯和所有工作人员都意识到必须与古旧过时的图书馆观念做斗争。在妮科尔·英格·戴维斯看来，在过去的5到7年，随着电子内容变得更加普及，此点变得更加富有挑战性。图书馆不得不谋求新职能、建立新关联等。这也包括重构图书馆宣传自己的方式，转变人们头脑中原有的图书馆观念。

基于以上思考，妮科尔·英格·戴维斯和阿拉帕霍图书馆区理事会决定改组阿拉帕霍图书馆区，按照社区成员利用图书馆的方式将其从美好变为必不可少。在笔者看来，就是将高高在上的图书馆，变得更加贴近社区民众的生活，将图书馆转变为本地区公共服务的基础保障设施。

（2）致力于将图书馆打造成更加高效的媒介

妮科尔·英格·戴维斯到图书馆任职前曾担任电视新闻制片人，这使她的传播职业生涯受益匪浅。她认为新闻是一种公共服务行业，并觉得人们更倾向于打开电视而不是阅读报纸，故选择从事新闻广播。3 年后，她发现自己的观点是错的。

在图书馆工作的经历使她认为图书馆是更加有效的媒介。令她感到鼓舞的是公共图书馆是美国仅剩的为数不多的平等的场所之一。在接受《图书馆杂志》采访时她指出，走进公共图书馆，至少在理论上每一个人都会得到平等对待。尤其是当下，也就是 2015 年，人们在其他许多地方无法看到这样的情况。

此外，妮科尔·英格·戴维斯在电视新闻和公共关系方面的从业背景，为她行使图书馆执行馆长的职责提供了自然建立有效沟通的基础。在她的领导下，不仅图书馆的工作人员之间经常相互会面，而且他们还参加各种会议与外界互动。互动的对象不仅有其他图书馆的图书馆员，也包括图书馆之外的群体活动。尤其喜欢关注的是每年春季在得克萨斯州首府奥斯汀举行的西南偏南音乐、电影和新兴技术节（SXSW）。阿拉帕霍图书馆区每年大约派出 6 位工作人员前往 SXSW 进行实地考察。妮科尔·英格·戴维斯坚信，关注传播和其他领域尚未显现的社会趋势对他们而言非常重要，同样重要的是工作人员要对图书馆之外的趋势保持警觉，因为，那些趋势有朝一日可能改变图书馆的运作方式。

（3）推动图书馆向社区中心转变

妮科尔·英格·戴维斯从担任副馆长时就开始以资源和技术的便捷获取为重点，推动阿拉帕霍图书馆区各个图书馆向社区中心的转变。经过不懈努力，阿拉帕霍图书馆区成为本地提供先进技术获取的领导者，图书馆的特色是在新产品开发以及测试阶段承担早期采用的成本和风险，提供的新技术产品包括 3D 打印机、运动摄像机、虚拟现实头戴显示器等。阿拉帕霍图书馆区还是全美最早购入谷歌眼镜的图书馆之一。为了保证抢先在前，工作人员不得不乘飞机到位于加州的谷歌公司总部取回眼镜。用妮科尔·英格·戴维斯的话来说，就是“所有一切都非常隐秘”。

为了使社会各界了解新技术，阿拉帕霍图书馆区在整个丹佛地区引入技术路演，图书馆工作人员中的技术专家带着最新技术到当地的企业、专业及联谊社团、博物馆和公司团体进行推广演示，吸引更多民众利用图书馆获取新技术与相关设施服务。

在接受《图书馆杂志》采访时妮科尔·英格·戴维斯自豪地指出：图书馆跟踪最新涌现的技术并在几年前开始一项名为“公开测试技术试验”（Beta Tech Initiative）的试验项目。一位工作人员提出，在新技术测试阶段普通用户不会购买，但是他们对新事物充满了好奇，我们完全可以此时就开始引入。图书馆领导将上述项目设想提交到理事会，理事会成员认为这种设想很棒，同意图书馆开始如此运作。截至获奖时上述做法已经非常流行，因此，可以说该馆引领了潮流。

（4）通过增税等渠道，大幅度增加图书馆运营经费

阿拉帕霍图书馆区是科罗拉多州55个图书馆区之一。全美共有114个图书馆区，科罗拉多州占了接近半数。妮科尔·英格·戴维斯向阿拉帕霍县委员会任命的7位成员构成的理事会以及迪尔·特雷尔学校董事会汇报工作，阿拉帕霍图书馆区的服务区域覆盖了5个学区。

图书馆区基于财产估值征税，所征税款直接交付给类似阿拉帕霍图书馆区这样的系统。妮科尔·英格·戴维斯在接受《图书馆杂志》采访时指出，这意味着阿拉帕霍图书馆区每年不需要与警察及消防部门或者其他公共服务部门进行资金竞争。

税收构成了阿拉帕霍图书馆区运行经费的主要来源。在这种制度安排下，每一个图书馆区必须以公投方式确定辖区的征税比率。在妮科尔·英格·戴维斯领导下，阿拉帕霍图书馆区在2015年举行的征税公投中获得了民众的支持，使图书馆区的年运行预算净增600万美元。以往，图书馆的年运行预算都在2400万至2500万美元之间，增税后，图书馆区年运行预算达到3000万美元。妮科尔·英格·戴维斯认为，以增税方式实现图书馆运营预算百万级增长虽不能长久，但是，如果经济能承受的话，这种状况将会持续10至12年，对图书馆区的资金稳定意义重大。

除此以外，阿拉帕霍图书馆区还能通过机动车注册费的分成获得一部分经费。州拨款资金的增加，也可以帮助阿拉帕霍图书馆区解决专项资金的支付问题。例如，图书馆区利用州拨款设立家庭扫盲项目，成立多个促进儿童早期识字技能中心，有时还进行多语言培训。

三、服务理念、管理风格与特质

（1）一切以用户为中心，提供无差别融合服务

除了外展服务和流动服务外，阿拉帕霍图书馆区在丹佛远郊和近郊共运营 8 家图书馆，其正式服务人口为生活在图书馆区内的 25 万居民。然而，实际统计下来，利用图书馆的服务和设施的人口数量要远超上述数字。这是因为在妮科尔·英格·戴维斯领导下，图书馆坚持向所有来馆的用户提供无差别服务，吸引了大量居住在图书馆区以外的非本地居民前来利用图书馆。她本人也对此引以为傲。

此外，从改善用户体验出发，妮科尔·英格·戴维斯还对图书馆长期以来实行的技术服务和用户服务相分离的岗位设置模式进行调整，将传统的前台服务和后台服务功能融为一体。在接受《图书馆杂志》采访时妮科尔·英格·戴维斯指出，图书馆过去设置相互分离的两类职位，一类是资料处理人员，另一类是用户专家。资料处理人员的岗位职责仅仅是处理加工资料。每当资料处理人员在馆内遇到用户请求帮助找资料时，他们往往会回答说：我无法找到，让我帮助你找到能找到的人吧。接下来，就会让用户跟着自己去找用户专家来解决问题。在妮科尔·英格·戴维斯看来，尽管用户的问题最终能得到解决，但是，这种服务模式却不能给用户带来最理想的体验。因而，她决定调整岗位职责，将上述两类工作融为一体。这意味着在一种职位工作的员工必须掌握另一种职位的技能。这一过程导致了某些痛苦，许多员工不得不学会如何热爱公众。经过岗位职能的融和贯通，用户可以请任何人帮助自己，每一个员工都可以在第一时间帮助他们，使用户体验得到提升。尽管有些员工感到与公众一起工作非常不舒服，选择离开了图书馆，然而，大多数工作人员迅速成长起来，将两类工作进行了完美的融合。事实证明，尽管此举并非始终完美，但却是行之有效的。

（2）建设专业团队，尊重并肯定工作人员的贡献

妮科尔·英格·戴维斯重视图书馆工作人员队伍的建设，为执行既定服务目标不惜重组团队。她在接受《图书馆杂志》采访时介绍说，在重塑图书馆品牌的过程中，自己曾遇到过与工作人员难以沟通相处的情形。出于为用户着想，她曾经数次重组团队，即使此举始终充满困难也在所不辞。在她看来，图书馆的最终目标是为用户提供更好的服务，为实现此目标更换工作人员是有益的。

《图书馆杂志》的特稿指出，妮科尔·英格·戴维斯在接受采访时，用溢美之词表达了自己对图书馆工作人员的赏识、赞美和肯定。从她的以下话语便可以体会到她充满谦卑，尊重每一位图书馆工作人员。“他们是我所知道的最聪明、最富有激情的人，当身处诸多才能出众的人之中，自然就会受到影响，我们的组织中到处都是如此景象。例如，当与负责图书馆建筑与场地的员工交谈时，会认识到他们深沉的奉献，他们为确保用户的安全和舒适做了伟大的工作。在图书馆与公众一起工作的员工也同样投入。我们常常会不得不与要求很高的用户打交道，很多时候这项工作极具挑战性。阿拉帕霍图书馆区工作人员都很专业，是我们品牌的最大的财富。”

此外，妮科尔·英格·戴维斯对阿拉帕霍图书馆区的IT工作人员为提供最新技术的利用所做的贡献也给予极高的评价。她指出，IT部门的很多工作人员具有很强的技能，若在其他领域工作可以获得更丰厚的收入。但是，他们因信奉阿拉帕霍图书馆区的使命而选择在这里工作。在图书馆传播部门工作的员工也是如此。她将这类工作人员称为值得公共部门拥有的员工，表示自己每天都受到他们的鼓舞，已有的成就正是极大地依靠整个图书馆团队的诚实反馈而取得的。

（3）具有竞争意识和进取精神

妮科尔·英格·戴维斯认为，图书馆的生存发展始终离不开竞争。阿拉帕霍图书馆区的竞争对手包括书店、星巴克咖啡馆、杂货店、娱乐中心、足球比赛、剧院等。大家都为用户的时间而竞争，所以，图书馆必须提供独特的用户体验，最需要关注的事情就是用户服务。图书馆围绕提升用户服务对工作人员进行培训，持续展开讨论。作为执行馆长的她时刻在敲响战鼓。在她看来，作为公仆，图书馆的工作人员的确非常擅长这项工作。

妮科尔·英格·戴维斯在管理阿拉帕霍图书馆区的同时，还领导图书馆积极参与行业组织的创新项目。其中最富进取心的项目之一是科罗拉多图书馆馆长与营销人员联盟创立的图书馆再推介项目“线外”（Outside the Lines，简称OTL）。另外一个试验项目是科罗拉多图书馆馆长与营销人员联盟大会创立的风险与回报项目“拟合度”（R-Squared）。

OTL项目始于2014年。该项目通过举办为期一周的庆典活动，使民众了解图书馆的创新、技术、发现等使命。2014 年参与项目的图书馆达 175 家。2015 年，参与图书馆超过 270 家。这些图书馆分布在美国的 42 个州和其他属地、加拿大的 6 个省和澳大利亚。每家参与该项目的图书馆均配合项目举办自己的活动。例如，阿拉帕霍图书馆区举办了免费室外音乐会，听众达 2500 多人。在笔者看来，上述项目是图书馆引导并贴近用户需求、融入社区的尝试，展示了图书馆精英人物的前瞻、竞争与危机意识与敬业精神。

（4）持续不断学习，承担更多的专业责任

妮科尔·英格·戴维斯从新闻传播业成功跨界到图书馆行业，离不开阿拉帕霍图书馆区前执行馆长埃洛依丝·梅（Eloise May）的慧眼识人。埃洛依丝·梅在阿拉帕霍图书馆区工作 40 年，担任该馆馆长长达 20 年时间。正是在埃洛依丝·梅的领导与指引下，妮科尔·英格·戴维斯从图书馆的中层管理者逐步成长为优秀的高层管理者。她在接受《图书馆杂志》采访时指出，她将埃洛依丝·梅和自己的父母视为导师和学习榜样。

边工作边学习是妮科尔·英格·戴维斯职业生涯的突出特点。她本科毕业后开始传媒工作，之后，在一家公关咨询公司工作时攻读公共管理学位，转到阿拉帕霍图书馆区工作后又攻读了图书馆学硕士学位。在她看来，公共管理硕士学位为自己在驾驭预算、制订政策和管理方面，提供了更多的日常操作基础，图书馆学硕士赋予自己深信不疑的核心价值。公共管理和图书馆学硕士学位具有互补作用，图书馆学硕士课程可以从公共管理硕士课程的一些要素获益。对担任图书馆执行馆长这一职位而言，这两个学位是最好的组合。《图书馆杂志》的特稿指出，在实现职业生涯目标的过程中，攻读学位远非妮科尔·英格·戴维斯唯一的支撑。她令人敬畏的家人——丈夫和 3 个孩子，都支持她工作并追求卓越。她取得的杰出成就正在令其所在的社区和整个图书馆行业获益。

此外，妮科尔·英格·戴维斯积极参与很多专业组织机构的活动。2010 年起，担任美国公共图书馆协会立法与宣传委员会委员；2011 年起，担任美国图书馆协会立法会议基层委员会委员；2015 年起担任美国图书馆协会公共意识委员会委员。此外，从 2015 年 3 月起，她担任丹佛大学兼职教师，讲授《公共图书馆管理导论》。通过上述社会兼职承担更多的专业责任。

四、提名与获奖缘由

据《图书馆杂志》的特稿披露，提交推荐信提名妮科尔·英格·戴维斯为年度图书馆员候选人的有她所在图书馆的同事，也有其他图书馆的同行。她们是：

（1）现任阿拉帕霍图书馆区传播、推广与合作部主任杰西卡·西德纳（Jessica Sidener）。她在提名信中指出，“妮科尔通过逐个谈话和召开全体工作人员大会，凝聚所有工作人员，她赞赏并仔细思考图书馆工作人员对其愿景和方向提出的有价值的反馈”。

（2）与阿拉帕霍图书馆区相邻的恩格尔伍德公共图书馆（Englewood Public Library）服务部主任多萝西·哈格罗夫（Dorothy Hargrove）。作为同行，她在推荐信中指出，“妮科尔制定、建构鼓舞人心的图书馆愿景，并坚持不懈地聚焦于保证组织实现其战略目标，这给我留下了最深刻的印象。很少有图书馆的领导者以同样的技能面对上述两方面的挑战。她担任执行馆长伊始，就迅速组建一流的领导团队，并共同制订了激动人心、具有前瞻性的战略规划。阿拉帕霍图书馆区在妮科尔的领导下已经成为创新、负责任的服务和社区参与的样板。有这种富有能力的领导，图书馆的前景一定充满光明。

《图书馆杂志》的特稿指出，选择妮科尔·英格·戴维斯作为年度图书馆员的根据有以下几点：①她具有在图书馆内和馆外与社区成员沟通的特殊技能；②她在建设和发展有担当且有热情的服务用户的工作人员队伍方面发挥领导作用；③确信图书馆不仅是美好的资产，而且是必不可少的服务设施，是实现知情公民的最佳媒介；④说服选民投票赞成年纳税额达 3000 万美元的方案，使阿拉帕霍图书馆区的年运营预算增加了 600 万美元。

在笔者看来，妮科尔·英格·戴维斯年富力强，充满激情和创新动力。她 2004 年从电视新闻和公关咨询领域成功跨界到图书馆，在 11 年的时间里，通过不断学习和实践，成长为美国图书馆界的年轻领军人物和图书馆员的楷模，职业生涯令人赞叹。近年来，美国图书馆界的许多管理者在拥有图书馆信息学硕士学位的基础上，还纷纷攻读公共管理硕士或博士学位，将一些通用的管理方法运用到图书馆管理中。从之前介绍的年度图书馆员获奖者的学历看，也反映了这种趋势。只不过妮科尔·英格·戴维斯首先攻读的是公共管理硕士学位，转到图书馆担任副馆长后才开始攻读图书馆学硕士学位。作为职业女性和3个孩子的母亲，她的辛苦付出为日后的成功奠定了基础。尤其在担任阿拉帕霍图书馆区执行馆长的3年多时间里，以出色的领导力前瞻性，带领工作人员通过引进和推广尖端技术、强化用户服务实现了图书馆的重塑。她的获奖，对于年轻一代的图书馆员具有更广泛的示范效应。

五、获奖之后

《图书馆杂志》的特稿1月5日在网上发布后，当天上午至晚间有读者发布了14条评论。

第一条评论系匿名提交，对图书馆平等对待所有用户表示肯定。最后一条评论署名为John Barrett，对戴维斯的复合学历表示肯定。指出，当今有志于成为称职且高效的图书馆馆长的图书馆员必须攻读管理学硕士和图书馆学硕士学位。

其他评论的内容呈对立状态。一位署名为Jm Fay的本地居民连续发了多个帖子，对图书馆馆长、理事会和图书馆管理团队表达不满。抱怨图书馆征税高，对未纳税的非本地居民提供不加限制的服务等。尽管评论内容有些言辞过激，但是并没有被网站删帖，这种包容令笔者印象深刻。此外，有2位本地读者Debra Fine和Alice Kober提出了与Jm Fay的帖子针锋相对的评论。笔者将2位读者的帖子转述如下，相信透过具体内容，可以看出她们对妮科尔·英格·戴维斯和图书馆的肯定与赞许。

> 作为图书馆区的居民已经在此生活25年，为图书馆区向社区提供的优秀资源而感到无比自豪。我与丈夫一起充分利用图书馆区的许多图书馆来抚养教育孩子。感谢阿拉帕霍图书馆区具有奉献精神的领导，让我们利用为本地居民和非居民提供的一切。上述（恶劣和不着边际的）评论暗示限制获取、领导不善等，都令我这个本社区公民感到匪夷所思。作为科罗拉多的居民我为执行团队，尤其是戴维斯女士的远见、专业知识和领导力得到认可而感到无比自豪。
>
> ——评论人：Debra Fine（2016年1月5日）
>
> 自己作为阿拉帕霍图书馆区的用户已经30多年，作为图书馆的工作人

员也有12年之久。在此工作非常精彩，戴维斯是一位很棒的领导。我负责为本区购买成年人小说，得到管理层的极大支持。图书馆就尽可能提供最好的用户服务这一主题，为所有工作人员提供长时间培训。这是我工作过的最好的地方。我也为我们的图书馆区而自豪。

——评论人：Alice Kober（2016年1月5日）

据《图书馆杂志》报道，妮科尔·英格·戴维斯于2016年9月离开阿拉帕霍图书馆区，抵达南卡罗来纳州查尔斯顿县（Charleston County）就任图书馆系统执行馆长。通过以下《图书馆杂志》的访谈内容，可以了解她转换工作职位的初衷和工作设想①。

《图书馆杂志》认为，改换工作预示着很大的改变。在基础设施方面，查尔斯顿县图书馆系统与阿拉帕霍图书馆区有很大差距。妮科尔·英格·戴维斯对此表示赞同。她指出：自己给阿拉帕霍图书馆区留下了近3100万美元的年运营预算和8座砖石构造的实体图书馆。而查尔斯顿县图书馆系统，年运营预算不足1600万美元，有16处服务地点。尽管如此，她对查尔斯顿情有独钟。因为，那里有更加支持图书馆的民众，也有更多重塑图书馆的机遇。

2014年，该县民众以74%的赞同率通过了1.08亿美元的债券公投计划，这令妮科尔·英格·戴维斯感到惊奇。图书馆能得到如此支持是非常罕见的。到一个如此热爱图书馆的社区建设5座新分馆，带领该图书馆系统成为伟大的21世纪的图书馆令她感到兴奋。换言之，吸引妮科尔·英格·戴维斯的是该图书馆系统的发展机遇。

妮科尔·英格·戴维斯认为自己非常幸运。当2015年阿拉帕霍图书馆区以57%的赞同率通过增税计划时，图书馆工作人员在街上跳舞，极为兴奋。而查尔斯顿县的民众投票能达到74%的赞同率，这是她从来没有想过的。她指出，尽管作为一项债券计划不会持久下去，但是，一想到社区对公共图书馆的支持就感到

---

① PEET L. Nicolle Davies：stepping into progress in Charleston［EB/OL］.［2017-02-03］. http：//lj. libraryjournal. com/2017/02/interviews/nicolle-davies-stepping-into-progress-in-charleston/.

惊奇。这表明查尔斯顿的社区成员认为图书馆很重要，有价值，他们真正欣赏公共图书馆正在做的事情。为了更好地融入南方的文化，妮科尔·英格·戴维斯还有意识阅读当地作家的作品。

在接受《图书馆杂志》的采访时，被问到中途介入该县图书馆的建设项目有什么感觉时，妮科尔·英格·戴维斯指出，她 2016 年 9 月抵达查尔斯顿时，该系统正在准备利用 2014 年成功的债券公投获得的资金新建 2 座图书馆替换现有的 3 座建筑，并对另外 13 个分馆进行翻新。具体说来，2015 年开始启动新馆建设的准备工作，但直到她接任图书馆执行馆长之前，所有新馆建筑仍未奠基。她到查尔斯顿就职时所有地点的方案设计还没有完成。所以，妮科尔·英格·戴维斯和她的团队得以从外观到感觉的每一个细节帮助塑造那些分馆。作为该县有史以来最大规模的建筑项目，对每一个人都是学习的过程。她再三强调不想低估她到任之前已经完成的工作，但是，她并不是在接手建造一些已经完成设计的建筑。她与团队真正有机会参与了开发和规划阶段的工作。

在回答《图书馆杂志》关于图书馆正开展的其他工作的提问时，妮科尔·英格·戴维斯指出，自己到任之时，查尔斯顿县图书馆系统仍采用传统模式管理。她计划领导图书馆进行技术与工作人员的改变。在为建设新馆和翻新原有分馆留出资金后，在整个图书馆系统采用射频识别和自动化资料处理。力争在一年至二年内完成数据的迁移和全部工作。采用上述新技术可以将工作人员从过去的借书台等工作中解放出来，更多地参与到用户服务中，在所有分馆的书库中不固定流动，帮助满足用户的需求。

妮科尔·英格·戴维斯认为，由于新馆建设和其他馆舍的翻修要花 5 年时间才能完成，不会等到新馆建好后再改变工作人员的工作岗位和用户服务模式，而是将上述工作列为比建筑项目还要优先的任务。她利用自己先前在阿拉帕霍图书馆区的经验提早布局，计划 2017 年底开始这方面的工作，为工作人员和用户的转变提早做准备，借此重新塑造图书馆在社区中的形象。

相比而言，我国许多图书馆在采用新技术时，往往出现技术应用与服务脱节的现象。像妮科尔·英格·戴维斯那样将腾出的人手加强服务岗位的图书馆也不多见。在笔者看来，为技术而技术，是本末倒置，这就是我们的差距所在。

延伸公共图书馆职能的年度图书馆员（2017）

2017 年 1 月,《图书馆杂志》刊发特稿，公布了 2017 年度图书馆员评选结果。获得年度图书馆员桂冠的是加利福尼亚州圣何塞市公共图书馆（San Jose Public Library，简称 SJPL）馆长吉尔·伯恩（Jill Bourne）女士[①]。《图书馆杂志》2017 年第 1 期不仅将吉尔·伯恩的大幅照片刊登在杂志的封面，还以特稿形式用 3 个版面的篇幅对她的业绩、经历等进行图文并茂的报道。《图书馆杂志》网站也于 2017 年 1 月 4 日发布特稿[②]。

从特稿配发的照片看，吉尔·伯恩棕黄色长发披肩，皮肤白皙，美丽知性，端庄优雅，充满活力。

一、教育背景与职业生涯

据《图书馆杂志》的特稿、领英网站[③]以及圣何塞公共图书馆网站发布的信息[④]，吉尔·伯恩来自纽约库珀斯敦。她 1988—1992 年就读于纽约大学，获英语言文学学士学位；1993—1995 年在波士顿学院修完了英语言文学硕士课程。学习期间，她曾在牛顿免费图书馆兼职，担任儿童图书馆的流通与参考助理。牛顿免费图书馆时任馆长苏珊·拉斯金·艾布拉姆斯（Susan Raskin Abrams）是她的首位图书馆导师。正是苏珊·拉斯金·艾布拉姆斯发现吉尔·伯恩富有激情，便教导她到图书馆学院攻读硕士学位，选择图书馆员作为职业。起初吉尔·伯恩纠结于就读当地的西蒙斯学院还是前去西雅图攻读图书馆与信息学硕士学位。1995 年，她决定就读华盛顿大学信息学院（iSchool），1997 年获华盛顿大学图书馆与信息学硕士学位。

吉尔·伯恩获硕士学位后，于 1998 年 1 月在西雅图公共图书馆开始自己的职

---

① BERRY J N. Jill Bourne：LJ’s 2017 Librarian of the year［J］. Library journal，2017，142（1）：28—30.

② 来源：http：//lj. libraryjournal. com/2017/01/managing-libraries/jill-bourne-ljs-2017-librarian-of-the-year/?replytocom=524899.

③ 来源：Jill Bourne. https：//www. linkedin. com/in/jill-bourne-9661439/?trk=public-profile-join-page.

④ Bourne named San José director of libraries［EB/OL］.［2013-04-23］. https：//www. sjpl. org/blog/jill-bourne-named-san-jos%c3%a9-director-libraries.

业生涯。她的第一个职位是分馆的儿童图书馆员；2000 年 3 月被聘为该馆采访馆员，在这个职位上积累了大规模资金管理方面的经验；2001 年 1 月至 2006 年 11 月担任西雅图公共图书馆负责公共服务的助理馆长，负责领导西雅图新建的中心馆。当时西雅图公共图书馆馆长是曾获 1994 年度图书馆员桂冠的黛博拉・雅各布。吉尔・伯恩将黛博拉・雅各布视为自己的导师，将自己在西雅图近 10 年的工作经历称为愚蠢 / 疯狂的成长期。

2006 年 11 月，吉尔・伯恩担任旧金山公共图书馆副馆长。2013 年 4 月，吉尔・伯恩被聘为圣何塞公共图书馆馆长，年薪高达 19 万美元。她于 2013 年 7 月 22 日正式走马上任。获奖时已担任该馆馆长三年半时间。

二、工作业绩

（1）采取图书馆获取策略开放图书馆

吉尔・伯恩 2013 年刚到圣何塞市公共图书馆履职时，不得不直面于多年来预算和服务大幅缩减的不利影响。作为美国第十大城市的圣何塞市是硅谷首府，虽然之前得益于慷慨的资本改造计划使图书馆系统的 23 家分馆得以建成或翻新，但是，当时有好几家新建的分馆已经关门歇业，无法开放。由于裁员，其余一些分馆的服务时间减少至每周 4 天。图书馆的利用率急剧下降，工作人员惶惶不可终日，场馆处于可怕的等待模式。

为改变现状，吉尔・伯恩率先采用图书馆获取策略开放图书馆。通过与圣何塞的市政领导建立新关系，获得支持。履职第一年，基于市政当局提供资金的承诺，便设法开放了 4 个先前关闭的图书馆分馆。此后，又进一步促进合作，培育创新点，使图书馆获取策略超越图书馆，成为新兴的全市范围的教育与数字素养试验项目，不仅赢得了图书馆工作人员的支持，也得到了城市管理者的赞扬。

（2）推动图书馆专项税收公投，解除资金困扰

圣何塞公共图书馆每年的运营经费大部分来自市级通用资金，其次来源于 2004 年确定的图书馆土地税（Library Parcel Tax）。图书馆土地税相当于当时每个家庭每年资助 29.84 美元，占图书馆年度预算的 25%。然而，原定的图书馆土地税征收将于 2015 年 6 月 30 日截止。在市级通用资金不断缩减的背景下，为了保持资金稳定，2014 年，吉尔・伯恩领导图书馆与其他机构合作，推动图书馆土地

税延长 25 年的公投，即将征收期限延长至 2039 年。按照规定，图书馆土地税公投的赞同比率达到 67% 才能生效。2014 年 6 月初举行的公投，市民的赞同率达到 81%，大大出乎所有人的意料。

投票结果表明了硅谷之都的民众对公共图书馆系统的热爱，希望维持图书馆现有对居民、学龄儿童和企业的服务水平，也意味着图书馆每年获得数百万美元的资金收入，为持续服务提供了稳定保障①。

在成功延长图书馆土地税之后，吉尔·伯恩与市长和市议会的合作，使图书馆又得到市级通用资金的支持。吉尔·伯恩认为，获得资助后图书馆的首要任务是逐步恢复之前因经费削减而减少的服务时间。2015 年 7 月，图书馆的服务时间实现了 39% 的增长。截至获奖时，圣何塞公共图书馆系统的所有分馆都做到了每周开放 6 天。

（3）引领图书馆走上创新发展之路

在恢复图书馆原有的服务时间后，吉尔·伯恩将工作重点转向了实现图书馆的发展和创新。计划借助税收延长的动能和声誉，通过外展活动和创新项目为圣何塞日益增长的人口提供更多更好的服务。

为了促成新服务，吉尔·伯恩与包括易贝（eBay）、贝宝（PayPal）、微软（Microsoft）等硅谷的科技公司以及其他组织建立联系，并与科技公司合作，通过科学、技术、工程、艺术、数学教育以及创客项目，增加公众获取技术和应用知识的机会。吉尔·伯恩还领导新建了一个名为“TeenHQ”的学习工具中心，其中包括诸如微软资助的创客空间和录音工作室，成为联系青少年与图书馆的全方位服务的连接器。

网络拍卖公司易贝则帮助图书馆开发了新型交互式智能手机应用程序，改进图书馆的暑期阅读项目。具体说来，就是让参与暑期阅读项目的家庭利用一台设备管理多个暑期阅读账户，为那些有多个孩子但仅有一部智能手机的家庭提供了方便。此外，图书馆还与美国大型连锁创客空间 Tech Shop 合作，为图书馆的年

---

① CHANT I. San Jose libraries funding set for 25 years［EB/OL］.［2014-06-12］. https://lj. libraryjournal. com/2014/06/budgets-funding/san-jose-libraries-funding-set-for-25-years/.

轻用户免费提供培训课程。与此同时，图书馆构思推出流动创客空间，专门定制了大轿车和技术先进的设备与设施，将其打造为流动的创新创车间[①]。

2016 年 12 月，着眼于培育创新观念、搭建民众与技术的联系渠道、鼓励解决问题、合作与发现的流动创客空间付诸实施。图书馆采取定期巡回方式，将服务送到那些难以便捷到访图书馆的民众身边。借此，将科学、技术、工程、艺术、数学教育项目拓展到圣何塞市每一个角落的愿景变成了现实。在笔者看来，流动创客空间是图书馆为满足民众的技术服务需求而推出的服务，是传统流动书车服务的进化升级。流动创客空间与流动书车一样，可以开到分馆、学校、课外辅导班、老年中心、低收入人群居住的经济适用住房区、托幼机构以及其他外展服务场所，实现到用户的居住地提供大家所需的服务。

（4）变更图书馆的罚款以及赦免规则，改进用户管理

吉尔・伯恩担任圣何塞公共图书馆馆长期间，还遇到一个棘手的问题。几乎在预算缩减的同时，圣何塞市议会提高了图书馆对违规用户的罚款数额，达到其他图书馆罚款数额的 2 倍甚至 3 倍之多。吉尔・伯恩经过数据调查发现，有 18.9 万居民由于欠费而被禁止获取图书馆的资料，他们因此便不到图书馆来了。于是，吉尔・伯恩向市政领导反映，图书馆的罚款与收费规定的实施效果与初衷相悖，阻止成千上万的圣何塞居民，尤其是那些最需要图书馆服务的社区的居民利用图书馆。

经过一年的艰苦工作，吉尔・伯恩得到了市议会的全力支持，对所有图书馆的罚款规则进行了全面修改，尤其是与工会、市议会、市领导合作研究推出了可以帮助民众免除欠费的志愿者计划。内容是，用户可以作为志愿者到图书馆工作，每工作 1 小时，图书馆为他们抵扣 20 美元的罚款。图书馆还专门委派 2 位工作人员负责志愿者计划项目，作为图书馆举办的一项特殊活动，图书馆工作人员与许多志愿者一起工作。（据笔者所知，在美国，志愿者到图书馆帮助工作并不是新鲜事儿，吉尔・伯恩将志愿者工作时间与抵扣罚款结合在一起，算是一种两全其美的解决方案。）

上述解决方案促进了图书馆与用户的接触，取得的效果远远超出了更加常见

---

① 来源：Maker［space］ship. https：//www. sjpl. org/makerspaceship.

的用食物抵扣罚款或者对用户进行短期豁免的措施[1]。以往那些曾被禁止利用图书馆的用户回到图书馆非常兴奋，就像参加一个社交活动一样。圣何塞市议会议员劳尔·佩拉雷兹（Raul Peralez）指出，自2016年以来，上述努力已经为近10万居民恢复了图书馆账户。

（5）实现图书馆与城市教育的有机融合

很长时间里，圣何塞市没有设立教育部，城市的19个学区均由一个县管理。谁来协调城市的教育功能这一中心职责长期悬而未决。吉尔·伯恩任职后采取的一系列创新管理方法和深度社区参与，扩大了图书馆的影响力，得到了与其共事的城市管理者的赞扬。2016年9月，圣何塞市执行长诺伯特·杜纳斯（Norberto Duenas）任命她为高级工作人员，负责领导制订全市的教育与数字素养试验项目。此举大大拓展了吉尔·伯恩的职责，也为图书馆的发展提供了新机遇，导致图书馆核心使命的拓展。

吉尔·伯恩作为圣何塞教育与数字素养试验项目的负责人，在承担更大范围的城市基础设施建设的职责的同时，将有机会更多展现自己的领导力和美德。她在接受《图书馆杂志》采访时指出：首要任务并不是做一大堆新东西，而是协调和促使图书馆已经从事的所有工作加以改变。第一年图书馆所要做的工作是确保我们有正确的数据来评估影响。这本身就是一个雄心勃勃的日程，评估当下所有市政部门提供的教育课程，与多个利益相关者和产业领导者合作时识别需求，评估相关政策和数据，并抓住可能的合作机会。

吉尔·伯恩还补充道，上述项目的工作很多都是图书馆已经计划要做的工作。自己的新工作职责并没有新的预算支持。但是，她将聚焦那些最需要的现有资源。还要聘用一位项目管理人。帮助支撑图书馆的教育工作，这一新岗位已经添至去年的预算中。

三、服务理念、管理风格与特质

（1）拓展图书馆的使命

吉尔·伯恩担任图书馆馆长伊始，从开放关闭的图书馆恢复以往的服务时间

---

① 2009年吉尔·伯恩担任旧金山公共图书馆副馆长期间就曾临时免除用户的罚款。

入手，改变图书馆的面貌。在延长图书馆土地税成功获得民众支持后，她认为，投票结果代表圣何塞民众对图书馆及其使命的巨大的信任，意味着图书馆在该社区有巨大价值。因此，她将眼光放得更远，致力于推动图书馆获取策略超越图书馆，最终成为全市范围的教育与数字素养试验项目，并得到了市政管理者的授权。就在她获得圣何塞市政领导委任，负责协调全市的教育工作的同时，吉尔·伯恩谢绝了波士顿公共图书馆聘请她担任该馆馆长的邀约，决定继续在圣何塞公共图书馆留任，回馈圣何塞的民众与社区。

据圣何塞市长办公室的陈述，教育与数字素养试验项目的最终目标是将圣何塞市重塑为一个教室或者课堂，以确保形成更加连贯的学习生态系统，将校内、校外、基于雇主的以及在线学习经验与分工合作网络结合起来，公平包容地推进教育目标。吉尔·伯恩在接受《图书馆杂志》采访时指出，这是一个庞大的目标，但是不管怎样，都离不开如何处理自己负责的图书馆工作问题，刚好将图书馆的工作向外拓展。

（2）具有杰出的管理能力，注重合作

吉尔·伯恩被公认为美国图书馆界正在崛起的领袖人物。截至获奖时，她在圣何塞公共图书馆履职三年半取得的成就，彰显了她突出的领导力。圣何塞公共图书馆系统有 22 家社区分馆和一个主馆。建于 2003 年的圣何塞公共图书馆主馆，即马丁·路德·金图书馆，是全美第一所由大学和公共图书馆共享的图书馆。它是圣何塞州立大学唯一的图书馆，由圣何塞公共图书馆和圣何塞州立大学合作运营，馆藏超过 160 万件 / 册，曾于 2004 年获得过《图书馆杂志》评选的年度图书馆的桂冠。

吉尔·伯恩 2013 年应聘圣何塞公共图书馆馆长时，圣何塞公共图书馆系统有工作人员 270 人，年运营预算 3200 万美元。截至获奖时，吉尔·伯恩管理的图书馆系统的年运营预算已达 5400 万美元，有工作人员 700 多名。上任伊始，吉尔·伯恩在 3 个月时间里，聘用了 100 名工作人员，对图书馆的运营效率实施了全面评测审计。

吉尔·伯恩注重合作，除与圣何塞州立大学建立合作关系，共享图书馆的主馆的运营外，还通过与本地的非营利组织、政府机构和企业合作，进一步培育创新点，开辟了图书馆发展的新局面。此外，吉尔·伯恩还担任非营利机构奈特基金会重塑公共图书馆的顾问，并代表公共图书馆出席2014年阿斯彭研究所的传播与社会论坛。

（3）善于学习，积极进取

吉尔·伯恩20世纪90年代末开启自己的职业生涯，过往十多年的工作经历为她在圣何塞公共图书馆取得成功奠定了坚实基础。在接受《图书馆杂志》采访时，吉尔·伯恩称自己非常幸运。在西雅图公共图书馆时她勇敢无畏，与雅各布和吉尔·琼站在一起，从她们身上学到了很多。截至获奖时，她承认如果不能推动事情前进，自己甚至会感到不舒服。

正是在西雅图，吉尔·伯恩结识了现任芝加哥公共图书馆总裁兼首席执行官布瑞恩·班农（Brian Bannon）。当时吉尔·伯恩与他一起在西雅图公共图书馆的一家分馆工作。后来吉尔·伯恩担任图书馆主馆馆长时，布瑞恩·班农担任分馆管理者，负责管理多家分馆。2006年春，布瑞恩·班农离开西雅图到旧金山公共图书馆工作。6个月以后，吉尔·伯恩也赴旧金山公共图书馆就职。2009年，同在旧金山公共图书馆工作的吉尔·伯恩和布瑞恩·班农双双当选《图书馆杂志》感动与震撼人物①。

（4）追求卓越，具有持久的创新动力

在旧金山公共图书馆6年多的时间里，吉尔·伯恩担任副馆长，接受馆长路易斯·赫雷拉的领导②。她在图书馆管理的各个方面辅佐馆长，负责指导旧金山公共图书馆主馆和27家分馆的活动和运营，管理社区项目与合作、馆藏建设与技术服务等。还领导实施了一项美国博物馆与图书馆服务协会/麦克阿瑟基金会资助的图书馆建设学习实验室项目，并担任分馆改进项目执行团队成员，负责监督项目、社区参与、制订预算以及24个分馆建设项目的日程安排。

此外，吉尔·伯恩制订了部门效率计划并监督部门绩效测评的设立、跟踪与

---

① Jill Bourne & Brian Bannon: Movers & Shakers 2009—community builders［EB/OL］.［2009-03-15］. https://lj. libraryjournal. com/2009/03/people/movers-shakers-2009/jill-bourne-brian-bannon-movers-shakers-2009-community-builders/.

② 路易斯·赫雷拉馆长曾于2012年获《图书馆杂志》年度图书馆员桂冠，5年之后，吉尔·伯恩登上了年度图书馆员的领奖台。旧金山公共图书馆也因他们二位而彪炳史册。

结果处理过程。她还管理图书馆的部门语言获取计划，负责图书馆之友和基金会的年度资助监督，包括起草资助申请报告、拓展合作伙伴、定期发布报告、进行进程评估等。

2009年，吉尔·伯恩策划实施了多个项目。首当其冲的是一项罚款特赦项目，她给当地立法机构写信暂停向用户征收罚款。该项目获得2010年美国图书馆协会颁发的约翰·柯登·达纳奖①。其次是她策划的一项吸引眼球的宣传活动——聘请一位飞行员带着他从图书馆借的图书在纽约哈德逊河进行紧急降落。此外，吉尔·伯恩还提出了与环境有关的图书馆试验项目——绿色书目，并将图书馆的16个分馆的系统运行时间增加了13%。2010年，吉尔·伯恩被城市图书馆理事会评选为最佳创新者。

吉尔·伯恩在接受《图书馆杂志》采访时说：我热爱自己曾工作过的旧金山图书馆。在那里我认识到自己可以成为世界上最优秀的助理馆长。馆长赋予我如此多的信任和责任，但我并不是图书馆馆长，也不承担主要责任。我知道在圣何塞公共图书馆自己可以做出一些成就。我知道如何拓展服务时间，也知道如何为一个组织的可持续发展打下基础。

四、提名与获奖缘由

在征集年度图书馆员候选人的过程中，《图书馆杂志》收到了圣何塞市的市政领导和图书馆同行的多封推荐吉尔·伯恩获奖的信件。详情如下：

（1）圣何塞市长萨姆·利卡尔多（Sam Liccardo）在推荐信中指出，吉尔·伯恩带领图书馆实现了引人注目的复苏和进步。她的领导真正把我们的图书馆推向前进。现在，图书馆的各个分馆为我们的居民提供了之前从未有过的一系列服务，包括夏日的免费午餐、编程课程、创客空间和公民培训班。

（2）圣何塞市执行长诺伯特·杜纳斯（Norberto Duenas）在推荐信中写道，吉尔·伯恩利用数据测评和分析，改进服务质量和广度，为适宜的资源构建案例，吸引社区的支持，并向圣何塞的民众、民选官员和图书馆工作人员报告结果。

---

① 达纳奖是奖励图书馆在公共关系方面所做出成就的奖项，该馆的举措无疑改善了图书馆与用户的关系，也使图书馆的声望得到了提升。获奖原因是她推动一些当地名人分享他们未归还所借图书馆藏书的最佳借口。

（3）芝加哥公共图书馆总裁兼首席执行官布瑞恩·班农（Brian Bannon）在推荐信中指出，当我在西雅图担任实习生时，吉尔便就如何成为一名伟大的图书馆员为我们做出了示范。在旧金山公共图书馆担任我的上司时，吉尔·伯恩成为我的导师和密友。现在，作为城市图书馆的领导者，她继续教会我们如何领导并战略性地将图书馆置于社区的中心地位。

（4）圣何塞市议会议员劳尔·佩拉雷兹（Raul Peralez）的推荐信指出，在吉尔·伯恩的领导下，我目睹公共图书馆为满足我们社区的需求不断做出创新性的反应。当意识到许多孩子在学校放暑假的日子里没有足够的食物，图书馆与暑期餐联盟合作为圣何塞的家庭提供 1.7 万份午餐和健康的零食。当发现城中心的年轻人缺少资源，就在图书馆的主馆马丁·路德·金图书馆设立了一个新的青少年总部 TeenHQ。该总部由当地的少年设计，以满足获取数字工具的需求，并且成为学习和联系的安全空间。最近，认识到对图书馆的无家可归用户的服务需求，吉尔·伯恩与市议会的议员办公室一起寻找合作者，在马丁·路德·金图书馆配备一位全职社会工作者，与圣何塞州立大学的社会工作实习生一起工作。该合作项目不仅提供现场服务，还直接为无家可归人士联系住房并提供适当的人力服务。

《图书馆杂志》的特稿指出，圣何塞市议会议员劳尔·佩拉雷兹（Raul Peralez）的推荐信对吉尔获奖的缘由做出了最好的归纳。特稿在开篇写道，吉尔·伯恩 2013 年到圣何塞市公共图书馆履职时，面对的是多年来预算和服务大幅缩减的影响。数家新建的分馆已经关门歇业，那些没有关门的分馆的服务时间缩减至每周 4 天，图书馆的使用率急剧下降。吉尔·伯恩率先采用图书馆获取策略开放图书馆，与市政领导建立新关系，获得支持，促进合作，培育创新，使图书馆获取策略成为全市范围的教育与数字素养试验项目。上述一切赢得了新员工的支持，也说服《图书馆杂志》的评委选择她作为由贝克和泰勒赞助的 2017 年度图书馆员的获奖者。

在笔者看来，吉尔·伯恩从儿童图书馆员做起，在不到 20 年的时间里，历经多家公共图书馆多个岗位的锻炼，成长为优秀的图书馆领军人物。年富力强的她获此殊荣，不仅令人信服，还彰显了中生代图书馆员的激情、责任感和奉献精神，以及在推动图书馆拓展使命、变革创新方面的巨大作用。

五、获奖之后

在《图书馆杂志》网站发布的特稿后有13条读者评论。除了多位美国图书馆界的同事、朋友发帖祝贺吉尔·伯恩获奖外，令笔者印象深刻的是以下9条评论，其中有圣何塞公共图书馆的用户评论，还有一条澳大利亚图书馆员的评论。从中可以看到图书馆的服务带给用户的感受以及吉尔·伯恩本人的工作细节等。特照录如下：

（1）感谢吉尔管理并改进了奇妙的图书馆系统。你充分利用了我们的税金，每当我从本地分馆挑选另外一堆图书留待旅途中阅读的时候，我都非常感谢你的服务！顺便说一句，谢谢你推辞了波士顿的工作！

——评论人：Tony Stieber，2017年1月4日

（2）太不可思议了！我是一位忠诚的图书馆用户和爱书人。目前正在培养2个热爱图书馆的爱书人（2个女儿）。图书馆除了借书外做了如此多的事情，我非常尊敬图书馆员！！！

——评论人：Sarnai，2017年1月5日

（3）祝贺你，吉尔！你全心全意从事你的工作。我是玫瑰园分馆的用户，非常喜欢该分馆。开放、整洁，是我带着助行器散步的地方，工作人员非常乐于助人，收藏很多作者的作品。我非常喜欢摆在图书馆入口上方的胖胖的泰迪熊，它穿着非常应季的衣服。感谢你的热情与激情。

——评论人：Ruby，2017年1月5日

（4）感谢你和所有工作人员为圣何塞公共图书馆分馆所做的一切。去年我看到办理借还书的过程应用了很多技术措施，鼓舞我作为用户经常到图书馆来。

——评论人：TUAN NGUYEN，2017年1月5日

（5）你为图书馆做了多么了不起的工作啊！我见过你到里奇菲尔德－斯普林斯学校。我的侄女和侄子也去了那里，他们的姓氏是张伯伦。继续做伟大的工作吧，一定是很有意义的。

——评论人：Violet Galuska，2017年1月6日

（6）祝贺吉尔！从另一个公共图书馆系统转到圣何塞公共图书馆以来，圣何塞为图书馆用户提供的一系列顶尖水准服务的图书馆给我留下了深刻印象。图书馆设施美丽，营销设计丰富多彩，工作人员友善，知识渊博，令人惊讶，不知疲倦地工作。圣何塞公共图书馆真是一个珍宝！祝贺并希望你怀着极大的喜悦庆祝这一了不起的成就！

——评论人：Danielle G.，2017年1月7日

（7）祝贺吉尔！我作为这个图书馆的用户已经有35年时间了。每当我搬到一个新城市做的第一件事情就是办一张图书馆的借书证！这是城里最好的礼物。对我个人而言，没有借书证就不开心！我自己也是一个图书馆员，有着在学校、本地技术公司工作的经历，而且在本地公共图书馆工作过10年。我来自弗吉尼亚州，有机会探索巴尔的摩、波士顿以及位于马萨诸塞海角的图书馆。那些图书馆在20世纪80年代和90年代的创新给我留下了深刻印象，俄勒冈、华盛顿、犹他和哥伦比亚也令人印象深刻。

我喜欢你对暑期阅读活动实施的改变，其中包括黄金入场券（Golden Ticket）、系列儿童活动、减少罚金、提供志愿者工作机会抵消罚金。让非图书馆员作为参考咨询助理，除了更改图书馆服务时间外，其他一切都使资源的可用性发生了巨大的改变。

我很高兴最终看到焕然一新的图书馆开放所有的在线合作伙伴、资源、馆际互借以及数字选项！扩大志愿者的工作范围，让他们进行教学活动，提供各种有趣的研习班，真正将圣何塞公共图书馆的服务拓展到了前所未有的范围。希望在硅谷以及与圣何塞州立大学合作中，这些创新将继续引领我们在独特的技术征程上前进。很高兴你在这里！

——评论人：Jane Wesley，2017年1月10日

（8）作为一名澳大利亚的图书馆员，每当听到美国和英国的一些图书馆分馆由于预算缩减而关闭的消息我经常感到悲伤。得知你在圣何塞公共图书馆将所有分馆重新开放，这是多么伟大的经历啊！圣何塞社区的民众因你而非常幸运。对你取得的所有成就表示祝贺。

——评论人：Helen G.，2017年1月10日

（9）祝贺吉尔！顺便说一句，她很美丽。我们需要更好地认识这些专业人员所做的了不起的工作。

——评论人：Henrique Ecotelhado，2017 年 1 月 13 日

2017 年 1 月 4 日，《图书馆杂志》刊发年度图书馆员特稿的同时，发表了主编吕贝卡·米勒撰写的编者按。编者按以“伯恩效应：扩大图书馆的影响力”为题①，回顾了年度图书馆员评选的初衷，对吉尔·伯恩的成长经历以及取得的成就给予高度评价。笔者在此将编者按复述如下，相信阅读全文，会使我们更多了解优秀图书馆员的特质、实施创新的举措以及对图书馆发展前景的预期，增加图书馆变革的紧迫感。

经过从西雅图到旧金山的时代，直至 2013 在圣何塞公共图书馆担任馆长，随着职责的扩大以及履行职责过程中的创新，吉尔·伯恩在个人职业生涯取得了诸多傲人的成就。她将一个没有活力的图书馆系统转变成了生机勃勃、受人尊重、不断拓展的城市资源。如果这还不够出色的话，更加令人兴奋的是伯恩将要面对的一切，并且为专业领域的其他人指明道路。

年度图书馆员奖自 1988 年创立以来，始终表彰那些施展某种特别实用的魔力取得显著成就的领袖人物，为其他人树立学习的榜样。这一奖项也常常与承诺有关：从本质上就是敦促所确认的领袖人物扩大图书馆潜移默化的感化与巨大的影响力。我们有一个说法：一次当选年度图书馆员，始终都是年度图书馆员。我们从未失望。

举例来说，上个月在《图书馆杂志》举办的图书馆馆长高峰论坛上，现任萨克拉门托公共图书馆的馆长瑞夫卡·萨斯，2006 年执掌奥马哈市公共图书馆时曾获年度图书馆员奖，就是持续焕发活力的典范。她利用自己广泛的网络显示思想领袖的可持续性，并将其创造性奉献给整个项目——包括邀请

① 来源：MILLER R T. The bourne effect：expanding library influence. http：//lj. libraryjournal. com/2017/01/opinion/editorial/the-bourne-effect-expanding-library-influence-editorial/.

美国一家专业户外水瓶厂商 Klean Kanteen 的首席执行官吉姆·奥斯古德（Jim Osgood）就承担社会责任的公司以及任务驱动工作的必要性做报告。萨斯高能量的协作从图书馆发散至城市、地区以及更大范围，令人振奋，极具价值。

与会者还有吉尔·伯恩，就在她被授予年度图书馆员桂冠之前，曾应我之邀就圣何塞公共图书馆的可持续发展路径发言。我们在会上平静地分享伯恩获奖的消息，享受难得的与萨斯和伯恩合影的机会。

伯恩在西雅图的任期恰逢充满活力的成长时期，教会了她如何签约 / 交往（全力以赴）的技巧。在接受采访时她说：我认识到带领他人前进的价值，必须帮助人们学会新的服务模式，而常常是教给那些年龄比我大的人。上述经历教会了我图书馆学的核心精髓，也教会了我为图书馆争取更多的机会而努力。这是一种由创新文化激发的思维定式。我们都感到我们处于先进地位，这正是我学会如何寻求发展与变化的起点。

目前，伯恩作为圣何塞教育与数字素养试验项目的负责人，正在进一步扩大图书馆的渗透和影响范围。这项职责将她置于基于城市作为课堂这一概念而制定的理想的发展目标的中心。谁能比一位强大的图书馆员更合适居于这一事业的中心呢?

这个角色对圣何塞是一个福音，体现了在传播并加速雄心勃勃的市政解决方案方面，图书馆优先这一视角所具有的潜力。公共图书馆是唯一以服务于整个社区为宗旨的机构，以技能熟练的图书馆员为合作伙伴解决广泛的问题，很可能意味着出现非同寻常的前景——这就是以人为本。正如《图书馆杂志》的执行编辑梅雷迪斯·施瓦兹（Meredith Schwartz）所言，图书馆不需要从头开始创建一个建设性的对话，图书馆已经是一个圆桌会议和将所有人都叫到那张桌子上的召集人。

从某种意义上说，伯恩的职责拓展毫无疑问地具有挑战性，职位反映了图书馆自身的地位。我们已经取得了如此多的成就，但是仍然有机会参与更多——通过成为聚焦于更广泛社区的力量，帮助取得图书馆单独难以完成的成就。是的，这将使图书馆面临压力，然而却具有广阔的前景。

通过立法增加图书馆可支配资金的年度图书馆员（2018）

2018 年 1 月 2 日，《图书馆杂志》网站发布特稿，公布了 2018 年度图书馆员评选结果。获得年度图书馆员桂冠的是美国密歇根州肯特地区图书馆（Kent District Library, MI）执行馆长兰斯·沃纳（Lance Werner）先生①。由《图书馆杂志》现任副主编利萨·皮特撰写的特稿，沿袭了该刊 30 年来一贯的做法，对获奖者兰斯·沃纳的业绩、经历等进行了图文并茂的报道。

从特稿配发的照片看，兰斯·沃纳身高体壮，留棕色短发，方圆脸形，宽厚随和，笑容灿烂，充满活力。

一、教育背景与职业生涯

据《图书馆杂志》的特稿和领英网发布的信息②，兰斯·沃纳 1998—2001 年在位于东兰辛的密歇根州立大学法学院攻读法学博士学位。2002 年考取密歇根职业律师执照。2001—2004 年入读位于底特律的韦恩州立大学，获图书馆与信息学硕士学位。

兰斯·沃纳在接受《图书馆杂志》采访时指出，自己的职业生涯有些曲折。最初的职业理想是成为一名联邦调查局特工，因而选择入读密歇根州立大学法学院。在法学院学习期间，兰斯·沃纳结识了日后的妻子，遂结婚并养育了一个女儿。此时的他改变择业初衷，认为对承担家庭责任的男人而言，联邦调查局的特工并不是一个合适的工作。

兰斯·沃纳的母亲是一名图书馆员。受母亲影响，1998 年兰斯·沃纳入读密歇根州立大学法学院起，就担任该校法律图书馆的兼职参考馆员。他热爱自己从事的兼职图书馆工作，结束法学院的学习之后，决定到韦恩州立大学攻读图书馆与信息学硕士学位，有朝一日子承母业，成为一名高校法律图书馆员。

2004 年 5 月，兰斯·沃纳开始从事职业生涯的第一份全职工作，在位于兰辛

---

① 来源：PEET L. Lance Werner：LJ's 2018 Librarian of the year. https：//lj. libraryjournal. com/2018/01/awards/lance-werner-ljs-2018-librarian-year/.

② Lance Werner［EB/OL］.［2018-03-08］. https：//cn. linkedin. com/in/lance-werner-a58b9b7.

市的密歇根图书馆担任图书馆法律专家。在这一过程中，他对公共图书馆从事的极有价值的工作有了深深的敬意和深刻的理解，开始喜欢公共图书馆的工作。经过5年的历练，兰斯·沃纳决定迎接新的挑战，由法律专家转向图书馆管理职位。2009年8月起，担任位于兰辛市的州府地区图书馆馆长。在此期间，他将视野转向具有18个分馆、以创造性思维而著称的肯特地区图书馆。2011年，恰逢肯特地区图书馆馆长职位空缺，在该馆理事会成员雪莉·布鲁尔斯马（Shirley Bruursema）的鼓励下，兰斯·沃纳成功应聘，并于2011年5月走马上任。获奖时他已担任该馆馆长7年。

二、工作业绩

（1）建设电子资源，拓展网络服务

兰斯·沃纳担任肯特地区图书馆馆长不久，2011年首次参加图书馆理事会时便向理事会提议，应花费50万美元建设图书馆的电子馆藏。面对理事会的不解，他不厌其烦地阐述自己的观点，进行说服工作。待第二次召集图书馆理事会时，理事会赞同投资40万美元建设图书馆的电子馆藏。这样一来，肯特地区图书馆成为密歇根州首家提供网络电子期刊、数字电影和电子漫画服务的公共图书馆。2016年初，还提供了流视频游戏。

在兰斯·沃纳看来，用专项资金购买电子资源仅是内容建设的第一步，内容只有易于获取才能真正发挥效用。肯特县的土地面积有734平方英里，由于其中大多数是农村，而且有着该州最凛冽的严冬，交通成为困扰人们利用图书馆的首要问题，农村地区的民众难以获取图书馆资源。兰斯·沃纳认识到上述获取局限会导致数字鸿沟，于是，采取向民众出借平板电脑、搭建室外无线网络热点等措施，努力消除数字鸿沟。

（2）参与立法活动，维护图书馆的权益

兰斯·沃纳在从事图书馆工作的同时，发还挥自己的法律专长，积极参与立法活动。他2009年加入密歇根州图书馆协会，担任该协会主席以及下属的立法委员会主席，代表行业组织进行积极宣传活动，为图书馆创造良好的发展空间。在改变他所在的图书馆内部和外部文化的同时，还使全州的图书馆发生了自上而下的变化。

2015 年末，密歇根州对金融改革法案（SB571）进行修订。在最初的法律草案中规定，选举前 60 天，不允许图书馆采取无线电广播、电视、邮件群发、预录制电话留言等方式进行与地方投票问题有关的传播活动。如果该法案获通过，将成为对图书馆的禁令，图书馆界亟须删除上述不利条款。于是，兰斯・沃纳找到肯特县选区的密歇根州参议院共和党参议员丽莎・波塞摩斯・里昂（Lisa Posthumus Lyons），提出对该草案进行修改的建议。

在接受《图书馆杂志》采访时兰斯・沃纳回忆道，与参议员会面时，参议院表示理解他对法案有关选举规定的担心，但指出利用公共资金宣传促成投赞成票是违法的。兰斯・沃纳则阐述了上述法案正在对图书馆造成的伤害。参议员对他的观点表示赞同，并采纳了兰斯・沃纳提出的对该法案一些措辞加以修改的建议。最终法案获得通过，州长还对法案做出了一些有利于图书馆的说明。

早在 2014 年，为保证图书馆资金的稳定，兰斯・沃纳领导发起了增税宣传运动，成功说服多个激进的反对者，使图书馆税收实现了 45% 的增长，达到有史以来最高增税幅度。然而，由于密歇根州 20 多年来一直实行一项图书馆税收的扣除措施，将其中的 1% 用于资助密歇根州的各种开发组织。据统计从图书馆税收资金扣除的款项每年超过 1000 万美元。密歇根图书馆协会和图书馆界一直反对利用图书馆税收的 1% 资助各种密歇根开发组织，认为这既不符合图书馆的意愿也未经过纳税人的同意。

兰斯・沃纳认为 2014 年实现增税 45% 并不意味着图书馆的彻底胜利，必须争取改变上述税收扣除措施。通过图书馆界举办广泛的宣传活动，密歇根州最终提出了免除图书馆税金再分配的议案（SB 619-624）。兰斯・沃纳代表图书馆界在密歇根州参议院和众议院举行的立法听证会上作证，他在证词指出："此问题对我们的重要性在于透明非常重要。当民众询问我们的钱用来干什么了？我无法告诉他们……这是犯罪行为。"

2017 年初，SB 619-624 立法救济拨款议案获通过。2017 年 1 月 10 日，经密歇根州长签署该议案成为正式法律，赋予密歇根州的图书馆免遭税收剥夺的权利。密歇根州图书馆协会主席盖尔・迈德泽亚（Gail Madziar）指出，这对密歇根州的图书馆而言是一个重要的里程碑。这一胜利大多是与沃纳与那些民选官员保持的良好关系分不开的。当他提出这一问题时，我们已经明白沃纳是一位优秀的图书馆界的代言人，了解图书馆界的需求。我认为是时候寻求民意代表和参议员的支持，他们了解图书馆是一个有关其选民可靠信息的知识来源，他们就会倾听民众的诉求。

（3）增设服务网点和流动服务，提供普遍均衡服务

除了确保图书馆强大的电子馆藏被客户使用外，截至获奖时，兰斯・沃纳已在全县设立了 14 个小型免费图书馆，分布在社区中心、老年中心、公园和当地机场。此外，他还利用一家企业基金会（Steelcase Foundation）提供的 20 多万美元的赞助款，购买流动书车等设施，并于 2018 年恢复了该馆中断 30 年的流动图书馆服务。

2016 年，针对图书馆对非英语社区居民服务不平衡的情况，兰斯・沃纳及其管理团队设立了社区外展主管这一新职位，负责联络那些没有得到充分服务的社区居民。鉴于肯特县的居民中有 6.55% 的人母语为西班牙语，选聘熟练掌握西班牙语的鲁本・坎波斯（Ruben Campos）担任社区外展主管，开始注意西班牙语资料的收集和服务。在组织活动时，注意增加西班牙语相关内容。例如，图书馆联合赞助的名为“书写密西根”的写作竞赛中也有了更多的西班牙相关题材。

2017 年 10 月，凯洛格斯维尔学区新开设一所高中学校，学生中的 70% 来自低收入家庭。兰斯・沃纳领导肯特地区图书馆为该校教学提供了全方位保障。不仅该校多媒体中心的工作人员全部由肯特地区图书馆的图书馆员担任，而且多媒体中心的全部资源均由图书馆提供。媒体中心除了面向该校的高中生服务，还在学校课余时间向普通公众开放。

此外，2017 年安排由县残疾人权利保护机构对分馆进行残疾人服务审核，并获颁社区冠军奖。

（4）合作开展扫盲项目，提高民众的文化素养

肯特县大约有三分之一居民未达到第三级语言测试水平，不识字成年人的比率高达 14%。为提高民众的文化素养和读写能力，兰斯・沃纳领导图书馆多管齐下，建设早期识字馆藏资源，并开展一系列以提高识字与阅读能力为目的的扫盲项目。例如，“玩耍、成长与阅读”项目为儿童家长和照看人员提供与阅读有关

的信息、特色工艺品、食谱以及其他活动。

上述项目的实施过程中，兰斯·沃纳与当地的一些组织和企业保持良好的合作关系，得到了西密歇根扫盲中心、肯特中学学区、金属家具公司（Steelcase）等的支持与帮助。图书馆还与大急流社区学院合作，面向所有年龄段的人开设科学、技术、工程、艺术以及数学教学课程。

（5）以人为本，为图书馆工作人员谋福利

兰斯·沃纳深谙工作人员队伍建设的重要性，坚持将工作人员置于人力资源管理的中心。长期以来，美国公共图书馆的全日制工作人员可以享有一系列福利，但是，非全日制工作人员则与福利无缘。为了改变这种状况，就在获奖前，兰斯·沃纳和肯特地区图书馆人力资源部公布了一系列针对非全日制工作人员的福利计划，其中包括提供免费初级卫生保健服务，覆盖所有诊疗和处方。此外，图书馆还为工作人员设立了为期 4 年的学习贷款援助计划。为图书馆人才队伍建设注入了可持续发展的动力。该馆人力资源与组织发展部负责人布赖恩·莫蒂莫尔（Brian Mortimore）在接受《图书馆杂志》采访时指出，在任何组织机构，只有领导支持才能发生变革。在肯特区图书馆，沃纳不仅仅支持那些对工作人员和用户生活产生积极影响的变革，他还以非常热情的方式拥抱变革，并帮助将变革提升到新层面。

三、服务理念、管理风格与特质

（1）民众在哪里，图书馆服务就到哪里

在接受《图书馆杂志》采访时，兰斯·沃纳说出了他的图书馆服务理念，这就是——民众在哪里，图书馆服务就到哪里。他是这样说的，也是这样做的。自担任肯特地区图书馆馆长以来，无论是增设实体服务网点，恢复停止 30 年的流动书车服务，还是建设无线网络热点，为用户分发平板电脑等，都是在上述理念指导下，通过实体固定与流动空间和网络虚拟空间全方位服务用户的举措。可以说他领导图书馆实现了真正的泛在服务。相比之下，我们许多图书馆却在拥抱新技术的同时，抛弃传统服务，误以为泛在的服务只是靠网络和自动设备实现的。在国家大力推进公共文化服务的当下，图书馆界有责任对图书馆的管理与服务模式进行全面反思，重新进行服务的精准定位。（笔者透过许多年度图书馆员的业绩发现，美国作为发达国家，不同的地区经济状况、民众的文化水平、就业技能也存在相当大差异，公共图书馆无论规模大小，都致力于弥补服务不充分之处，注重发挥教育职能，与学校保持良好的合作，通过举办各类辅导班、组织阅读活动，提高民众的文化素养、生活交往能力和就业技能，贴近社区和民众的需求提供服务。这是值得我国公共图书馆，尤其是基层图书馆借鉴的。）

（2）善于沟通，联系广泛

兰斯·沃纳在担任密歇根州肯特地区图书馆执行馆长期间完成了大量工作，这与他生性宽厚、具有良好的人际交往能力密不可分。在接受《图书馆杂志》的采访时，兰斯·沃纳认为，自己所取得的一系列成就，首先源于跟工作人员、立法者、本地工商业所有人和首席执行官以及县委员会委员、密歇根州图书馆协会管理者、图书馆与信息学教育者、用户以及方圆100英里内的其他人建立良好的关系；其次是出自善良，同情心以及对自己所从事工作的热爱。

他努力结识每一个人，倾听他们的故事，弄清楚他们关心什么，弄清楚图书馆满足他们的关切应采取的方式。而他参与立法活动所取得的成果都是基于与本县的民选代表结成的真实的友谊。他喜爱的钓鱼活动也有帮助。在鳟鱼季节，他跟许多人一起去钓鱼，在巩固人际关系的同时，有机会讨论问题，进行坦率的对话。

（3）心中有大爱，慷慨捐助受灾同行

兰斯·沃纳关心的事情超出了自己管理的图书馆。2017年，得克萨斯州亚瑟港公共图书馆遭遇飓风哈维袭击，损失大量儿童资料、音视频资料等。为了帮助该馆，当年10月，兰斯·沃纳组织了肯特地区的资金与图书募捐活动，以支持该图书馆重新开放恢复运营。与此同时，肯特地区图书馆还希望借此鼓舞其他图书馆相互支持。

大急流地区商会主席与首席执行官李奇·贝克（Rich Baker）指出，无论是组织当地机构开展合作项目，还是对1000英里之外的另一个图书馆施以援手，将本馆资源捐给对方，都显示了沃纳对支持其他文化机构充满激情。

密歇根州图书馆协会主席盖尔·迈德泽亚指出，沃纳的慷慨精神也使他与自己所在地区以外的图书馆领导、用户和支持者结盟。不仅对自己的图书馆，他对所有图书馆都倾注感情。当他在解决问题或者有了最新的想法，或者想要将最先进的技术引入自己的图书馆时，他会想到全州乃至全国的图书馆。

在接受《图书馆杂志》的采访时兰斯·沃纳指出，他传播的福音是：不要太复杂，始终以善良、爱和同情行事；尽最大的努力，充满激情，相信自己正在做的事情，一切都会变得好起来。

（4）坚忍不拔，追求卓越

兰斯·沃纳不仅建立广泛的柔性人际关系，还具有坚忍不拔的个性和追求卓越的事业心。他在领英网的个人简介中指出：我以竭尽所能证明投资公共图书馆可以使图书馆所在社区得到令人难以置信的回报为专业目标，确保图书馆事业和图书馆在今后的一个世纪甚至更远的将来充满活力，并努力使肯特地区图书馆成为全美最好的公共图书馆系统。

正是由于坚持和激情的引导，他克服困难完成本职工作，并承担各种社会兼职，例如，在莱克兰图书馆合作委员会以及韦恩州资本运动委员会顾问委员会任职，为战略规划、课程等进行筹资。

兰斯·沃纳的持续努力，得到了广泛认可。在获得2018年度图书馆员桂冠之前，就获得过一些奖项。例如，2014年被授予韦恩州立大学杰出校友荣誉；2016年被《图书馆杂志》评选为感动与震撼人物；2017年当选密歇根州图书馆协会年度图书馆员。他在接受《图书馆杂志》采访时指出：现在是在图书馆工作最好的时间，因为我们正站在十字路口，可以做出影响未来几百年图书馆服务的改变。我们可以做一些能改变轨迹的事情，将我们推向新高度，那将是最棒的礼物。

四、提名与获奖缘由

《图书馆杂志》的特稿未披露本年度图书馆员推荐人的情况，故笔者不得而知，只能留白。

阅读特稿可以发现，《图书馆杂志》将2018年度图书馆员的桂冠授予兰斯·沃纳是出于以下几方面的考量：①他是强有力的领导者、卓有成效的立法倡导者、用户存取信息的捍卫者；②目标明确、坚忍不拔、富有激情；③作为肯特地区图书馆执行馆长，在电子资源建设、图书馆税收提升与取消税金扣除、为工作人员提供福利保障、拓展图书馆服务和扫盲等方面取得了一系列令人瞩目的成就。正如特稿开篇指出的那样，兰斯·沃纳当选2018年度图书馆员并不令人惊奇。询问兰斯·沃纳缘何如此出色，他认为自己只是做了任何一个关心选民的普通人都会做的事情。而询问他的选民，他们则会说兰斯·沃纳取得的成就远比上述更多。

在笔者看来，尽管兰斯·沃纳开始图书馆员职业生涯颇费周折，但是，母亲的影响、法学背景、生性宽厚和对图书馆工作的热爱，反而成为他最大的优势。作为活跃在图书馆管理服务第一线的年轻领军人物，他继承了老一代图书馆员的服务信念、激情、奉献精神与美德，将法律知识与图书馆管理完美融合，卓有成效地代表图书馆参与立法活动，全方位拓展图书馆服务，展示了图书馆员的新形象。

尤其值得指出的是，继 2016 年妮科尔·英格·戴维斯和 2017 年吉尔·伯恩之后，兰斯·沃纳作为美国图书馆界的中生代图书馆员登上年度图书馆员的领奖台，标志着年度图书馆员评选出现了年轻化的趋势，这具有深远意义。相信年富力强的他们作为最新的榜样人物，定会鼓舞更多年轻一代的图书馆员在弥补传统服务差距和提供前瞻性服务方面，采取更多切实有效的变革措施，推动图书馆的可持续发展。

五、获奖之后

在《图书馆杂志》网站发布的特稿后有 7 条向兰斯·沃纳表达祝贺的评论。兰斯·沃纳对每一条帖子都给予认真回复，不仅展示了他独特的个性，字里行间也洋溢着对图书馆和同行的热爱，令笔者印象深刻。现将其中 4 条评论与回复转述如下：

（1）太好了，祝贺兰斯！

——评论人：JP Porcaro，2018 年 1 月 2 日

兰斯·沃纳 2018 年 1 月 8 日回复：由衷地感谢所有人！我觉得自己与最优秀的人一起从事着地球上最好的职业。现在是在图书馆工作的最好的时代。我们有独特的机会和责任确保图书馆和图书馆事业世世代代保持生命力和活力。我鼓励所有人尽自己所能奔跑，以善良、同情和爱行事。

（2）如此荣幸和自豪地说我认识你。你是最优秀的图书馆员。很高兴看到你对图书馆和所在社区的奉献与激情得到全国性的认可。你真棒！！

——评论人：Kyle Ripley，2018 年 1 月 2 日

兰斯·沃纳 2018 年 1 月 10 日回复：非常感谢你凯尔！很高兴看到来自好友的信息（笑脸符号）。希望你一切都好！！

（3）祝贺你兰斯！好消息，在意料之中。6 月份在芝加哥举行的加拿大公共图书馆领导者培训项目遇见你时，我们都对你的领导方式深表钦佩，并且喜欢你讲述的正在实施的法律活动。感谢你与我们分享的一切。我们都为认识你而感到自豪！

——评论人：Wendy Newman，2018 年 1 月 5 日

兰斯·沃纳 2018 年 1 月 10 日回复：我真的很喜欢在加拿大公共图书馆领导者培训项目遇见大家并做发言。感谢每一个图书馆给我这一机会。

（4）作为一个持执照的律师和一个旨在通过创造性教学为欠发达乡村带来数以千计新读者的图书馆项目的负责人，我在很多层面为兰斯·沃纳喝彩。

我还要指出的是，当我们的项目在休斯敦独立学区为资助受损学校推广论文比赛时，遭遇了官僚主义的麻烦。事实证明向休斯敦独立学区提供资金要等待一个月时间，这会影响时间敏感的截止日期。

所以，请沃纳先生给我们提供阿瑟港的联系人，因为我们想帮助需要帮助且对这一没有附带条件的机会表示感激的人。

——评论人：Stephen Raynor，2018 年 1 月 7 日

兰斯·沃纳 2018 年 1 月 10 日回复：感谢你的关注。很高兴分享我们的联系信息。请给我发电子邮件（lwerner@kdl. org），谢谢！

2018 年 1 月 4 日，《图书馆杂志》刊发年度图书馆员特稿的同时，发表了主

编吕贝卡·米勒撰写的编者按。编者按以“黑暗中的光明：直面未来的挑战”为题，对兰斯·沃纳的成就给予了很高的评价。她将兰斯·沃纳比作黑暗中的一束光，指出，兰斯·沃纳是深入参与立法活动的典型人物。他取得的诸多成就中有一项是与密歇根图书馆协会以及州内的其他人合作，使密歇根的图书馆免除了税收扣除。他与之前所有图书馆领袖人物一样，采取友好的方式进行宣传说服工作。所不同的是，他在挖掘政策方面做得更加深入，并洞察支配资金流动的规则，为图书馆和社区赢得了胜利。在图书馆界遭遇税务问题的时候，兰斯·沃纳给业界带来了光明，所有能够得到的光明都是我们需要的[①]。

据《图书馆杂志》2018年5月1日报道，兰斯·沃纳担任2018密歇根州立大学政治领袖研究员。全州仅有24人入选[②]。此外，兰斯·沃纳受邀担任评委，参与《图书馆杂志》2018年度图书馆评选的工作。

---

① MILLER R T. Light in the dark：facing the challenges ahead［EB/OL］.［2018-01-04］. https：//lj. libraryjournal. com/2018/01/opinion/editorial/light-dark-facing-challenges-ahead-editorial/.

② Library people news：hires，promotions，retirements，and obituaries［EB/OL］.［2018-05-01］. https：//lj. libraryjournal. com/2018/05/people/library-people-news-hires-promotions-retirements-obituaries-2/.

下篇　年度辅助图书馆员奖及其获奖者

第一章　年度辅助图书馆员奖的设立背景、评选程序与评选标准

年度辅助图书馆员奖的设立背景

在年度图书馆员奖设立10年后，《图书馆杂志》决定设立另一个重要的奖项——年度辅助图书馆员奖。值得注意的是，最初，该奖项名称为“年度辅助专业人员奖”（Paraprofessional of the Year），2011年起才将名称更改为“年度辅助图书馆员奖”（Paralibrarian of the Year），为行文一致，不影响理解，行文将不再专门区分年度辅助专业人员奖，而统一称为年度辅助图书馆员奖。

在笔者看来，辅助图书馆员奖的设立并不是一件容易的事情，可谓历程曲折。其中，既有图书馆学教育、专业人员标准等诸方面发生改变的影响，也是信息技术在图书馆和信息服务领域广泛应用导致的用户服务多样化的结果。当然，还离不开辅助图书馆员这一庞大群体组织起来争取自身权益的一系列活动。

第一，图书馆学教育的变化与传统专业图书馆员来源的局限

美国20世纪60年代末和80年代末对图书馆学院在读学生的调查研究数据显示，学生入读研究生院之前的教育背景、就业领域以及选择图书馆学专业的动因，均发生了不同程度的变化。

1969年，美国马里兰大学的研究人员对美国和加拿大45所经美国图书馆协会认证的教育机构的3516名学生的调查结果显示，79%的受访图书馆学院学生的本科专业为人文和社会科学，62%的受访学生在入读图书馆学院之前有过在其他领域的工作经历，其中44%的人从事教学和文秘工作。

在回答为何选择图书馆学专业这一问题时，有四分之一的受访学生指出，进

入图书馆专业是因为与图书馆员的个人接触对自己产生了影响。至少有三分之一的受访学生入读图书馆学院之前有过在图书馆工作的经历[①]。可见，那时图书馆员的示范作用和影响对年青一代选择图书馆员作为职业是有较大影响的。

1988 年 9 月《图书馆杂志》发表了一篇分析图书馆学教育机构在读学生入学与择业状况的论文[②]。作者对 59 所经美国图书馆协会认证的图书馆学研究生院在读学生进行问卷调查，每所学院发放问卷的覆盖率为 50%。共从 47 所学院回收问卷 1547 份，回收率达 87%。

研究者对回收的 1500 份问卷的分析显示，有 9% 的受访者在入读大学前决定以图书馆员为职业，另有 20% 的受访者在大学本科学习阶段决定成为图书馆员。二者相加，在大学毕业前，有 29% 的受访者做出以图书馆员为职业生涯的选择。

在以往的就业背景方面，调查显示 70% 以上的受访者在入读图书馆学院（决定成为图书馆员）之前，有过在其他领域全职工作的经历。其中 63% 的受访者为径直转换职业；其余 17% 则是在就业中断后，到图书馆学院攻读硕士学位以便重新就业；其余 10% 的受访者系从原有就业领域退休，接下来选择图书馆作为第二职业。

从学科背景看，图书馆学院在读研究生的本科专业仍然以人文和社会科学为主，占比高达 82%，仅有 9% 在读研究生的本科专业为理工和商业。受访者原有的职业领域分布比例为：文秘 20%，教育 23%，其他 36%（不包括图书馆相关领域在内）。受访者离开原有职业领域的原因主要与职业满意度低（占 58%）和就业市场不景气（23%）有关。在 130 名有学位的受访者中，仅有 7% 在入读图书馆学院前已经有图书馆学学位。在回答为何选择图书馆员作为职业生涯这一问题时，受访者表示图书馆职业对自己最大的吸引力是图书馆的性质、公共服务以及自己热爱图书。

---

① 来 源：WHITE R F, MACKLIN D B. Education，careers and professionalization in librarianship and information science. Final Report. U. S. Office of Education，Bureau of Research，Maryland University，School of Library and Information Services，1970.

② PEARSON R C，WEB T D. The new librarians：how prepared are they［J］. Library journal，1988，113（14）：132—134.

值得注意的是，在调查回收的 1547 份问卷中，仅有 6% 的受访者提到因与图书馆员的接触而影响自己的职业选择。这与前述 20 世纪 60 年代末的调查数据差距很大，反映了图书馆员和图书馆服务对社会的影响力有所降低。

鉴于 20 世纪 80 年代中期起，计算机和电子媒体等在图书信息管理服务方面得到日益广泛应用，在一个对多样化信息有着日益高涨需求的社会中，图书馆必须继续证明自己具有提供与时俱进服务的能力与较高的服务水准。而上述生源结构明显不利于图书馆学院培养面向自动化管理和掌握信息技术的专业人才，极易弱化图书馆行业对社会各类信息需求做出快速反应的能力。

第二，图书馆专业人员标准与职业资格的变化

尽管美国不存在全国统一的图书馆员职业认证，但是，美国图书馆协会长期实行对图书馆信息学硕士学位教学机构的认证制度。通过发布行业人力资源使用政策声明，提出图书馆工作人员的不同岗位职级与任职标准，形成了相对固定的专业准入制度。图书馆员作为与医生和律师类似的专业人员，图书学硕士学位是获得专业人员地位的门槛。

笔者 20 世纪 80 年代初浏览《图书馆杂志》刊登的图书馆员招聘广告时就发现，应聘图书馆员的首要条件是获得经美国图书馆协会认证的教学机构颁发的图书馆 / 信息学硕士学位。虽然图书馆员的薪酬待遇比不上医生和律师，但是，作为专业人员，还是享有非专业人员无法企及的较高地位。一般而言，图书馆工作人员中，图书馆员占比往往不超过三分之一，其他工作人员，包括图书馆助理及普通职员等，统称支撑人员，他们的职级和待遇均低于图书馆员。

20 世纪 80 年代中期起，计算机和电子媒体等在图书信息管理服务方面得到日益广泛应用，尽管外在环境已有很大变化，但是，图书馆人力资源使用政策规定的图书馆员入职的基本要求鲜有改变，已经无法适应新形势下图书馆服务与管理的需求。1999 年美国图书馆协会召开第一次专业教育大会，会上决定成立人员分层特别工作小组（后改为图书馆职业生涯路径特别工作组），负责对图书馆职业准入途径、方法和预期等一系列事项进行评估，并在此基础上对原有的不合时宜的政策做出更改。

上述工作组首先评估美国图书馆协会理事会 1970 年 6 月 30 日通过的《图书

馆教育与人员使用》的政策声明（Library Education and Personnel Utilization）①，并对该政策文件的标题及内容过时的部分进行修改，改变了以往图书馆对专业人员的单一狭隘定义，为辅助图书馆员拓展了职业生涯的上升空间。

2002 年 1 月 23 日，修改后的《图书馆信息研究与人力资源使用》政策声明（Library and Information Studies and Human Resource Utilization）由美国图书馆协会理事会通过并发布实施②。该政策文件对 1970 年的政策声明内容的修改主要集中在以下几点：

（1）术语的替换，如将原文件中使用的"图书馆教育""图书馆事业"用"图书馆信息研究"替换。

（2）认可图书馆信息研究实践领域的各个职业准入层次均包括多个专业。

（3）承认支撑人员是图书馆专业领域不可缺少的贡献者和参与者，为图书馆助理 / 技术助理（Library Assistant/Technical Assistant）职位增设了专家职级。

（4）鼓励专业训练应当包括人文、科学和社会科学在内的广泛的教育背景，不拘泥于狭窄的研究领域。

修改后的政策声明继续沿袭以往的方式，以图表和文字方式展示包括高中毕业到硕士毕业在内的不同人员的职业准入起点、对应的职级岗位以及各个层级的任职资格和要求。考虑了专业实践的最高学位，清晰规定了图书馆员和专家在职业发展方面应承担的个人责任以及图书馆管理者为支撑人员提供继续学习机会的责任。

总之，正是有了上述新政策声明的指引，美国图书馆的人员聘用出现了多元化的格局。各类专业人员的聘用和升职可以参考岗位职级分类表的规定执行，逐步改变了美国图书馆行业长期存在的对未获得硕士学位的图书馆支撑人员的不公平待遇。

---

① 该声明 1970 年由美国图书馆协会通过时的名称为《图书馆教育与劳动力》（Library Education and Manpower）。1976 年春，图书馆人力资源咨询委员会办公室（the Office for Library Personnel Resources Advisory Committee）编辑该文件时对标题做了改动，弃用具有性别歧视色彩的 manpower 一词。

② Library and information studies and human resource utilization [EB/OL]. [2017-03-12]. http://www.ala.org/offices/files/hrdr/educprodev/lepu.pdf.

为了使读者对美国图书馆工作人员聘用标准有更多了解，笔者特将美国图书馆协会 2002 年发布的政策声明翻译为中文，请参见本书附录 2。

第三，图书馆支撑人员维护自身权利的努力

《图书馆杂志》1988 年设立年度图书馆员奖，在对图书馆事业的发展产生了正面推动作用的同时，也引发了人们对美国图书馆工作人员职级划分以及待遇差别的反思。

早在 1989 年，时任《图书馆杂志》主编约翰·贝里就在该刊 7 月号发表编者按①，在对就职于图书馆的支撑 / 助理人员（辅助专业人员）所做贡献予以肯定的同时，为他们受到的不公待遇鸣不平。其中指出，他参加新泽西州图书馆助理协会 1989 年大会时，对参会者的热情和战斗精神印象深刻。此后，在全美又召开了一系列地区会议与活动。图书馆助理的专业精神和对图书馆和图书馆工作重要性的信念与图书馆员是相同的。他们的事业是正义和善良的，图书馆界对图书馆助理的需求和职业生涯的忽视，无论如何都是不公正的。图书馆助理从事图书编目、为学龄前儿童讲故事、进行联机检索和印本查询、回答咨询并向用户推荐图书、挑选并采购图书和录像带、管理音视频资料、督导并管理工作人员、制定预算并管理资金。图书馆助理正在与其他群体一样组织起来满足自身的需求。他们需要更多的培训、更合理的薪酬，想要在图书馆追求有意义且有回报的职业生涯。他们相信应当为没有获得图书馆和信息学硕士学位的图书馆工作人员设置与专业图书馆员类似的高等级职业晋升阶梯。

1992 年，约翰·贝里又提到过图书馆行业不公正地忽略辅助专业人员的需求和职业生涯，肯定了图书馆支撑人员成立维权组织的努力。1995 年 11 月，《图书馆杂志》举办了辅助专业人员态度和职业前景的问卷调查。此后，约翰·贝里在弗吉尼亚州图书馆协会的辅助专业人员论坛大会上发表了主旨演讲。1996 年，美国里士满大学博特赖特图书馆（University of Richmond's Boatwright Library）的流通部主任卡洛琳·塔特（Carolyn Tate）及其同事的脑海中萌发了推动《图书馆杂志》设立年度辅助专业人员奖的想法。对他们而言，这意味着该刊将以类似命名

---

① BERRY J N. The other "Librarians"［J］. Library journal，1989，114（12）: 4.

年度图书馆员的方式，命名年度辅助图书馆员。

卡洛琳·塔特是为数不多的以支撑人员身份担任管理职位的图书馆工作人员。在她看来，《图书馆杂志》是为所有图书馆工作人员出版的有声望的期刊。既然该刊已经表彰了图书馆员，就应当表彰辅助图书馆员。因为辅助图书馆员做出了贡献，他们的工作随着技术的改变发生变化，很多人提升至管理和督导岗位行使新的职责。她认为《图书馆杂志》迟早会做出正确的事情。

不幸的是，卡洛琳·塔特的个人预言并没有很快应验。她坚信只有汇聚全美图书馆支撑人员队伍的力量，才能引起《图书馆杂志》的注意。当时，她兼任弗吉尼亚州图书馆协会辅助专业人员论坛理事，在几位同事的帮助和指导下，卡洛琳·塔特起草了一份富有激情的请愿书，陈述了《图书馆杂志》应当遴选并表彰年度辅助图书馆员的理由。在援引年度图书馆员奖的提名标准的同时，卡洛琳·塔特指出：辅助图书馆员对专业的贡献应当得到认可。图书馆界对专业人员的传统定义指获得图书馆学硕士学位的人。时代已经变了，就从事业务工作的方式看，我们都是专业人员。

1999 年 6 月，《图书馆杂志》编辑部收到了卡洛琳·塔特的请愿书，并附上了一份来自美国 46 个州和加拿大的 2343 名图书馆员、图书馆馆长和辅助图书馆员的签名。这些签名表达了对卡洛琳·塔特的支持，是由数十位辅助图书馆员帮忙在各种会议和支撑人员邮件组征集的。鉴于支持者具有广泛的代表性，《图书馆杂志》终于做出设立年度辅助图书馆员奖的决定。在卡洛琳·塔特看来，正是大家的共同努力促成了此事。

1999 年 12 月，《图书馆杂志》发布征集年度辅助图书馆员提名启事[①]。其中指出，年度辅助专业人员奖认可图书馆工作人员中最大的群体——辅助专业人员在提供卓越的图书馆服务方面所发挥的重要作用，《图书馆杂志》将在 2000 年 3 月 15 日发布首届年度辅助图书馆员奖评选结果。该奖与之前推出的年度图书馆员奖具有同等重要性，二者的区别仅在于前者表彰拥有图书馆硕士学位的图书馆工作

① ROGERS M, ODER N. LJ to honor support staffers [J]. Library journal, 1999, 124 (20): 26.

人员，后者表彰没有图书馆硕士学位的图书馆支撑人员。

年度辅助图书馆员的评选程序与奖励内容

年度辅助图书馆员的评选与之前的年度图书馆员的评选一样，采取自由推荐与集中评审相结合的方式。具体程序是：

（1）《图书馆杂志》刊登征集提名启事（一般是在年底或年初），邀请图书馆界以及相关团体组织机构等自由举荐值得获奖的候选人。遴选范围是图书馆支撑工作人员。提名候选人时，推荐人仅需要在公布的截止日期之前（一般是每年的1月中旬左右），向《图书馆杂志》提交推荐信，列出候选人姓名、职位，用不超过500字的简短篇幅陈述被提名人值得获奖的缘由。允许提交供参考的辅助材料，但提名信的权重更高。

（2）征集提名结束后，进入集中评审阶段。《图书馆杂志》成立由出版商、主编、常务主编、书评编辑和资深编辑组成的评审组，对收到的推荐材料进行评审。最终胜出者将获得年度辅助图书馆员奖。为了表彰美国弗吉尼亚州图书馆协会辅助专业人员论坛理事、里士满大学博特赖特图书馆流通部主任卡洛琳·塔特推动设立年度辅助图书馆员奖所发挥的重要作用以及在长达2年时间里协调签名活动所付出的极为艰巨的努力，《图书馆杂志》特聘请卡洛琳·塔特担任年度辅助图书馆员奖的终身荣誉评委，参加年度辅助图书馆员的评审工作。

值得注意的是，《图书馆杂志》对年度辅助图书馆员候选人的资格限定较年度图书馆员要少，在北美所有地区（美国、加拿大和墨西哥）各种类型图书馆工作的在职支撑人员/图书馆助理均享有被提名资格。

《图书馆杂志》对终选胜出的辅助图书馆员的奖励与对终选胜出的年度图书馆员的奖励一样慷慨。奖励内容包括：授予年度辅助图书馆员称号；颁发获奖证书；颁发1500美元现金（支票）；邀请年度辅助图书馆员参加美国图书馆协会夏季会议期间举办的颁奖庆祝宴会；由《图书馆杂志》的编辑撰写特稿（很多特稿都出自主编或副主编之手），报道获奖者的业绩；在《图书馆杂志》的封面刊登获奖者的大幅彩色肖像。

总之，与年度图书馆员奖一样，《图书馆杂志》设立的年度辅助图书馆员奖给予获奖者极高的荣誉，既有物质奖励也有精神奖励。物质奖励的落实也是通过征集赞助商的方式实现的。自该奖设立至今，共有3家赞助商赞助该奖项。最初5年由一家为图书馆提供资料修复和保存的公司（Kapco Library Products）赞助；2005—2009年由一家图书馆用品与家具公司（Brodart Library Supplies & Furnishings，McElhattan）提供赞助；自2010年起，由DEMCO公司提供赞助。

年度辅助图书馆员的评选条件与标准

笔者对近20年来《图书馆杂志》发布的年度辅助图书馆员候选人征集启事进行对比发现，自1999年起，年度辅助图书馆员候选人的提名要求始终没有改变。这就是——出色完成自己承担的工作，包括在以下方面做出贡献：①使图书馆为其选民或者所在社区（可以是城镇、学院或大学、学校或者公司）提供最好的服务；②鼓励阅读以及对图书馆资源的利用；③承诺为所有人免费获取信息；④构建网络、机构或者组织为图书馆工作出类拔萃提供保障；⑤为支撑人员开辟新的职业路径；⑥改善交流沟通，打破支撑人员与共事的拥有图书馆学硕士学位的图书馆员的障碍。

总之，在笔者看来，设立年度辅助图书馆员奖的意义值得肯定。因为，图书馆工作具有突出的团队协作特征，在图书馆这一高度依赖团队工作的专业领域，只有充分肯定每一个人的奉献，才能使团队的整体效率更高，获得更大的成功。

第二章　年度辅助图书馆员奖获奖者评介

首届年度辅助图书馆员贝思·珀金斯

2000 年 3 月，《图书馆杂志》首届年度辅助图书馆员奖评选结果揭晓。获得年度辅助图书馆员殊荣的是贝思·珀金斯（Beth Perkins）女士。她就职于美国弗吉尼亚州弗雷德里克斯堡的玛丽华盛顿学院辛普森图书馆（Simpson Library at Marry Washington College in Fredericksburg），时任这所高校图书馆的流通部主任。《图书馆杂志》发布特稿，以图文并茂的方式介绍了她的教育背景、工作经历与业绩[①]。

一、教育背景与工作经历

贝思·珀金斯拥有图书馆学本科学历。1966 年 8 月她在位于哈蒂斯堡的南密西西比大学（University of Southern Mississippi）获得图书馆学学士学位。毕业后，在佛罗里达州彭萨科拉的埃斯坎比亚县的公立学校开始自己的职业生涯。在接受《图书馆杂志》采访时她有些忧伤地说，自己始终认为应当回到学校继续攻读图书馆学硕士学位。在 1970 年时，她的确开始攻读图书馆学硕士学位。然而，由于当时该校未通过美国图书馆协会的教学认证，她便中途放弃了。尽管后来该学校通过美国图书馆协会的认证，成为密西西比图书馆学院，但是她的生活重心已经改变，错过了最佳的学习机会。

贝思·珀金斯在佛罗里达学校图书馆工作时，由于人手有限，她必须包揽所有的事情。例如，应用掌握的所有编目知识进行馆藏编目，进行参考咨询研究，担任采访馆员和看门人等。在学校图书馆工作一段时间后，她结婚成家，养育了

① BERRY J N，LIFER E S. Paraprofessional of the year 2000：Beth Perkins［J］. Library journal，2000，125（5）：40—42.

2个女儿。在女儿年幼时，贝思·珀金斯曾离职成为全职母亲。后来她重返职场，在亚利桑那一家报社——《尤马太阳报》(Yuma Daily Sun)担任图书馆员。一年后她回到弗吉尼亚，1984年开始在玛丽华盛顿学院辛普森图书馆工作，获奖时已在该馆工作16年。

二、工作业绩与特质

(1)长期从事专业性工作

贝思·珀金斯在接受《图书馆杂志》采访时指出，自己在佛罗里达从事第一份图书馆工作时担任学校图书馆员，学校还配了一位讲课的教师担任自己的助理。采访者问道:这样看来所谓专业和非专业的区分对你而言并没有多少意义?贝思·珀金斯笑着回答说:并非如此。对我而言，只是专业和非专业二者的界限正在变得非常模糊，而且随着时间的推移这种趋势更加明显。比如在弗吉尼亚州，辅助专业人员组织非常活跃，专业和非专业人员的界限融合得更加迅速。

作为高校图书馆的流通部主任，贝思·珀金斯的职位在其他一些图书馆是由专业图书馆员担任的。尽管她的职级和薪酬待遇没有专业图书馆员高，但却以专业方式从事自己的工作。

贝思·珀金斯在接受《图书馆杂志》采访，谈到自己对当前和第一份学校图书馆工作的体会时指出，目前担任图书馆流通部主任的职位与原先的工作有很多不同之处。满足大学生的需求与中小学图书馆工作有很大差异。在中小学图书馆，你有机会将学生变为图书馆的终生用户，这要比改变20岁年龄段的学生更加容易。利用图书馆的习惯实际上也是由父母反复灌输的。

在高校图书馆流通部主任这一岗位上，贝思·珀金斯需要做很多很多事情，主要负责管理并提供92小时的超级图书馆服务，每天遇到的事情都不一样。要完成这项工作，必须计划、管理、监督，还要为集成新的存取服务以及复杂的自动化系统的应用和升级扫清障碍。该馆馆长和系统图书馆员鲍勃·格拉坦(Bob Grattan)认为，贝思·珀金斯将所有这一切做到了极致。

(2)为改变辅助图书馆员的境遇而努力

在弗吉尼亚州，公立图书馆工作人员的职级分类一直以美国图书馆协会制定的政策为参照，未获图书馆学硕士学位的工作人员只能担任“图书馆助理”(library assistant)。1984 年，贝思·珀金斯以图书馆助理身份开始在该馆工作，这是没有图书馆硕士学位的工作人员的最高职级。1986 年，贝思·珀金斯被提升为流通部主任。流通部有 6 位工作人员，1 人有音乐作曲学位，3 人有图书馆学本科学位，1 人有其他学科的硕士学位，只有 1 人没有学位，是专为缅因大学的图书馆技术人员项目录用的工作人员。

尽管前任流通部主任是一位具有图书馆硕士学位的专业图书馆员，可是，担任流通部主任后，贝思·珀金斯的职级仍然是图书馆助理，没有任何变化，薪酬也没有改变。这种状况一直持续到 1999 年。在接受《图书馆杂志》采访时她指出，造成这种情况是职级分类制度的错而不是机构的错。2000 年，该州的公立图书馆职级标准有所改动，在辅助专业人员系列增设 2 个高等职级，贝思·珀金斯的职级变成了“图书馆资深专家”(Library Specialist，Senior)，年薪有望突破 3 万美元。

她在接受采访时指出，自己遇到的最好的事情是 1992 年开始参与弗吉尼亚州图书馆协会的辅助专业人员论坛(VLA Paraprofessional Forum)的活动。做这件事出于 2 个原因：一是自己的工作出现了非常负面的情况；二是需要来自外部的道义支持。

贝思·珀金斯刚到大学图书馆工作不久，学校新聘了图书馆馆长，建设新馆，开始实施自动化管理，进行回溯编目，将分类体系由《杜威十进分类法》改为《美国国会图书馆分类法》。1990 年，当上述一切尘埃落定，她又面临新的挑战。

贝思·珀金斯首次获得了在职培训机会，参加管理学生助理的 CAPCON 研讨班。在此期间她认识了弗吉尼亚州图书馆协会辅助专业人员论坛理事卡洛琳·塔特，对该团体充满创造性的能量留下了深刻印象。最初她申请参加该论坛的业务会议时，曾遭自己所在图书馆的主管驳回，无奈之下，她决定利用个人休假前去参加会议。就是在那次会上，她被推选为该论坛委员会委员。

在接受《图书馆杂志》采访时，贝思·珀金斯还讲述了自己参与维护辅助图书馆员权益活动方面所做的努力。多年前，图书馆前任主管曾当面评价贝思·珀金斯眼界不高，看不到大局。这伤害并激怒了她，于是决定做些事情改变这一切。她感到辅助图书馆员经常遭到如此对待，仿佛他们仅仅是因为地位较低而没有能力理解更高层面的事情，这非常荒唐。1994 年，VLA 论坛开始举办为期 2 天的年会。那时，她已担任年会的财务主管一职。1996年，她当选弗吉尼亚州年度辅助图书馆员。

然而，事情并没有一帆风顺。不久，弗吉尼亚州图书馆协会将协会出版物更名为《弗吉尼亚图书馆员》，导致专业人员和辅助图书馆员论坛之间的裂痕出现实质性的扩大。此时，组织得力的辅助图书馆员们反对出版物的新名称，因为，他们感到自己被排除在图书馆专业人员之外。在这一过程中，辅助图书馆员在弗吉尼亚州和全美得到了认可和尊重。贝思·珀金斯认为，通过图书馆员和辅助图书馆员的努力，二者的裂痕正在弥合。她本人对此持非常乐观的态度。

（3）为图书馆专业教育的不足而担忧

图书馆学实践性专业课程的弱化导致图书馆学硕士学位再也不能保证图书馆员获得专门知识或技能，这是贝思·珀金斯对图书馆专业教育的担忧之一。由于学生们不再选修编目一类的基础课程，只能依靠在图书馆工作多年的辅助图书馆员为那些新入职的图书馆员传授上述技能。

贝思·珀金斯在接受《图书馆杂志》采访时指出，理论基础非常重要，自己并不轻视专业历史、理论和核心价值，但是，图书馆员也需要专门知识和技能。图书馆界应当找到新的途径为专业人员和辅助专业人员讲授基础技能。现实中经常看到前来求职的图书馆学硕士学位获得者不了解基本的参考源，不了解编目，大多数人甚至没有选修图书馆管理课程。有时这些人被聘为图书馆部门主任，负责管理多年从事编目工作的辅助图书馆员，势必呈现主管对业务知之甚少的状况。幸运的是，贝思·珀金斯的现任主管鲍勃·格拉顿（Bob Grattan）通晓多种技能，二者的关系不像上下级而更像平等的同事。

三、提名与获奖缘由

给《图书馆杂志》写推荐信提名贝思·珀金斯获奖的，是她所就职的玛丽华盛顿学院辛普森图书馆的许多同事。其中包括图书馆馆长、系统图书馆员、参考部主任等。许多同事都全力支持她获得年度辅助图书馆员奖。

（1）图书馆馆长勒鲁瓦·施特罗（LeRoy Strohl）在推荐信中写道：贝思与学生助理一起完成日复一日的部门运作还肩负领导职责，每天都在展示她对我们专业的热情和专业特征。

（2）系统图书馆员鲍勃·格拉顿是贝思·珀金斯的直接主管，他在推荐信中写道：贝思·珀金斯对工作有很强的领导力，将经验和优秀技能传授给下属。她参加广泛的培训，与同行一起在多个组织工作的经历强化了她的专业水准。

《图书馆杂志》的特稿指出，就像《图书馆杂志》所接触的众多的辅助专业人员一样，贝思·珀金斯思深深地关注并献身图书馆服务。她在弗吉尼亚州图书馆协会发挥的作用反映了她对组织创立的奉献，增强了在图书馆工作的辅助图书馆员的力量，为他们带来职业生涯的机遇、更好的薪酬以及有效的人力支撑制度，展示了她深远的专业承诺。她的工作业绩也非常突出，管理扎实，督导高效。

在笔者看来，贝思·珀金斯虽然未获图书馆学硕士学位，但是，她接受过正规的图书馆学本科教育并获得学士学位。在长期的职业生涯中将所学知识技能用于图书馆工作，所取得诸多成就显示了她具有较高的专业水准和业务能力。作为在美国图书馆界为数不多的以支撑人员身份担任管理职位的图书馆工作人员，她的获奖实至名归，为众多图书馆辅助人员树立了榜样。

四、获奖之后

另据《图书馆杂志》发布的信息，第一届辅助图书馆员奖的被提名候选人共有25位。除辅助图书馆员奖得主贝思·珀金斯外，还有6位候选人进入终评名单。为了肯定并表彰他们的贡献，《图书馆杂志》在刊发特稿介绍贝思·珀金斯的经历和业绩的同时，还简要介绍了入围终评的6位候选人。他们分别是：

（1）伊利诺伊州本森维尔社区公共图书馆的青年服务助理彭尼·曼德泽拉（Penny Mandziara）；

（2）纽约州利物浦公共图书馆的业务主管多萝西·摩根（Dorothy Morgan）[①]；

（3）洛杉矶公共图书馆科学技术与专利部图书馆助理戴维·图拉尼亚（David Tulanian）；

（4）菲尼克斯－马里科帕县图书馆区分馆主管詹尼斯·波特（Jenise Porter）；

（5）俄勒冈州波特兰马尔特诺玛县图书馆读者咨询服务助理玛莎·韦伯（Marsha Weber）；

（6）南卡罗来纳州斯帕坦堡县公共图书馆兰德勒姆分馆馆长乔迪·拉舒

① 多萝西·摩根于2001年成为第二届年度辅助图书馆员奖得主。

（Jodie Lashua）。

在 2000 年 3 月公布首届年度辅助图书馆员奖的评奖结果后，《图书馆杂志》2000 年 4 月刊登了多封祝贺贝思·珀金斯获奖的读者来信。居于首位的就是美国图书馆协会支撑人员权益圆桌会议副主席和候任主席、同样被提名为首届年度辅助图书馆员奖候选人并入围终评名单的多萝西·摩根。她代表美国图书馆协会支撑人员权益圆桌会议向贝思·珀金斯表达了诚挚的祝贺。另外值得一提的是，曾在推动《图书馆杂志》设立年度辅助图书馆员奖的过程中，帮助卡洛琳·塔特征集到最多签名的北卡罗来纳州斯坦利县公共图书馆的行政助理梅林·梅多斯（Meralyn Meadows），她在来信中除了表达对贝思·珀金斯的诚挚祝贺外，还感谢《图书馆杂志》设立年度辅助图书馆员奖。

在接下来的 5 月份，《图书馆杂志》继续刊登读者来信①。就职于得克萨斯州休斯敦哈里斯县公共图书馆莫德马克分馆的参考图书馆员梅利莎·布雷德肖（Melissa Bradshaw）在来信中指出，图书馆员的形象总是跟饱读诗书联系在一起。自己参加过很多会议，似乎大家很守旧。也有人希望年轻的图书馆员变身为“公共信息顾问”，这样才有助于更改长期以来图书馆员的形象。尽管图书馆学领域容易吸引很多“书虫”类型的人，然而，信息时代使图书馆员对技术领域更加精通，这将最终改变图书馆员的形象。

南卡罗来纳州斯帕坦堡县公共图书馆兰德勒姆分馆馆长乔迪·拉舒在信中表达祝贺的同时，还谈了自己的感受。指出自己从业 22 年的时间，从未感到没有硕士学位有什么不妥或低人一等，希望年度辅助图书馆员奖的设立向其他辅助图书馆员发出以下信号——尽管出于这样或那样的原因，没有选择继续攻读硕士学位，但我们仍然可以与众不同。

由上述反响可以看出，设立辅助图书馆员奖的正向推动作用是非常明显的。随着技术应用的增多，在图书馆工作的没有图书馆学硕士学位的支撑人员不断增加，设立年度辅助图书馆员奖，顺应了信息时代图书馆多样化服务的大趋势景象，也是技术变化导致的结果之一。

---

① 来源：Information age image. Library journal，2000，125（9）.

第二届年度辅助图书馆员多萝西·摩根

2001年3月，《图书馆杂志》第二届年度辅助图书馆员奖评选结果揭晓，获得年度辅助图书馆员殊荣的是多萝西·摩根（Dorothy Morgan）女士①。她就职于美国纽约州锡拉丘兹近郊的利物浦公共图书馆（Liverpool Public Library，NY），担任该馆业务主管。《图书馆杂志》发布特稿，以图文并茂的方式介绍了她的工作经历与业绩。

一、教育背景与工作经历

《图书馆杂志》的特稿没有介绍多萝西·摩根的教育背景，笔者在职业社交网“领英”上搜索浏览，在她的个人信息页面只看到简短的工作职务方面的信息，教育方面的信息只能做留白处理②。

在接受《图书馆杂志》采访时，多萝西·摩根说，自己一直喜欢图书馆。而对自己工作的利物浦公共图书馆的热爱，是从带自己的2个儿子到图书馆参加听故事活动开始的。儿童图书馆员讲故事非常精彩。1984年，多萝西·摩根到利物浦公共图书馆求职，最初从事的是临时性非全职工作。1985年转为全职雇员，职级是图书馆职员2级（Library Clerk II）。获奖时，她已在该馆工作16年。

二、工作业绩与特质

（1）善于学习，从普通助理成长为管理团队的一员

在利物浦公共图书馆，多萝西·摩根从视听资料助理做起。5年后（1990年）开始担任馆长助理，1992年晋升为图书馆业务主管。

多萝西·摩根在接受采访时指出：从1990年担任已退休的前任馆长费伊·戈尔登（Fay Golden）的秘书开始，自己在利物浦公共图书馆的管理团队已工作了10年多。费伊·戈尔登担任利物浦公共图书馆馆长25年，是自己的导师。作为

① BERRY J N. Dorothy Morgan：Paraprofessional of the year 2001［J］. Library journal，2001，126（5）：40—41.

② 来源：Dorothy Morgan. http：//www. linkedin. com/in/dorothy-dorothy-morgan-68708933/#experience-section.

馆长助理兼秘书，在工作中与馆长密切接触，成为管理团队的一员。与此同时，多萝西·摩根被指定为利物浦图书馆理事会的书记员（截至获奖时仍然担任该职务），负责记录理事会会议录、备忘录、所有决议和政策。理事会主席还指定她完成一些特定任务。理事会成员是选举产生的，每一届任期5年。图书馆馆长和理事会的关系很特殊，在其他地方二者关系会紧张，但是，在利物浦则截然不同。对多萝西·摩根而言，图书馆理事会也是自己另外的导师。

（2）无论顺境还是逆境，努力完成所承担的任务

利物浦公共图书馆是一所学区公共图书馆，服务人口达53 600人。图书馆的经费每年都要由当地居民投票决定。多萝西·摩根在接受《图书馆杂志》采访时指出，图书馆的经费投票是单独进行的。当被问道投票是否跟学校捆绑进行时，她回答说：即便我们跟学区一起投票时，图书馆的表决结果也是非常有把握的。但我们很多年前就要求单独投票，我们认为单独投票效果很好。利物浦公共图书馆是奥内达加县图书馆系统（Onondaga County Library System）的成员馆，但是，并不是县图书馆系统的分馆，因为该图书馆系统是一个由各自独立的公共图书馆组成的自愿联盟。

利物浦公共图书馆的资金情况并非始终很好。几年前，图书馆理事会尝试提出馆舍整修计划，在投票时遭到当地民众否决。截至获奖时，图书馆理事会正从投票失败的打击中振奋起来，着手调研小规模的馆舍整修项目，还在进行一所新分馆的选址工作。多萝西·摩根认为，第一次的整修方案是被那些反对纳税的居民打败的。图书馆现任馆长莎伦·诺丁汉（Sharon Nottingham）为改进社区关系做了很多工作，公众对整修馆舍的态度已经有所改变。

作为业务主管，多萝西·摩根的职责主要是协助莎伦馆长进行财务问责，按照馆长的要求提供所需帮助。馆长教给了多萝西·摩根很多知识，让她参加公开听证会并参与图书馆的整个预算过程，多萝西·摩根为此感到自豪。

（3）与图书馆员一起工作

利物浦公共图书馆共有工作人员100人，其中近65%都是支撑人员。支撑人员中有一半是非全职工作人员。多萝西·摩根感到自豪的是，图书馆为所有工作人员提供培训教育，使支撑人员能够完成许多过去被认为是专业人员做的工作。

在编目工作中进行辅助原始编目就是突出的例证。随着图书馆的工作负担不断增加，部分原因是新技术的采用，图书馆支撑人员正在成为图书馆工作人员队伍中重要且更加基础的组成部分。

在接受《图书馆杂志》采访时多萝西·摩根指出：上述情况并没有损害图书馆员和支撑人员的关系。在利物浦公共图书馆，二者的关系很密切，大家一起愉快地工作。许多年以前，自己决定不去攻读图书馆学硕士学位，觉得获得该学位的人都是真正的信息专家。他们从事的是经过培训和教育的工作，而且做得很好。图书馆员和辅助 / 支撑人员二者的关系很重要，我们想跟图书馆员一起工作，这样就可以让他们腾出手来做他们必须做的更重要的工作。

（4）为图书馆支撑人员代言

多萝西·摩根担任纽约州图书馆助理协会（NYSLAA）的领导。该组织成立于 1989 年，最初的名称是图书馆职员会议。1996 年，她与协会的成员一起启动了州级支撑人员认证项目。该项目按照图书馆支撑人员的工作经历、教育、参会和其他专业活动为其颁发证书。多萝西·摩根担任该项目评估委员会委员。此外，她还是 NYSLAA 的特使，为全州的图书馆支撑人员代言。许多年以前，她还从事过图书馆工作者的志愿者组织 Librarian Unlimited 的工作，该组织提供分阶段的教育课程。在接受《图书馆杂志》采访时她说，自己为 NYSLAA 感到非常自豪，并讲述了自己与全美各地的支撑人员领军人物取得联系的经历。

大约从 1996 年起，多萝西·摩根开始与美国图书馆协会支撑人员权益圆桌会议（Support Staff Interests Round Table，简称 SSIRT）合作，先后担任 SSIRT 副主席和主席。获奖时，她担任主席一职即将届满离任。在任期间，多萝西·摩根代表 SSIRT 劝说美国图书馆协会主办无图书馆学硕士学位工作人员专业问题大会（Congress on Professional Issues for the Non-MLS Workforce）。在 2001 年初召开的美国图书馆协会冬季会议上，美国图书馆协会执委会经投票赞成探讨她的设想。

根据多萝西·摩根提交给美国图书馆协会执委会的文件，对支撑人员而言最优先的问题包括以下三点：①职业阶梯，即升职机会；②更高的薪资；③接受继续教育与培训。按照既定日程，她相信执委会将在 4 月份批准举办上述会议。《图书馆杂志》的特稿指出，无论结果如何，几十年来，显然只有在多萝西·摩根担任美国图书馆协会支撑人员权益圆桌会议主席时，该组织和其他辅助专业人员才第一次有机会被列入美国图书馆协会的首要议事日程。正是多萝西·摩根的努力促成了上述姗姗来迟的认可。

三、提名与获奖缘由

向《图书馆杂志》提交推荐信提名多萝西·摩根作为年度辅助图书馆员候选人的是北卡罗来纳州立大学教堂山分校信息与图书馆学院教授伊夫林·丹尼尔（Evelyn Daniel）。他在推荐信中指出，多萝西·摩根的基础非常扎实，将自己16年多的实践经验带到了自己讲授的网络交互课程“信息机构管理”的课堂上，并做出了重要贡献。

《图书馆杂志》认为，正是多萝西·摩根在16年多时间里的所作所为，使她成为2001年度辅助图书馆员奖的突出人选。《图书馆杂志》的特稿也披露，就在获奖前，多萝西·摩根开始学习北卡罗来纳大学信息与图书馆学院的网络课程，再次陷入是否攻读图书馆学硕士学位的纠结之中。《图书馆杂志》对多萝西·摩根的评价极高。指出，无论有无图书馆学硕士学位，多萝西·摩根都是所有图书馆渴望得到的资产。她是全美辅助专业人员的领军人物，是忠诚的图书馆工作者，提供卓越的图书馆服务，努力推进并呼吁将支撑人员列入美国图书馆工作人员团队不可分割的重要组成部分，因而被授予2001年度辅助图书馆员的称号。

值得指出的是，多萝西·摩根曾入围2000年第一届辅助图书馆员奖终评名单。《图书馆杂志》允许之前被提名为获奖的候选人被重复提名，多萝西·摩根在2001年再次被提名推荐为候选人，最终摘得年度辅助图书馆员桂冠，的确可喜可贺。在笔者看来，多萝西·摩根因带自己的孩子参加图书馆的讲故事活动与图书馆结缘，由此开启自己的图书馆职业生涯，这从一个侧面印证了好的图书馆服务具有强大的影响力。在图书馆工作的十多年时间里，多萝西·摩根不断学习和实践，奉献自己的爱和才能，终于成为辅助图书馆员中的佼佼者。她的获奖，不仅是对辅助图书馆员的鼓舞，也成为那些从图书馆用户转为工作人员的辅助图书馆员们学习的好榜样。

第三届年度辅助图书馆员辛西娅·阿伦斯

2002 年 3 月,《图书馆杂志》第三届年度辅助图书馆员奖评选结果揭晓。获得年度辅助图书馆员殊荣的是辛西娅·阿伦斯（Cynthia Ahrens）女士。她就职于美国明尼苏达州明尼通卡的亨内平县图书馆（Hennepin County Library, Minnetonka, MN），担任馆长行政助理（Administrative Assistant to the Director）。《图书馆杂志》发布特稿，以图文并茂的方式介绍了她的工作经历与业绩[①]。

一、教育背景与工作经历

辛西娅·阿伦斯有很长的图书馆工作经历。从读高中起，就参加图书馆的勤工助学项目。高中毕业后，她开始在明尼苏达的圣·克劳德州立学院（St. Cloud State College）读书，主修专业是基础教育，辅修图书馆学。读大学的 3 年里，她一直在学校图书馆做兼职工作。毕业后，她不想从事基础教育工作，1969 年 5 月，到明尼苏达州首府，应聘为亨内平县图书馆的文书打字员。辛西娅·阿伦斯在接受《图书馆杂志》采访时回忆说，原本想这份工作自己只干一阵子，可后来慢慢变成了一份事业，实现了个人与工作和所在的亨内平县图书馆的一起成长。获奖时，她已在该馆工作 30 年。

二、工作业绩与特质

（1）完成各种行政与业务工作，展示领导与管理能力

在图书馆作为文员工作约 5 年之后，辛西娅·阿伦斯成为负责馆藏建设的图书馆助理。她负责馆藏采购第一道工序——评估文献并向负责圈选的图书馆员做出推荐，同时管理负责加工资料的其他辅助工作人员。

1979 年，辛西娅·阿伦斯开始长达 6 年的秘书工作，担任图书馆系统助理馆长的秘书。她在接受《图书馆杂志》采访时指出，因为提职无望自己才重操秘书旧业。期间上司曾鼓励她到图书馆学院读硕士学位，但是她认为自己没有时间。1986 年辛西娅·阿伦斯被提升为图书馆副馆长秘书，负责管理秘书工作部门。她

---

① ODER N. Paraprofessional of the year 2002: Cynthia Ahrens［J］. Library journal, 2002, 127（4）: 50—51.

跟之前一样，展示了突出的领导和管理能力，帮助下属拓展视野并重视培训机会。

（2）离开图书馆又重新回归，在州图书馆协会立法委员会发挥领导作用

由于在亨内平县图书馆继续提升的机会渺茫，辛西娅·阿伦斯 1988 年离开图书馆系统，转到亨内平县检察官办公室担任行政秘书。在接受《图书馆杂志》的采访时辛西娅·阿伦斯指出，自己对政治运作过程很感兴趣。认识到只有亲自参与，才能促成变革，这是寻求改变的唯一途径。她加入了明尼苏达州参议院选区中央委员会和明尼苏达民主农民工党中央委员会，并作为志愿者多次参与本地和全州范围的活动。这段工作经历为她积累了从事政法活动的相关经验，成为她职业生涯真正改变的催化剂。

1992 年，辛西娅·阿伦斯重返图书馆系统，担任图书馆馆长罗伯特·罗尔夫（Robert Rohlf）的行政秘书。之后重新加入明尼苏达州图书馆协会。此时，辅助专业人员小组已经从圆桌会议变成分会，她以新的力度参与其中。1999 年，辛西娅·阿伦斯出任明尼苏达州图书馆协会立法委员会副主席，一年后担任该委员会主席。在美国图书馆界由辅助图书馆员担任该职是少有的。辛西娅·阿伦斯主持委员会每月一次的例会，帮助打造平台，召集指导委员会会议，每周为该组织的选举邮件组撰写文章。

尽管该委员会推动的全州公共图书馆建设补助金拨款计划没有成功，但是，却说服立法者为州立图书馆免除了购买资料的消费税，并对学校媒体中心给予更大关注。她在接受《图书馆杂志》采访时说，目前自己是亨内平图书馆唯一参与州立法活动的工作人员，总是将相关信息带回，尽量与图书馆的同事们一起分享。

在漫长的辅助图书馆员职业生涯中，辛西娅·阿伦斯曾经被上司鼓励继续攻读图书馆学硕士学位。尽管她过去的经历和大学所修的课程可以计入学分，然而由于生活工作繁忙而未能如愿。另外的因素是，作为辅助人员，辛西娅·阿伦斯感到自己的薪资不断增加，不知道放弃工作读书是否值得。在接受《图书馆杂志》采访时，她表示对自己的收入和所从事工作的心理回报感到满意。图书馆的同事们都尊敬自己，每当参加州图书馆协会的立法会议时，自己与那些图书馆系统的馆长以及州项目协调员坐在一起，认识到自己发言的分量不输在座的诸位，甚至更加重要。在她看来，就参与和所做出的贡献而言，图书馆学硕士学位不是万能

的，并不能包揽一切，希望越来越多的人认识到此点。

（3）参与行业内外的各类活动

2001 年起，辛西娅·阿伦斯作为协调员，带领明尼苏达州图书馆协会的代表参与美国图书馆协会在华盛顿举办的立法日活动。正是由于她的组织，前去参加活动的代表较前增加了一倍。2002 年她仍将继续带团参加立法日活动。她确信在活动中遇到的国会工作人员都记得他们，因为自己在发给国会工作人员的信件中都加注简短的注释。这是她在县检察官办公室工作时学会的，手写的注释很有用。

为了表彰她的工作，2001 年明尼苏达州图书馆协会特为辛西娅·阿伦斯颁发协会最高奖——主席奖。明尼苏达州图书馆协会前任主席指出，她是一个乐观、可以做任何事情的热心人，具有非凡的组织能力、高效率和非常好的人品。

获奖时，辛西娅·阿伦斯刚担任明尼苏达州图书馆协会支撑人员与辅助专业人员（MLA’s SSPIN）分会的主席。2001 年作为该分会副主席，她在明尼苏达州图书馆协会全州大会上安排了 8 个活动。主题包括：图书馆的合作工作氛围，多样性和安全性。她努力将论题设计得吸引辅助人员和图书馆馆长参与其中。

作为明尼苏达州图书馆协会支撑人员与辅助专业人员分会主席，辛西娅·阿伦斯计划在 2002 年努力增加会员，将分会的网页与明尼苏达州图书馆协会的网站进行直接链接。对其他辅助专业人员提供辅导。建议辅助专业人员把握每一个教育和参会机会，让自己提升对项目的自我意识。积极参加社区、教堂和学校等行业外的活动，每一个机会都会奠定个人发展的基础。

除图书馆界的活动之外，辛西娅·阿伦斯还参与一些本地社会团体的活动。比如，担任本地的海外作战退伍军人协会妇女辅助会主席，还在一个本地的宴会主持人俱乐部担任领导职务。

辛西娅·阿伦斯在接受《图书馆杂志》采访时说，在委员会工作学到的技能会带到其他的工作中。她称自己为制作清单 / 列表的人。作为现任图书馆馆长查尔斯·布朗的助理，要将每一件事安排得无缝顺畅，包括为馆长安排日程，提醒馆长注意工作人员的情绪，担任县与图书馆之间的协调员，常常第一时间与提出非参考问题的用户联系。

三、提名与获奖缘由

向《图书馆杂志》提交推荐信，提名辛西娅·阿伦斯为2002年度辅助图书馆员获奖候选人的是她的前任与现任领导。他们是：亨内平县图书馆的现任馆长查尔斯·布朗（Charles Brown）、前任馆长罗伯特·罗尔夫（Robert Rohlf）、县图书馆理事会前任主席米尔顿·戈德斯坦（Milton Goldstein）以及州立图书馆馆长联盟前任主席威廉·阿斯泼（William Asp）。

推荐信指出，辛西娅·阿伦斯所承担的职责远远超出了馆长行政助理的范畴，对图书馆相关的活动做出了多方面贡献。她是辅助工作人员的导师，是明尼苏达州图书馆服务与支持立法活动的领军人物，推进辅助专业人员参与明尼苏达图书馆协会的各种活动。所有这一切都反映了她的奉献精神。

《图书馆杂志》的特稿在阐述辛西娅·阿伦斯获奖缘由时指出，辛西娅·阿伦斯在图书馆服务近30年。近年来，她不顾自己临近退休年龄，增加了对图书馆和图书馆以外活动的参与力度，致力于解决对辅助专业人员的尊重问题。她的目标是让图书馆馆长和管理者知道需要尊重支撑工作人员，同时让支撑人员明白他们自己是值得尊重的。正是因为辛西娅·阿伦斯坚定的使命感，使《图书馆杂志》选择她作为2002年度辅助专业人员获奖者。

在笔者看来，辛西娅·阿伦斯作为资深辅助图书馆员，从图书馆的文员做起，进入图书馆的管理层，并成长为明尼苏达州辅助图书馆员的领军人物，荣获年度辅助图书馆员奖实至名归，也为她30年的职业生涯画上完美的句号。

四、获奖之后

获奖时，辛西娅·阿伦斯还兼任亨内平县图书馆理事会秘书，负责做会议记录，准备理事会的文件、草拟会议日程。已经53岁的她计划在2年内与丈夫一起退休，搬到一个小型社区过梦想的家庭生活。她打算搬入的社区正在筹建成立一个新的图书馆理事会，她希望为图书馆理事会工作，提供力所能及的帮助。笔者认为，辛西娅·阿伦斯在规划自己的退休生活时，准备到居住的社区图书馆理事会帮助工作，以这种方式开启人生的新篇章是难能可贵的，此举再次展现了她持之以恒的热情和奉献精神。

2002年度辅助图书馆员奖项竞争激烈，共有43位图书馆支撑人员被提名为候选人。《图书馆杂志》认为他们都非常优秀。并特别列举了进入终评名单的4位候选人。他们是：

（1）伊利诺伊州史考基公共图书馆流通部主任托比·奥博曼（Tobi Oberman）；

（2）伊利诺伊州华伦纽波特公共图书馆支撑服务负责人汤姆·里奇（Tom Rich）；

（3）加利福尼亚大学欧文图书馆的连续出版物编目员和图书馆4级助理卡罗尔·施瓦茨（Carol Schwartz）；

（4）加利福尼亚州雷德伍德市公共图书馆资深拓展专家玛利亚·迪亚兹－斯洛克姆（Maria Diaz-Slocum）。

第四届年度辅助图书馆员苏珊·诺奇

2003 年 3 月，《图书馆杂志》第四届年度辅助图书馆员奖评选结果揭晓。获得年度辅助图书馆员殊荣的是苏珊·诺奇（Susan Knoche）女士[①]。她就职于东田纳西州立大学詹姆斯·奎伦医学院（Jame H. Quillen College of Medicine at East Tennessee State University），担任医学图书馆助理。《图书馆杂志》发布特稿，以图文并茂的方式介绍了她的工作经历与业绩。

一、成长背景与工作经历

苏珊·诺奇生长于美国伊利诺伊州芝加哥郊区的西塞罗。父亲去世后，她离开芝加哥，20 世纪 80 年代末到东田纳西买房定居。最初几年没有固定工作，直到 1988 年找到东田纳西州立大学詹姆斯·奎伦医学院图书馆的工作才稳定下来。获奖时，她已在该馆工作 14 年。苏珊·诺奇在接受《图书馆杂志》采访时说，我喜欢自己的工作，不知不觉就待了这么长时间。

二、工作业绩与特质

（一）热爱本职工作，快速掌握专业知识和技能

苏珊·诺奇 1988 年开始在东田纳西州立大学詹姆斯·奎伦医学院工作时，医学院图书馆共有 5 位图书馆员，与图书馆员一起工作的还有 9 位支撑人员，分为全职和非全职 2 类。她从非全职支撑人员做起，后转为全职支撑人员，担任医学图书馆助理。

苏珊·诺奇在技术服务部工作，她的职责是处理新购买资料的采购和编目全部流程，包括从决定购买到资料上架。苏珊·诺奇购买和加工处理各种形式的资料，包括图书、期刊和音视频资料等。她不仅热爱自己的工作，还喜欢完成工作所使用的工具，尤其是联机计算机图书馆中心（OCLC）系统。她撰写的文章“联机计算机图书馆中心对我意味着什么”（What OCLC Means to Me）被 OCLC 收入《庆祝 OCLC 成立 25 周年论文集》，于 1996 年出版。

---

① BERRY J N. Paraprofessional of the year 2003: Susan Knoche [J]. Library journal, 2003, 128 (4): 40—41.

在东田纳西州立大学詹姆斯·奎伦医学院图书馆工作的14年间，苏珊·诺奇做过很多工作。图书馆开放时间很长，她几乎在所有时段值过班，不仅包括工作日值班，还包括富有挑战性的周日下午1点一直到深夜长达11小时的连班。图书馆为医学院学生服务，也对需要使用馆藏的本科生和公众开放。

（2）善于学习，追求卓越，乐于助人

苏珊·诺奇是一个模范员工。她竭尽全力追求卓越，态度灵活，随时准备在图书馆需要之时让自己的才能为图书馆所用。部门主管对她非常信任，对领导交办的事情她都能很好地完成，可以依赖她处理各种事情，这让主管的工作变得非常容易。

在参加一系列图书修复培训班后，苏珊·诺奇成为图书馆的修复专家。她追求完美，将损坏的资料修复得完美如初，很难分辨哪里是修复过的地方。

她帮助同事制作演示图表；在连续出版物图书馆员不在岗时帮助登录期刊；在前台接待学生和用户。作为经过专业注册的小丑，苏珊·诺奇擅长娱乐性表演。为了宣传图书馆，她曾穿着小丑服装，在搭建的气球雕塑下，欢迎前来参加医学图书馆协会南部分会的代表。

苏珊·诺奇热心参与志愿者活动，1996年被评选为学院月度优秀志愿者。她的志愿者经历还包括当过6年的女童子军队长。她组织并管理一支队伍，指导了为期2天的外出露营活动。

此外，苏珊·诺奇担任沃特加历史协会（Watauga Historical Association）的秘书，创办了新闻通讯，还常常在该协会的年度戏剧表演中担任重要角色，再现美国革命战争时期田纳西边境美国人的生活。

（3）克服缺乏成长机会的沮丧，为辅助图书馆员的职业发展铺路

苏珊·诺奇曾尝试通过自己的能力完成大学学业。她在东北州立技术社区学院学习取得较高的绩点（3.75GPA）。原本应当继续读下去直至获得科学学士学位，但是，由于科学学士学位必须修4个学期的高等数学课程，这对年近50岁的苏珊·诺奇来说，是难以逾越的障碍，最终只能放弃。1995年，她通过了国际专业秘书资格认证。

苏珊·诺奇也会因缺乏成长机会而感到沮丧，这点很容易理解。但是，她却

以优雅和实际行动来应对这种情形。她积极参与创建田纳西图书馆协会辅助专业人员圆桌会议，并担任主席。获奖时她正在与田纳西图书馆协会人员发展委员会一起发起为期一天的研讨班，提高没有图书馆硕士学位工作人员的技能与理解力。该研讨班将在该州的纳什维尔、孟菲斯和诺克斯维尔这 3 个城市举办。苏珊·诺奇是田纳西图书馆协会辅助专业人员圆桌会议设立辅助工作人员奖并制订评奖标准的主要推动者，该奖于 2002 年首次颁发。她还帮助其他辅助专业人员攻读包括图书馆学硕士学位在内的更高的学位，正在推动设立辅助专业人员攻读学位的奖学金。

她认为并不是每一个图书馆工作人员都能攻读图书馆学硕士学位，坚信应当为工作人员提供平行的职业生涯发展路径，为他们提供职位和报酬持续发展的机会。正是出于这种信念，经过努力，她成为美国图书馆学会更好薪资与报酬公平特别工作组（ALA’ Better Salaries and Pay Equity Task Force）下属的支撑人员工作小组成员。她希望自己成为美国图书馆协会第三次专业教育大会的代表，该会将重点讨论辅助专业人员的问题。

三、提名与获奖缘由

向《图书馆杂志》提交推荐信，提名苏珊·诺奇为 2003 年度辅助图书馆员候选人的是她的上司——技术服务 / 医学史图书馆员马撒·惠利（Martha whaley）。他在推荐信中指出，苏珊·诺奇经过综合培训具有多种能力，帮助学生和用户通过数据库或印刷馆藏找到所需的资料。她具有广博的图书馆业务知识，是图书馆的无价之宝。她总是尽自己最大的努力，在改进图书馆服务和辅助专业人员的待遇方面具有多样化的兴趣。

《图书馆杂志》的特稿指出，苏珊·诺奇的求职简历中对自己的职业生涯目标有如下描述：“寻找一个专注细节与组织、需要公共关系技能的职位；一个长期的全职岗位；提供多样性、创造性和 / 或者公共服务互动。责任感强，具有独立工作的能力……竞争力的薪酬和良好的福利，令人愉快的同事，具有发展潜力。”苏珊·诺奇的上述个人目标绝妙地阐述了所有图书馆工作者的合理预期，是苏珊为个人和所有图书馆的辅助专业人员努力实现的期望。上述精神以及她为个人和其他人所做的努力正是苏珊在 2003 年度辅助图书馆员评选中胜出的原因。

在笔者看来，苏珊·诺奇兴趣爱好广泛，学习能力超群。尽管她没有完成大学课程的学习，但是，对图书馆工作的热爱以及追求卓越的特质，成为她在长期的图书馆工作实践中不断成长为业务能手和专家的动力，成就了她非同一般的职业生涯。

四、获奖之后

在得知苏珊·诺奇获奖的消息后，马撒·惠利非常激动，他对《图书馆杂志》的主编说，苏珊·诺奇非常认真，尽管图书馆的近 10 位全职和非全职辅助专业人员没有真正的职业道路也没有职级升迁的台阶，她完美的工作打动了图书馆的领导，将其职级由图书馆助理提升为医学图书馆助理。提职后薪资稍有增加。

第五届年度辅助图书馆员琳达·波特

2004 年 3 月,《图书馆杂志》第五届年度辅助图书馆员奖评选结果揭晓。获得年度辅助图书馆员殊荣的是琳达·波特(Linda S. Porter)女士①。她就职于新泽西州伯灵顿县图书馆系统(Burlington County Library System),担任图书馆助理。《图书馆杂志》发布特稿,以图文并茂的方式介绍了她的工作经历与业绩。

一、教育背景与工作经历

琳达·波特没有读过大学。家里人口很多,父母生养了 8 个孩子(4 男 4 女),她排行第三,是家里最大的女孩儿。读高中时遇到自己的丈夫。在丈夫从军队飞行学校毕业被派往越南作战前,只有 18 岁的她嫁给了他。琳达·波特最初在一家办公设备公司工作,收入比图书馆高出很多。遭遇中年危机的她寻求改变,1984 年在伯灵顿县图书馆系统开始她的图书馆职业生涯。

伯灵顿县图书馆系统是一个由 7 家分馆组成的图书馆系统,她在图书馆的第一个职位是在分馆担任青少年图书馆助理。琳达·波特在接受《图书馆杂志》采访时指出,当时选择到图书馆工作是出于最传统的理由——喜欢读书。此外,觉得自己要做的工作就是照看孩子。获奖时,她已在该馆工作 20 年。

二、工作业绩与特质

(1)承担诸多业务工作,心态平和

琳达·波特在图书馆分馆担任青少年图书馆助理期间,从事过从流通借阅到参考咨询等所有工作。1988 年,她成为伯灵顿县图书馆系统唯一的采访人员。截至获奖时,该部门负责全系统 6.5 万种图书和非连续出版物的采购,有 2 位图书馆助理协助她处理工作。所有采购业务均通过自动化管理系统完成。该馆最初使用的图书馆集成管理系统是 Dynix,后升级迁移至 Horizin 平台。琳达·波特确保馆藏资源由图书馆员和一些图书馆助理组成的资源建设团队评估圈选,在采访环节完成圈选资源的订单并将订单发给书商。

---

① BERRY J N. Paraprofessional of the year 2004: Linda S. Porter [J]. Library journal, 2004, 129(4): 36—37.

获奖时，琳达·波特已升至图书馆助理的最高职位——图书馆助理督导（supervising library assistant）。对她而言，这是一件非常不容易的事情。因为，按照规定，提职为高级图书馆助理者，需要通过公务员考试。该考试内容宽泛，无从准备。由于美国图书馆协会人力资源政策的修改，2002年之后，辅助图书馆员（图书馆助理）升职为高级图书馆助理已经不需要通过公务员考试，仅基于对简历反映的实践经历的考察即可。琳达·波特在接受《图书馆杂志》的采访时指出，目前自己的职级已经到达辅助专业人员的最高上限。若想再提职，就必须拥有图书馆学硕士学位。那意味着一切从零开始，自己没有时间。

当被问到作为图书馆助理是否感到沮丧时，琳达·波特坦诚地回答说，这并没有让她沮丧，因为她从来没有想当图书馆员。因为相信自己的工作也是一份事业，非常愉快地工作，热爱自己从事的工作。她认为选择其他工作自己有可能挣到更多的钱，但是，她深知自己现在的工作所做的贡献对整个组织非常重要。

（2）重视团队合作，缓解图书馆员与辅助图书馆员的紧张关系

一般情况下，美国图书馆工作人员中有图书馆硕士学位的图书馆员和没有学位的图书馆助理之间很难建立融洽的关系。尽管琳达·波特和伯灵顿县图书馆系统图书馆馆长盖尔·斯威特（Gail Sweet）努力将已获得图书馆硕士学位的图书馆员和未获得学位的图书馆助理联系在一起，但是，她们承认2类人员的关系仍然紧张。琳达·波特在接受《图书馆杂志》采访时指出，许多图书馆员对与辅助专业人员一起密切合作持开放态度。馆长盖尔·斯威特是职级较低的图书馆工作人员的坚强后盾，她相信每一个人无论做什么工作都应做到最好。

对此，盖尔·斯威特馆长强调指出：她相信谁能将工作做得最好，谁就应当拥有这份工作。不幸的是，有时在专业图书馆员和辅助专业人员之间存在分水岭，这是图书馆的现实。琳达·波特提高了大家需要一起工作的意识。没有辅助专业人员我们图书馆就无法运行。事实上他们就是专业人员。在我们图书馆，很多工作都处于灰色地带，并不仅仅是图书馆员或者图书馆助理的职位。我们这里没有图书馆学位的人也可以在参考咨询台工作，儿童阅览室就是典型的例子，这依赖团队合作。

还有一个案例很说明问题。在伯灵顿县图书馆系统，图书馆员和图书馆助理

都加入同一个工会。图书馆打算提拔里贾纳·雷伊（Regina Reay）担任分馆主管时，有些图书馆员向工会投诉，指出她没有图书馆硕士学位。那时，现任馆长盖尔·斯威特是担任分馆人事工作的副馆长，她认为里贾纳·雷伊是很好的管理者，使问题得到解决。（由此可以看出，早期图书馆界的学历与岗位分界是比较清晰的，似乎二者之间有一面高墙。而近年来，随着更多的辅助图书馆员能够证明自己的能力，情况有了很大的好转。）

琳达·波特理解有些图书馆员对图书馆助理的任用不满意的原因。她在接受《图书馆杂志》采访时指出：这种紧张关系并不是个人导致的。图书馆员为获得硕士学位花费了大量的金钱和时间。麻烦在于，有些人不看重在职知识、培训以及工作经验。我们一直将此称之为"高墙"，现在情况已经好多了。而正是这面墙激励自己，我想做一些事情让我们与图书馆员关系更紧密。图书馆助理作为我的事业，我要通过自己的工作帮助大家认可图书馆助理作为图书馆的重要构成部分。尽管收入不高，我们仍然坚守在这个领域。

伯灵顿县图书馆系统共有219位工作人员，其中，有90位是图书馆员，其余为辅助支撑人员。图书馆馆长密切关注图书馆员和图书馆助理之间的问题，重视图书馆学硕士学位并认可其价值，鼓励工作人员在职攻读图书馆学硕士学位，还为攻读学位的工作人员提供学费补贴。截至获奖时，该馆有6位工作人员正在攻读图书馆学硕士学位。

（3）积极参与图书馆助理协会的活动

琳达·波特是新泽西图书馆助理协会（NJALA）的会员。她1994年开始参加该协会的活动。1998年起担任NJALA执委会委员，迅速成长为协会的领军人物。获奖时，她已经连任两届协会主席，刚刚届满卸任。

在接受《图书馆杂志》采访时，她对西东大学（Seton Hall University）（又译薛顿贺尔大学或西顿大学）图书馆参考部主任安妮塔·塔拉尔（Anita Talar）帮助组建NJALA并支持其活动表示感谢。同时指出：与刚成立时相比，现在图书馆员已经对图书馆助理和我们的组织有了更多的认可。图书馆领域已经改变了，新泽西州图书馆协会欢迎并接纳我们。图书馆助理申请参加我们的会议也比过去更容易获批。

琳达·波特所在的伯灵顿县图书馆系统领导对图书馆助理的态度也可以反映图书馆领域的改变。她在该馆经历了 3 任馆长的领导。现任馆长盖尔·斯威特的前任是诺玛·布莱克（Norma Blake）[①]。在诺玛·布莱克担任伯灵顿县图书馆馆长之前，该馆不允许图书馆助理占用工作时间外出参加会议。琳达·波特感激诺玛·布莱克给了自己翅膀。另外，琳达·波特的主管、图书馆技术服务部主任林恩·克劳福德（Lynn Crawford）也鼓励支持她。琳达·波特出席美国图书馆协会大会，成为美国图书馆协会第三次专业人员教育会议的代表，对会议提出的建议感到高兴。积极参加美国图书馆协会图书馆支撑人员权益圆桌会议，也参加其他一些州的支撑人员会议。她认为，只要参与活动，就可以改变人们的想法。

三、提名与获奖缘由

向《图书馆杂志》提交推荐信，提名琳达·波特为 2004 年度辅助图书馆员候选人的是伯灵顿县图书馆系统现任馆长盖尔·斯威特（Gail Sweet）和分管主管里贾纳·雷伊。推荐信中指出：琳达打开了这里的大门，她认为，无论工作人员是否拥有图书馆学文凭，只要去参加研讨班并带回信息，就会发现自己的工作更有效率，也会让工作更加有趣。这的确让我们图书馆的效率提高了许多。不仅如此，琳达·波特为图书馆辅助专业人员做了很多好事儿，她拓展了我们图书馆每一个人的眼界。

《图书馆杂志》的特稿指出，琳达·波特是新泽西图书馆助理协会的会员，积极参与协会的活动，从而丰富了她在伯灵顿县图书馆系统的工作。该馆鼓励员工拥有职业生涯，而不是拥有一份工作，这正是琳达·波特看待自己担任伯灵顿县图书馆系统采访部负责人和作为充满活力的图书馆助理的方式。正是由于她在图书馆的高效勤奋工作以及对图书馆事业的积极参与为她赢得了年度辅助图书馆员的桂冠。

在笔者看来，琳达·波特虽然没有读过大学，但是，在 20 多年的图书馆工作中，她通过不断学习和实践，熟练掌握了一系列专业技能，并通过进修和外出开

---

① 诺玛·布莱克是《图书馆杂志》2008 年度图书馆员奖得主。曾在伯灵顿县图书馆系统担任馆长，后转任新泽西州立图书馆馆长。关于诺玛·布莱克的评介请参见本书上篇相关内容。

会拓宽视野，进一步推动图书馆的工作。她的成就也从一个侧面显示了图书馆行业内的在职培训教育是非常重要的。

四、获奖之后

作为之前呼吁设立年度辅助图书馆员奖的辅助专业人员之一，得知自己获奖的消息后，琳达·波特对《图书馆杂志》的编辑说：我认为辅助专业人员要求你们设立这一奖项是一个重要的里程碑。她对自己获奖感到非常开心，认为写推荐信提名自己获奖的同事里贾纳·雷伊同样也值得获奖。

2004年度图书馆员奖项竞争激烈，《图书馆杂志》公布了另外4位业绩突出的被提名候选人。她们是：

（1）新泽西州大洋县图书馆托姆斯河布里克分馆的图书馆助理督导黛博拉·布莱克韦尔（Deborah Blackwell）；

（2）新墨西哥州立图书馆的国家文件助理莱斯利·蒙萨尔维－琼斯（Leslie Monsalve-Jones）；

（3）伊利诺伊州奥罗拉公共图书馆的支撑服务主管克劳迪娅·雷斯（Claudia Race）；

（4）拉斯维加斯克拉克县图书馆区图书馆分馆计算机中心主管乔安妮·罗斯（Joanne Ross）。

获奖信息公布后，许多读者给《图书馆杂志》写信，表达对琳达·波特的肯定与祝贺。

《图书馆杂志》4月15日刊登了新泽西州德特福德公共图书馆的参考图书馆员玛丽·斯科尔丁（Marie Scholding）来信[①]。信的标题是“学位不能代表一切”。她在信中指出：在我作为参考馆员工作的33年时间里，一直期盼看到一篇像琳达·波特这样的报道。有一些辅助专业人员是最有才华和最聪明的人。管理高效的图书馆并不总是需要学位，而是需要努力工作和奉献精神。许多图书馆助理就具有这样的特质。该期封面的特写琳达·波特一身哈雷装扮，这证明我们不再是大多数界外人眼中的古板沉闷的图书馆人。感谢这篇报道并向琳达·波特表示祝贺。

---

① Anonymous［J］. Library journal，2004，129（7）：10.

接下来的 5 月 15 日,《图书馆杂志》刊登了新泽西州德特福德公共图书馆的秘书助理玛丽·拉曼纳（Mary Lamana）的来信[①]。

来信的标题是“与波特走同样的道路”。信中指出：我非常喜欢有关琳达·波特的翔实报道。在职场中，培训、知识和经验常常得不到应有的认可。然而，该报道也使我对自己 21 年的工作承诺更加自豪。杂志封面琳达·波特骑哈雷摩托的特写棒极了！

① Anonymous［J］. Library journal，2004，129（9）：10.

第六届年度辅助图书馆员特里斯·帕勒克

2005 年 3 月,《图书馆杂志》第六届年度辅助图书馆员奖评选结果揭晓。获得年度辅助图书馆员殊荣的是特里斯·帕勒克(Trish Palluck)女士[①]。她是美国怀俄明州立图书馆(Wyoming State Library)的图书馆助理。《图书馆杂志》发布特稿,以图文并茂的方式介绍了她的工作经历与业绩。

一、工作经历

特里斯·帕勒克 1979 年开始在怀俄明州立图书馆工作，获奖时，已经在该馆工作了 26 年。刚到图书馆时，特里斯·帕勒克的工作职责是负责图书排架。不到一年，就被调至编目岗位，即便是最低级别的图书馆助理，负责打印编目卡片和图书的简单加工，她对该工作也充满了热爱。经过不断学习与实践，9 年后，特里斯·帕勒克从编目岗位转至自动化办公室工作，成长为图书馆资源共享专家。

二、工作业绩与特质

(1)熟练掌握手工和计算机编目技能

20 世纪 70 年代末至 80 年代中后期，怀俄明州立图书馆还在采用传统的手工编目、人工借还图书、使用卡片目录检索图书资料。在特里斯·帕勒克职业生涯的前 9 年时间里，她负责粘贴书后的卡片袋、还书日期单和书脊标签，还负责排列自己打印的目录卡片。此后，她被提职为图书馆助理，负责查找新资料的书目信息并打印更多的目录卡片。

特里斯·帕勒克在接受《图书馆杂志》采访时指出，自己热爱编目，喜欢学习机读目录(MARC)相关的知识。在她看来，机读目录不会长久以当下的形式存在，正在变成包罗万象的书目记录。这意味着书目记录上记载的信息将比以往少，而卷册和馆藏记录会更加详细。

怀俄明州立图书馆的编目主管玛丽·休·伊丁斯(Mary Sue Iddings)是特里斯·帕勒克的关键启发者和导师。她劝说甚至推动特里斯·帕勒克参加研讨班，

---

① BERRY J N. Paraprofessional of the year 2005: Trish Palluck [J] . Library journal, 2005, 130 (4): 40—41.

克服学习恐惧症。在特里斯·帕勒克刚开始职业生涯时，劝说她旁听美国国会图书馆分类法研讨班，这成为特里斯·帕勒克职业生涯的转折点。因此，特里斯·帕勒克对玛丽·休·伊丁斯充满感激之情。

（2）推进图书馆的自动化和资源共享

2000年，特里斯·帕勒克的职业生涯开启了新的阶段，她转至怀俄明州立图书馆自动化办公室工作。获奖时，已在这一岗位工作了15年。她最初负责加载新的机读目录记录，帮助维护怀俄明图书馆共享数据库（Wyoming Libraries Database，简称WYLD）。随着数据库的扩大以及图书馆系统的迁移，她的职责也不断扩大至包括WYLD用户的支撑与培训。就在获奖前不久，她又成为实施部署全州馆际互借系统软件（Fretwell-Downing VDX and ZPORTAL）的关键人员。

怀俄明州的图书馆员们都感激特里斯·帕勒克对系统建设和培训所做的贡献。称赞她是敏锐的培训师，极具幽默感。拉勒米县图书馆馆长露西·奥斯本指出，工作团队的人员组成复杂多样，常常包括支撑工作人员、图书馆员和技术人员等，特里斯·帕勒克能神奇地将大家组织在一起工作。

怀俄明州立图书馆采用Sirsi公司集成管理系统。该公司高级项目管理人穆里尔·林恩·巴塞洛梅（Muriel Lynne Bartholomae）曾与特里斯·帕勒克一起完成怀俄明州立图书馆的系统迁移工作，她称赞特里斯·帕勒克是团队协作的典范，并指出，在自己的幻想世界中，所有图书馆辅助专业人员都应像特里斯·帕勒克一样。

（3）创建怀俄明州图书馆协会辅助专业人员/支撑人员分会

特里斯·帕勒克对怀俄明州图书馆事业影响深远的贡献之一是成功地促成怀俄明州图书馆协会辅助专业人员/支撑人员分会（Paraprofessional/Support Staff Section of the Wyoming Library Association）的成立，借此展现了她的坚韧品格。她早期担任该分会主席，不久便成为怀俄明州图书馆协会主席。她有意识地将分会主席一职留给同事们担任，该分会迅速成为怀俄明州图书馆协会内规模最大的分会，在特里斯·帕勒克获奖时仍然保持这一地位。

特里斯·帕勒克将辅助专业人员分会的成立归功于怀俄明州立图书馆副馆长杰里·克罗伊斯（Jerry Krois）的关键帮助。特里斯·帕勒克与杰里·克罗伊斯同时到怀俄明州立图书馆工作，杰里·克罗伊斯继续攻读了图书馆学硕士学位。在接受采访时，特里斯·帕勒克指出，杰里·克罗伊斯始终是该州辅助专业人员和支撑人员的巨大支持者，正是他的鼓励、指导和建议，帮助自己建立了怀俄明州图书馆协会辅助专业人员/支撑人员分会。

获奖时，特里斯·帕勒克还担任新成立的怀俄明州图书馆协会管理委员会的副主席。她指出：经常听到许多年轻人入行不久就离开的消息，管理委员会的目标就是采取措施，遇到年轻人加入我们的专业时，能够留住他们。

（4）善于学习，心态阳光，平和坦荡，风趣幽默

在接受《图书馆杂志》采访时，特里斯·帕勒克指出，自己没有感到图书馆专业人员和支撑人员的关系紧张。这令采访者感到惊讶。她接着补充说，知道这是不典型的，可能是自己很幸运吧。在她看来，许多事情取决于个人的态度。自己的主管愿意分享他们的知识，而有些人常常自寻烦恼。她知道没有人认为自己的报酬与付出相称，薪酬是所有人都无法回避的问题，甚至图书馆员也会面对薪酬问题。不过，她从来不计较薪酬待遇，也不会说哪项工作不属于自己的职责范围。作为辅助专业人员，她也不会因做了特定工作而获得报酬。她总是换个角度去思考，将上述情形看成学习新知识和技能的机会。

特里斯·帕勒克向怀俄明州的图书馆员传授图书馆系统的知识，她对自己没有大学学历和图书馆学位并不感到遗憾，但也有一点儿矛盾心理。她在接受《图书馆杂志》采访时指出，自己讨厌模式化结构，不知读中学时是否被归入特例或注意力缺陷一族。尽管如此，自己在学校的表现很好，甚至比同学提前完成学业。不过，一旦拿到足够的学分自己就不再学习了。有趣的是，现在自己珍惜每一次教育机会。尽管特里斯·帕勒克并不打算整个职业生涯都待在怀俄明州立图书馆，但截至获奖时也没有申请其他地方的职位[①]。

---

① 为了解特里斯·帕勒克获奖后工作是否发生过变化，笔者搜索领英网（编者注：领英是全球领先的职场社交平台，用户数已超过 5.46 亿，覆盖全球 200 多个国家和地区。来源：http://about.linkedin.com），发现特里斯·帕勒克并没有离开怀俄明州立图书馆，只是工作岗位的名称稍有改变。网页显示她的工作职位是怀俄明州立图书馆的州政府文献协调员（State Government Documents Coordinator at Wyoming State Library），除此之外，没有更多的信息。故笔者推测特里斯·帕勒克早已过着快乐的退休生活。

对于是否攻读图书馆学硕士学位，特里斯·帕勒克有自己的思考。她在接受《图书馆杂志》的采访时指出，新兴的网络课程和远程教育，意味着存在方便可行的攻读图书馆学硕士学位的机会，甚至在怀俄明就可以做到。自己决定不去读学位，选择在社区学院学习一些课程，但是从没有完成学位。阴差阳错的是，过去她没有打算待在图书馆这个领域，而现在却拥有了伟大的职业生涯。

特里斯·帕勒克将怀俄明州立图书馆馆长莱斯利·鲍顿（Lesley Boughton）视为自己的另一位导师。鲍顿在怀俄明州有长达20年的图书馆员从业经历，先后在3个县担任过图书馆系统的领导，担任怀俄明州立图书馆馆长4年。在她指导下，该馆有3名工作人员正在攻读图书馆硕士学位。在特里斯·帕勒克看来，如果每一个辅助专业人员或者支撑人员在鲍顿手下工作，有学位和没有学位的工作人员之间的关系就不会紧张。她告诉《图书馆杂志》的编辑说，之前没有任何人能像鲍顿那样鼓励自己，假如20年前自己就跟鲍顿一起工作，早就拿到图书馆学硕士学位了。特里斯·帕勒克笑着说：有人问我是不是打算在怀俄明州立图书馆工作满30年后就退休，我的回答是，不，如果我要像现在一样开心就不打算退休。《图书馆杂志》的特稿指出，特里斯·帕勒克所服务的怀俄明州立图书馆以及该州的其他图书馆都应因此而表示感激。

三、提名与获奖缘由

给《图书馆杂志》写推荐信提名特里斯·帕勒克为2005年度辅助图书馆员候选人的有很多人，既有图书馆的领导，也有一起工作的同事，还有项目合作者等。

（1）怀俄明州立图书馆馆长莱斯利·鲍顿在推荐信中指出，特里斯·帕勒克热爱编目工作，不仅掌握了所有编目手工操作，更重要的是确立了编目是公共服务活动的宗旨。她在州立图书馆管理资源共享项目，负责软件、服务热线和培训课程，在说服怀俄明州的图书馆馆长们采用无中介、自动授权、由用户发起馆际互借请求的软件方面发挥了积极作用。

（2）馆际互借软件公司（Fretwell-Downing）的副总裁史蒂夫·哈吉斯（Steve Hargis）在推荐信中指出，特里斯·帕勒克全面参与了该公司软件的部署实施。自己最钦佩的是她对工作和与自己一起工作的同事无微不至的关心。

（3）包括主管布赖恩·格林（Brian Greene）在内的特里斯·帕勒克的五位同

事的推荐信很好地呼应了史蒂夫·哈吉斯的评价。他们在推荐信中称特里斯·帕勒克是所有人的灵感和启发的来源。指出特里斯·帕勒克致力于培育全州资源共享，在变革中茁壮成长，对待工作从不懈怠。

《图书杂志》的特稿开篇指出，鉴于特里斯·帕勒克作为该馆资源共享专家所取得的杰出成就以及为怀俄明州辅助专业人员和支撑人员所做的工作，特授予她2005年度辅助专业人员奖。

在笔者看来，特里斯·帕勒克虽然没有大学学历和图书馆学硕士学位，然而，她具有踏实敬业、勤奋好学、坚韧不拔、阳光大度等优秀品格。出于对编目工作的热爱，她不断学习新知识提升自己的专业技能，擅长手工和计算机编目，承担书目数据库的维护、系统迁移与应用软件的部署和培训等职责。她的获奖实至名归，也鼓舞更多辅助专业人员干一行爱一行，成就职业生涯的辉煌。

四、获奖之后

《图书馆杂志》在发布上述特稿的同时，还对辅助图书馆员评选情况做了简要介绍。指出，2005年度辅助图书馆员评选竞争激烈，以下3名被提名候选人值得表彰。她们是：

（1）波利特·费尔德（Paulette Feld）。威斯康星大学奥什科什分校波尔克图书馆负责联机系统日常操作的辅助图书馆员。已在该馆工作25年。曾任美国图书馆协会支撑人员权益圆桌会议主席，并兼任该组织内部通信的编辑。同时担任威斯康星图书馆协会支撑人员分会主席。

（2）詹妮弗·库特奇克（Jennifer S. Kutzik）。科罗拉多州立大学联机目录服务器的管理员。她是美国图书馆协会支撑人员权益圆桌会议创始人。在多家技术期刊发表过19篇论文，并在科罗拉多州立大学图书馆编辑信息技术刊物（IT Bytes）。

（3）莉迪亚·威廉姆斯（Lydia C. Williams）。她是格林伍德图书馆的档案管理员，在朗伍德大学负责文件管理，是弗吉尼亚州图书馆协会辅助专业人员论坛的活跃分子。发表过多篇论文，时任弗吉尼亚图书馆理事会和2个弗吉尼亚图书馆协会委员会成员。

2006年和2010年，特里斯·帕勒克应《图书馆杂志》之邀，出任年度辅助图书馆员奖的评委，参加了评奖活动。

第七届年度辅助图书馆员瓦莱里·菲克

2006 年 3 月,《图书馆杂志》第七届年度辅助图书馆员奖揭晓。获得年度辅助图书馆员殊荣的是美国伊利诺伊州杜拜学院图书馆（College of DuPage Library）的瓦莱里·菲克（Valeria Fike）女士①。她是杜拜学院图书馆参考支撑人员与学院职业信息服务中心主管。《图书馆杂志》发布特稿，以图文并茂的方式介绍了她的工作经历与业绩。

一、教育背景与工作经历

在接受《图书馆杂志》采访时，瓦莱里·菲克说自己的图书管理工作可以追溯至小学 4 年级。那时，学校没有图书馆，但自己所在班级的教室里有一些总统生平之类的图书，她主动将教室的图书整理得有条不紊。

在开始图书馆工作前，瓦莱里·菲克当过全职母亲，在其他行业从事过非全时和全时工作。就是在她从事全时工作期间，恰好上班乘坐的公交车停靠在田纳西州诺克斯县公共图书馆的方廷城分馆旁边。瓦莱里·菲克把握机会，结识了图书馆的工作人员，作为志愿者前去帮助图书馆工作。她通常在孩子们放学后涌入图书馆时到图书馆去，边观察边倾听。

瓦莱里·菲克拥有贝瑟尼神学院（Bethany Seminary）的神学硕士学位，具有主持婚礼和葬礼的资质，并在自己所属的教堂做很多工作。她在贝瑟尼神学院进行研究并从事技术服务工作的同时，在杜拜学院获得了图书馆技术助理（LTA）证书,20 世纪 90 年代初成为杜拜学院图书馆的正式雇员，开始在视听资料部工作。获奖时，瓦莱里·菲克已在杜拜学院图书馆工作了 15 年。

二、工作业绩与特质

（1）高效完成繁重的服务与管理工作

杜拜学院是一所州立社区学院，学生总数约 3 万人。同时，还作为公共图书馆为附近的非公司纳税人提供服务。图书馆工作人员中有 24 位图书馆员，全时和

---

① BERRY J N. Paraprofessional of the year 2006：Valeria Fike［J］. Library journal，2005，131（4）：40—41.

非全时各占一半。此外，还有18位不同等级的辅助工作人员，由瓦莱里·菲克和她的学生助理负责管理。

瓦莱里·菲克1997年开始担任参考支撑工作人员主管，2002年学院与职业生涯信息中心（CCIC）的工作人员也划归瓦莱里·菲克领导。CCIC位于图书馆的顶层，参考部在图书馆底层。瓦莱里·菲克负责2个部门的管理，工作非常繁忙，甚至都没有时间等电梯，每天徒步在部门之间往返约6000步。

杜拜学院图书馆每周开放79小时，每到学期末的周日很晚才闭馆。这意味着为21位工作人员排班是一件头疼的事情，而瓦莱里·菲克则能轻而易举地做到。瓦莱里·菲克采取的方法是保持排班表的相对固定，允许工作人员相互调剂。她认为大家都是成年人，如果有人需要时间做特殊的事情，就会请其他人帮助替班，不必改变日程表。如果遇到阻碍，工作人员才会找到自己帮助解决问题。

（2）作为有专业技能的图书馆助理，进退有度

早在1995年，杜拜学院图书馆就开始在参考部聘用支撑人员。那时，支撑人员的头衔是信息助理。有些图书馆员甚至对新聘用的信息助理的工作持提防态度。瓦莱里·菲克对图书馆的专业人员与辅助专业人员的职责和作用有清楚的认识。

她在接受《图书馆杂志》采访时指出，作为辅助专业人员，她清楚知道图书馆员与信息助理二者的边界，即什么事情该由图书馆员做，什么事情属于信息助理的职责范围。时刻对专业图书馆员和自己管理的辅助专业人员的界限保持警觉。自己从事参考咨询工作，但是，为自己定下了虚线边界。自己并不做太多读者辅导方面的事情，因为对许多领域自己并不具备专门知识和经验，比如说关于商业馆藏。但是，她已经学会辅导学生完成常规的作业。

在她看来，告诉图书馆助理们不去越界并不困难。每一个人都有自己的位置和角色，都可以做出贡献。受益于自己所学的神学与哲学，她始终珍视人的作用。

一些与瓦莱里·菲克一起工作的图书馆员曾鼓励她攻读图书馆学硕士学位，但是，瓦莱里·菲克认为自己有图书馆技术助理证书，已经使自己有足够的资质从事现有的工作。之所以甘于技术助理的职位，就是因为喜欢计算机和资料，喜欢与用户打交道的一线工作。

（3）具有主动服务精神，充分发挥辅助专业人员的作用

2003 年 5 月，美国图书馆协会第三届专业人员教育大会（Congress on Professional Education，简称 COPE）在伊利诺伊州杜拜召开，会议关注支撑人员的职业阶梯、薪酬、继续教育途径以及由于工作人员短缺而引发的支撑人员职能的改变等问题。瓦莱里·菲克认为该大会使图书馆界更多的人认识到所有图书馆工作人员都在做出重要贡献，也认可辅助专业人员的作用，她本人受益匪浅。

在瓦莱里·菲克看来，图书馆员与辅助专业人员对专业知识的掌握程度不同。因此，辅助专业人员离不开图书馆员。作为辅助专业人员，自己的专业知识存在局限。尽管如此，有时在擅长的研究领域自己也是专家。例如，她曾发现该馆的《圣经索引》与翻译版的《圣经》不匹配的问题。

瓦莱里·菲克在接受《图书馆杂志》的采访时指出：在我们的行业，没有清晰的上升阶梯，只能发现机遇。从事任何工作，最重要的是能动性，秉持能做的态度。当某件事需要完成时，必须自愿去做。自己信奉人际交往金规则，与下属和用户一起工作时，努力了解他们的需求，及时帮助他们找到最好的方法实现目标。无论是工作还是其他事情，自己都是如此。

2003 年，杜拜学院图书馆修改办馆宗旨，制订了营销计划，确定重点关注群体，更加注重服务。瓦莱里·菲克也为图书馆的改观做好了准备。

三、提名与获奖缘由

给《图书馆杂志》写推荐信提名瓦莱里·菲克为 2006 年度辅助图书馆员候选人的既有杜拜学院图书馆的领导，也有跟瓦莱里·菲克一起工作的诸多同事。

（1）杜拜学院图书馆副馆长埃伦·萨顿（Ellen Sutton）指出，瓦莱里·菲克关心每一个人，她对用户需求的关心传递给了所领导的每一个员工。图书馆服务的学生群体具有多样性，有大量的拉丁裔、亚裔和其他少数族群。瓦莱里·菲克对我们的多样化服务项目、规程和服务精神做出了巨大的贡献。

（2）杜拜学院图书馆公共服务项目助理卡西·斯蒂帕内克（Cathy Stepanek）指出：我们仅在口头上作为原则谈论团队工作的重要性，而瓦莱里·菲克每天都将其付诸实践。她启发许多同事看清辅助专业人员所发挥的作用，激励包括我在内的辅助专业人员结合服务、个人成长、领导力和创造性等方面展示多种可能性。

总而言之，她代表了图书馆事业、教育和服务最优秀的精神气质。

（3）学习资源中心主任伯纳德·弗拉德金（Bernard Fradkin）称瓦莱里·菲克是辅助专业人员的榜样。他概括了推荐她作为年度辅助图书馆员奖候选人的原因。这就是：瓦莱里已经成为数十位图书馆员、在职图书馆员、图书馆硕士学位实习生以及一些季节性专业人员的导师。在自己 30 年的图书馆管理实践中，自己还没有遇到过比她更适合获奖的人。

（4）瓦莱里·菲克的一位团队成员在推荐信中写道，“瓦莱里·菲克践行了我们所倡导的一切”。杜拜学院图书馆的其他同事也纷纷赞扬瓦莱里·菲克，异口同声地说在得知《图书馆杂志》评选年度辅助专业人员的信息时，首先想到的值得推荐的候选人就是瓦莱里·菲克。

《图书馆杂志》的特稿指出，瓦莱里·菲克在杜拜学院图书馆负责管理 21 位辅助专业人员。她非常谦虚，将自己在该馆成功的职业生涯归功于“天时地利”。仔细阅读她的同事们的推荐信，可以看出瓦莱里·菲克的人品、个性、天分、与生俱来的能力起着非常重要的作用。而更为重要的优点是她定位和把握图书馆提供的每一次机遇的意愿，并且鼓励自己的同事与自己做同样的事情。

在笔者看来，瓦莱里·菲克的职业生涯之路非常感人。她从志愿者做起，通过观察学习和义务帮忙熟悉图书馆工作。在攻读神学硕士学位后，考取图书馆技术助理证书，成为具有专业技能的图书馆工作人员，并承担参考辅助专业人员的管理工作。她具有敏锐的洞察力和领导力，为人处世坚持同理心。从推荐信可以看出，同事们对她好评如潮。在执着敬业、善解人意、勤奋好学、人品、性情和个人修养方面都是出类拔萃的。毫无疑问，她的获奖对更多处于服务一线的辅助图书馆员是莫大的激励和鼓舞。

四、获奖之后

《图书馆杂志》在发布上述特稿的同时，还对辅助图书馆员评选情况做了简要介绍。指出，2006 年度辅助图书馆员评选竞争激烈。编委会特邀 2 位外部评委参与评选。一位是提议设置年度辅助图书馆员奖的功臣、美国弗吉尼亚州图书馆协会辅助专业人员论坛理事、里士满大学博特赖特图书馆流通部主任卡洛琳·塔特，另一位是美国怀俄明州立图书馆的图书馆助理、2005 年度辅助图书馆员奖获

得者特里斯·帕勒克。此外,《图书馆杂志》认为还有2位进入终评名单的候选人业绩突出,值得表彰。他们是:

(1)俄亥俄博林格林州立大学杰罗姆图书馆技术助理盖内利·普雷德莫(Gaynelle Predmore);

(2)伊利诺伊州格伦科公共图书馆流通部主任丹尼尔·伯德特(Daniel Burdett)。

2006年3月15日出版的《图书馆杂志》在宣布评奖结果的同时配发编者按,评述了图书馆在谷歌盛行的环境下重新审视参考咨询而提出的一些论点以及图书馆参考咨询服务的变化。其中提到了2006年度辅助图书馆员奖得主拥有神学硕士学位,所提供的参考咨询服务是优秀的,无论是学生作业还是研究者提出《圣经》相关的问题都能得到她的帮助①。

2006年4月《图书馆杂志》刊登了马萨诸塞州图书馆协会辅助图书馆员分会主席艾莉森·达席尔瓦(Allison daSilva)来信②,该信标题为"自豪的辅助专业人员"。她首先代表马萨诸塞州的辅助图书馆员对瓦莱里·菲克和另外2名因成就突出被提名表彰的候选人表示祝贺,其次表示自己完全赞同瓦莱里·菲克有关图书馆员与辅助图书馆员之间隐形界限的描述,也赞同每一个人的经验和专业技能都会对图书馆团队做出贡献的主张。最后指出,作为马萨诸塞州图书馆协会辅助图书馆员分会主席,对马萨诸塞州职业发展委员会新近设立"辅助图书馆员成就奖"用以表彰辅助图书馆员完成的常规、超常规工作职责和图书馆职业生涯而感到自豪。

① FRANCINE F. Retail reference[J]. Library journal,2006,131(5):8.

② Anonymous[J]. Library journal,2006,131(7):10.

第八届年度辅助图书馆员杰基·科尼特

2007 年 3 月,《图书馆杂志》第八届年度辅助图书馆员奖评选结果揭晓。获得年度辅助图书馆员殊荣的是杰基·科尼特（Jackie Cornette）女士[①]。她是美国北卡罗来纳州沃托加县图书馆西部分馆（Western Branch of the Watauga County Library）馆长。《图书馆杂志》发布特稿，以图文并茂的方式介绍了她的工作经历与业绩。

一、教育背景与工作经历

据领英网发布的个人信息显示[②]，杰基·科尼特本科就读于阿巴拉契亚州立大学，获社会学与社会工作学士学位。她 1987 年加入沃托加县图书馆。沃托加县图书馆是组成阿巴拉契亚地区图书馆（Appalachian Regional Library）的 3 个县图书馆系统之一，总部设在北卡罗来纳州北威尔克斯伯乐。另外 2 个县图书馆系统分别是阿什县图书馆（Ashe County Library）和威尔克斯县图书馆（Wilkes County Library）。获奖时，杰基·科尼特已在沃托加县图书馆工作 20 年。

二、工作业绩与特质

（1）持之以恒创新并拓展图书馆服务

杰基·科尼特作为沃托加县图书馆西部分馆的主管，致力于扩大服务，不断探寻吸引该县的青少年和其他用户的新方法。她创立图书馆的少年阅读项目，吸引几十名难以接近的青少年到图书馆来。截至获奖时，该项目仍在不断发展。

为了方便学生和老年人，杰基·科尼特决定向图书馆用户短暂外借笔记本电脑，使沃托加县图书馆西部分馆成为阿巴拉契亚地区图书馆首创此服务的分馆。获奖时，该馆仍然是阿巴拉契亚地区图书馆唯一外借笔记本电脑的分馆。笔记本电脑上的光驱，吸引了更多的青少年来到图书馆。

杰基·科尼特还将游戏引入图书馆，力推游戏站游戏和硬件的流通借阅，方便喜爱游戏的用户在图书馆内玩游戏。除此之外，凡是青少年喜欢的活动她都设

---

① BERRY J N. Paraprofessional of the year 2007: Jackie Cornette [J]. Library journal, 2007, 132 (4): 30.

② 来源: Jackie Cornette. http: //www. linkedin. com/in/jackie-cornette-816b6a41/.

法组织，已经成功组织了野外考察、本地乐队聚会等活动。

不仅如此，图书馆还开设一对一辅导的信息素养教育课程。杰基・科尼特信奉“代际服务”，既开展面向青少年的各种服务活动，也注重向老年人传授信息技术。自从分馆入住社区活动中心后，图书馆组织的许多活动都包括为老年人和其他用户提供午餐或者晚餐。此外，图书馆还新增了讲故事服务，还新设立了许多读书俱乐部，吸引了北卡罗来纳州其他城镇的居民甚至外州的民众到图书馆来。

杰基・科尼特每周都会用一天时间，亲自开着图书馆的流动书车外出服务。沃特加图书馆馆长约翰・布莱克曾对自己跟随杰基・科尼特外出服务的经历做过如下讲述：我们先是到一户居民家，家中无人。杰基・科尼特从开着的后门进去，放下了一箱图书。然后，顺着山坡到许多居民家送去所需图书资料。之后又继续开车进城，到访多家养老院。到达养老院后，杰基・科尼特带着准备好的馆藏到房间探望住在那里的老人，给他们带去所需资料。

杰基・科尼特 20 年来坚持每周一次探访全县的日间托儿中心、中小学、疗养院和本地居民。她在所到之处放映电影、讲故事、出借图书，甚至有时为孩子和老年人表演木偶戏。

（2）为创新图书馆服务筹措资金，成效显著

图书馆开展服务需要资金支持，杰基・科尼特的创新服务并未因缺乏资金而受阻。她通过多种方式筹集资金，1991 年组建的图书馆之友组织，为图书馆提供了巨大的支持。获奖时该组织仍然很兴盛。

除了常规的图书馆图书销售外，杰基・科尼特还寻求本地的公司、基金会、图书馆之友等对图书馆的新服务和馆藏建设给予资金支持。例如，成功募捐首年免费的数字用户专线，使图书馆可以通过因特网获取信息，申请拨款购买计算机，并为满足本地那些有视觉问题和其他残障居民的需求，在图书馆购置了语音检索软件 JAWS。《图书馆杂志》的特稿在介绍她的募捐筹款业绩时称赞杰基・科尼特是天生的筹款者，具有难以置信的才能，使图书馆获得所需的一切。

获奖时，杰基・科尼特正在筹款为图书馆购买更多笔记本电脑、供外借的游戏和新软件。在接受《图书馆杂志》采访时杰基・科尼特说，我喜欢在分馆从事服务工作，我的工作是筹款创建这些服务，我很享受筹款成功的乐趣。

杰基·科尼特还热心帮助每一位想申请拨款的人。她在图书馆设立了一个募捐筹款中心，提供专题资料以及与其他筹款人一起工作的技术支持。图书馆还开设一对一辅导的筹款培训辅导和一些相关课程。

（3）参与图书馆辅助专业人员协会的工作，考取专业资质

由于北卡罗来纳州没有开展辅助专业人员认证工作，杰基·科尼特设法考取了纽约州教育部颁发的行政与管理专家证书。她在接受《图书馆杂志》采访时说，通过认证课程不容易，但是，为获得认证付出一年的努力是值得的。杰基·科尼特积极倡导州级认证，希望有一天辅助专业人员认证在北卡罗来纳州变为现实。在她看来，辅助专业人员应当考取资格证，认证是一个很好的途径。

北卡罗来纳图书馆辅助专业人员协会是北卡罗来纳图书馆协会的下属机构，多年前，图书馆辅助专业人员协会主席专门打电话邀请杰基·科尼特参与该协会的工作。她先是担任图书馆辅助专业人员协会的地区负责人，后来又陆续担任图书馆辅助专业人员协会副主席和主席职位。

阿巴拉契亚地区图书馆共有60名工作人员，其中仅有8人拥有图书馆学硕士学位，还有几位正在攻读图书馆学硕士学位过程中。杰基·科尼特鼓励所有人加入图书馆辅助专业人员协会，在她看来，辅助专业人员协会已经产生了影响，将来会有更大影响。

（4）积极主动，团结协作，打造与众不同的图书馆服务

杰基·科尼特承认辅助专业人员和拥有图书馆学硕士学位的图书馆员之间存在差别，认为有差别是合理的，问题是二者的差别应当保持在什么限度。有些图书馆系统对辅助专业人员和拥有图书馆学硕士学位的图书馆员的区分很严格，而自己所属的阿巴拉契亚地区图书馆则非常开放。辅助专业人员和拥有图书馆学硕士学位的图书馆员一起工作，发挥各自的能力，并相互支持。

杰基·科尼特认为，每一个图书馆都面对独特的挑战。每一个图书馆都以不同的方式提供服务以满足用户的独特需求。自己在工作中学会了很多，自己体会到的最大惊喜，是当能够满足用户需求时，图书馆的使用率就会迅速提高。图书馆照顾各种不同群体的需要提供所有服务，做出自己的特色。

图书馆宽松的管理氛围释放了杰基·科尼特的主观能动性，她最喜欢说的就

是“走出去超越自己的边界”，这包括寻找资金实现自己的计划。她接受《图书馆杂志》采访时说，图书馆允许她独自做事，自己能通过募捐筹集游戏、笔记本电脑和一些拓展项目所需的资金。如果愿意的话，甚至还能开着自己的哈雷摩托车去工作[①]。

杰基·科尼特又补充道，阿巴拉契亚地区图书馆允许自己做超出基本图书馆服务范畴的事情，在这个图书馆中，有许多出人意料的事情。能够为这样一个图书馆系统工作，自己感到很幸运，也非常感恩。

三、提名与获奖缘由

给《图书馆杂志》写推荐信提名杰基·科尼特为2007年度辅助图书馆员候选人的是两位图书馆馆长。

（1）阿巴拉契亚地区图书馆馆长路易丝·汉弗莱（Louise Humphrey）。在推荐信中指出杰基·科尼特是一位领导者、风险承担着、未知领域的探险者。自1988年起，她就是阿巴拉契亚地区图书馆的耀眼明星。

（2）沃特加县图书馆馆长约翰·布莱克（John Blake）。他在推荐信中指出，自己曾管理过北卡罗来纳州达勒姆图书馆的一家分馆，了解分馆的运作。两年前初任沃特加县图书馆馆长时，跟着杰基·科尼特的流动书车一起外出，目睹了她非凡的服务，眼界大开。杰基·科尼特是一个伟大的分馆图书馆员。尤为难能可贵的是，在从事该工作多年后，她仍然拥有巨大能量和激情，服务精神依旧。

《图书馆杂志》的特稿指出，正是杰基·科尼特的品格和态度，以及所完成的伟大的工作，令她成为当之无愧的2007年度辅助图书馆员。

在笔者看来，杰基·科尼特受过正规本科教育，通过努力考取行政与管理专家证书。在20年的图书馆职业生涯中，作为图书馆分馆的领导者，卓有成效地筹款，持续支撑服务创新，取得了突出业绩。杰基·科尼特的获奖不仅是对她个人的肯定，也是对她所属的北卡罗来纳州阿巴拉契亚地区图书馆和沃特加县图书馆的肯定。因为，正是图书馆宽松的管理氛围，极大地释放了杰基·科尼特的主观

① 笔者发现，获奖的年度辅助图书馆员中有一些人很有个性，喜欢骑摩托车，是很酷的中年女性，比如，2007和2004年度辅助图书馆员的获奖者，都是热衷哈雷一族。

能动性，使她放开手脚，充分发挥自己的特长拓展各种服务，最终成为辅助图书馆员中的明星。

四、获奖之后

《图书馆杂志》在发布上述特稿的同时，还对辅助图书馆员评选情况做了简要介绍。指出，2007年度辅助图书馆员奖评选竞争激烈，在近30位杰出的被提名候选人中，有3位成就突出，值得表彰。他们是：①加利福尼亚州圣马特奥公共图书馆的图书馆助理琳达·詹诺克（Linda Janok）；②纽约威尔康奈尔医学图书馆期刊管理员维吉·萨维奇－布兰奇（Vergie Savage-Branch）；③俄勒冈州立图书馆的俄勒冈州图书馆文献协调员杰伊·万（Jey Wann）。赞助商是一家图书馆用品与设备公司。本年度奖项的评选竞争激烈。编辑部收到多达30位候选提名。特邀一位外部评委参与评选，该评委是来自里士满大学博特赖特图书馆（Boatwright Library，University of Richmond，VA）已经退休的卡洛琳·塔特（Carolyn Tate）。据发布的评奖信息披露，塔特于2007年退休。

公布杰基·科尼特当选2007年度辅助图书馆员的消息后，《图书馆杂志》陆续收到一些读者的反馈。2007年6月《图书馆杂志》刊登了来自伊利诺伊州埃尔本的一位成年人服务图书馆员凯瑟琳·科塔尔斯（Catherine Korthals）的来信。信中指出，杰基·科尼特的所作所为已经与所有专业人员没有差别。无论何人，只要对一份工作投入大量精力和努力，就值得褒奖。自己所赞扬的是杰基·科尼特和其他辅助图书馆员所代表的专业性图书馆管理。自己支持认可未获图书馆学硕士学位的图书馆员为专业人员，辅助专业人员是一个误称。有大量没有图书馆学硕士学位的图书馆员促进全球图书馆系统的发展并为之带来声望。这些专业人员通过图书馆技术助理课程和工作经历获得额外的教育和认证，让我们对他们为图书馆专业的贡献和献身精神给予真正尊重和充分的肯定。

在笔者看来，正是上述来信，拉开了《图书馆杂志》为辅助图书馆员奖更名的序幕。此外，笔者2018年8月搜索领英网发现，杰基·科尼特仍在沃托加县图书馆的西部分馆担任馆长一职，职业生涯之路已经走过了31年。

第九届年度辅助图书馆员史蒂夫·罗斯科斯基

2008 年 3 月,《图书馆杂志》第九届年度辅助图书馆员奖评选结果揭晓。获得年度辅助图书馆员殊荣的是史蒂夫·罗斯科斯基(Steve Roskoski)先生①。他是美国俄勒冈州马尔特诺马县图书馆(Multnomah County Library)的图书馆助理。《图书馆杂志》发布特稿,以图文并茂的方式介绍了他的工作经历与业绩。

一、教育背景与工作经历

史蒂夫·罗斯科斯基 1995 年 5 月开始在马尔特诺马县图书馆工作。那时,17 岁的他刚刚高中毕业,在该馆一家分馆从事馆藏图书的排架维护工作,是职级最低的非全职雇员。经过 3 年的努力,他晋升为办事员。任办事员 3 年后,被提升成为图书馆助理。

史蒂夫·罗斯科斯基在图书馆边工作边学习,获奖时,已在本地的社区学院获得了副学士学位,正在攻读波特兰州立大学的文学学士学位。作为全职图书馆助理,他希望在接下来的一年修完课程获得学位。在他看来,拿到学士学位证书,就有资格继续升职到管理岗位。

史蒂夫·罗斯科斯基在接受《图书馆杂志》的采访时说,马尔特诺马县图书馆非常了不起,允许自己为满足听课学习的需要灵活安排工作日程。当被问道是否打算继续攻读图书馆学硕士学位时,他表示自己非常高兴能走到现在,尚未准备好做出是否继续攻读图书馆学硕士学位的决定。获奖时,史蒂夫·罗斯科斯基刚满 30 岁,已在马尔特诺马县图书馆工作了 13 年。

二、工作业绩与特质

(1)参与设计并成功组织新员工培训活动

马尔特诺马县图书馆根据工作需要招聘了 30 多位支撑人员,为了对新入职的工作人员进行在职培训,图书馆将几位经验丰富、令人尊敬的办事员集中在一个办公室,成立流通培训小组。要求大家集思广益,设计一门课程为新来的工作人

---

① BERRY J N. Paraprofessional of the year 2008: Steve Roskoski [J]. Library journal, 2008, 133 (4): 36.

员传授必需的知识。

流通培训小组共有5名成员，史蒂夫·罗斯科斯基是其中之一。该小组制定了新入职员工必须达到的一系列标准，并设计了配套教学课程。图书馆采用上述标准和课程培训新员工取得很好的成效，流通培训小组受邀在美国公共图书馆协会大会上对培训方案进行了介绍宣讲。这是马尔特诺马县图书馆的辅助图书馆员有史以来第一次参加美国公共图书馆协会大会。史蒂夫·罗斯科斯基知道正是因为自己在培训中发挥了关键作用，才获得到北卡罗来纳州的夏洛特参会的机会，成就了他的首次东海岸之旅。这一成就也对史蒂夫·罗斯科斯基在马尔特诺马县图书馆的发展有至关重要的作用。

（2）善于学习思考，成长为服务工作的多面手

马尔特诺马县图书馆共有17个分馆，史蒂夫·罗斯科斯基在每一个分馆都工作过，还在中心馆工作过近3年。在他看来，图书馆的每个分馆都各具特色，分馆与中心馆的工作有很大不同，在分馆必须做所有的事情。获奖时，史蒂夫·罗斯科斯基正在一个非常受欢迎的分馆工作。他大多数时间围绕小说与读者咨询辅导开展相关的项目活动，其余时间在馆际互借台工作。跟大多数图书馆一样，马尔特诺马县图书馆的馆际互借工作非常繁忙，有时人手不够。

读者咨询辅导是马尔特诺马县图书馆主要工作。读者为了请图书馆工作人员为自己推荐读物，会将自己喜欢的图书或者作家告诉图书馆的工作人员，史蒂夫·罗斯科斯基和图书馆的所有工作人员一起，为读者创建个性化的阅读书目。

为了鼓励和吸引更多人读书，史蒂夫·罗斯科斯基不断学习思考改进工作。在阅读一篇介绍一位学校图书馆员的阅读推广经验的文章后，他借鉴其做法，提出了马尔特诺马县图书馆为读者制作个人阅读图书印章的设想。印章将“在读图书”这几个字与图书的护封图像合二为一，一经推出，就吸引图书馆的所有少儿读者谈论他们正在阅读的图书。

史蒂夫·罗斯科斯基提出了一个令自己欢欣鼓舞的设想，这就是用户可以到咨询台向他提出与世界上所有事情有关的任何问题。他喜欢神秘和令人惊奇的体验，对自己刚开始图书馆职业生涯时的感受记忆犹新。接受《图书馆杂志》采访时，史蒂夫·罗斯科斯基说，那时自己常常注视着参考馆员，觉得他们的工作令

人神往。现在自己也成为参考馆员队伍的一分子，具有回答任何参考问题的能力，非常享受参考服务工作的乐趣。

尽管史蒂夫·罗斯科斯基常常是工作团队中唯一的图书馆助理，但是，马尔特诺马县图书馆的同事，无论是专业图书馆员还是辅助图书馆员，都给他同样的机会和尊重，这令他非常高兴。以实时参考咨询为例，作为每天24小时提供实时参考咨询的州际合作网络成员，马尔特诺马县图书馆让史蒂夫·罗斯科斯基加入图书馆员团队做同样的工作。此外，史蒂夫·罗斯科斯基还担任俄勒冈州服务辅导理事会理事，承担制定培训方案、预算等方面的工作。在接受《图书馆杂志》的采访时他自豪地说：我做非常多的事情，从未感到因自己是辅助馆员而受到限制，这也是我如此热爱马尔特诺马县图书馆的原因之一。

（3）热爱图书馆，在图书馆中成长

史蒂夫·罗斯科斯基从儿时起就是图书馆的用户。一路走来，无论以用户角色，还是作为工作人员，无论在图书馆内还是在图书馆外，内心都保持着对图书馆和图书馆用户的热爱与亲近感。

史蒂夫·罗斯科斯基在接受《图书馆杂志》采访时说，当他在公共汽车上看到有人打开一本马尔特诺马县图书馆的图书，或者在商店里看到有人拿出钱包付钱时包里装着图书馆借书卡，自己就会被感动，这是世界上最美好的感觉之一。

多年的工作使史蒂夫·罗斯科斯基与图书馆用户结下了深深的情谊。甚至他改换工作地点或者外出之时，还能被许多用户认出。用户总是热情地跟他打招说：“你不是在图书馆工作吗？我热爱图书馆！”他喜欢在图书馆外与用户不期而遇的感觉。在笔者看来，真诚服务和良好互动令史蒂夫·罗斯科斯基产生巨大的满足感，这是优秀图书馆工作人员不可或缺的素质和人格魅力。

在接受《图书馆杂志》采访时史蒂夫·罗斯科斯基还回忆道，早在儿童时期，母亲就常常带自己到图书馆去。去图书馆的次数多到甚至可以用以馆为家来形容。他笑着说，很大程度上可以说自己是在马尔特诺马县图书馆长大的，始终觉得图书馆就是自己的第二个家。当自己外出度假时间长一点，就开始思念图书馆。

史蒂夫·罗斯科斯基记得小时候有一次母亲带他到图书馆时对他说：我们到这里来这么频繁，不知道我能否在这里找份工作。最终，史蒂夫·罗斯科斯基的母亲如愿以偿，成为马尔特诺马县图书馆的工作人员。获奖时，史蒂夫·罗斯科斯基的母亲仍担任编目部的图书馆助理。当史蒂夫·罗斯科斯基将自己获奖的消息告诉母亲时，母亲说记得史蒂夫·罗斯科斯基 10 岁的时候，就在马尔特诺马县图书馆的圣约翰分馆当志愿者，帮助将光盘和图书归架。

当被问到对自己最有影响的人是谁时，史蒂夫·罗斯科斯基说，是目前仍在马尔特诺马县图书馆工作的卡莉·豪奇（Kari Hauge）。她是史蒂夫·罗斯科斯基最早工作过的伍德斯托克分馆的主管。史蒂夫·罗斯科斯基认为她总是令人惊异、富有启发性，始终非常支持工作人员，并对大家进行所需的培训。正是她鼓励史蒂夫·罗斯科斯基申请提职，由负责排架的最低级员工升为办事员。史蒂夫·罗斯科斯基跟卡莉·豪奇一起工作时，特别留意她在工作中的一举一动，看到她总是非常清楚查找何种资源回答用户的所有提问。史蒂夫·罗斯科斯基常常暗自思忖，自己要像她那样聪明，能够像她一样弹指间便可轻松获取信息。

（4）对图书馆的未来充满信心

在史蒂夫·罗斯科斯基看来，图书馆的未来非常安全。他指出，我们图书馆配备的计算机非常多，这并不影响图书的借阅，流通率一直居高不下。

史蒂夫·罗斯科斯基认为，图书馆的历史久远，还将继续长期存在下去。图书馆始终将一些不同的流行时尚视为威胁，比如，一些书店以提供咖啡和良好阅读环境甚至开展讲故事活动吸引用户前去购买图书。图书馆工作人员对上述书店的竞争有所担心。尽管竞争激烈，但图书馆仍屹立不倒。

马尔特诺马县图书馆的用户喜爱阅读，阅读情况高于全美平均水平。当地也有很大的书店（Powell’s），该书店离图书馆中心馆仅有 8 个街区远，但是，居民还是到图书馆来。有的图书馆用户在图书馆会问工作人员去该书店怎么走，也有人在书店打听图书馆在什么地方。在史蒂夫·罗斯科斯基看来，这是一种有趣的关系，将永远存在下去。图书馆的未来充满光明。

三、提名与获奖缘由

提名史蒂夫·罗斯科斯基获奖的是海蒂·多拉莫尔（Heidi Dolamore），现任加利福尼亚州康特拉科斯塔县图书馆（San Pablo library of California’s Contra Costa County Library）的社区图书馆管理者。之前曾与史蒂夫同在马尔特诺马县图书馆工作，与史蒂夫同是该馆5人流通培训小组的成员。他在推荐信中指出，史蒂夫·罗斯科斯基是该馆常聘雇员，他的成就几乎涉及图书馆的一切领域，包括开发员工培训、引进聊天参考咨询（chat reference）、在管理者空缺时管理分馆、主持讲故事活动、辅导新工作人员、负责馆际互借与租借业务，甚至在全州的联机参考理事会任职。

《图书馆杂志》的特稿指出，上述评价是史蒂夫·罗斯科斯基入选2008年度辅助图书馆员最重要的原因。

在笔者看来，史蒂夫·罗斯科斯基心态阳光、好学上进，竭诚为用户服务。他自幼与图书馆结下不解之缘，无论作为图书馆的用户，还是作为图书馆的工作人员，都深爱图书馆。高中毕业到图书馆工作，从最底层的非全职雇员做起，经过十多年的努力，成为掌握专业技能的辅助图书馆员。他的图书馆成长史充满温馨，令人感动，显示了良好的家庭教育和图书馆服务对儿童的熏陶和潜移默化的影响。

四、获奖之后

史蒂夫·罗斯科斯基肯定希望继续自己的图书馆职业生涯。年度图书馆员、现任奥马哈公共图书馆馆长瑞夫卡·萨斯曾在马尔特诺马县图书馆担任馆长。史蒂夫·罗斯科斯基对瑞夫卡·萨斯在马尔特诺马县图书馆时对自己的支持铭记于心。而瑞夫卡·萨斯在谈到史蒂夫·罗斯科斯基时指出：他是一个毫不做作的人，是我喜欢的一类人。因为他喜欢与人打交道，具有极佳的公共服务职业道德，想要学会图书馆管理，为之欢欣鼓舞，并全力以赴。对图书馆员而言这是真正令人激动的！

《图书馆杂志》在发布上述特稿的同时，还对辅助图书馆员评选情况做了简要介绍，指出2008年度辅助图书馆员候选人来自全美各地。在众多非常有实力的被提名候选人中，有2位来自北卡罗来纳州的候选人引人瞩目，他们是：

（1）北卡罗来纳州达勒姆县图书馆主馆流通部主管默特尔·达登（Myrtle Darden）；

（2）北卡罗来纳州威克县图书馆的图书馆助理莫妮卡·卢卡斯（Monica C. Lucas）。

第十届年度辅助图书馆员蒂纳·亚当斯

2009 年 3 月,《图书馆杂志》第十届年度辅助图书馆员奖评选结果揭晓，获得年度辅助图书馆员殊荣的是蒂纳·亚当斯（Tina Adams）女士①。她是美国北卡罗来纳州立大学图书馆（North Carolina State University Libraries，Raleigh）的高级图书馆技师。《图书馆杂志》发布特稿，以图文并茂的方式介绍了她的工作经历与业绩。

一、工作经历

蒂纳·亚当斯 2007 年到美国北卡罗来纳州立大学图书馆工作。获奖时已在该馆工作 2 年。值得指出的是，此前，蒂纳·亚当斯没有在任何图书馆工作过。但是，她具有在其他一些与文化相关的公司和机构从事客户服务工作的背景。她先后在速印公司、文化娱乐俱乐部、艺术画廊、儿童博物馆等单位从事管理、广告设计和艺术教育等工作，在直接客户服务方面有丰富的经验。她还作为志愿者为杜克儿童医院的儿童奇迹网络（Children's Miracle Network at Duke Children's hospital）、食肉动物保护信托机构（Carnivore Preservation Trust）、美国癌症协会的生命接力（American Cancer Society's Relay for Life）、脊髓协会高尔夫巡回赛（Golf Tournament of the Spinal Cord Society）、杜克脑瘤中心的身边天使（Angles Among Us at Duke Brain Tumor Center）等多家机构和项目工作。

《图书馆杂志》的特稿评价说，显而易见，蒂纳·亚当斯的工作经历，连同她作为志愿者的经历和个人品格，将其造就成一位极有才华的公共服务专家，也是像美国北卡罗来纳州立大学图书馆这类工作繁忙的图书馆的完美雇员。

二、工作业绩与特质

（1）提高图书馆的教参服务水平

作为北卡罗来纳州立大学图书馆的高级图书馆技师，蒂纳·亚当斯的工作部门是该馆的获取与传递服务部。蒂纳·亚当斯和她所在团队的 15 名下属一起，负

① BERRY J N. Paraprofessional of the year 2009：Tina Adams［J］. Library journal，2009，134（4）：36.

责处理北卡罗来纳州立大学教学所需的全部电子教参资料。处理电子教参的工作量巨大，共扫描教参资料约 5. 5 万件，需要极大的耐心进行校对，并处理与教参资料相关的版权问题。按照分工，北卡罗来纳州立大学图书馆的许多分馆负责管理各自收藏的纸质教参资料。

为了提供每一本指定教材的教参复印件，蒂纳・亚当斯专门设立了一个项目，每年处理研究生和本科生教材约 4500 件，该项目为那些获取昂贵教材有经济困难的学生提供了帮助。

制作并提供数字教参的过程中，需要不断与教师进行沟通，对蒂纳・亚当斯而言这是轻而易举的事情。在她的领导下，做到了沟通平稳，服务迅速。教师和学生经常通过邮件和签注表达他们的感激和愉悦之情。

鉴于蒂纳・亚当斯所提供的杰出服务，经同事提名，蒂纳・亚当斯分别于 2007 年和 2008 年获得了北卡罗来纳州立大学为表彰对学校做出特殊贡献的雇员而颁发的年度奖——“狼群的骄傲”。

（2）参与合作项目，打破专业图书馆员与辅助图书馆员的界限

蒂纳・亚当斯还代表北卡罗来纳州立大学图书馆参与一系列外部合作项目。在 2008 年参与的开放内容联盟（Open Content Alliance，简称 OCA）项目中，蒂纳・亚当斯承担重要职责。将北卡罗来纳州立大学图书馆收藏的进入公共领域的资料扫描成电子版，添加至因特网存档，向全球免费提供。

蒂纳・亚当斯在规划项目工作流程、跟踪并与所有部门建立联络中发挥关键作用。北卡罗来纳州立大学图书馆馆藏管理部副主任安妮特・戴（Annette Day）指出，项目的成功与否取决于不间断地将馆藏资料移送至扫描设备并从设备上取下资料，蒂纳・亚当斯成功地对这项工作进行仔细监督和管理。

在承担上述合作项目的过程中，蒂纳・亚当斯显示了突出的专业能力，得到了该馆媒体资源图书馆员特里普・里德的高度评价，称蒂纳・亚当斯是跨越有图书馆学硕士学位和没有图书馆学硕士学位分界的先锋。

此外，北卡罗来纳州立大学图书馆还是图书馆合作组织“三角研究图书馆网络”（Triangle Research Libraries Network，简称 TRLN）的成员之一。由于蒂纳・亚当斯的管理才能和服务导向，她担任该合作组织的员工发展委员会委员。北卡罗

来纳州立大学图书馆馆长纳特自豪地说，之所以任命蒂纳·亚当斯担任该职，是因为她具有培训开发下属的经验，并且对图书馆问题感兴趣、有意识。作为该组织的一员，她将在地区层面为规划 TRLN 获奖员工发展计划方面做出贡献。获奖员工发展计划是一项充实 TRLN 成员馆的图书馆支撑人员的规划项目。

在接受《图书馆杂志》采访被问到北卡罗来纳州立大学图书馆的图书馆员与支撑人员的关系如何时，蒂纳·亚当斯很惊讶。她的回答是：老实说，我不知道这是怎么一回事儿。我从来没有遇到所谓的图书馆员与支撑人员分界的问题，没有感到这方面的紧张，我不能肯定实情是否如此，或者仅仅是我自己的个性所致，但是，我从没有看到图书馆员和支撑人员有隔阂，我们图书馆的工作人员与北卡罗来纳州立大学的教师也没有隔阂。

（3）热爱服务，享受服务的乐趣

蒂纳·亚当斯在图书馆工作中边干边学，取得的成就离不开图书馆员的培训与指导。她对媒体资源图书馆员特里普·里德充满感激。在接受《图书馆杂志》采访时她指出，特里普·里德是一个令她感到惊异的管理者和伟大的导师，帮助自己理解并胜任图书馆工作。记得第一天在图书馆工作就是学习扫描，非常繁忙。特里普·里德对她说：我要教你扫描，接下来，我们放慢速度，就开始真正的训练。蒂纳·亚当斯认为，以上述方式开始培训非常好，自己学会了工作的每一个细节。这意味着蒂纳·亚当斯日后能做到凡是要求下属做的事情自己都了然于胸，这也成为蒂纳·亚当斯热爱自己的工作的部分原因。

此外，蒂纳·亚当斯在接受采访时还指出，凡是为客户提供极致服务的人都会从中产生自豪感，因为这类人热爱帮助他人。“总之，你会从帮助他人中得到真正的喜悦，我们的图书馆在北卡罗来纳州立大学体量很大，我们总能得到上述喜悦和反馈，这使我每一天都非常快乐。”在笔者看来，发自内心地热爱帮助他人是图书馆工作者必备的品格。

三、提名与获奖缘由

给《图书馆杂志》写推荐信，提名蒂纳·亚当斯为 2009 年度辅助图书馆员候选人的是北卡罗来纳州立大学图书馆的多位领导和同事。其中既有馆长，也有部门的主任，还有蒂纳·亚当斯的顶头上司，他们是：

（1）北卡罗来纳州立大学副教务长兼图书馆馆长、《图书馆杂志》2005 年度图书馆员获奖者苏珊·纳特（Susan Nutter）。她在信中指出：建设图书馆最重要的因素是所聘用的工作人员。蒂纳的工作部门是获取与传递服务部。该部门是图书馆公共服务的门面。她影响了部门的文化，提升了服务水平，这在她负责的教参服务领域尤为突出。我本人更愿意称她为勇敢的监管者。她对每一位下属表达尊重和赞赏的同时，以高标准要求工作人员，具有难得的提供正面反馈的才能，敢于直面困难并寻找解决方案。

（2）北卡罗来纳州立大学图书馆获取与传递服务部主任玛丽·基马托（Mary Chimato）。她在信中指出，2007 年，获取与传递服务部将流通部门和教参专藏合为一体。合并前，上述部门都有各自的工作流程、组织结构和组织文化。经过成功的合并，改善了用户服务，加快了教参资料的加工处理流转时间，部门的政策和流程更加规范。总之，说蒂纳使得合并成功是恰如其分的。她在合并开始时加入工作人员的行列，自己非常高兴发现蒂纳这样一位帮助转换工作顺利完成的人。

（3）北卡罗来纳州立大学图书馆媒体资源图书馆员特里普·里德（Tripp Reade）。他在推荐信中说，自己在图书馆工作 9 年间，从未见过像蒂纳·亚当斯一样的人。蒂纳·亚当斯的个人品格是一项主要的资产。她善于沟通交流，有很强的用户服务意识，这使她能跟图书馆各个部门的人交朋友。良好的人际关系在重组获取与传递服务部的过程中得到了很好的应用。她还借助交叉培训，实施新的工作流程，实现了工作人员的灵活配置。

《图书馆杂志》的特稿指出，对该馆的工作人员和管理者而言，蒂纳·亚当斯的获奖是实至名归、毫无疑问的。《图书馆杂志》的编辑同意上述推荐人及其同事对蒂纳的倾力推荐。

在笔者看来，蒂纳·亚当斯跟 2008 年度辅助图书馆员具有一个共同的特征，这就是：热爱服务，享受服务的乐趣。她虽然没有过往在图书馆工作的经历，但是，长期从事客户服务工作，具有服务热情和经验。到图书馆工作后通过不断学习，使自己迅速掌握了扫描文献等专业技能。强将手下无弱兵。在馆长的领导下，北卡罗来纳州立大学图书馆已有多位图书馆工作人员获奖。

四、获奖之后

《图书馆杂志》在发布上述特稿的同时，还对辅助图书馆员评选情况做了简要介绍。指出在被提名的众多明星候选人中，有2位更有潜力成为年度辅助图书馆员得主。他们是：

（1）佛罗里达州杰克逊维尔公共图书馆的流通服务协调员罗恩·布劳克（Ron Block）；

（2）康奈尔大学奥林图书馆参考专家兼学生督导安娜·加布里埃拉·卡斯特罗·格斯纳（Ana Gabriela Castro Gessner）。

2009年5月《图书馆杂志》刊登了来自伊利诺伊州埃尔本的一位成年人服务图书馆员凯瑟琳·科塔尔斯（Catherine Korthals）的来信[①]，信中指出：蒂纳·亚当斯做出了不可思议的专业成就应当获得提职[②]。一些获得图书馆硕士学位的图书馆员也会很好地看待她的专业精神。我不明白为什么我们当中那些承担各种图书馆员工作的人被定义为“类专业人员”。使用有区别性的称呼具有伤害性。图书馆界应积极主动制订制度，承认图书馆各个层次各种形式的专业技能。

---

① 此前，《图书馆杂志》曾于2007年6月刊登过凯瑟琳·科塔尔斯的来信。她对该年度获奖的辅助图书馆员给予了高度评价。

② 来源：Library journal，2009，134（8）：10.

第十一届年度辅助图书馆员艾莉森·斯隆[①]

2010年3月，《图书馆杂志》第十一届年度辅助图书馆员评选结果揭晓，获得年度辅助图书馆员殊荣的是艾莉森·斯隆（Allison Sloan）女士[②]。她是美国马萨诸塞州雷丁公共图书馆（Reading Public Library）的高级图书馆协理（senior library associate）。《图书馆杂志》发布特稿，以图文并茂的方式介绍了她的工作经历与业绩。从特稿配发的照片看，她留齐耳短发，干练，笑容灿烂。

一、教育背景与工作经历

据《图书馆杂志》特稿和领英网发布的信息[③]艾莉森·斯隆1974年获波士顿大学创意写作学士学位。1975—1977年在一家私立学院担任传播系主任的行政助理。1977年独立开业，提供简历写作、求职面试技巧辅导等收费服务。1978—1987年在波士顿和华盛顿担任过游说议员布卢·希尔德（Blue Shield）的州和联邦立法研究助理。

1990年，艾莉森·斯隆应聘雷丁公共图书馆的工作，最初的想法仅是希望工作地点离家近些，方便照顾2个年幼的孩子而已。令她开心的是，事实证明，雷丁公共图书馆的工作是无与伦比的，成为自己的职业生涯。获奖时她已在该馆工作20年。

二、工作业绩与特质

（1）具有奉献精神，竭尽所能为用户提供服务

艾莉森·斯隆在图书馆通过学习和实践掌握了许多专业技能。她作为志愿者参加团队活动，培训工作人员使用雷丁公共图书馆的首套联机系统。就在获奖前不久，艾莉森·斯隆晋升为雷丁公共图书馆技术服务部的高级图书协理，主要负责馆际互借工作。图书馆为制订战略规划进行的调查显示，馆际互借位列该馆服

---

① 国内一家期刊曾在2010年第3期以“全美年度图书馆辅助工作奖揭晓”为题，用2个版面的篇幅刊登相关报道。遗憾的是，报道标题和内容均存在不准确之处。

② BERRY J N. Paraprofessional of the year 2010：Allison Sloan［J］. Library journal，2010，135（4）：36.

③ 来源：Allison Sloan. http：//www. linkedin. com/in/allison-sloan-81a87428/.

务的首位，此点出乎意料。艾莉森·斯隆在接受《图书馆杂志》采访时指出，馆际互借系统已经变得更加精深，用户可以直接在网上进入系统检索，由此导致自己的职责更加复杂。用户要求她查找的都是查找难度更高的资料，她总是竭尽所能为用户查找一切所需的资料。

艾莉森·斯隆的另一项工作是有声读物的采购、加工和录制，这也是她倾注了大爱的工作。艾莉森·斯隆的母亲视力受损，因此，她对图书馆这项服务尤为关注。2010年图书馆举办了有声图书推广活动。除了有声图书外，该馆还出借一种名为Playaways的设备，这种设备体积只有一张信用卡大小，使用电池驱动，集有声图书内容和播放功能为一体，受到用户的欢迎。

此外，艾莉森·斯隆还承担许多兼职，快乐地变换各种角色为图书馆和社区提供支持。她担任暑期儿童作文竞赛的评委，担任雷丁公共图书馆理事会的速记秘书，还担任雷丁文化理事会主席，该理事会资助年轻作家走访参观，也为图书馆活动提供赞助。

（2）持续参与图书馆协会的活动并发挥领导作用

雷丁公共图书馆的领导为员工的成长创造了良好环境，无论是图书馆馆长还是部门主任均鼓励员工参与专业活动。艾莉森·斯隆到雷丁公共图书馆工作不久，迪·布伦南（Dee Brennan）被任命为雷丁公共图书馆馆长[①]。迪·布伦南相信为工作人员提供时间并支持他们参与专业组织及其活动是有价值的。从那时起，艾莉森·斯隆开始参与马萨诸塞州图书馆协会的活动。艾莉森·斯隆在接受《图书馆杂志》采访时指出，自己从迪·布伦南那里获知了图书馆的愿景。如果不是她，自己不会在工作时间积极参与马萨诸塞州图书馆协会的活动。此外，艾莉森·斯隆为了参加马萨诸塞州图书馆协会活动也花费了大量个人时间。

无独有偶，被艾莉森·斯隆视为自己职业生涯导师的迈克尔·科尔福德（Michael Colford），在雷丁公共图书馆工作期间，曾担任艾莉森·斯隆的上司，也鼓励工作人员参与专业活动。艾莉森·斯隆在接受《图书馆杂志》采访时指出，迈克尔·科尔福德不仅自己热衷参与专业活动，还支持下属参与专业活动。他明

① 艾莉森·斯隆获奖时，迪·布伦南在伊利诺伊州奥克帕克（Oak Park）图书馆任馆长。

白让雇员高兴，让他们参与创造性的机遇不会有任何损失。艾莉森·斯隆在雷丁图书馆的现任上司杰米·潘妮（Jamie Penney）同样支持她参与专业活动。

当初，迈克尔·科尔福德请艾莉森·斯隆担任马萨诸塞州图书馆协会辅助专业人员分会主席时，该分会已经停止活动多年。艾莉森·斯隆担任主席后，在该分会 2003 年大会期间提出了一个响亮的口号——“每一个伟大的图书馆员身后总有一个伟大的辅助专业人员”。会议期间通过策划一系列活动，展示了参考馆员如何得到流通和其他支撑工作人员的支持。艾莉森·斯隆获奖时，该辅助图书馆员分会仍非常活跃。迈克尔·科尔福德评价说，艾莉森·斯隆的热情联结了众多具有奉献精神的图书馆工作人员，使得马萨诸塞州图书馆协会辅助图书馆员分会恢复了活力。

作为马萨诸塞州图书馆协会辅助图书馆员分会第二任主席，艾莉森·斯隆在马萨诸塞州图书馆协会辅助图书馆员分会设立了“杰出辅助图书馆员奖”，每届都吸引到很多提名。美国图书馆协会还向该奖的获奖者赠送补充会员资格。当马萨诸塞州图书馆协会辅助图书馆员分会就更改分会名称举行投票时，以往使用的“辅助专业人员与支撑人员”词组遭否决，大家同意采用“辅助图书馆员”替代“辅助专业人员”作为分会的名称。

2004 年，艾莉森·斯隆获得马萨诸塞州图书馆协会年度辅助图书馆员倡导者荣誉奖。该奖用以表彰那些为给予辅助图书馆员机会和赞誉而工作的人。除了上述两个奖项外，马萨诸塞州图书馆协会辅助图书馆员分会还为辅助图书馆员获得技能而颁发成就通报。

艾莉森·斯隆的包容性视角和领导素质使自己获得了马萨诸塞州图书馆管理部门颁发的“马萨诸塞图书馆领导力”认证，此外，还获得了基础图书馆技术与辅助人员 2 级和 3 级认证。

截至获奖时，艾莉森·斯隆每年都在马萨诸塞州图书馆协会年会上组织策划各种新颖、引人入胜的活动，将图书馆员和辅助图书馆员集结在一起，合作发展图书馆服务，开放交流并展示团队的力量。2005 年她组织的活动是“极致用户服务：斯普林菲尔德学院的新前台”，推介斯普林菲尔德学院的一个创新项目。该项目将参考与流通服务整合，对辅助图书馆员和图书馆员进行交叉培训，使辅助图书馆员能够回答参考咨询问题，图书馆员也能进行流通服务操作。

（3）尊重差异，推进辅助图书馆员资格认证

获奖前不久，艾莉森·斯隆申请参加美国图书馆协会的图书馆支撑人员认证课程，并被选为基础测试者。通过选修课程、研究和实践，获得足够的学分后便可以通过认证。

艾莉森·斯隆承认图书馆员和辅助图书馆员的差异。她在接受《图书馆杂志》采访时说，在马萨诸塞州，有一些辅助图书馆员担任图书馆部门主任，甚至担任图书馆馆长。她认为，一位辅助图书馆员身份的图书馆馆长，具有图书馆员的技能。但是，肯定不能将一位流通技术人员与获得硕士学位的图书馆员相提并论。之所以尊重差异，是因为了解自己对图书馆管理技能和知识的掌握程度。她明确指出，自己尊重图书馆员与辅助图书馆员的差异，尊重专业人员。虽然二者存在重要的差异，但差异的大小取决于辅助图书馆员的工作。此点自己非常明白。

艾莉森·斯隆担任马萨诸塞州图书馆协会辅助图书馆员分会主席一职期间，理事会经头脑风暴推出一项使命宣言，计划成立一个团队，提高辅助图书馆员的意识，呼吁辅助图书馆员重视并参与图书馆界的活动，为辅助图书馆员提供联络和职业生涯发展机遇的论坛。艾莉森·斯隆不仅做到了上述一切，致力凸显辅助图书馆员诸多有价值的才华和对图书馆界的贡献，她还进一步将辅助图书馆员与图书馆员、图书馆馆长和理事会成员联系在一起，使图书馆更加强大。

此外，艾莉森·斯隆利用各种场合高效宣传自己的观点。她指出，对那些没有获得图书馆学硕士学位，但想要以图书馆为职业生涯的人而言，图书馆可以提供重要的职位。该职位在马萨诸塞州被称为辅助图书馆员。

三、提名与获奖缘由

提名艾莉森·斯隆获奖的是波士顿公共图书馆资源服务与信息技术部主任迈克尔·科尔福德。他在雷丁公共图书馆工作期间，担任过艾莉森·斯隆的主管。艾莉森·斯隆称他为自己职业生涯最大的影响者，是非同寻常的导师。（据笔者观察，获奖的图书馆员和辅助图书馆员，大多有自己的职业生涯导师。这种行业内自然形成的师承关系，使得图书馆服务文化、行为规范和价值观念不断传承、发扬光大。）

迈克尔·科尔福德在推荐信中指出，艾莉森·斯隆提供一流的用户服务，向用户宣传当代图书馆提供的奇妙服务。她总是面带微笑核查资料，为前来咨询的读者提出建议，设计各种展示宣传品，在内部会议上担任志愿者。

此外，迈克尔·科尔福德还对艾莉森·斯隆的研究以及个人与图书馆的沟通能力大加赞赏。他指出，艾莉森·斯隆与用户和图书馆员一起工作，利用本地网络、州际虚拟网络和联机图书馆中心（OCLC），从全美检索稀有、难以发现的资料。

《图书馆杂志》的特稿指出，在马萨诸塞州，没有图书馆学硕士学位的图书馆工作人员称自己为辅助图书馆员。这是艾莉森·斯隆当选2010年度辅助图书馆员的主要原因。艾莉森·斯隆的杰出服务和所倡导的“辅助图书馆员”这一称谓，诠释了她的激情和最基本的信念——辅助图书馆员不仅是一份很好的工作，更是一项值得终生坚守的事业。

在笔者看来，对于身处职场的人而言，工作（job）与事业（career）的含义有着很大的差别。前者仅仅是为谋生而为，从业者对工作的投入和专业性要求相对较低，不企求长远的发展。后者则超出前者，着眼长远发展，不断提高专业技能和主观能动性，倾注情感、投入心血和更多精力。艾莉森·斯隆最初选择到图书馆工作时，仅仅是为了找一份离家近的工作，经过20年的不断学习和工作实践，她成长为掌握专业技能的优秀辅助图书馆员，实现了由工作到职业生涯的升华。她的获奖具有很强的示范效应，她为推动辅助图书馆员正名所做的努力，也将彪炳史册。

四、获奖之后

《图书馆杂志》在发布上述特稿的同时，简要介绍了其他被提名候选人的情况。指出2010年被提名的杰出年度辅助图书馆员候选人突破以往的纪录。其中比较突出的是以下3位：

（1）马萨诸塞州纪念图书馆流通部副主任格里·戴伊蒙德（Gerry Deyermond）；

（2）北卡罗来纳州夏洛特梅克伦堡图书馆学习与发展协调员洛里·里德（Lori Reed）；

（3）纽约东南斯图本县图书馆采访专家琳达·赖默（Linda Reimer）。

艾莉森·斯隆获奖后，积极建言推动美国图书馆协会在全美对辅助图书馆员进行职业资格认证。2010年9月《图书馆杂志》在反馈栏目刊登艾莉森·斯隆的来信[①]，她呼吁，与其反对不如支持在全美范围对辅助图书馆员进行认证的最初尝试。支持图书馆支撑人员认证课程项目（Library Support Staff Certification Program）继续推进认证活动，承认辅助图书馆员的专业地位。该认证需要解决一些费用，继续教育和再次认证等问题。

她还指出，美国图书馆协会在全美进行辅助图书馆员认证这一目标，已经被马萨诸塞图书馆协会辅助图书馆员分会列入日程接近 10 年。应当感谢美国图书馆协会和实施新的图书馆支撑人员认证课程项目的团队，感谢他们的工作、奉献和对辅助图书馆员事业的支持。

五、关于辅助图书馆员认证的补述

2010 年 8 月《图书馆杂志》发表编者按，对美国图书馆协会所属专业人员协会推出的辅助图书馆员认证项目进行评介[②]。

据该文披露，图书馆支撑人员，即没有图书馆学硕士学位在图书馆工作的人，无论被称为辅助专业人员还是辅助图书馆员，都有资格参加美国图书馆协会所属专业人员协会举办的图书馆支撑人员认证（Library Support Staff Certification，简称 LSSC）。值得指出的是，认证是需要缴费的，未加入美国图书馆协会的辅助图书馆员的认证费用为 350 美元，已是美国图书馆协会会员的辅助图书馆员的认证费用为 320 美元。在《图书馆杂志》看来，美国图书馆协会应当对已经在图书馆工作的辅助图书馆员提供免费认证。

具体说来，缴费认证能保证完成 10 项必备技能中的 6 项认证。其中，必修课包括图书馆学基础、沟通及团队工作、技术，选修课程包括检索服务、读者咨询辅导、参考与信息服务。通过认证可以就以下两种方式选择其一：一是选择单独的课程——除了缴纳申请费外还要为课程付费；二是选修综合课程并提交自身竞争力的代表作。

据美国图书馆协会图书馆支撑人员认证网页 2010 年发布的信息，辅助图书馆员的认证不是一劳永逸的。按照规定，如果花费 4 年时间通过认证，接下来必须

① 来源：Library journal，2010，135（15）：10.

② FIALKOFF F. Credits for free［J］. Library journal，2010，135（13）.

每 4 年接续认证，费用为 150 美元，外加 32 学时的教育活动。在 LSSC 网站列出的 27 门课程中，最高的费用达到 300—400 美元[①]。

《图书馆杂志》的编者按指出，上述认证方式令人迷惑。因为，认证所花费的金钱和努力并不能增加辅助图书馆员的技能，仅能使通过认证的人薪资稍有上涨。

撰写该期编者按的《图书馆杂志》主编还用实例指出了认证的其他不妥之处。她说自己的一位朋友虽然没有图书馆学硕士学位，但是在图书馆领域的实践大多时候都是管理者，似乎更适合讲授而不是选修上述认证课程。LSSC 认证课程仅要求具有图书馆硕士学位的图书馆员担任志愿者评估申请认证者的代表作，尽管那位朋友具有 20 年的全职工作经历，她也没有资格参与认证评估。

此外，在一些州，支撑工作人员已经通过自己州的专业协会和机构建立了认证机制。对其他辅助专业人员而言，缴纳少量费用的认证是专业协会的目标，花费数百美元去通过认证，而且大部分是作为课程费，在薪资很低的情况下并不是好的选择。

许多支撑工作人员和其他人认为，LSSC 的课程意图从图书馆员身上抢夺金钱去支持美国图书馆协会所属专业人员协会。他们并不反对标准和认证，但是，对收费持质疑态度。以美国图书馆协会的实力，应当做得更好。例如，在美国图书馆协会大会上指定特定的课程作为必备的认证课程，并在收费较低和免费的会前会照此办理；另一种途径是对参加州或者全国上述课程和会前会的辅助专业人员，或者在本地的工作人员发展日颁发证书。

编者按还指出，许多专业领域，例如法律和医药，需要从业者参加继续教育。以律师为例，要求每年或者每两年获得 CLE（continue legal education）学分，但是，获得学分既可以通过学习也可以通过讲授 CLE 课程。希望图书馆行业可以借鉴上述领域的经验。一旦让有资格讲授课程的从业者通过讲授资格认证课程获得学分，就为所有的图书馆工作人员创造了更丰富的学习环境。

---

① 笔者 2018 年访问美国图书馆协会图书馆支撑人员认证网站，发现相关认证规定和收费额有变，欲了解最新情况，请访问：Library Support Staff Certification. http：//ala-apa. org/lssc/.

第十二届年度辅助图书馆员吉尔达·拉莫斯

2011 年 3 月，《图书馆杂志》第十二届年度辅助图书馆员评选结果揭晓。获得年度辅助图书馆员殊荣的是吉尔达·拉莫斯（Gilda Ramos）女士[①]。她是美国纽约州萨福克县帕乔格－梅德福图书馆（Patchogue-Medford Library）的西班牙语图书馆助理。《图书馆杂志》发布特稿，以图文并茂的方式介绍了她的工作经历与业绩。

一、教育背景与工作经历

据《图书馆杂志》特稿和领英网发布的信息，吉尔达·拉莫斯出生于秘鲁首都利马。她热爱学习语言。1990—1997 年在里卡多帕尔马大学学习英语、德语笔译和口译，期间赴德国学习过 2 年，获学士学位，成为专业翻译人员。在她看来，西班牙语是一种很棒的语言，浪漫，非常热烈，自己翻译时始终努力忠实原作者或讲述者的意思，因西班牙语承载了许多情感。从少年时期起，她就作为志愿者为一对美国传教士夫妻工作，陪他们去探访秘鲁贫困偏远的村庄。这些经历使她有机会练习英语以及翻译技能，也开发了她与各种人一起工作的非凡才能。

吉尔达·拉莫斯 1998 年移居美国，那时，她是一位单身母亲，独自抚养 12 岁的女儿和 8 岁的儿子。吉尔达·拉莫斯最初在帕乔格学区工作，学区的工作人员发现她具有与人相处的能力和语言技能，2004 年说服她加入了一个创新项目，为申请公民的新移民讲授公民课程。由于公民课程的授课地点选在帕乔格－梅德福图书馆，所以，图书馆也注意到她。最终，帕乔格－梅德福图书馆接手了该公民培训项目。

从 2005 年起，吉尔达·拉莫斯作为办事员在帕乔格－梅德福图书馆开始非全时工作。她在图书馆工作的最初 2 年里，纽约州公共服务机构文职人员职位分类表中找不到相关职位。图书馆为了让吉尔达·拉莫斯担任该馆的全职工作，不得不为她量身打造合适的职位，于 2007 年底新增了西班牙语图书馆助理（Spanish

---

① BERRY J N. Paraprofessional of the year 2011：Gilda Ramos［J］. Library journal，2011，136（4）：36.

Speaking Library Assistant）一职，2008 年 1 月，吉尔达・拉莫斯成为第一个按照新职级分类表聘用的图书馆工作人员。获奖时，她已累计在该馆工作 6 年时间。

二、工作业绩与特质

（1）服务与多方面教学培训工作卓有成效

吉尔达・拉莫斯热爱教学，她主讲多门语言课程。其中包括：①用西班牙语讲授计算机课程；②讲授英语作为第二语言 / 非母语英语课程；③西班牙语会话。之前图书馆开设的公民教育课程因馆舍翻新而暂停，一旦完成馆舍整修，吉尔达・拉莫斯会继续讲授公民教育课程。此外，她还提供移民咨询服务。

截至获奖时，吉尔达・拉莫斯教过的学生中已有 50 多位通过考试成为美国公民。在接受《图书馆杂志》采访的当天，吉尔达・拉莫斯还跟自己的主管吉恩・卡拉达（Jean Kaleda）出席了另外一批新公民的宣誓仪式。他们来自埃及、印度、中国、法国、秘鲁、哥伦比亚和朝鲜等 41 个国家。已经成为美国公民的吉尔达・拉莫斯也被宣誓仪式深深打动。

吉尔达・拉莫斯每周工作 5 天，包括每周三晚间值班，周日或周六也偶尔值班。她说自己尤其喜欢周三的晚班，很多人知道那时是她值班，下班后到图书馆来上英语课并请她解答问题。2011 年，也就是吉尔达・拉莫斯获奖当年，她开始在图书馆讲授面向讲西班牙语母亲的新课程，帮助那些向她求助的母亲掌握英语，以便她们跟老师接触交流，帮助自己的孩子应对新的文化，了解自身不断适应上述变化的方法。这是由吉尔达・拉莫斯独自承担的工作。

（2）发挥自己的语言和业务专长，充当图书馆与民众的连接器

吉尔达・拉莫斯深信与他人交往、联系的重要性。她为西班牙语和英语会话群体提供识字工具和设施，帮助所有用户获取各种图书馆资源，进行数据库培训、创建网页内容，在借书台和问讯处工作。

吉尔达・拉莫斯热心公益活动，发挥自己的语言特长，为公众翻译图书馆通讯和学区信息，经常在图书馆会议和研讨班上担任口译。甚至在个人闲暇时间参与社区活动时，她还为竞选官员、执法人员和社区组织担任翻译。通过这些活动，吉尔达・拉莫斯为图书馆和社区之间建立了极为密切的关系。

此外，在全县层面上，吉尔达・拉莫斯将全县的图书馆目录、活动和服务翻

译成西班牙语，这项工作涉及图书馆员、系统管理人员和程序设计人员，为 800 多万人提供双语检索。吉尔达·拉莫斯在接受《图书馆杂志》的采访时说：翻译图书馆目录是一项耗时长且乏味的工作，但是，我认为这是一种将自己的印记永远留在那里的途径。从现在起很长时间里，人们将看到并利用我的工作成果。我的翻译专长能为更多的人服务，使他们获取图书馆的信息，这将使一代代人受益。

（3）成功应对危机，为图书馆吸引更多拉丁裔用户

2008 年，吉尔达·拉莫斯注意到许多学员因害怕不敢参加晚上的非母语英语课程。他们告诉她说，有一伙本地少年专门抢劫拉丁裔居民，有时甚至骑着自行车在图书馆的停车场寻找目标。之所以选择拉丁裔居民为袭击目标，是因为他们认为拉丁裔居民是没有合法居留证件的侨民，即便遭到抢劫也不敢报警。吉尔达·拉莫斯向上级和警察反映了上述情况。一周后，一位来自厄瓜多尔的移民马塞洛·卢塞罗（Marcelo Lucero）在当地火车站遭到一伙本地少年的谋杀。事件发生后，市长专程到图书馆开设的非母语英语课的课堂道歉，承诺采取措施让社区变得对所有人更加安全，并将行凶者逮捕入狱。

当被害人马塞洛·卢塞罗的家人从厄瓜多尔到美国时，吉尔达·拉莫斯担任他们的翻译。在图书馆召开社区会议解决上述问题时，也是拉莫斯担任翻译。吉尔达·拉莫斯在接受《图书馆杂志》采访时回忆说，马塞洛·卢塞罗原本打算 12 月回国，11 月遭到杀害，令人心碎。这起骇人听闻的事件使整个社区对多样性有了更深刻的理解。

谋杀事件后，吉尔达·拉莫斯总是值晚班。随着更多安保措施的落实，加上吉尔达·拉莫斯作为值得信任的伙伴坚守在那里，帕乔格－梅德福图书馆有了更多的拉丁裔用户。吉尔达·拉莫斯的同事们说，她做事不是为了个人利益，因为她深信图书馆必须为所有不同背景的人指明共同生活与工作的道路，这是建立长久可持续社区的第一步。

在吉尔达·拉莫斯看来，从异国来到不讲母语的国家谋生非常困难，因为无法与任何人交流，会处于不利境地。能够替民众发声，教会他们语言，就意味着赋予他们能力。要想真正享受这个国家以及这个国家所提供的一切，需要语言和中间人的帮助。作为图书馆的中间人，自己感到非常愉悦。

（4）为图书馆赢得国家奖励做出贡献

2008 年 1 月吉尔达·拉莫斯被聘为西班牙语图书馆助理后，认真履行自己的职责，提供并示范了与众不同的图书馆服务。她将服务他人的全部信念与对社区民众特别的日常服务结合在一起，使自己在帕乔格－梅德福图书馆的价值不可估量，成为该馆赢得 2010 年美国博物馆与图书馆服务协会颁发的图书馆服务国家勋章①的 6 位主要工作人员之一。

随着萨福克县来自厄瓜多尔、墨西哥等国以及其他讲西班牙语地区的人口不断增加，帕乔格－梅德福图书馆设立西班牙语图书馆助理这一新职位后，该县的其他图书馆也开始聘用熟练掌握西班牙语的辅助图书馆员。吉尔达·拉莫斯所做的工作在社区和图书馆专业领域产生了良好反响。

三、提名与获奖缘由

向《图书馆杂志》提交推荐信，提名吉尔达·拉莫斯作为年度辅助图书馆员候选人的是她所在图书馆的馆长、副馆长和同事。

（1）帕乔格－梅德福图书馆副馆长劳伦·尼克尔斯（Lauren Nichols）在推荐信中指出，吉尔达·拉莫斯将图书馆植入自己的生活之中，时时刻刻在工作。不仅在工作时间，就是在杂货店采购也不忘推广图书馆。显然，拉莫斯获奖是实至名归。

（2）帕乔格－梅德福图书馆馆长迪娜·麦克尼斯·克瑞斯（Dina McNeece Chrils）赞同图书馆副馆长的上述评价。她在推荐信中指出，吉尔达·拉莫斯跟越来越多的讲西班牙语的人一起工作，她进行实地调查，令其他工作人员努力奋进，

---

① 据维基百科词条，图书馆服务国家勋章（National Medal for Museum and Library Service），是美国博物馆与图书馆服务协会每年一次向为社区提供杰出服务的图书馆和博物馆颁发的最高荣誉奖。通常美国第一夫人会出席该奖的颁奖仪式并为获奖者颁奖。该奖的前身是设立于 1994 年的国家博物馆服务奖（National Award for Museum Service）。在 20 多年的时间里，该奖名称和颁奖对象历经多次更改。早期（1994—1999）仅颁发给博物馆；2000 年起，颁奖对象增加了图书馆，名称改为“国家博物馆与图书馆服务奖”（National Award for Museum and Library Service），每年有数量相当的博物馆和图书馆获奖（各有 3—5 家）。2010 年的获奖单位包括 5 家博物馆和 5 家图书馆，颁奖仪式在白宫举行。由时任第一夫人米歇尔·奥巴马颁奖。来源：National Medal for Museum and Library Service. https：//en. wikipedia. org/wiki/National_Medal_for_Museum_and_Library_Service.

并向他们施以援手，是一个了不起的女性。吉尔达·拉莫斯出众的沟通技能、洞察力与远见，以及通报、教育的意愿使她周围的人增强了能力，也使自己成为真正引人瞩目的辅助图书馆员。图书馆专业的所有人都应当努力达到吉尔达·拉莫斯的水准。

（3）帕乔格 – 梅德福图书馆西班牙语拓展服务协调员卡拉达（Kaleda）指出：吉尔达·拉莫斯具有以温和、自然的方式与民众联系的能力，这是她的强项。她的背景和所受的深厚的翻译教育功底至关重要。此外，她还具有其他突出的品质和能力。比如，与人交往的感情投入、很好地倾听与沟通等，这使她与众不同。我希望我们能有十多个像吉尔达·拉莫斯一样的工作人员。正是卡拉达经过与萨福克县人力资源管理机构的艰难沟通，推动了“西班牙语图书馆助理”这一新职务的设立。

《图书馆杂志》的特稿指出：在帕乔格 – 梅德福、长岛以及其他讲西班牙语移民的聚居区，2010 年讲西班牙语的居民大约占 30%。那里的图书馆服务人口接近 5 万人。吉尔达·拉莫斯开辟的全新工作职位，为这些移民在新的国家增加了竞争力。她精于这项工作，全身心奉献。这正是《图书馆杂志》充满愉悦地授予她 2011 年度辅助图书馆员奖的原因。

在笔者看来，吉尔达·拉莫斯充分利用自己掌握的语言优势，翻译图书馆目录和其他资料，为所在社区的移民授课、答疑，以其独特的服务，密切与社区的联系，进一步拓展了《图书馆杂志》首届年度图书员所开辟的面向移民群体的服务。她在西班牙语图书馆助理这一全新工作岗位上的敬业与奉献、所展现的人格魅力，无疑使她成为所有图书馆工作者的榜样。

四、获奖之后

《图书馆杂志》在发布上述特稿的同时，简要介绍了其他被提名候选人的情况，指出 2011 年被提名的年度辅助图书馆员候选人中，还有很多人成就突出。其中包括以下 2 位：

（1）新泽西州西考德韦尔公共图书馆的管理者凯伦·凯莉（Karen Kelly）；

（2）加利福尼亚州蒙特雷县免费图书馆的 2 级图书馆助理玛利亚·洛美莉（Maria Lomeli）。

吉尔达·拉莫斯获奖后，于2012年在纽约州立大学所属拿桑社区学院（Nassau Community College）学习图书馆助理技术培训课程，同时开始在职攻读纽约长岛大学的硕士课程，2014年获该校图书馆信息学硕士学位。2016年起，吉尔达·拉莫斯担任纽约州萨福克县中部乡村公共图书馆（Middle Country Public Library）的参考图书馆员①。

五、补述

自2000年起，《图书馆杂志》开始颁发一年一度的辅助图书馆员奖。在长达11年的时间里，一直使用"辅助专业人员"（paraprofessional）这一称谓。然而，2011年，为了认可在图书馆工作的那些天才的辅助工作人员所固有的专业性，《图书馆杂志》对辅助专业人员奖的名称做了更改。由原来的年度辅助专业人员奖（Paraprofessional of the Year）改为年度辅助图书馆员奖（Paralibrarian of the Year）。此后，在《图书馆杂志》网站显示的获奖信息中，一律使用辅助图书馆员奖这一名称。

2011年发布获奖信息时，《图书馆杂志》还特别向2010年度辅助图书馆员奖获得者艾莉森·斯隆致谢，感谢她促成并支持该奖名称的改变。此前，根据美国图书馆协会对图书馆工作人员职级划分的相关政策，图书馆员是具有专业性的职业领域。未获图书馆学硕士学位的图书馆工作人员不能使用图书馆员这一称谓。二者的就业门槛不同，社会地位有别。②

① Gilda Ramos［EB/OL］.［2018-08-23］. https://www. linkedin. com/in/gilda-ramos-173a8227/.

② 关于名称的含义，见维基百科的解释（Paraprofessional，https://en. wikipedia. org/wiki/Paraprofessional）。据维基百科词条，辅助专业人员是教育、医疗保健、工程和法律等诸多专业领域工作人员的职务名称。他们接受培训以辅助专业人士，但是自身没有专业执照。辅助专业人员能够独自执行需要特定领域大量知识的工作任务，甚至可以独自行使直接的专业监督，但是没有专业人员的正式授权。此概念主要在美国使用。

第十三届年度辅助图书馆员琳达·达尔奎斯特

2012 年 3 月,《图书馆杂志》第十三届年度辅助图书馆员评选结果揭晓[①]。获得年度辅助图书馆员殊荣的是琳达·达尔奎斯特（Linda Dahlquist）女士，她是美国佛罗里达州沃卢西亚县公共图书馆（Volusia County Public Library）的参考咨询协理（reference associate)。《图书馆杂志》发布特稿，以图文并茂的方式介绍了她的工作经历与业绩。

一、教育背景与工作经历

在从事图书馆工作之前，自 1985 年起，琳达·达尔奎斯特与丈夫一起在新士麦那比奇开了一家独立书店。他们的书店共经营了 10 年。沃卢西亚县公共图书馆的许多图书馆员都是书店的客户，与琳达·达尔奎斯特关系密切。1995 年 3 月书店关门停业时，图书馆员们鼓励琳达·达尔奎斯特申请图书馆的工作职位。1995 年 8 月，琳达·达尔奎斯特作为非全日制图书馆助理开始在沃卢西亚县公共图书馆工作。在她看来，这是很自然的转换。

1998 年，琳达·达尔奎斯特晋升为图书馆协理，担任新士麦那比奇地区图书馆流通部主任。她在 3 年多时间完成了辅助图书馆员所有职级的提升。获奖时，琳达·达尔奎斯特已经在沃卢西亚县公共图书馆工作了 17 年。作为资深员工，她的工作得到包括图书馆员在内的所有同事的尊重，被大家称为沃卢西亚县公共图书馆的无名英雄，并推举她获得该馆的用户服务奖。

二、工作业绩与特质

（1）首创流动式参考服务

沃卢西亚县公共图书馆有 6 个地区图书馆和 14 个分馆（包括一个虚拟分馆在内)。在分馆工作的每一个图书馆工作人员都是图书馆的一线代表。每当用户进入沃卢西亚县公共图书馆的新士麦那比奇地区图书馆，第一个遇到的就是琳达·达尔奎斯特。

---

① BERRY J N. Paraprofessional of the year 2012: Linda Dahlquist［J］. Library journal, 2012，137（4）: 28.

她提议在图书馆入口处设置参考咨询服务点，并带着笔记本电脑在此亲自值守，确保图书馆用户享受流动式参考咨询服务。在接受《图书馆杂志》采访时她指出，自己主动向用户提供参考咨询服务。因为有些用户过于腼腆，不愿意到参考咨询台，所以，自己干脆到图书馆入口处，用户一进门就可以帮助他们解决问题。这仅仅是达尔奎斯特吸引用户注意的一个细微的例证。

（2）作为多面手承担多种职责

琳达·达尔奎斯特担任参考咨询助理时，与5位图书馆员一起工作。她还担任过儿童服务助理。然而，她最喜欢的是自己首创的流动参考服务。

她承担的其他工作还包括：设计陈列布局、维护求职信息中心；担任新士麦那比奇地区图书馆的会议室协调员、沃卢西亚县公共图书馆多个委员会的委员，代表新士麦那比奇地区图书馆参与沃卢西亚县公共图书馆信息技术部的工作。

此外，琳达·达尔奎斯特还定期参加沃卢西亚县公共图书馆公共战略规划会议。与会者包括市民、图书馆员、辅助图书馆员，县与沃卢西亚县公共图书馆管理者。获奖前几个月，为了寻找图书馆为该县劳动力市场复苏提供帮助的途径，她说服一位同事跟自己一起参加上述会议。会后，图书馆设立了帮助就业的指南针项目（Project Compass），在沃卢西亚县公共图书馆网站上发布项目信息，具有很强的影响力。

项目团队还与其他劳动力市场复苏机构合作，设计了表格、小册子和其他资料，帮助民众寻找工作。琳达·达尔奎斯特在新士麦那比奇地区图书馆设立了求职信息中心，采取措施尝试激发职位搜寻和小企业开发资料的创造性，其中包括电子政府标签，并开始进行沃卢西亚县公共图书馆的统一编程。她作为新士麦那比奇地区图书馆的代表参与沃卢西亚县公共图书馆新应用探索委员会的工作。

琳达·达尔奎斯特创作了丰富多彩、富有创意和相关的宣传展示品，向市民有效地推广图书馆收藏的可持续发展、素食主义、健康、锻炼等方面的资源。她重塑了沃卢西亚县公共图书馆内部以及图书馆与社区的关系，开创与动物保护协会的合作，推出多项活动。此外，还推动图书馆与当地农户市场合作提供食品制作教程。

（3）平和谦虚，热爱服务工作

琳达·达尔奎斯特在工作中所展现的一流的工作态度和专业技能，很大程度上与她过往经营书店有关，她从书店工作中汲取了客户服务经验。在谈到自己的经验时，她指出，一旦拥有自己的客户服务企业，你就会对客户服务着迷。

当被问到她的职级低于有图书馆学硕士学位的图书馆员有何感觉时，她很吃惊地说：我感到图书馆员和我并没有不同，我没有感到任何分裂，我是团队中的一员。在她看来，在沃卢西亚县公共图书馆，辅助图书馆员与图书馆员的数量一样多。琳达·达尔奎斯特选修了一些专业课程，但还是更喜欢直接面向图书馆用户的工作。

在接受采访时琳达·达尔奎斯特指出：我曾经在管理岗位工作，领导8位工作人员和几个实习学生。但是，现在我不喜欢做管理工作，我喜欢帮助他人，尤其是帮助那些遭遇不幸的人。老年人和那些需要求职的人是我们最大的服务群体。当一位老人请求帮助时，我会把他当作自己的父亲一样对待。

琳达·达尔奎斯特的成功，离不开图书馆员的支持。沃卢西亚县公共图书馆负责地区图书馆管理的图书馆员梅利萨·雷诺兹和她的助理迈克尔·纳尔逊（Michael Nelson）的支持，使琳达·达尔奎斯特轻而易举地完成新士麦那比奇地区图书馆的工作，她也将自己的成就归功于自己的同事，指出，正是大家的共同努力才使得沃卢西亚县公共图书馆在社区具有举足轻重的地位。

三、提名与获奖缘由

向《图书馆杂志》提交推荐信提名琳达·达尔奎斯特获奖的，是沃卢西亚县公共图书馆负责地区图书馆管理的图书馆员梅利萨·雷诺兹。她负责管理新士麦那比奇地区图书馆和埃奇沃特及奥克希尔分馆，是琳达·达尔奎斯特的直接领导。事实上，是沃卢西亚县公共图书馆馆长露辛达·考利（Lucinda Colee）要求梅利萨·雷诺兹写推荐信，提名达尔奎斯特作为获奖候选人，梅利萨·雷诺兹欣然同意。

梅利萨·雷诺兹在信中指出，将琳达作为榜样，自己就可以与所有人分享榜样。琳达举止优雅、自信、沉静。每天从早到晚始终如一。当需要时，琳达会到该地区的另外两个分馆工作。在奥克希尔分馆馆长一职空缺时，她曾担任分馆馆长，负责日常管理。

梅利萨·雷诺兹还指出，琳达超越了图书馆的职级，当自己与她一起在咨询台值班或者接待用户时，觉得自己也得到了提升。其他工作人员都效仿她，尊重她。在用户服务方面，没有人能像她那样更加接近理想状态。

获奖时，沃卢西亚县公共图书馆的馆长考利（Colee）认识达尔奎斯特已有20年，她明确指出，琳达·达尔奎斯特得到客户的极大尊重，她毫不犹豫地尝试新设想或者帮助他人，当需要组建一个团队时，求助琳达是不二选择。

《图书馆杂志》的特稿指出，琳达·达尔奎斯特之所以获得2012年度辅助图书馆员奖，是因为其履职广泛，为改进图书馆的服务提出了许多创造性的建议。此外，还有她组建的工作团队、帮助用户的示范性举措等。

在笔者看来，琳达·达尔奎斯特从书店经营者转至图书馆工作，不仅将之前客户服务的技能和态度注入自己的职业生涯，还实现了图书馆工作的一系列创新。尤其难能可贵的是她对服务的热爱以及关心扶助弱者的情怀。

第十四届年度辅助图书馆员劳拉·波

2013 年 3 月,《图书馆杂志》第十四届年度辅助图书馆员评选结果揭晓[①]。获得年度辅助图书馆员桂冠的是劳拉·波（Laura Poe）女士。她是美国亚拉巴马州阿森斯－莱姆斯通县公共图书馆（Athens-Limestone Public Library）的辅助图书馆员。《图书馆杂志》发布特稿，以图文并茂的方式介绍了她的工作经历与业绩。

一、教育背景与工作经历

劳拉·波在阿森斯－莱姆斯通县公共图书馆工作之前没有读过大学。2006 年，她以清洁工的身份开始图书馆工作。每当完成自己的清洁工作职责后，她就会义务帮助整理书架，并愿意承担图书馆的任何工作。在阿森斯－莱姆斯通县公共图书馆馆长葆拉·S. W. 劳里塔（Paula S. W. Laurita）看来，劳拉·波与同事密切合作，完成了很多对图书馆至关重要的其他工作，成为图书馆工作人员的楷模。2009 年，葆拉·S. W. 劳里塔被任命为阿森斯－莱姆斯通县公共图书馆馆长后，立即聘用劳拉·波担任自己的兼职助理，负责办公室和行政工作。此后不久，劳拉·波晋升为全职辅助图书馆员。获奖时，她已在该馆工作 7 年。

二、工作业绩与特质

（1）热爱图书馆，以公共服务为乐

阿森斯－莱姆斯通县公共图书馆服务于莱姆斯通县的 8. 2 万居民，其中有 2. 2 万人居住在阿森斯。此外，当地的核电厂每年都有大量的季节性工人涌入，图书馆不仅面向居民服务，也向流动人口提供服务。

劳拉·波热爱图书馆，享受着工作的快乐，并将她的快乐传递给身边的每一个人。每当有工作人员离开阿森斯－莱姆斯通县公共图书馆，她就以志愿者协调员的身份承担起空缺岗位的职责。经她培训并安排在图书馆工作的志愿者已有十多位。这些固定的志愿者来自当地教堂和其他一些组织。

劳拉·波负责为本馆的上门服务项目处理公共关系。她不仅通过电子邮件向

---

① BERRY J N. Paraprofessional of the year 2013: Laura Poe［J］. Library journal, 2013, 138（4）: 32.

那些居家用户发送图书，还作为协调员与当地商户和该县的老龄问题理事会联络，宣传推广并支持相关服务。劳拉·波以她所特有的富有感染力的微笑，带给图书馆鼓舞人心的愉悦。在2012年美国图书馆协会年会上，她所负责的拓展服务为该馆赢得图书馆领导与管理协会颁发的最佳表现奖。

除了上述工作外，劳拉·波还协调各个部门，充分利用图书馆的展示橱窗举办一系列展览。她在接受《图书馆杂志》采访时指出，图书馆工作中我最喜欢的就是接待那些到图书馆来的用户。自己可以了解并从不同的角度观察他们。当一位母亲到图书馆来要求我推荐图书给她的孩子阅读时，我满心欢喜，这对我而言是最奇妙的体验。

（2）自强不息，通过在职学习提高文化水平与服务能力

为了提高自己的文化水平和专业技能，2011年，劳拉·波开始在美国阿森斯州立大学学习英语言文学。她在接受《图书馆杂志》采访时指出，自己渴望学习，在自己工作的图书馆学会了进行大学课程学习所需要的知识。图书馆馆长管理风格灵活，支持自己在职学习，并允许自己为方便听课而调整工作日程。自己非常感激馆长给予的帮助。在该馆馆长葆拉·S. W. 劳里塔看来，劳拉·波对图书馆的爱非同寻常，不培养她是很愚蠢的。

在同事们的鼓励下，劳拉·波计划在阿森斯州立大学获得英语言文学学士学位后，到亚拉巴马大学继续学习。当被问到她自己的图书馆职业生涯愿景时，劳拉·波指出，她觉得自己水平不够，总是有很多东西要学。希望攻读图书馆学硕士学位，了解图书馆和这个领域的更多答案。她对此很期待而且兴奋不已。

此外，劳拉·波还注册完成了谷歌公司开设的高级搜索课程，并将自己学到的技能和知识与他人分享，帮助那些只有初级网络检索技能的图书馆工作人员胜任高级检索。

（3）组织教学与多种阅读推广活动

劳拉·波是阿森斯最早购买电子书阅读器（Kindle）的民众之一。她把自己的电子书阅读器与阿森斯－莱姆斯通县公共图书馆所有感兴趣的人分享。由此衍生出了电子阅读器使用辅导课程。在课堂上，劳拉·波面向图书馆各年龄段和不同水准的用户，讲授如何使用电子阅读器下载图书馆的藏书。

组织读书俱乐部是劳拉·波开展阅读推广活动的重要途径。她新组建了神秘图书读书俱乐部（Mystery Book Club），组织会员围绕阅读的悬疑图书进行主题讨论。截至获奖时，该俱乐部刚刚完成阿瑟·柯南·道尔（Sir Arthur Conan Doyle）所著《巴斯克维尔猎犬》（*The Hound of the Baskervilles*）一书的阅读讨论。

为了突出图书馆与其他机构合作服务所发挥的作用，劳拉·波想方设法使图书馆融入当地的特色活动。比如，在该县一年一度的慈善活动“临终关怀辣椒挑战”（Hospice Chili Challenge）活动举办时，在活动现场设立图书馆的售货亭；还在阿森斯的油脂节（Athens Grease Festival）期间，在活动现场设立图书馆的橄榄油品尝亭，展示了图书馆在城镇的娱乐和教育职能。

在代表图书馆参与上述本地活动的同时，劳拉·波还将视野放在更广阔的范围，组织了阿森斯－莱姆斯通县公共图书馆与世界读书夜（World Book Night）的合作活动，并在活动中向民众免费分发图书。

据笔者考证，世界读书夜活动的起源可以追溯至20世纪90年代中期。1995年联合国教科文组织宣布4月23日为“世界读书日”（UNESCO International Day of the Book），鼓励用各种各样的形式开展读书活动。英国和爱尔兰从1998起在每年3月的第一个星期四举办面向儿童的阅读庆典，成为英国版的世界读书日（World Book Day）。这一天，每一个在英国全日制学校就读的孩子都会得到一张用于购买图书的代金券。2011年3月5日英国首次主办“世界读书夜”活动。该活动的创意源于2010年5月图书出版业大会召开期间的一次圆桌讨论会，意在寻找一种方法鼓励更多的成年人阅读。2012年，该活动的日期改为4月23日，这一天还是英国文豪莎士比亚的诞辰和辞世纪念日。当年世界读书夜活动也从英国拓展到爱尔兰和美国。2012和2013年世界读书夜活动期间，上述三国近5万人免费赠送出一百万册图书。自2013年年底起，世界读书夜由一家英国的独立慈善机构“阅读社”（The Reading Agency）接手，作为该机构的慈善项目持续举办，以启发人们更多阅读，鼓励大家分享阅读的喜悦，庆祝阅读为生活带来的变化。鉴于公共图书馆在创造平等阅读机会方面发挥的重要作用，该机构与公共图书馆有密切合作。至 2017 年，该活动已连续举办七次①。

三、提名与获奖缘由

向《图书馆杂志》提交推荐信提名劳拉·波为年度辅助图书馆员候选人的是她所在图书馆的馆长、该馆负责青年服务的主管和流通部主任等。

（1）阿森斯－莱姆斯通县公共图书馆馆长葆拉·S. W. 劳里塔指出，劳拉·波是该馆举足轻重的工作人员。她鼓励、指导参与工作人员和社区的合作，对各个年龄段的社区成员进行培训和拓展。有些她首创的活动现已成为该馆的主要服务项目。她的激情、对图书馆和服务公众的挚爱和快乐点亮了图书馆。她分享亲历图书馆工作的快乐，不仅使用户感觉到与以往不同的变化，也吸引了工作人员的跟进。

在总结劳拉·波的影响时，葆拉馆长指出：当我们发现有爱和激情的人时，我们会真正获益。我相信对人的培养，图书馆工作人员知识越丰富，我们的服务就会越出色。劳拉·波的工作方法以温柔指导为特征，无论在辅导年长的图书馆员如何帮助用户使用电子阅读器，还是在帮助鼓励诵读困难的用户时都是如此。她使图书馆成为受人喜爱的地方。在与本地商户讨论新的合作、接待新用户的过程中，劳拉·波都展现了她对图书馆的挚爱，她欢快的演示引人入胜，鼓励我们所有人做更好的自己，在图书馆服务方面做得更好。

（2）阿森斯－莱姆斯通县公共图书馆负责青年服务的主管凯莉·麦克勒莫尔（Kelli Mclemore）在推荐信中指出：没有劳拉·波，我们图书馆就不会参加许多活动。她总是不断寻找拓展图书馆的影响力和声誉的途径与方式。

（3）该馆流通部主任惠特尼·帕尔奇（Whitney Poarch）在推荐信中写道：图书馆的同事都认为与劳拉·波一起工作很开心，图书馆用户也是如此。许多用户都知道劳拉·波的名字，每次到图书馆来都要找到她。劳拉·波作为 3 个孩子的母亲（获奖时，孩子的年龄分别为 7 岁、13 岁和 15 岁），每周 5 个全天在图书馆工作，同时还在本地的阿森斯州立大学攻读学士学位。她每天都给我留下深刻的

① 来源：About world book night. http：//worldbooknight. org/about；The reading agency. https：//en. wikipedia. org/wiki/The_Reading_Agency；World book day（UK and Ireland）. https：//en. wikipedia. org/wiki/World_Book_Day_（UK_and_Ireland）.

印象。她富有启迪能力和创新精神，体现了极致的图书馆服务，她对我们的影响真是太神奇了！

《图书馆杂志》的特稿指出，正是阿森斯－莱姆斯通县公共图书馆的同事们对劳拉·波的肯定和推荐，使得她在2013年度辅助图书馆员的评选中胜出。

在笔者看来，劳拉·波的职业生涯非同寻常，蕴含诸多闪光点。她充满爱心，自强不息。从清洁工做起，完成本职工作之余自愿承担多项工作，迅速成长为优秀的辅助图书馆员。更为难能可贵的是，劳拉·波在养育3个孩子的同时，仍然不断增强自己的工作、学习能力和意愿。她对图书馆的挚爱和拓展图书馆服务的激情，为图书馆增添了光彩，为所有图书馆工作者做出了最好的示范。堪称最接地气的图书馆典范人物。劳拉·波的获奖也启示我们，无论图书馆工作人员的背景如何，只要干一行爱一行，不断学习，具有博爱精神和阳光心态，就能把美好带给身边的每一个人。

四、获奖之后

在《图书馆杂志》发布特稿的网页后，有多个表示祝贺的帖子[①]。其中有一位署名为Patricia的发帖人于2013年3月11日的发帖引发了一些争议。

从内容看，发帖人是一位已获得图书馆学硕士学位的图书馆员。她对美国图书馆协会认证的专业学位教育机构数量的增加表示不满。在她看来，自己为了获得图书馆学硕士学位付出了很多时间和金钱，那些经美国图书馆协会认证的大学正在进行“专业稀释”，会导致受骗攻读图书馆硕士学位的人失业，只能申请辅助图书馆员的职位。

Patricia的帖子后有数个跟帖，指出Patricia的言辞与立场骇人听闻，非常滑稽。纷纷对其负面言论提出批评，并建议尊重其他工作人员，理解辅助图书馆员。还有帖子嘲讽Patricia说：如果你失业的话，那也是因为你的态度，你需要在图书馆管理中发现快乐而不是消极否定。

最值得称道的是，署名为Polina的跟帖人于2013年4月2日的留言，反映了劳拉·波获奖的正面影响力。在表示向劳拉·波致敬的同时，跟帖人认为，只有

---

① 来源：http：//lj. libraryjournal. com/2013/03/people/paralibrarian-of-the-year-2013-laura-poe/.

攻读图书馆学硕士学位劳拉·波才能获得图书馆员的头衔，这是不明智的。对劳拉·波而言，应当有成为图书馆员的更便捷的途径，因为她已经比许多图书馆的图书馆员做得更多了。跟帖人最后表示，自己正在攻读图书馆学硕士学位，希望成为像劳拉·波一样有用、精力充沛、热情的图书馆员。

据领英网发布的信息，劳拉·波 2015 年在美国亚拉巴马大学开始读硕士，2018 年获图书馆信息学硕士学位。2017 年起担任阿森斯 - 莱姆斯通县图书馆助理馆长[①]。

① 来源：Laura Poe. http：//www. linkedin. com/in/laura-poe-mlis-b9608bba/.

第十五届年度辅助图书馆员克兰西·普尔

2014年3月,《图书馆杂志》第十五届年度辅助图书馆员评选结果揭晓①。本年度奖项由DEMCO提供赞助,获得2014年度辅助图书馆员桂冠的是克兰西·普尔(Clancy Pool)女士。她是美国华盛顿州怀特曼县农村图书馆区(Washington State's Whitman County Rural Library District)的辅助图书馆员。《图书馆杂志》发布特稿,以图文并茂的方式介绍了她的经历与业绩。

一、教育背景与工作经历

据《图书馆杂志》的特稿和领英网发布的信息②,克兰西·普尔1968—1973年就读于东华盛顿大学,获社会学学士学位。她1992年开始在怀特曼县农村图书馆区圣约翰分馆工作,获奖时,已在该馆工作了22年。

克兰西·普尔最初在怀特曼县农村图书馆区应聘的是圣约翰分馆的非全日工作人员,每周工作时间为12小时。那时,她的一对双胞胎孩子参加运动和其他活动后需要克兰西·普尔接他们回家。找一个冬暖夏凉的地方打发等待的时光,成了克兰西·普尔申请该馆非全职工作的部分原因。此前,除了作为用户和在大学学习期间,她自己并没有在图书馆工作的经历。到图书馆面试时曾被问道:"你如何跟一位怒气冲冲的图书馆用户打交道?"她回答说:"我读大学期间在一家牛仔酒吧当过招待,我不害怕发怒的图书馆用户。"事后克兰西·普尔认为上述回答是自己说过的最愚蠢的话。而图书馆的工作人员告诉克兰西·普尔,该回答是她能得到该职位的原因之一。因为怀特曼县农村图书馆系统正在努力打造面向客户的服务。

二、工作业绩与特质

(1)全力推动图书馆服务拓展,提高图书馆的利用率

克兰西·普尔到圣约翰分馆工作时,包括主馆在内,怀特曼县农村图书馆区共有14个图书馆。当时,作为图书馆系统14个分馆之一的圣约翰分馆没有独立

① BERRY J N. Paraprofessional of the year 2014: Clancy Pool[J]. Library journal, 2014, 139(4): 32.

② 来源:Clancy Pool. http://www. linkedin. com/in/clancy-pool-3baa8647/.

的馆舍，跟市政厅和政府办公室共享一个狭小的破旧店面。图书馆鲜有人问津，利用率极低。

为了改变现状，克兰西·普尔决定从吸引儿童入手，立即开始拓展图书馆服务。她走出图书馆到市中心、教堂和学校，寻找家长和孩子以及其他图书馆用户。她甚至搜集本地的出生公告，以个人身份邀请新生儿的父母带着他们的孩子参加图书馆的活动。假如她邀请的新生儿父母没有前来参加活动，她也会继续跟进提供服务。

克兰西·普尔还与学校图书馆员密切配合，让图书馆成为教学活动的有机构成部分。比如，为完成学校的作业提供信息，提供阅读书目中指定的图书；为提高学生搜索信息和数据库使用技能进行网络应用指导。她设立课后辅导项目，作为每周一次的学前活动的补充。

正是在克兰西·普尔的努力下，小小的圣约翰分馆开始变得非常拥挤，无法接待、容纳更多的用户。前来参加图书馆活动的用户爆棚，有 94% 的小学生参加暑期阅读活动。此时，城里的民众才开始注意到图书馆。克兰西·普尔在接受《图书馆杂志》采访时回忆说，当自己开始组织 60 到 70 个孩子开始暑期阅读项目时，因为图书馆没有空间，只能请求当地教堂让自己使用教堂的社区空间，教堂欣然应允，甚至准许她为举办暑期阅读活动对该空间进行装饰。

（2）倡导建设新馆舍，期盼为更多用户服务

在打下用户基础后，克兰西·普尔开始游说建设新图书馆以便更好地服务用户。她发布了数百篇新闻报道，许多报道都附有孩子们把图书馆挤得水泄不通的照片。每一位圣约翰的家长都加入了建设新图书馆的宣传活动之中。时任市长拉利·迪克森（Larry Dickerson）的孙辈也定期参加图书馆的活动并将相关情况告诉爷爷，市长开始支持建设新分馆的事业。很快就有居民提供捐赠，为新图书馆留下纪念品。有一位居民甚至捐出了一座老楼，将其用作新图书馆的场地。当时图书馆组织的其他募款活动还包括大前轮自行车骑行和高尔夫球赛等。

2005 年，在全市举行的公投中，有 80% 的民众赞同为建设新图书馆和市政厅发行债券。最终，图书馆成功发行债券，募集了 50 万美元馆舍建设资金，这对人口稀少的小城市而言是一笔巨大的投资。2008 年春天，克兰西·普尔的愿景和努力

工作终于有了结果，宽敞美丽的新馆落成，大家齐心协力将老馆的馆藏搬入新馆。

小麦是当地的主要农产品和经济支柱产业，克兰西·普尔通过观察发现，每当小麦价格上升，在接下来的几年里，图书馆就会有许多家长带新生儿到图书馆参加讲故事活动。因此，她总是期盼着小麦价格上升。在笔者看来，这一细节，说明了克兰西·普尔对所处环境与潜在客户的细致观察。体现了她发自内心服务于更多客户的期待。这是优秀图书馆工作者不可或缺的特质。

（3）带动图书馆系统多个分馆的服务提升

鉴于克兰西·普尔的上述工作业绩，2010年她得到提职，担任怀特曼县农村图书馆区的分馆服务主管，成为图书馆的全职工作人员。尽管如此，她仍然坚守在圣约翰分馆，继续推出一系列创新服务。除了开展一流的面向儿童的服务活动外，克兰西·普尔还开发了固定的成年人项目和面向老年人的拓展项目。多样的服务使得圣约翰分馆在图书馆系统非常瞩目，怀特曼县农村图书馆区的图书馆馆长称圣约翰分馆是怀特曼县图书馆皇冠上的宝石。

最重要的是，克兰西·普尔一边在圣约翰分馆工作，一边担任整个地区分馆的协调员，对其他辅助图书馆员进行辅导。通过她的言传身教，图书馆系统其他12位分馆的管理者在各自的社区都产生了与克兰西·普尔类似的影响力。

截至获奖时，克兰西·普尔已经承担整个图书馆分馆服务的管理责任4年时间，地区管理的责任大大增加。由于怀特曼县农村图书馆区规模小，她必须承担很大的工作量，包括处理成年人资源采购、答复咨询、馆际互借和各种拨款基金和专题项目。在该馆馆长看来，无论什么任务克兰西·普尔都能用技巧和专业精神处理。

克兰西·普尔申请专项资金在图书馆开展的创新项目包括：①“改变50岁以

上人群的生活”[①]；②微软公司为中年人提供技能培训的信息技术学院（Microsoft IT Academy）。此外，她还跟本县的学校图书馆员和市政秘书展开密切合作。

（4）具有团队意识，谦虚感恩

克兰西·普尔在接受《图书馆杂志》采访时，将自己的成就归功于分馆助理克里斯汀·班麦斯（Kristin Bammes）的帮助。她认为克里斯汀·班麦斯帮助自己不断进步，甚至面临竞争职责时也是如此。她每周安排三小时一次的轮班日程表，遇到克兰西·普尔有其他活动时，常常替她值班，并留言提醒。

谈到自己的获奖体会时，克兰西·普尔指出，获奖是整个图书馆团队的荣耀。作为团队成就，仅靠自己是无法获得的。图书馆馆长聘用了自己，并支持自己提升业务技能，为圣约翰和整个图书馆区提供新服务。此外，自己还得到了图书馆系统内、其他图书馆区和华盛顿州立图书馆无数同行的指导、鼓励和帮助。

三、提名与获奖缘由

向《图书馆杂志》提交推荐信，提名克兰西·普尔为年度辅助图书馆员候选人的是怀特曼县农村图书馆区图书馆馆长克里斯蒂·柯克帕特里克（Kristie Kirkpatrick）。

她在推荐信中指出：克兰西·普尔刚到图书馆工作时，她所在的圣约翰分馆的面积狭小，跟一个中等规模的起居室差不多大。里面放满了一排排的书架，有

---

① “改变50岁以上人群的生活”（Transforming Life After 50（TLA50））是美国加利福尼亚州立图书馆2007年发起的创新项目，意在通过将图书馆定位为具有创造性的老龄化基础机构，帮助图书馆更好地为50岁以上的人群服务。项目从对图书馆进行老年人服务的培训开始，转变传统观念，制订与充满活力的老年人一起工作的新对策。许多后续参加项目的图书馆获得了《图书馆服务与技术法案》（Library Services and Technology Act）专项资助。（美国1996年9月3日通过《图书馆服务与技术法案》，其宗旨是：①促进各类图书馆改进服务；②方便公民获取图书馆资源；③鼓励各类图书馆之间资源共享，为用户提供高效服务。依该法案拨款的项目资金主要支持图书馆利用技术手段获取信息和利用特定服务扩大信息的提供范围。美国联邦图书馆项目资金的大部分是通过美国博物馆与图书馆服务协会分发给每个州。《图书馆服务和技术法案》也是图书馆项目资金的主要来源。）项目扩展到美国多个州，州际合作还导致美国博物馆与图书馆服务协会设立了西部地区培训奖学金（IMLS Western Regional Fellowship）。通过上述努力，参与项目的图书馆将培训学习转化为实践，申请资助、进行社区合作、创新志愿者服务机会，构想新的活动模式。来源：What is transforming life after 50?. http：//www. transforminglifeafter50. org/about.

一个小角落用作儿童活动空间。好的时候，图书馆可以容纳5个年轻人。面对如此窘迫的环境，克兰西·普尔并不气馁，笑称自己是圣约翰女皇。当她自称为圣约翰女皇时，我们并没有嘲笑她。她的工作非常出色，付出了惊人的努力，所取得成就真正无愧于年度辅助图书馆员的称号。

《图书馆杂志》的特稿指出，克兰西·普尔自1992年起在怀特曼县农村图书馆区圣约翰分馆工作，她努力吸引用户，推动图书馆的空间拓展，为该城镇525位居民和其他生活在周边的500位居民带来了新的精神和崭新的图书馆，创造了奇迹。

在笔者看来，克兰西·普尔最初选择到图书馆工作，很大程度上是为了在一个可以驱寒避暑的空间打发等待接孩子的时光，显然，这样的动机与图书馆职业生涯的追求相去甚远。然而，她接手图书馆工作后，以高度的责任感和执着奉献精神拓展图书馆服务，将鲜有读者问津的圣约翰分馆打造成引人入胜的阅读活动场所。在20多年的时间里，克兰西·普尔为怀特曼县农村图书馆区的发展努力工作，她本人也由非全职图书馆工作人员晋升为怀特曼县农村图书馆区的分馆服务主管，指导其他分馆的辅助图书馆员贴近社区需求服务，将个人成长寓于图书馆的发展之中，走出了一条独特的职业生涯之路。她的获奖再次证明，到图书馆求职者无论起始动机如何，只要充满爱心，努力工作，敬业、乐业，以服务用户为己任，就可以在图书馆谱写职业生涯殊途同归的美好篇章。展示榜样人物言传身教的力量。

第十六届年度辅助图书馆员塔玛拉·福克纳·克劳斯

2015 年 3 月,《图书馆杂志》第十六届年度辅助图书馆员评选结果揭晓[①]。获得年度辅助图书馆员桂冠的是塔玛拉·福克纳·克劳斯（Tamara Faulkner Kraus）女士，她是美国北卡罗来纳州希科里公共图书馆的外展服务协调员。《图书馆杂志》发布特稿，以图文并茂的方式介绍了她的工作经历与业绩。

一、教育背景与工作经历

据《图书馆杂志》的特稿和领英网发布的信息[②]，塔玛拉·福克纳·克劳斯于 1986—1990 年就读于卡托巴学院（Catawba College），以优异的成绩获英语学士学位。到希科里公共图书馆工作前，塔玛拉·福克纳·克劳斯是美国最大的凯马特连锁超市（Kmart Store）的收银员。因为不喜欢收银员的工作，辞职后于 1994 年到希科里公共图书馆求职成功。获奖时，她已在该馆工作 21 年。

二、工作业绩与特质

（1）为婴幼儿和青少年服务，富有爱心

笔者从希科里公共图书馆的推特内容获知，该馆是一所中等规模的公共图书馆。塔玛拉·福克纳·克劳斯的首个工作岗位是在该馆主馆——帕特里克·比沃纪念图书馆（Patrick Beaver Memorial Library）担任儿童部图书馆员汉娜·欧文斯（Hannah Owens）的助理。在接受《图书馆杂志》采访时她指出，汉娜·欧文斯是自己的导师，自己做的所有事情都是汉娜·欧文斯传授的。

塔玛拉·福克纳·克劳斯获奖时，汉娜·欧文斯已经退休，但是她仍然常到图书馆来。她教塔玛拉·福克纳·克劳斯如何组织讲故事活动，指导她在实践中不断进步。塔玛拉·福克纳·克劳斯仍然记得自己第一次讲故事时很紧张，时间长了，才感觉从容自如。

塔玛拉·福克纳·克劳斯回忆说，在儿童部工作期间，部门组织了一项名为“婴幼儿时光”（Baby Time）的新活动。许多母亲，也有少数父亲带着新出生不久

---

① BERRY J N. Paraprofessional of the year 2015: Tamara Faulkner Kraus [J]. Library journal, 2015, 140 (4): 32.

② 来源：Tamara Faulkner Kraus. http://www.linkedin.com/in/tamara-faulkner-6b2b1b20/.

到2岁的婴幼儿来参加活动。整个活动过程有音乐相伴，用响铃和振动器做韵律操。塔玛拉·福克纳·克劳斯唱歌时，婴儿的哭声和狗叫声此起彼伏，她也不会停下来。她热爱该活动，心里感到非常甜蜜。

有一段时间，图书馆的儿童图书馆员职位空缺，儿童服务交由塔玛拉·福克纳·克劳斯和她的一位合作者承担。按照分工，她负责青少年服务和项目组织。塔玛拉·福克纳·克劳斯在接受《图书馆杂志》采访时说，自己一直喜欢青少年文学，这项工作也需要与青少年见面打交道。少年是非常与众不同的群体，他们不像自己预想得那样可怕。

（2）全心全意为老年人服务

结束儿童服务部的工作后，塔玛拉·福克纳·克劳斯开始担任老年人外展服务协调员，专注于该城市日益增多的老年人口的服务。这个岗位令她服务不同年龄人群的能量和热情得以持续。

塔玛拉·福克纳·克劳斯的工作部门没有其他工作人员，她独自一人负责管理图书馆的外展服务项目，将图书馆资料和活动送到14家老年公寓和养老院以及许多老年人独立住宅。多年来，所服务的机构数量持续增加，2014年覆盖的用户达1700人。

塔玛拉·福克纳·克劳斯在接受《图书馆杂志》的采访时指出，她的工作任务包括将大字体图书、视频光盘（DVD）和图书光盘（books on CD）等送到遍布希科里地区的各个有需要的服务地点。（从中可以看出美国公共图书馆的外展服务覆盖面很广）在出发前，她先打电话通知用户，抵达时许多老年人出门跟她打招呼。他们一起讨论图书，要求她下次带来特定的光盘或者图书。塔玛拉·福克纳·克劳斯则有求必应。老年人阅读家谱和历史较多，此外还喜欢电影和有声图书，有声图书可以免除许多老年人随年龄增长出现的视力下降对阅读的影响。在定期访问老年用户的同时，塔玛拉·福克纳·克劳斯还协调图书馆的其他活动，为那些能行走的老年人提供许多联络的机会。

此外，她还与图书馆以外的希科里地区所有的老年人服务机构一起工作，积极参与3年前新成立的老年人信息资源公司（Senior information Resources Inc.）的活动，建立了图书馆与年长市民联系的另外纽带。老年人信息资源公司聘用她担任领导角色，从媒体和宣传委员会委员做起，该委员会汇编《老年生活》专题期刊，成为老年人和护理人员的资源指南。

2015 年，塔玛拉·福克纳·克劳斯担任该委员会主席，编制了新版指南。她组织志愿者与当地媒体一起工作，协调投稿和编辑，并撰写数篇有关图书馆服务的有见地的文章。该期刊在第 3 届老年生活年度展会发行。展会上，她协调设立了图书馆展台并在该展台值守，吸引了超过 3000 名参观者。她也因上述工作获得了希科里市颁发的杰出贡献奖。

（3）积极参与社区活动和专业活动

除了提供图书馆外展服务外，塔玛拉·福克纳·克劳斯代表希科里公共图书馆借由参加公民事业参与广泛的社区活动。在服务自己所在城镇民众的同时，还积极参与更大范围的图书馆活动。例如，担任北卡罗来纳州图书馆协会所属的辅助图书馆员分会的资深会员和领导人。该协会每两年召开一次大会。在 2013 年大会上，她组织专题小组讨论为闲居在家的居民提供服务，被北卡罗来纳州图书馆协会辅助图书馆员分会评选为杰出辅助图书馆员。2015 年，她担任北卡罗来纳州辅助图书馆员协会秘书，使该组织不断壮大，已经吸纳了该州数百位辅助图书馆员，并努力让更多的辅助馆员认识北卡罗来纳州辅助图书馆员协会。

当被问到图书馆员和辅助图书馆员的互动性质时，塔玛拉·福克纳·克劳斯回答说：我们都是平等的，许多人都成为密友，在工作之余一起出游。在图书馆内，甚至参加会议和其他活动时，我感觉我们始终在一起。

尤其值得指出的是，据塔玛拉·福克纳·克劳斯自述，以往每当阅读《图书馆杂志》刊登的获奖报道时，总是想知道获奖者如何做出如此多的成绩，而现在不需要考虑这样的问题了。我热爱自己的工作，它不只是一份职业，更是不平常的经历和奇遇。

三、提名与获奖缘由

向《图书馆杂志》提交推荐信，提名塔玛拉·福克纳·克劳斯为获奖候选人的是希科里公共图书馆馆长路易丝·汉弗莱（Louise Humphrey）。她在信中写道：塔玛拉·福克纳·克劳斯是图书馆服务极为有效的宣传员，作为志愿者出现在本地广播电台和电视台上，在当地报纸《希科里日报》开设专栏，为图书馆开设社交媒体，参与该市沟通与规划小组，担任 2014 年对抗老年痴呆症徒步行走筹款活动主席。

总之，她开朗的性格、乐趣感、同情心和无休止的热情，使她成为任何团队活动的特殊一员。她的工作大大加强了图书馆在社区的可见度，带来许多人生活的积极改变。

《图书馆杂志》的特稿指出，在长达 21 年的时间里，塔玛拉·福克纳·克劳斯的工作不断变换，囊括了幼儿服务、青少年服务到老年人服务。她满怀激情，以旺盛的精力和创造性为用户提供所需服务。授予她 2015 年度辅助图书馆员奖，便是对这种永不沉没的精神的肯定。

在笔者看来，塔玛拉·福克纳·克劳斯的获奖具有很好的示范作用。她的图书馆职业生涯始于儿童图书馆员助理，经过不断学习实践，她不仅在婴幼儿和青少年服务方面积累了经验，还担任希科里公共图书馆的外展服务协调员，为图书馆提升老年人服务做出了突出贡献。她关注《图书馆杂志》的获奖报道，探寻并汲取获奖者的经验，以超高的能量和热情服务于不同年龄层的图书馆用户。她的成长展示了图书馆榜样人物言传身教的力量，也为图书馆服务文化的传承增添了新的佳话。

四、获奖之后

《图书馆杂志》在发布上述特稿的同时，简要介绍了其他被提名候选人的情况。指出所有被提名候选人都令人印象深刻，其中有两位辅助图书馆员的业绩尤为突出，值得褒奖。他们是：

（1）俄亥俄州麦地那县地区图书馆布朗斯维克分馆的图书馆参考协理玛丽·巴克（Mary Baker）；

（2）佐治亚州亨利县图书馆系统福特森公共图书馆的分馆主管坦戈拉·麦金宾（Tangela McKibbens）。

《图书馆杂志》公布获奖信息后，陆续收到了一些读者反馈。2015 年 4 月 1 日《图书馆杂志》刊发 2 封来信[①]。一封来自 2003 年度辅助图书馆员奖得主苏

① Feedback [J]. Library journal，2015，140（6）：12.

珊·诺奇，标题是辅助图书馆员的荣耀；另一封来自北卡罗来纳图书馆协会主席，标题是北卡罗来纳州的骄傲。

苏珊·诺奇在信中首先对塔玛拉·福克纳·克劳斯获奖表示祝贺，接着指出自己获奖时感到非常自豪，相信塔玛拉·福克纳·克劳斯在接下来的许多年都会有同感。对于杰出的工作和为社区服务的人这是应得的荣誉，也是图书馆和整个专业的宝贵财富。

北卡罗来纳图书馆协会主席戴尔·库辛斯（Dale Cousins）在信中指出，塔玛拉·福克纳·克劳斯代表了他们最好的工作，北卡罗来纳图书馆协会为她感到骄傲，并对她表示感谢和祝贺。

第十七届年度辅助图书馆员布朗·比格斯

2016年3月,《图书馆杂志》第十七届年度辅助图书馆员评选结果揭晓①。当选2016年度辅助图书馆员的是布朗·比格斯（Brown Biggers）先生，他是北卡罗来纳大学格林斯伯勒分校（University of North Carolina，Greensboro）图书馆信息技术部的工作人员。《图书馆杂志》发布特稿，以图文并茂的方式介绍了他的经历与业绩。特稿配发了5幅彩色照片，有以服务器为背景的半身肖像、仰卧在地上维护计算机设备、与图书馆IT运维主管和副馆长的合影、在设计实验室为学生讲解3D打印设备、在室外玩健身球锻炼的照片。从中可以看出，戴黑框眼镜的他中等身材，喜爱锻炼，技术娴熟，笑容阳光。

一、教育背景与工作经历

据领英网发布的信息，布朗·比格斯1995—1998年在伦道夫社区学院（Randolph Community College）学习艺术与科学，获图形设计副学士学位；2002—2007年在基尔福德学院（Guilford College）学习，获计算机与信息技术管理学士学位。期间他于2002年5月至2006年7月担任格林斯伯勒蒙台梭利学校（Greensboro Montessori School）的网络管理员。2007年3月起担任北卡罗来纳大学格林斯伯勒分校图书馆服务器管理员②。获奖时，他已在该馆工作9年。

二、工作业绩与特质

（1）成功申请项目资助，推动创客空间建设与新技术应用

布朗·比格斯是全美创客空间运动早期的参与实践者。他通过成功申请北卡罗来纳大学格林斯伯勒分校图书馆创新与项目拓展基金，购买并安装了该校的首台3D打印机。为全校学生提供3D打印和其他新技术应用。此外，他还作为合作者和主要研究者，获得联邦资助开展面向全北卡罗来纳州的培训，为图书馆员和辅助图书馆员提供了探索和学习3D打印、开源软硬件（Arduino）以及相关技术的机会。

---

① BERRY J N. Paraprofessional of the year 2016: Brown Biggers [J]. Library journal, 2016, 141 (4): 32.

② 来源：Brown Biggers. http://www.linkedin.com/in/brown-biggers-050b0586/.

布朗·比格斯在接受《图书馆杂志》的采访时指出，他所承担项目的合作者是杰出的图书馆员伊丽莎白·法勒·威廉斯（Beth Filar Williams）。布朗·比格斯获奖时，她已转任俄勒冈州立大学图书馆体验与获取部主任。在开展项目之前，图书馆工作人员仅听说过 3D 打印机但不敢尝试。布朗·比格斯与合作伙伴用项目资金购买了一些 3D 打印机和电路，到全州各地向图书馆员传授创客技术，目标不是深度教学，而是示范 3D 打印机的易操作、易失败和易尝试特性。

布朗·比格斯还与北卡罗来纳大学格林斯伯勒分校的教育学院合作，于 2015 年 2 月 20 日在校园召集了首届校园创客大会（AcadeMAKE），吸引了约 100 位参会者，其中包括大学教师、中小学教师、图书馆学院的学生、研究图书馆和公共图书馆以及中小学图书馆的图书馆员。会议聚焦学术校园环境中的制造与创客空间，意在弥合展示与应用之间的差距，内容包括创意分享、学术研究、应用案例、经验与创造[①]。

（2）将图书馆工作与学校的工作完美结合

图书馆助理馆长兼电子资源与信息技术部主任蒂姆·巴克纳尔（Tim Bucknall）对布朗·比格斯给予高度评价。在他看来，布朗·比格斯将辅助图书馆员与其他图书馆和校园联系在一起。这对于获奖和图书馆专业而言是至关重要的。

据北卡罗来纳大学格林斯伯勒分校图书馆馆长罗桑·巴热吉安（Rosann-Bazirjian）介绍，布朗·比格斯被任命为该校行政管理咨询组（Administrative Advisory Group）的员工代表。该咨询组由院系领导和图书馆管理人员组成，每月召集会议讨论规程与政策，并分享信息。布朗·比格斯发挥了上传下达的作用，向辅助图书馆员传达会议精神并向他们征集议事日程和议题。遇到一些敏感的问题，布朗·比格斯都能以优雅和专业的态度处理，有助于员工理解一些行动的原因。他是一个优秀的沟通者。正是这种技能使他以迅速专业的方式有效地将信息传达给图书馆员工。他也能在会上提出好主意使许多议题更加明晰。布朗·比格斯的工作超出了图书馆，而且很擅长做自己承担的工作，在校园里很受尊重。因

① The academake conference［EB/OL］.［2017-05-05］. https：//academake. wordpress. com/.

此，不仅受邀在图书馆的多个委员会任职，当北卡罗来纳大学格林斯伯勒分校在全美范围内选聘新教务长时，校长都邀请布朗·比格斯参与学校选聘委员会的工作。他与全体图书馆工作人员分享最新的选聘信息，还参加了选聘图书馆员委员会的工作。

（3）谦虚好学，有文化教育使命感，热心参加志愿活动

布朗·比格斯为人谦逊。他在接受《图书馆杂志》采访时，向北卡罗来纳大学格林斯伯勒分校图书馆馆长、部门主任和直接领导致谢，感谢他们在图书馆营造了创新环境。同时指出，他们都为我的个人发展倾注心血。他们清楚看到工作人员个人成长所带来的机遇，接纳工作人员的热情并将热情放在最重要的位置。这就是推动这里的工作不断前进的驱动力。很多人工作人员取得杰出的成就是跟环境分不开的。

布朗·比格斯无论在工作还是在个人生活中都具有强烈的文化教育使命感，这种使命感驱使他参加多种志愿活动。比如，在当地小学辅导阅读作业、教少年儿童做武术操，与非营利组织“神奇艺术巴士”（Magic Art Bus）一起工作，将艺术课带到低收入社区。此外，他担任北卡罗来纳大学格林斯伯勒分校图书馆与信息研究项目的客座讲师，传授自己的技术秘诀，还举办研讨班和在线研讨会（Webinars）向校园社区和校园外的民众传授工具使用技术。在接受《图书馆杂志》的采访时他说自己喜欢教学，喜欢成为学习过程中的一部分，喜欢为那些遇到故障的人施以援手。这不仅对他人有利，也使自己教学相长。

三、提名与获奖缘由

向《图书馆杂志》推荐布朗·比格斯为年度辅助图书馆员候选人的有北卡罗来纳大学格林斯伯勒分校图书馆馆长、大学教师、管理人员、图书馆员、社区领导人和他的同事。编辑部收到的20封热情洋溢的推荐信异口同声地称赞他擅长沟通和教学、具有技术专长、致力于服务于本职岗位和整个校区、对人充满真诚的爱。择要列举如下：

（1）北卡罗来纳大学格林斯伯勒分校图书馆馆长罗桑·巴热吉安指出，布朗·比格斯是一个了不起的雇员，聪明、谈吐得体，而且站在图书馆新领域的最前沿。

（2）图书馆助理馆长兼电子资源与信息技术部主任蒂姆·巴克纳尔在推荐信中写道：布朗·比格斯从事的后台工作并不为我们的用户所知，然而，他一直通过为所有图书馆找到新的方法帮助所在社区而变得引人注目。无论跟谁一起工作，他对图书馆原理和终身教育的热情和奉献都具有感染力。他具有领导风范，敢于创新不惧怕工作量大。创客空间项目的申报直至完成，都源自他自己的创意和设想。不论何种挑战他都能持续超越，帮助图书馆员和辅助图书馆员利用技术找到为用户服务的新途径。更为重要的是，他的承诺能力和创新为北卡罗来纳大学格林斯伯勒分校和全州的辅助图书馆员和图书馆员树立了良好的正面榜样。

（3）北卡罗来纳大学格林斯伯勒分校图书馆的网络电子资源与信息技术应用专家瓦内萨·爱泼尔（Vanessa Apple）在推荐信中指出：布朗·比格斯作为同事，总是为我提供杰出的技术支持，每当我遇到问题，他总能迅速彻底解决。另外，他创设的服务器开发环境，需要管理很多虚拟开发服务器支持我和部门其他开发者的工作，我也目睹他与其他工作人员以及客户的互动。他表现出高度尊重，抽时间回答所有问题，直到确认对方适应自己提出的解决方案。他随时准备帮助他人。不仅在图书馆，甚至在整个校园提供了学习环境，主动询问面带疑惑的客户是否需要帮助，从诊断问题到修复计算机等不一而足。他从专业和个人的角度展示了辅助图书馆员意味着什么。

（4）布朗·比格斯的顶头上司、北卡罗来纳大学格林斯伯勒分校图书馆信息技术运营主管富兰克林·格雷夫斯（Franklin Graves）指出，布朗·比格斯的工作改进并拓展了对图书馆所提供资源的存取。作为信息技术部的一名员工，在从事基础工作的过程中在开发和支撑图书馆技术方面他发挥了关键作用。他常常利用自己的技术知识和对图书馆的广泛理解帮助图书馆用户和专业图书馆员实现其目标。布朗·比格斯对创新和教育具有深深的承诺，一旦有新资源，他就急切地对专业图书馆员和社区成员进行培训，是一个天才的教师。他能使非常复杂的问题变得易于理解，自己也乐于学习新技术并探索图书馆能提供的创新服务。总之，他身上集中了所有图书馆工作者（包括专业图书馆员和辅助图书馆员）努力追求卓越的优秀品质。这些评价使布朗·比格斯以压倒性优势获奖。

在笔者看来，布朗·比格斯作为高校图书馆的技术服务人员，他的获奖具有很好的示范意义和启示作用。北卡罗来纳大学格林斯伯勒分校图书馆所营造的创新文化，为工作人员的成长和潜能的发挥提供了优越环境。布朗·比格斯本人的业务能力、良好教养、优秀品质和人格魅力，在系统支持、服务器管理、技术应用推广、教学辅导、校园及图书馆管理方面都得到充分展露。归根结底，技术人员在图书馆工作，最理想的状态是深入理解图书馆工作的服务性质，培养图书馆思维，将技术作为实现图书馆服务目标的工具和途径，而不是让图书馆服务成为技术的附庸。明确树立这一观念是至关重要的。长期以来，我国图书馆界对信息技术的应用存在一定误区，加上专业培训的缺失，很多在图书馆承担信息系统开发、数据与网络维护等技术工作的员工，对图书馆的服务理念和目标理解不透彻，采取的技术应用方案常常是让用户和图书馆工作人员去适应技术，而不是在开发和维护端设法改善技术方便用户使用，影响用户体验的事例屡见不鲜。不仅如此，用户友好和易用理念缺失背景下的图书馆技术工作外包，则使上述本末倒置的做法得到强化，这种现象亟须改变。

四、获奖之后

《图书馆杂志》在发布特稿的同时，还刊登了一则由时任杂志主编撰写的编者按①。其中指出，促进创新图书馆员、维基百科管理员、知识管理与创新总监，这仅是图书馆涌现的 3 个职位。它们表明了图书馆领域的活力，意味着图书馆成为专业人才寻找好工作的场所，成为做出贡献、发展职业生涯的目的地。图书馆看起来正越来越像创新性雇主。上述影响与图书馆工作者的个人目的相吻合，导致图书馆内许多人正在茁壮成长；由于图书馆提供了继续从事重要工作的渠道，越来越多图书馆界以外的人来到图书馆工作。透过 2016 年度辅助图书馆员布朗·比格斯的工作及其归属感我们可以清楚地看到此点。尽管薪酬达不到应有的水平，但图书馆是工作的好地方。之所以如此，是因为图书馆是具有蓬勃生机的知识中心、政治关系复杂的有机体、表现优越的用户服务设施。图书馆既以社区为基础，又组成了全国乃至国际网络。尤为重要的是，图书馆渴望做出贡献，在最重要的层面上提供了无数连接工作的机会。在笔者看来，上述评论在肯定图书馆推出的

---

① REBECCA M T. A great place to work［J］. Library journal，2016，141（4）: 8.

创新职位和工作机会的同时，也表达了对图书馆界涌现出更多类似布朗·比格斯的技术人员的期盼。

在《图书馆杂志》公布2016年辅助图书馆员奖得主的同时，还对被提名的其他优秀辅助图书馆员予以表彰。指出，被提名为年度辅助图书馆员的所有候选人都令人印象深刻，其中有2位比较突出，他们是：

（1）新泽西州马普伍德纪念图书馆的规划和宣传协调员乔安妮·贝克里希（Joanne Beckerich）；

（2）费城免费图书馆的志愿者服务主任肯尼斯·曼斯（Kenneth T. Manns）。

在《图书馆杂志》网站发布的特稿后有1条评论和一个回复跟帖。评论是2010年辅助图书馆员奖得主艾莉森·斯隆于2016年4月5日提交的。她于2016年当选马萨诸塞州图书馆协会辅助图书馆员分会理事。该帖全文如下：布朗，祝贺你当选2016年度辅助图书馆员。请向赞助这一奖项的DEMCO公司的所有优秀人物转达诚挚的问候。感谢你的出色工作以及你对辅助图书馆员职业生涯的承诺。

布朗·比格斯当日回帖，对艾莉森·斯隆的美言表示感谢。并希望她原谅自己迟到的祝贺①。

此外，笔者于2017年5月登录北卡罗来纳大学格林斯伯勒分校图书馆网站，查询工作人员名单，其中显示布朗·比格斯为该馆电子资源与信息技术部的系统编程员（Systems Programmer）。此外，据领英网发布的信息，布朗·比格斯于2017年起在北卡罗来纳大学格林斯伯勒分校在职攻读计算机硕士学位，预计2021年获得硕士学位。

① 来源：https://www.libraryjournal.com/?detailStory=paralibrarian-of-the-year-2016-brown-biggers.

第十八届年度辅助图书馆员：帕特里夏·帕切克

2017 年 3 月，《图书馆杂志》第十八届年度辅助图书馆员评选结果揭晓[①]。获得年度辅助图书馆员桂冠的是帕特里夏·帕切克（Patricia Pacheco）女士，她是美国弗吉尼亚州劳顿县公共图书馆系统斯特林分馆（Sterling Branch of the Loudoun County Public Library System）的图书馆助理。《图书馆杂志》网站 2 月 27 日率先发布特稿，以图文并茂的方式介绍了她的经历与业绩。从特稿配发的照片看，帕特里夏·帕切克留黑色短发，浓眉大眼，皮肤白皙，身材微胖，漂亮开朗。

一、教育背景与工作经历

2015 年初，帕特里夏·帕切克由多米尼加共和国移民美国。此前，她在多米尼加担任幼儿园教师近 20 年，具有跟各个年龄段的孩子打交道的经验。初到美国时，帕特里夏·帕切克作为非全职志愿者在劳顿县图书馆系统的阿什本分馆（Ashburn Library of Loudoun County）帮助工作。当得知劳顿县图书馆系统的斯特林分馆发布启示欲招聘一位双语工作人员时，她成功应聘，并于 2015 年 5 月入职，成为劳顿县图书馆系统首位提供双语服务的工作人员。获奖时，她已在该馆工作近 2 年。

二、工作业绩与特质

1. 打造特色服务项目，拓展图书馆服务

劳顿县位于弗吉尼亚州北部，由环绕哥伦比亚特区富饶的近郊组成，面积超过 530 平方英里，全县居民约 36 万人。劳顿县图书馆有很好的财务支撑，预算经费几乎全部由县财产税拨付。图书馆的年外借量达 600 万件 / 册。

笔者 2017 年 4 月 27 日检索维基百科（https://en.wikipedia.org/wiki/Loudoun_County_Public_Library）获悉，劳顿县公共图书馆系统成立于 1973 年，共有 200 多位工作人员。此外，该馆网页显示整个图书馆系统共有 9 个实体分馆。

帕特里夏·帕切克所在的分馆负责为斯特林·帕克社区提供服务，该社区与劳

---

① BERRY J N. Paraprofessional of the year 2017: Patricia Pacheco [J]. Library journal, 2017, 142 (4): 36.

顿县其他社区有很大差别，面临的一系列挑战包括：民众受教育水平较低，大量居民的生活水平居于贫困线以下，英语作为第二语言的新移民和个人占很大比例。

为了提升对社区民众的服务，帕特里夏·帕切克选择从儿童服务入手，推出了多个富有特色的活动。比较突出的有以下 2 项：

（1）伴着音乐讲故事

美国公共图书馆普遍提供面向儿童的讲故事活动。帕特里夏·帕切克在原有的基础上，创新性地为讲故事活动增加音乐元素。在她负责的讲故事活动中，多个年龄段的孩子带着自己的乐器到图书馆来，故事中穿插唱歌、律动和舞蹈，使讲故事成为整个劳顿县图书馆系统的特色活动。由于帕特里夏·帕切克的工作职责还包括帮助该县图书馆系统的所有分馆向更多双语服务转变，图书馆开展活动唱的歌和读的书大多数都是西班牙语的。

（2）面向讲西班牙语儿童的庆典活动

每年的 4 月，在多数讲西班牙语的国家常举行长达一周的儿童家庭阅读庆典活动（El dia de los ninos commemoration），该庆典活动强调所有语言和文化背景的儿童识字的重要性。在许多地方这一庆典几乎比圣诞节还要隆重。大约20年前，美国图书馆协会开始为讲西班牙语的儿童设立为时一天的庆典活动。

帕特里夏·帕切克未到劳顿县公共图书馆工作之前，该馆斯特林分馆的负责人就开始关注并举办西班牙语儿童庆典活动。帕特里夏·帕切克到斯特林分馆工作后，推动该活动进一步完善。图书馆用长达一周时间举办该庆典，全部庆典活动均采用双文化和双语言进行。活动内容尊崇西班牙传统，向儿童赠送图书作为礼物，举办阅读和其他活动。包括特邀西班牙语作家和音乐表演艺术家作为嘉宾到图书馆参与活动。

帕特里夏·帕切克在接受《图书馆杂志》采访时解释说，尽管上述活动都以儿童为对象，但是，我们分馆聚焦于服务整个家庭，将儿童作为服务于整个家庭的入口。因为孩子们去学校读书，他们更加熟悉图书馆。在大多数讲西班牙语的国家，没有方便接近儿童的途径。公共图书馆是一种非常具有美国特色的文化现象，这意味着通过儿童的帮助，我们正在教会全家人到图书馆来利用图书馆的资源。起初，家长们并不了解图书馆。当孩子们要求到图书馆的时候，家长们还不知道在图书馆可以免费借书并参加很多活动，包括娱乐和获得其他资源，甚至找到可以帮助他们解决其他问题的人，帮助他们填写求职申请。

2. 为西班牙语社区民众求职与创业提供帮助

帕特里夏·帕切克参与图书馆系统项目部和当地社区组织的合作，这些社区组织包括劳顿人力资源中心、弗吉尼亚西班牙裔商会等。她负责协调斯特林社区的成功创业系列项目。该项目将讲西班牙语社区的民众与工商企业、雇用职位以及求职资源连为一体。帕特里夏·帕切克逐个为参与项目的家庭提供帮助，帮助他们寻找灵感，成功创立他们自己的新企业。

3. 积极参与图书馆系统和更大范围的专业活动

帕特里夏·帕切克在图书馆系统内建立富有创造性的联系，打破工作人员之间的隔阂，积极主动参与劳顿县图书馆系统的创新项目。例如，参加暑期阅读项目特别工作组，探索建立可能的快闪图书馆以及西班牙语培训共同体。2016 年春天，帕特里夏·帕切克代表劳顿县图书馆出席斯特林·帕克地区举办的招聘会，帮助图书馆寻找更具潜力的双语工作人员，促进整个图书馆系统的双语化服务。

此外，帕特里夏·帕切克还在公共图书馆协会大会和各种专业会议上寻求继续教育机会，她与劳顿县图书馆系统内和劳顿县以外的图书馆员分享自己的经验。在地区性青年服务工作人员会议上，为来自其他图书馆系统的图书馆员做了题为“不讲西班牙语者如何将双语引入讲故事活动中”的报告。

4. 善于学习，低调谦虚

作为图书馆的新人，帕特里夏·帕切克在短短 2 年时间完成的工作和成功离不开团队的支持和资深图书馆员的引导。

斯特林分馆的主管希瑟·凯特龙（Heather Ketron）是帕特里夏·帕切克非常重要的导师，她曾被命名为《图书馆杂志》2016 感动与震撼人物，在帕特里夏·帕切克获奖时希瑟·凯特龙已退休。希瑟·凯特龙在职时与当地的非营利组织儿童医疗合作伙伴建立合作，该组织每周举办以阅读写作和生存技能为中心的家长教育研讨班。希瑟·凯特龙除了为该研讨班提供帮助外，还在图书馆举办类似的家庭培训项目。希瑟·凯特龙退休后，帕特里夏·帕切克延续上述合作，在该组织的家庭与青年机遇中心领导一个早期阅读写作研讨班，并且用西班牙语提供家庭阅读写作研讨。帕特里夏·帕切克在接受《图书馆杂志》的采访时指出，希瑟·凯特龙是一个完美的导师。自己站在希瑟·凯特龙的肩膀上，所做的事情都是她开创的，自己尽一切努力达到她所设立的服务标准。

事实上，希瑟·凯特龙并不是帕特里夏·帕切克灵感的唯一来源，劳顿县图书馆的文化作为一个整体也给她留下了深刻的印象。帕特里夏·帕切克指出，图书馆的全体工作人员都坚守承诺，管理者是激励者，图书馆馆长和管理层都鼓励支持新设想和新项目。2017 年 4 月，斯特林图书馆将搬迁到一家购物中心内，距旧馆址仅有几个街区的距离。新馆面积有 1450 平方米，是原馆面积的 3 倍，非常现代化。待搬迁完成，图书馆服务时间会延长至每周 7 天。预计图书馆的利用率将会得到极大提升。

三、提名与获奖缘由

劳顿县公共图书馆馆长刘畅（Chang Liu）① 是帕特里夏·帕切克获奖的推荐人。

推荐信指出，图书馆系统为了向日益多样化的社区提供服务，一直强调对双文化和双语工作人员的需求。在该馆所有岗位招聘广告中都标明会讲西班牙语者优先。作为自己就任馆长后聘用的首位双文化、双语全职工作人员，帕特里夏·帕切克到图书馆工作后，使图书馆提供社区服务项目的数量和质量有巨大的改观，图书馆与组织机构和个人的联系也发生了巨大变化，为该馆工作人员树立了杰出榜样。

帕特里夏·帕切克把握各种建立关系的机会，鼓励阅读和写作，并且在图书馆培养了社区自豪感。通过她的工作，图书馆帮助许多个人和家庭提升了生活品质。帕特里夏·帕切克富有激情、高效地宣传图书馆是改变生活的资源。通过分

---

① 刘畅是由中国赴美定居的图书馆馆长。她 1984 年获北京大学科学学士学位（生物系读本科），1986 年获北京大学图书馆学硕士学位，后旅居美国。1990 年获密歇根大学图书馆与信息学硕士学位，2010 年和 2016 年分别在哈佛大学肯尼迪管理学院和乔治·华盛顿大学获管理证书。先后担任劳顿县公共图书馆公共服务助理馆长（2001—2003）、阿灵顿县公共图书馆中心图书馆馆长（2003—2008）、哥伦比亚特区公共图书馆副馆长（2008—2011）。2011 年 2 月起担任劳顿县公共图书馆馆长。信息来源于领英网站刘畅的个人简历：Chang Liu［EB/OL］.［2017-03-12］. http：//www. linkedin. com/in/chang-liu-79041a67. 欲知晓更多信息可查看劳顿县公共图书馆网址：https：//library. loudoun. gov/Locations-Hours/Library-Administration.

享自己技能和经验，在工作人员之间搭建桥梁，全面改进了劳顿县公共图书馆。在图书馆经历重新定位和拓展的背景下，帕特里夏·帕切克的工作特别及时。

《图书馆杂志》的特稿指出，帕特里夏·帕切克取得的巨大成就和业绩展现了年度辅助图书馆员的特征。

在笔者看来，美国作为移民国家，面向不同族裔民众聚居区的服务，正越来越成为公共图书馆拓展服务的重心。帕特里夏·帕切克的获奖，又一次体现了《图书馆杂志》倡导图书馆为少数族裔等弱势群体服务的立场。早在 1988 年《图书馆杂志》评选的首位年度图书馆员，就是因提供面向新移民的服务而获奖。此外，辅助图书馆员奖得主的主要业绩也与面向移民的服务密切相关。因此，帕特里夏·帕切克的获奖并非孤例，势必推动图书馆涌现更多拓展服务的典范。在我国倡导公共文化服务均等化的当下，图书馆应当认真思考如何弥补服务短板，拓展并加强为弱势群体的服务将是大有可为的。

四、获奖之后

在《图书馆杂志》公布 2017 年辅助图书馆员奖得主的同时，还对被提名的其他优秀辅助图书馆员予以表彰。指出，所有被提名的年度辅助图书馆员候选人都令人印象深刻。其中有一位与众不同，这就是新奥尔良公共图书馆的图书馆协理伊丽莎白·格兰佐。

在《图书馆网站》发布的特稿后有 2 条评论，第 1 条发布于 2017 年 3 月 1 日，发帖人署名为 Frances Everette-Gayhter，是一位大学图书馆工作人员。其中写道：我要祝贺帕特里夏·帕切克，感谢你激励了那么多的人！你对我也是一个激励。我已在一家大学图书馆工作 16 年，但是你在社区推广活动中取得的成就要大得多。尽管我工作的图书馆也为大学社区和周围更大范围的社区服务，我认为你做得更多，做得更好。

第 2 条评论发布于 3 月 2 日，署名为公共图书馆，留言很简单，内容为“喜欢”。

2018 年度辅助图书馆员：奥奎迪·奥维拉

2018 年 3 月 6 日，《图书馆杂志》网站发布特稿，公布了 2018 年度辅助图书馆员评选结果[①]。获得年度辅助图书馆员桂冠的是美国加利福尼亚州蒙特雷县免费图书馆（Monterey County Free Libraries）的奥奎迪·奥维拉（Orquidea Olvera）女士。她是蒙特雷县免费图书馆外展服务团队的工作人员。获奖时已在该馆工作 5 年。从特稿配发的照片看，奥维拉黑色长发过肩，浓眉大眼，方圆脸型，身材较胖，笑容甜美，阳光和善。

一、成长背景

奥奎迪·奥维拉出生在一个贫寒的移民家庭。母亲来自危地马拉，父亲来自墨西哥。她幼年丧父，靠母亲从事住宅清洁工作抚养她和几个兄妹长大。奥奎迪·奥维拉在接受《图书馆杂志》采访时说，她在洛杉矶的瓦茨附近长大。可悲的是，人们听到的关于瓦茨的报道都是真实的[②]。她兄弟的好几个朋友都在附近被谋杀。事后母亲设法带着孩子们尽快离开了那里。直到奥奎迪·奥维拉 15 岁那年，母亲终于实现了自己的愿望，花很多时间保护她以及她的 5 个兄弟和 1 个妹妹免遭麻烦。母亲能得到帮助的一个重要资源就是城市的公共图书馆。

奥奎迪·奥维拉在成长过程中与图书馆结下了不解之缘。在接受采访时她说：洛杉矶图书馆在我生活中扮演了重要的角色。这也是我热爱图书馆的原因。我常去马丁·路德·金图书馆，这是洛杉矶图书馆在瓦茨的一家分馆，从我的住处要穿过一条铁路轨道才能到那里去。图书馆总有免费活动项目，母亲带我们参加所有的项目，我们学会了使用图书馆的计算机。

奥奎迪·奥维拉还强调指出，正是上述成长背景鼓励自己保持镇静，待在家中。瓦茨的生活很艰难，独自一人很难在街上行走，必须学会我们所说的街头礼仪，这就是管好自己的事儿，别人就会让你一个人待着。我小时候习惯在亲密的

---

① BERRY J N. Paralibrarian of the year 2018：Orquidea Olvera［EB/OL］.［2018-08-16］. https：//www. libraryjournal. com/?detailStory=paralibrarian-of-the-year-2018-orquidea-olvera.

② 据笔者查阅相关文献得知，美国洛杉矶的瓦茨是全美较大的黑人聚居区之一，作为种族暴力冲突和骚乱多发地区，治安情况不佳。

邻里间闲逛，我家街道对面的邻居家有一个与我年龄相仿的女儿，我那时候能做的就是去学校、回家、与邻居家的孩子一起玩。也许这就是我在社交方面内向的原因。我一回到家就兴奋起来，很高兴独自一人待着。

二、工作业绩与特质

（1）身兼数职，一专多能

蒙特雷县免费图书馆开展外展服务离不开一辆装饰独特的阅读旅行车。车厢外装饰着丰富多彩的动物图画，车内装满了图书。作为微型流动图书馆，在学年时段，该车定期到遍布全县 7770 平方千米的学前班课堂和该馆的 18 个分馆提供服务。奥奎迪・奥维拉身兼数职，既是该车的驾驶员，又是服务管理员，她承担着图书馆系统的早期识字流动书车推广项目，将扫盲和科学项目带给幼儿园课堂和约 450 名学龄前儿童。负责项目管理的图书馆员贝雷奈西・阿斯腾戈（Berenice Astengo）称奥奎迪・奥维拉为上述项目的驱动力。

在学年时段，奥奎迪・奥维拉除了办理图书借还手续外，还进行很多教学活动。包括给孩子们讲故事、唱歌、玩游戏、做科学实验、做手工等。她出借的图书超过 2200 多册，此外，她还赠送给孩子们 1600 多册图书帮助他们建立自己的图书馆。

作为图书馆外展团队的关键成员，奥奎迪・奥维拉不仅驾驶着微型流动书车参加全县的活动，还参加社区活动、街区聚会、健康博览会、全国晚间外出等一系列活动[①]，包括艺术节和学校教学活动。奥奎迪・奥维拉的双语技能以及和蔼可亲的举止，使她得以与所有的社区居民接触。例如，她在每周举办的英语学习班上担任翻译。在接受《图书馆杂志》采访时奥奎迪・奥维拉指出：我们开着流动书车参加街区聚会，打开车门，让孩子们在车上玩我们的玩具，我每个月都会与

---

① 来源：National night out. https：//en. wikipedia. org/wiki/National_Night_Out. 全国晚间外出，是美国和加拿大国家城镇联防协会主办的旨在提高社区警务意识的一项活动。包括提高社区对警察进行的药物预防、城镇监督、邻里监督以及其他反犯罪努力的认识。活动始创于 1984 年，举办日期为每年 8 月的第一个星期二。得克萨斯和佛罗里达由于天气原因，选择在每年 10 月举办该活动。最初该活动只是邻居们打开门廊的照明灯坐在自家房前。首次活动参与者包括美国 23 个州的 400 个社区的 250 万居民。2016 年，参与者包括全美 16000 个社区的 3800 万居民。活动通常由邻里联防、非营利组织，公司和警察局举办。

数百个孩子一起工作，老师将孩子们的名字做成标签，帮助我记住他们的名字。我假装已经认识每一个孩子，他们则信以为真。

（2）将兴趣与工作结合在一起，开展富有教益的科学试验活动

除了在学年时段忙于上述工作外，暑假期间，奥奎迪·奥维拉还跟一位同事一起进行很多外展活动。她满腔热情地开发了蒙特雷县免费图书馆的暑期科学盛会，并将其带到所有分馆和农村地区的学校。

奥奎迪·奥维拉常常扮演疯狂的科学家，进行诸如大象牙膏、气球竞赛、苏打爆炸等娱乐性实验。这些科学实验在每一个图书馆都涉及特殊的设置。奥奎迪·奥维拉和其他工作人员告诉孩子们做实验使用的化学物质和成分，孩子们的家长常常询问如何进行试验，以便他们在家里逗孩子开心。科学盛会项目成为2017 年最受欢迎的暑假活动。

（3）注重合作，拓展对弱势群体的服务

奥奎迪·奥维拉在工作中注意与多个组织机构建立联系，要通过合作拓展并深化图书馆的服务。多年以来，除了与启智项目的教师、墨西哥裔美国人机会基金会以及许多其他学前班建立伙伴关系和合作以外，奥奎迪·奥维拉还与蒙特雷县房屋管理局合作。作为上述联盟的成员，她想方设法调整繁忙的工作日程，到多个分馆轮流服务。在每一所分馆都待上数小时，利用图书馆的计算机和自己的双语技能，帮助那些需要住房登记的人填写住房凭证等候名单。该工作要历经漫长艰难的过程，每年都要做，而且有截止期限。让每一个需要的用户获得一张凭证，用来证明已进行过房屋登记。等到年底时，已经登记的人中有很少比例会被随机选中获得补贴住房。正是有了奥奎迪·奥维拉的细心、愉快的参与、她的故事以及乐于接受的态度，才使得这一艰巨且劳神的申请过程变得更容易忍受。鉴于西班牙语是参与该项目的大多数农业工人的母语，奥奎迪·奥维拉会讲流利的西班牙语也是极为重要的因素。

此外，蒙特雷县拥有海岸社区、景观和沙滩，以美国的沙拉碗而著称，美国厨房用的大多数生菜都在此种植。农业地区比不上其他地区富裕，在此工作的人大多数来自墨西哥。当地民众称生菜窗帘现象将人们隔离开来并导致歧视，对那里的用户提供有效的外展服务尤为关键。

蒙特雷县图书馆馆长指出，农业对我们来说是一个问题。这里有如此多的人在田野工作，雇工们遭受歧视，因此很难从中崛起。有奥奎迪·奥维拉为解决这一问题而工作，是我们已经做得最好的事情之一。

（4）具有感恩之心和同情心

获奖时，奥奎迪·奥维拉与母亲一起住在蒙特雷县最南端一个名叫格林菲尔德的小镇。她感谢母亲对自己的爱和关怀，也感谢自己的直接主管考特妮·阿姆帕罗（Courtney Amparo）。她们一起工作还成为亲密的朋友。

奥奎迪·奥维拉每天从住处开车去图书馆上班要耗时 1 小时或一个半小时。在图书馆的工作往往让她想起自己的孩童时代……休息时间和午餐时间，奥奎迪·奥维拉就待在图书馆。就像图书馆馆长指出的那样，早年的经历使奥奎迪·奥维拉更加同情图书馆用户中的穷人。她真正了解那些孩子们正在经历什么。

三、提名与获奖缘由

向《图书馆杂志》提交推荐信提名奥奎迪·奥维拉为获奖候选人的是蒙特雷县图书馆馆长和项目管理负责人。

（1）图书馆馆长贾扬蒂·阿德尔曼（Jayanti Addleman）指出，奥奎迪·奥维拉非常优秀，乐于工作，勇于创新。她使图书馆与学校的长期合作更加有效。她集理想的用户服务于一身，对她而言，无论面对 4 岁的孩童还是上年纪的退休一族，或者面对不讲英语的用户，她总是提供很高水平的服务。看到她在工作是非常有趣的，她毫不顾忌地把动物头套戴在脸上，或者是使用任何有助于取悦孩子们的道具。

（2）负责项目管理的图书馆员贝雷奈西·阿斯腾戈（Berenice Astengo）在推荐信中称奥奎迪·奥维拉为图书馆外展项目的驱动力。指出："奥奎迪·奥维拉致力于促进图书馆服务，将阅读的快乐和益处带给社区成员和儿童。凭借她的热忱个性和合作态度，她成为我们与合作伙伴保持积极关系的一笔财富。她的获奖实至名归。"

《图书馆杂志》的特稿指出，奥奎迪·奥维拉在长达 5 年的时间里持续创新，保持项目课程充满活力。成为孩子和教师都喜欢的图书馆工作人员。她能讲流利的西班牙语和英语，提高了图书馆服务该县大量讲西班牙语人口的能力。这便是她获选《图书馆杂志》2018 年辅助图书馆员的部分原因。

此外，奥奎迪・奥维拉还帮助我们明白了她之所以胜出的另外的原因。她在接受采访时说：因为做我自己喜欢的事儿而获奖这让我感觉很奇怪。帮助别人对我来说一直是一种强烈的感觉。早在瓦茨的时候，当我们需要金钱或者需要资源的时候，人们帮助过我们。和这么多想要帮助他人的人一起工作使我感到快乐。

在笔者看来，奥奎迪・奥维拉以她的人格魅力和出色的工作，将图书馆的服务推向了极致。她成长过程中接受过别人的帮助，因而乐于尽一己之力帮助他人。她没有功利心，出于朴素的情感和悲悯之心回报社会，将兴趣与工作紧密结合，驾驶流动书车穿越蒙特雷县的广袤土地，将科学、技术、阅读、教育、艺术、数学课程带给儿童，包括那些流动农业工人的孩子。奥奎迪・奥维拉的获奖再一次表明：为用户服务是图书馆永恒的职责，图书馆提供对儿童的创新服务，不仅会让他们终身受益，也将铺就图书馆的可持续发展之路。

四、获奖之后

在《图书馆杂志》网站发布的特稿后有 4 条评论，详情如下：

第 1 条评论发帖人为 2010 年度辅助图书馆员得主艾莉森・斯隆。她在 2018 年 3 月 7 日提交的评论中先对奥奎迪・奥维拉获奖表示祝贺。接着又指出："你真的应该得到这个精彩的奖项！你的工作令人惊叹，我们感谢你对图书馆事业的贡献。向支持辅助图书馆员工作的 DEMCO 公司的优秀人物致以问候。"

第 2 条评论发帖人为瓦伦丁・科朗（Valentin Colon），2018 年 3 月 7 日提交的评论内容简短，仅仅表达祝贺："祝贺你，奥奎迪・奥维拉！！"

第 3 条评论来自一位有影响力的辅助图书馆员卡伦・特纳（Kareen Turner），她曾于 2014—2015 年担任美国图书馆协会图书馆支撑人员权益圆桌会议主席。她 3 月 7 日提交的帖子先表达了祝贺，还指出奥奎迪・奥维拉的获奖实至名归，对支撑人员是极大的鼓舞。

第 4 条评论是由流动图书馆与外展服务年会前主席、《图书馆杂志》2017 年感动与震撼人物安・普拉泽克（Ann Plazek）在 3 月 29 日提交的。除了表达祝贺外，她委婉地提出邀请，建议奥奎迪・奥维拉提交关于项目的演讲报告，参加流动图书馆与外展服务年会。特照录全文如下：祝贺奥奎迪！看到对外展充满热情的人成为这项殊荣的得主真是好极了！你做的工作很棒。你可能需要考虑向流动图书馆与外展服务年会（ABOS）提交一份关于项目的演讲报告。请参见网站相关信息，演讲征集今天刚刚开始！

附 录

附录1 《图书馆杂志》设立的其他图书馆奖项

一、年度图书馆奖（Library of the Year Award）

年度图书馆奖设立于1992年，由盖尔（Gale）公司提供赞助。每年6月公布评奖结果。奖励内容：《图书馆杂志》特稿报道；颁发获奖证书；颁发1万美元奖金（最初奖金为5000美元）；受邀参加美国图书馆协会年会期间举办的庆典招待会；并在图书馆所在社区举行庆祝仪式。

1992—2018年度获奖图书馆名单

（按照获奖时间由近及远排列）

2018 加利福尼亚州旧金山公共图书馆（San Francisco Public Library，CA）

2017 田纳西州纳什维尔公共图书馆（Nashville Public Library，TN）

2016 堪萨斯州托皮卡和肖尼县公共图书馆（Topeka & Shawnee County Public Library，KS）

2015 密苏里州弗格森市公共图书馆（Ferguson Municipal Public Library，Ferguson，MO）

2014 加拿大阿尔伯塔埃德蒙顿公共图书馆（Edmonton Public Library，Alberta，Canada）

2013 马里兰州霍华德县图书馆系统（Howard County Library System，MD）

2012 加利福尼亚州圣迭戈县图书馆（San Diego County Library，CA）

2011 华盛顿州金县图书馆系统（King County Library System，WA）

2010 俄亥俄州哥伦布市图书馆（Columbus Metropolitan Library，OH）

2009 纽约市皇后区图书馆（Queens Library，NY）

2008　怀俄明州拉勒米县图书馆系统（Laramie County Library System，WY）

2007　俄亥俄州沃辛顿图书馆（Worthington Libraries，OH）

2006　犹他州盐湖城公共图书馆（Salt Lake City Public Library，UT）

2005　阿肯色州费耶特维尔公共图书馆（Fayetteville Public Library，AR）

2004　加利福尼亚州圣何塞公共图书馆 / 圣何塞州立大学图书馆（San Jose Public Library/San Jose State，University Library，CA）

2003　内华达州拉斯维加斯卡拉克县图书馆区（Las Vegas Clark County Library District，NV）

2002　密歇根州卡拉马祖公共图书馆（Kalamazoo Public Library，MI）

2001　南卡罗来纳州里奇兰县公共图书馆（Richland County Public Library，Columbia，SC）

2000　佐治亚州格威内特县公共图书馆（Gwinnett County Public Library，Lawrenceville，GA）

1999　俄勒冈州科瓦利斯俄勒冈州立大学山谷图书馆（The Valley Library，Oregon State University，Corvallis，OR）

1998　俄亥俄州梅迪纳县地区图书馆（Medina County District Library，OH）

1997　密歇根州安娜堡地区图书馆（Ann Arbor District Library，MI）

1996　佛罗里达州布劳沃德县图书馆（Broward County Library，Ft. Lauderdale，FL）

1995　北卡罗来纳州夏洛特和梅克伦堡县公共图书馆（Public Library of Charlotte & Mecklenburg County，NC）

1994　威斯康星州格林湾布朗县图书馆（Brown County Library，Green Bay，WI）

1993　得克萨斯州奥斯丁公共图书馆（Austin Public Library，TX）

1992　加利福尼亚州雷德伍德城公共图书馆（Redwood City Public Library，CA）

二、年度最佳小型图书馆奖（Best Small Library Award）

年度最佳小型图书馆奖设立于 2005 年，先后由比尔与梅琳达 · 盖茨基金会和贝克泰勒公司提供赞助。该奖旨在奖励服务人口在 2.5 万或以下的小型公共图书馆。每年 9 月公布评选结果。奖励内容：《图书馆杂志》特稿报道；颁发获奖证书、5000 美元现金；受邀参加颁奖招待会等。

2005—2017 年度最佳小型图书馆获奖名单

（按照获奖时间由近及远排列）

2017　爱达荷州邦德里县图书馆区（Boundary County Library District，ID）

2016　纽约艾伯特威斯纳公共图书馆（Albert Wisner Public Library，NY）

2015　蒙大拿州贝尔格莱德社区图书馆（Belgrade Community Library，MT）

2014　科罗拉多州派恩里弗图书馆（Pine River Library，CO）

2013　西弗吉尼亚州南方地区公共图书馆（Southern Area Public Library，WV）

2012　堪萨斯州独立公共图书馆（Independence Public Library，KS）

2011　科罗拉多州自然社区图书馆（Naturita Community Library，CO）

2010　伊利诺伊州格伦卡本百年纪念图书馆（Glen Carbon Centennial Library，IL）

2009　南卡罗来纳州尤宁县卡内基图书馆（Union County Carnegie Library，SC）

2008　密歇根州切尔西地区图书馆（Chelsea District Library，MI）

2007　犹他州格兰德县公共图书馆（Grand County Public Library，Moab，UT）

2006　宾夕法尼亚州米兰诺斯肖克图书馆（Milanof-Schock Library，Mount Joy，PA）

2005　阿拉斯加州海恩斯自治区公共图书馆（Haines Borough Public Library，AK）

三、年度图书馆营销奖（Library Marketer of the Year Award）

年度图书馆营销奖设立于 2016 年，是《图书馆杂志》近年新设立的奖项。旨在认可营销图书馆服务创新方法的重要性以及营销活动在构建图书馆的社区参与中的作用，并定义图书馆在社区中的关联性。该奖每年奖励 1 位图书馆工作人员或者 1 个团队。由数字媒体公司 Library Ideas 提供赞助。每年 10 月公布评选结果。

奖励内容:《图书馆杂志》特稿报道;颁发获奖证书;2000 美元奖金;受邀参加颁奖招待会等。

2016—2017 年度图书馆营销奖获奖名单

(按照获奖时间由近及远排列)

2017　俄亥俄州梅迪纳县地区图书馆社区参与经理蒂娜·萨波尔(Tina Sabol,community engagement manager Medina County District Library,OH)

2016　北卡罗来纳州夏洛特梅克伦堡图书馆(The Charlotte Mecklenburg Library,Charlotte,NC)

四、年度感动与震撼人物(Movers & Shakers)

感动与震撼人物奖设立于 2002 年。该奖于每年 3 月公布。每次评选表彰 50 名左右获奖者。在某一具体工作领域勇于创新、创造,做出与众不同业绩的图书馆员和没有图书馆学位的图书馆工作者,经提名推荐,均可被提名为候选人。获奖者所就职的图书馆类型不限。提名方式是在《图书馆杂志》网站下载填写推荐表单,在公布的截止日期前提交。2019 年获奖候选人提名的截止日期为 11 月 2 日。该奖获奖者最大的特点是年轻、富有朝气。《图书馆杂志》将他们视为塑造图书馆未来的变革者。

因获奖人数众多,不便在此列出获奖名单。好在《图书馆杂志》设立专门网页,对获奖者进行按年度、按所在地区和按照工作领域的展示。《图书馆杂志》网站用一个页面的篇幅,分别展示每一位获奖者的照片,简要介绍其业绩、学历、职位与联系方式等。感兴趣的读者可以通过该网站查看获奖者情况。网址是:https://lj.libraryjournal.com/movers/.

值得指出的是,《图书馆杂志》将感动与震撼人物的工作领域划分为多个范畴,颁奖时根据取得的业绩为他们冠以不同头衔。17 年来,获奖者的具体工作领域以及获奖头衔随着图书馆工作重心的变化不断有所改动,没有变化的只有宣传者和创新者。由此可见,无论在什么情况下,宣传和创新在图书馆工作中的重要性都是毫无疑义的。以下是《图书馆杂志》网站列出的获奖头衔:

(1)活动家(activists)。此范畴还包括十字军战士(crusaders)、自由斗士(freedom fighters)和反叛者(rebels)。

（2）宣传者（advocates）。

（3）变革推动者（change agents）。此范畴还包括衰退破坏者（recession busters）。

（4）合作者（collaborators）。此范畴还包括导师（mentors）、招聘者（recruiters）和具有团队合作精神者（team players）。

（5）传播交流者（communicators）。此范畴还包括营销者（marketers）、动员者（mobilizers）和社会网络工作者（social networkers）。

（6）社区建设者（community builders）。此范畴还包括全球化者（globalists）和城市领导者（urban leaders）。

（7）教育者（educators）。此范畴还包括知识推动者（knowledge pushers）、学者（scholars）、服务提供者（service providers）、教师（teachers）和青少年活动家（teen activists）。

（8）创新者（innovators）。

（9）讲故事者（storytellers）。此范畴还包括爱书者（book lovers）、馆藏建设者（collection developers）、内容提供者（content providers）和参考远见者（reference visionaries）。

（10）技术领导者（tech leaders）。此范畴还包括 2.0 大师（2.0 gurus）、数字开发者（digital developers）、数字大师（digital masters）、数字巫师（digital wizards）和技术传道者（tech evangelists）。

（11）远见者（visionaries）。此范畴还包括未来主义者（futurists）、问题解决者（problem solvers）和再发明者（reinventors）。

五、图书馆意识社区奖（LibraryAware Community Award）

图书馆意识社区奖设立于 2013 年。由 EBSCO 出版公司提供赞助。该奖在每年 4 月全美图书馆周期间公布评选结果。旨在强调图书馆对社区活动的参与和渗透，用以表彰单独的图书馆或者图书馆系统通过展示自身的能力使其所在社区意识到图书馆可以为社区做事情并且已经在此方面提供了相关的服务。此奖以 EBSCO 出版公司 Novelist 部门的产品 LibraryAware 冠名。奖励对象为社区（市、镇等，规模不限）和该社区的图书馆。奖励内容：授予获奖城市或城镇一块牌匾；向获奖图书馆颁发一、二、三等奖（一等奖颁发奖金 1 万美元，二等奖颁发奖金

7500 美元，三等奖颁发奖金 5000 美元）；《图书馆杂志》在该刊 4 月号刊发特稿，报道获一等奖图书馆的事迹。

2013—2017 年度图书馆意识社区奖一等奖获奖名单

（按照获奖时间由近及远排列）

2017　伊利诺伊州费尔蒙特市，伊利诺伊州密西西比河谷图书馆区

（Fairmont City，IL，Mississippi Valley Library District，IL）

2016　肯塔基州路易斯维尔，肯塔基州路易斯维尔免费公共图书馆

（Louisville，KY，Louisville Free Public Library，KY

2015　亚拉巴马州多森，亚拉巴马州休斯敦县图书馆系统

（Dothan，AL，Houston County Library System，AL）

2014　堪萨斯州威奇塔，堪萨斯州威奇塔共图书馆

（Wichita，KS，Wichita Public Library，KS）

2013　密歇根州坎顿镇，密歇根州坎顿公共图书馆

（Canton Township，MI，Canton Public Library，MI）

六、卓越教学奖（LJ/ALISE Excellence in Teaching Award）

卓越教学奖最初是由图书馆与信息学教育协会（Association for Library and Information Science Education，简称 ALISE）于 2000 年设立的年度奖项。2014 年，《图书馆杂志》和图书馆与信息学教育协会决定联合主办该奖。成立了专门的评审委员会，具体事务由《图书馆杂志》管理。该奖旨在表彰高等学校教学人员为培养教育下一代图书馆与信息专业人员所做出的卓越贡献。该奖评选结果每年 10 月公布，由罗曼 · 利特菲尔德出版集团提供赞助。奖励内容：邀请获奖者参加图书馆与信息学教育协会年会；颁发现金 3000 美元。欲了解更多有关该奖的评奖标准和组织机构等信息请参见图书馆与信息学教育协会网站。网址是：https：//www. alise. org/lj-alise-excellence-in-teaching-award。

2015—2018 年度卓越教学奖获奖名单

（按照获奖时间由近及远排列）

2018　勒妮 · 希尔，马里兰大学（Renee Hill，University of Maryland）

2017　珍娜 · 哈特尔，多伦多大学（Jenna Hartel，University of Toronto）

2016　帕特丽夏·加洛韦，得克萨斯大学（Patricia Galloway，University of Texas at Austin）

2015　保罗·耶格，马里兰大学（Paul Jaeger，University of Maryland）

此外，《图书馆杂志》还于 1997 年设立过年度政治人物奖（Politician of the Year Award），奖励支持图书馆工作的市长、地方议会议员以及其他行政领导。不过，该奖在 2008 年以后不再评选。2018 年 7 月《图书馆杂志》网站改版，过去发布的评奖信息已经无法从网上获取了。

附录2　美国图书馆协会2002年发布的人力资源政策声明全文

图书馆与信息研究以及人力资源的使用[①]

——美国图书馆协会理事会 2002 年 1 月 23 日通过的政策声明[②]

一、本政策声明的目的是推荐图书馆人员类别以及适用于各个类别人员的不同的教育培训层次。借此支撑各种类型图书馆的最高服务标准并支撑提供最高标准服务所需要的各种技能和资格的最有效应用。

二、"图书馆信息研究"这一短语应理解为与可记录的信息和知识以及便于其管理和应用的服务和技术相关。图书馆信息研究包含信息与知识创造、交流、识别、选择、获取、组织与描述、存储与检索、保存、分析、解释、评价、综合、传播及管理。

三、为实现图书馆的服务目标，专业人员和支撑人员都是图书馆所需要的。因此，图书馆职业远比作为其构成部分的图书馆专业更加宽泛。但是，图书馆专业有责任规定在图书馆工作的各层次专业人员和支撑人员所需的培训教育。

四、图书馆学之外的技能对于实现图书馆的优质服务做出了重要贡献。专业

---

① 美国图书馆协会通过的政策声明的标题为"教育与劳动力资源"（Education and Manpower）。1976 年春，图书馆人力资源咨询委员会办公室（the Office for Library Personnel Resources Advisory Committee）编辑该文件时对标题做了改动，弃用具有性别歧视色彩的 manpower 一词。本声明包含图书馆职业路径工作组（Library Career Pathways Taskforce）2002 年 1 月所提出的修改，并于美国图书馆协会 2002 年冬季会议上提交给理事会审议。2001 年 1 月至 12 月，声明还广泛征求图书馆界的意见。

② 本声明中"图书馆学"这一术语，应按照其最宽泛的含义理解为包含信息学和文献学的相关概念。"图书馆"这一术语指公共图书馆、高等院校图书馆、企业图书馆。医学和其他专门图书馆；也包括媒体中心、学习中心、教育资源中心、信息中心、文献中心、引荐中心等现代模式。为避免对全部变化和扩展的重复，所用传统图书馆术语的含义均具有最大的包容性。

知识和技能为图书馆的高效运作做出贡献的人，无论属于专业序列还是支撑序列，均有必要给予同等认可。

五、必须持续不断努力促进各层次专业人员和支撑人员的最有效使用。下面的表格推荐的一系列类别，对实现这一目标的手段做出了说明。

图书馆工作人员类别——专业人员

图书馆相关学历	非图书馆相关学历	基本要求	职责特性
高级图书馆员	高级专家	除符合图书馆员或专家的要求外，还需具有相关经验和持续的专业发展	高层次职责包括但不限于管理；图书馆管理某方面的高级知识；或者其他学科领域对图书馆有价值的高级知识
图书馆员	专家	图书馆员：具有硕士学位 专家：具有适当的专业学位	包括管理和监督的专业职责：需要独立判断；解释规则和程序；分析图书馆问题；提出对问题的原创性解决方案（通常应利用学位所体现的专业领域的知识）

图书馆工作人员类别——支撑人员

图书馆相关学历	非图书馆相关学历	基本要求	职责特性
图书信息研究协理	专家协理	学士学位（首选课程为图书馆或信息科学）；或者学士学位，外加其他实用的学术工作	基于先前的图书馆工作经验聘任或升职为主管；图书馆专家具有广泛的经历，或许辅以某一专门领域的在职培训，即馆际互借、保存、图书搜寻与替换、二线参考咨询、套录编目等

续表

图书馆相关学历	非图书馆相关学历	基本要求	职责特性
图书信息研究助理	专家助理	至少经过二年大学学习，最好获文科副学士学位（受过或没有受过图书馆技术助理培训）；或者经专科学校培训并具有相关技能或证书课程	作为支撑人员遵从既定的政策和程序完成工作任务，也可以包括对上述工作的监管
办事员 / 职员（准确称谓因图书馆实际情况各异）	办事员 / 职员（准确称谓因图书馆实际情况各异）	高中文凭或同等学力	工作任务视单个图书馆的需求而定

六、此处推荐的头衔仅作为类别或宽泛分类的示范。其中，假定提职有多个层次，在任何类别中都可以使用具体的职级头衔，例如，编目员、参考咨询图书馆员和儿童图书馆员，既可以归入图书馆员类别（取决于其职责和学历）也可以归入高级图书馆员类别；部门主任、图书馆馆长和某些专家可能还应具有高级图书馆员之外的职责和学历。此外，上述类别并非面面俱到，图书馆工作人员实际上可以从事多个类别的工作。上述类别不是静止的，而是不断变化的，仅仅意味着提供指南帮助说明图书馆领域需要履行的各种岗位职责和任务。

七、若遇特定的职称采取本地和传统的称谓导致无法清晰显示工作人员的学历和职责层级的情况，为便于沟通交流，建议附注美国图书馆协会的类别头衔予以澄清。示例如下：

参考助理（图书馆员）

首席编目员（高级图书馆员）

图书馆助理（图书信息研究助理）

八、图书馆员这一头衔本身包含专业的含义。其专业性仅就以下意义而言，即专业性工作是指那些需要特殊背景和教育的工作。在此基础上，能够识别图书馆的需求，分析问题，确立目标，提出原创性解决方案，理论联系实际，针对图书馆资源和服务用户的需求，规划、组织、传播、管理成功的服务项目。在定义用户服务时，专业人员不仅能识别当前的用户还能识别潜在用户，并设计出能让所有用户受益的服务。

九、因此，图书馆员这一头衔仅用于任命图书馆那些应用并实施以上建议的学历和职责的岗位。那些主要致力于既定规则和技术的常规应用的岗位，无论其对图书馆持续服务的有效运作多么有用和必要，其职称都不能包含图书馆员一词。

十、仅有少数工作人员的图书馆不需要按照上述类别任命所有层级的工作人员。然而，在可能和需要的情况下，本政策声明敦促引用上述基本体系，对工作人员的任用有必要的灵活性。

十一、每一类别的薪资应当提供足以许可职业排序的提升阶梯。为了认可从工作中获得的经验和知识的价值，每一类别的最高薪资应当与其紧邻的更高类别的起薪交叉重叠（职业排行搜 career rankings，可以看到美国新闻的 2016 最佳职业排行 best jobs rankings）。

十二、图书馆应当特别注意不能按照民族、种族渊源或性别对工作人员进行分层。一旦出现上述分层模式，应采取措施进行调查，更改可能的歧视。无论工作人员的民族、种族背景或性别如何，图书馆都应促进所有人的充分教育、使用和升职。图书馆和图书馆信息研究教学机构应对反映社会偏见的歧视模式特别敏感，采取积极主动措施防止这些影响。

十三、没有充足资金支持的图书馆或者规模太小无力支付专业工作人员薪酬的图书馆仍然有机会得到图书馆员的服务和监管。为了获得自己无法提供的专业指导，此类图书馆应当推进合作，或者加入更大规模的合作图书馆系统，借此获得监管人员的支持。图书馆系统内的较小的图书馆常常可以利用协理层次的工作人员维持本地服务。

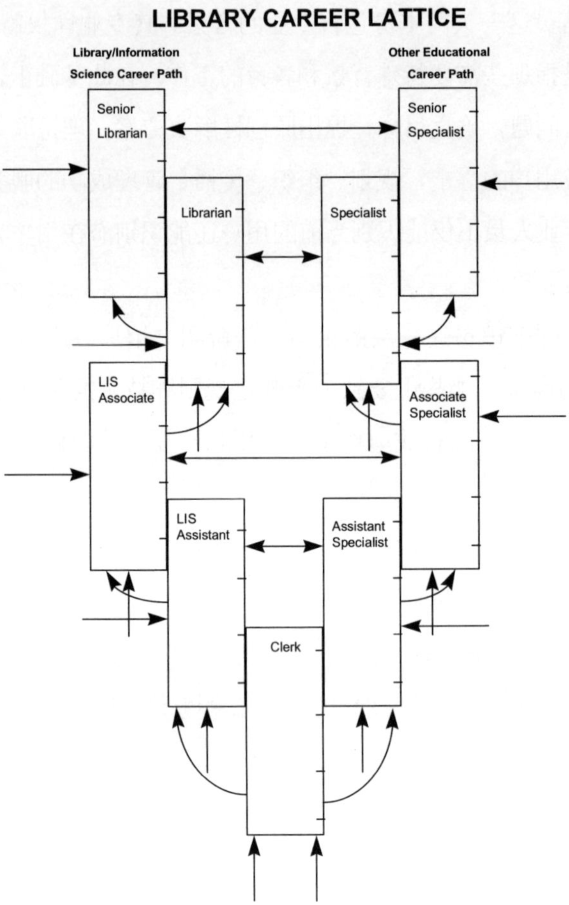

图书馆职业框格（LIBRARY CAREER LATTICE）

如果考虑职业框格而不是职业阶梯，本政策声明所预期的灵活性就会更加清晰地显示出来。例如，工作人员职责的变动并不必是直线上升的，而是常常横向增加同样重要的职责。正如每个长方形内所标注的刻度显示的那样，每个类别内都包含一系列提职的阶梯，每个类别的最高级都与更高类别的职责和薪酬有部分重叠。

对类别的评述

十四、办事员类别不需要正规的图书馆学学术培训。分配这些类别的工作是以通用的文书和秘书业务能力为基础的。最好在工作中学习掌握图书馆基本术语以及将秘书技能与图书馆需求结合所必需的例行程序。

十五、助理类别承担某些种类的特殊“技术”技能。它们并不是仅仅意味着容纳高级办事员。尽管文书技能是助理必备素养的一部分，但是，任职所强调的是特殊的技术技能。例如，某人熟练操作多媒体设备，或具有初级数据处理技能，或者具有展示艺术方面的技能，可因上述技能被聘为专家助理类别，专家助理仅在受雇于图书馆时才与图书馆管理有关联。图书馆信息研究助理是具有某些与图书馆相关的特殊技能的人。其特殊技能包括书目检索，或者使用某些设备和技术。其职责的行使很少需要通识教育背景。

十六、协理类别所需要的教育背景是经过认证的4年制（或者外国相当的）高等教育机构的学士学位。此类工作或许通识教育重于图书馆知识。其头衔是图书馆信息研究协理还是专家协理取决于其工作性质和职责。具有学士学位，无论是否辅修图书馆学课程，或者有无图书馆实践经验，均可受聘于此类别。受聘者获得协理类别的何种头衔取决于他们的培训及背景与其特定工作的相关度。

十七、协理类别还为那些在图书馆最初就职于专业级别（依本政策声明定义）之下的有发展潜力和特殊才能的人提供了机会。由此将图书馆就业与研究生层次课程论文结合起来。那些实施这种工作/学习安排的地方，工作和正式学习的结合应提供以下机会：（1）凡通过学术课程的人应当在协理级别内增加其职责；（2）一旦完成硕士学位，就有资格提升至专业职责岗位，随之而来的是将其划归专业人员类别。

十八、第一个专业类别——图书馆员或专家，承担以上第八段所描述的专业性职责。全面的通识教育外加专门领域（图书馆学或相关领域）的研究生层次的学习，是任职此类工作的最低要求。但是，专业人员的头衔并不会因其所获得的学位自动得到，而是取决于其承担的专业职责岗位。

十九、高级类别应当拥有超出第一个专业等级任职所需的学历和相关的专业经验。通常要求上述高级学历应当属于某个专门领域，既可以是图书馆学的某个特定方向，也可以是某个相关的学科领域。学科专业适用于高级图书馆员类别，也适用于高级专家类别。

二十、行政管理职责需要高度专业性。最高级行政管理职位通常需要的任职资格为具有行政管理专长的高级图书馆员，然而，此类别并不局限于行政管理人员，他们的专业仅仅是对图书馆服务有价值的数个专业之一。图书馆学中有许多同样重要的专门知识领域，应当给予平等的声望和薪酬。那些具有图书馆学某些领域专长（比如档案、书目、参考咨询）承担专家职责的高素质人员，应当有资格享有高级地位及经济回报，不必为承担行政管理职责被迫放弃其专业技能。

正规教育的含义

二十一、推荐将学位（即所完成学术工作年限的证据）作为确定申请人是否具有特定职位所需背景的单一最佳方式。如果申请人不具有经美国图书馆协会认可的硕士学位，或者没有州或省级的资格证书，需要通过考试和可靠的同等资格测试。

二十二、遴选任何层次职位的申请人，以及录取图书馆信息研究就读的学生时，除了学术要求外，还应注意其个人能力和资格。在评估潜在的学生或雇员时，应当考虑职位或者专业的特性，尤其是要求与他人、公众、特殊受众或资料一起工作的程度。注重具有多样化民族背景懂多种语言的人的教育和就业。此外，还应注重那些具有多元文化视角的人。当某个工作任务需要语言翻译时，必须具有适当的教育背景能够用特定语言写作和交流。

二十三、随着图书馆服务和技术的变化和拓展、新受众的到来、新媒体和技术在传播过程中发挥更重要的作用，以及处理资料新手段的引进，图书馆工作人员所需要的教育背景变得更加多样化。专家类别需要图书馆学以外其他学科领域的学位。就许多高级图书馆员的职位而言，理想的是获得其他学科领域的更高级学位，而不是图书馆学领域的另一个学位。就职于图书馆不必要求之前始终在图书馆相关领域从业的经历。

二十四、鉴于图书馆学原理对信息资料和知识的适用性比任何学科领域都要广泛，并且与图书馆学之外的学科主题相关，对这些原理负责任的教育应当建立在宽泛的教育背景之上，这些教育背景包括了人文、科学以及社会科学，而不是狭窄的专业背景。

二十五、二年制技术助理教学计划的侧重点应当是技能培训而不是通用的图书馆学概念和规程。很多情况下，最好站在学生的立场开设基础更加宽泛的职业课程，讲授适用于各种工作场景而不是仅仅局限于图书馆环境的技术技能。此类教学安排应当将坚实的通识教育要素、图书馆技术专业课程以及与图书馆技术专业教学计划有关的课程结合起来。

二十六、与图书馆技术助理培训课程不同，图书馆学本科教学应主要致力于通才教育，而不是提供技术和方法培训的机会。这不排除将与图书馆实践相关的基本技能纳入课程作业中，但是，却影响教学方法和措施，意味着将重点放在实践所依据的原理，而不是如何操作的职业培训方面。

二十七、所有层次的特定实践技能和规程最好在工作中而不是在学术课堂学习。它们通常涉及因机构而异的操作细节，或者与需要重复操作和实践才能掌握的例行程序有关。图书馆与信息研究教学计划不负责上述对图书馆员和支撑人员全面培养的在职培训，该职责应由图书馆和图书馆系统承担。

二十八、图书馆与信息研究硕士教学计划的目标是培养推动专业不断前进所需要的能够预见并主导变化和改进的图书馆员。所设计的课程体系与教学方法应服务于面向未来的此类教育，而不是提供面向当前实践的培训。

二十九、某些交叉学科的概念与构成图书馆服务基础的基本概念密切相关，它们适合作为图书馆与信息研究课程体系的构成部分而不仅仅是外部专业。将此类内容引进图书馆与信息研究应当与整个课程体系结合起来，丰富与之相关的每一门课程的内容。采取权宜之计增加此类专业的单独课程，不将其作为整体融入教学计划中，是对新概念为图书馆与信息研究与思考所作知识贡献的不充分同化。

三十、鉴于许多相关学科领域对图书馆服务具有重要性，图书馆与信息研究应当让学生便捷获得其他领域的知识。可以采取的手段包括聘用其他学科的工作人员，或者允许学生跨系、跨部、跨学校选修相关学科领域的合理课程。基于上级机构或社区的实力强化研究生层次教学的专业性是图书馆信息研究合乎逻辑的发展方向。

三十一、应当鼓励图书馆与信息研究教学项目进行新教学方法、新学习设备以及不同的排课序列模式实验，并采取其他传统和非传统手段增加学生教育实践的有效性。

三十二、研究在教育过程中具有重要作用，它是图书馆学领域通用新知识和图书馆与信息研究特殊新知识的来源。图书馆与信息研究教学项目在规划、预算和组织设计过程中，应当将理论研究和应用研究作为必需的职责。

职业生涯发展与继续学习

三十三、职业生涯发展与继续学习是个人、雇主、正规教育提供者以及专业协会共同的责任。对所有图书馆与信息研究人员而言，无论其是否寻求提职升级，继续学习都是必不可少的。

三十四、雇主负责提供支撑其组织工作的培训。培训可以采取有计划的员工发展活动形式，也可以采取诸如委员会任职或者特别项目等不太正式的活动形式。

三十五、雇主负责提供个人职业生涯发展与继续学习的支持。支持手段包括提供时间、学术休假、报销学费、提供辅导课程。此类支持对雇佣和保有杰出的工作人员队伍是必需的。

三十六、教育提供者负责开发和提供反映图书馆与信息研究专业需求的学习机会。为了满足个人的学习需求与风格，教学必须在各种地点采取多种形式进行。

三十七、专业协会负责提供满足其会员学习需求的机会。可以采取的形式有研讨班、会议议程、专业期刊论文等。研讨班和会议议程应当确保坚持成人学习理论的最佳实践。

三十八、对个人而言，职业生涯发展和继续学习包括正式和非正式学习情境，而且不必局限于图书馆与信息研究。在某些情况下，硕士后与博士课程或许是比较适宜的。

（来源：http：//www. ala. org/files/content/ala/aboutala/offices/hrdr/educprofdev/lepu. pdf）

Lbrary and Information Studies Education and Human Resource Utilization a Statement of Policy

EXECUTIVE SUMMARY

In 1999 the 1st Congress on Professional Education created four task forces. Task Force #4, Personnel Stratification, now Library Career Pathways, was charged with the review of the means, methods, and expectations for entry into the library professions.

Early in their work, the Task Force reviewed a policy statement entitled, "Library Education and Personnel Utilization" which the Council of the American Library Association adopted on June 30, 1970. This ALA policy document appeared in need of some, but remarkably little revision, given its age. The Library Career Pathways Task Force updated the statement, incorporating a more current view of librarianship and its partner professions.

* *

Major revisions to the document include:

• The substitution of Library and Information Studies and the inclusion of the title Specialist where the terms Library Education, Librarianship, and Library Assistant/ Technical Assistant have previously appeared;

• The recognition that the Library and Information Studies realm of practice includes several professions at various levels of entry;

• The acceptance of support staff as integral contributors to and participants in the Library professions;

• A statement encouraging professional preparation which would include a broad educational background for study in the humanities, the sciences, and the social sciences, over preference to a narrowly defined, specialized field of study.

The document continues to demonstrate several points of career entry at levels from high school graduation through the Masters level, considered the terminal degree for professional practice. Qualifications and expectations at all levels are described in narrative form, and through the means of a graphic "Career Lattice".

The statement on career development and continuous learning draws a distinct difference between the individual responsibility for professional development expected of librarians and specialists, and library managers' responsibility for providing access to continuous learning for support staff contributors.

Library and Information Studies and Human Resource Utilization[①]

A Statement of Policy Adopted by the Council of the American Library Association, January 23, 2002.[②]

1. The purpose of the policy statement is to recommend categories of library personnel, and levels of training and education appropriate to the preparation of personnel for these categories, which will support the highest standards of library service for all kinds of libraries and the most effective use of the variety of skills and qualifications needed to provide it.

2. The phrase "library and information studies" is understood to be concerned with recordable information and knowledge and the services and technologies to facilitate their management and use. Library and information studies encompasses information and knowledge creation, communication,

---

① The policy statement adopted by ALA with the title Library Education and Manpower. In the spring of 1976, the Office for Library Personnel Resources Advisory Committee edited this statement to remove sexist terminology. This version of the statement includes changes recommended by the Library Career Pathways Taskforce in January of 2002 and is offered to the ALA Council for their adoption at the 2002 Midwinter meeting. From January through December 2001, the statement was offered to the library community for comment.

② Throughout this statement, wherever the term "librarianship" is used, it is meant to be read in its broadest sense as encompassing the relevant concepts of information science and documentation; wherever the term "libraries" is used, the term refers to public, academic, corporate, medical and other special libraries; current models of media centers, learning centers, educational resources centers, information, documentation, and referral centers are also assumed. To avoid the necessity of repeating the entire gamut of variations and expansions, the traditional library terminology is employed in its most inclusive meaning.

identification, selection, acquisition, organization and description, storage and retrieval, preservation, analysis, interpretation, evaluation, synthesis, dissemination, and management.

3. To meet the goals of library service, both professional and supportive staff are needed in libraries. Thus, the library occupation is much broader than that segment of it which is the library profession, but the library profession has responsibility for defining the training and education required for the preparation of personnel who work in libraries at any level, supportive or professional.

4. Skills other than those of librarianship also have an important contribution to make to the achievement of superior library service. There should be equal recognition in both the professional and supportive ranks for those individuals whose expertise contributes to the effective performance of the library.

5. A constant effort must be made to promote the most effective utilization of personnel at all levels, both professional and supportive. The tables in Figure 1 suggest a set of categories which illustrate a means for achieving this end.

Figure 1

CATEGORIES OF LIBRARY PERSONNEL—PROFESSIONAL

Library-Related Qualifications	Non-Library Related Qualifications	Basic Requirements	Nature of Responsibilities
Senior Librarian	Senior Specialist	In addition to the requirements for Librarian/ Specialist—relevant experience and continued professional development	Top-level responsibilities including but not limited to administration; superior knowledge of some aspect of librarianship; or of other subject fields of value to the library.

续表

Library-Related Qualifications	Non-Library Related Qualifications	Basic Requirements	Nature of Responsibilities
Librarian	Specialist	For Librarian: Master's degree For Specialist: Appropriate professional degree for the specialty.	Professional responsibilities which may include those of management and supervision requiring independent judgment; interpretation of rules and procedures; analysis of library problems; and formulation of original and creative solutions for them. (Normally utilizing knowledge of the subject field represented by the academic degree.)

CATEGORIES OF LIBRARY PERSONNEL—SUPPORTIVE

Library-Related Qualifications	Non-Library Related Qualifications	Basic Requirements	Nature of Responsibilities
LIS Associate	Associate Specialist	Bachelors degree (with preferred course-work in library and/or information science); OR bachelors degree, plus additional applicable academic work.	Manager is hired or promoted into the job based on previous library work experience; the library specialist has extensive experience, perhaps supplemented by job-sponsored training in a specialized area— e.g. Interlibrary borrowing/ lending; preservation; book searching and replacement; second-tier reference; copy cataloging; etc.

续表

Library-Related Qualifications	Non-Library Related Qualifications	Basic Requirements	Nature of Responsibilities
LIS Assistant	Assistant Specialist	At least two years of college-level study; or AA degree, (with or without library technical assistant training) preferred; OR post-secondary school training and relevant skills; OR certificate program.	Tasks performed as supportive staff following established policies and procedures and may include supervision of such tasks.
Clerk (Exact titles vary depending on type of library circumstance.)	Clerk (Exact titles vary depending on type of library circumstance.)	High school diploma or equivalent.	Assignments as required by the individual library.

6. The titles recommended here represent categories or broad classifications, within which it is assumed that there will be several levels of promotional steps. Specific job titles may be used within any category: for example, catalogers, reference librarians, children's librarians would be included in either the "Librarian" or (depending upon the level of their responsibilities and qualifications) "Senior Librarian" categories; department heads, the director of the library, and certain specialists would presumably have the additional qualifications and responsibilities which place them in the "Senior Librarian" category. In addition, the categories are not discreet, library staff members may actually be performing tasks in a number of categories. The categories are not static, but dynamic and are meant to provide a guide to assist in illustrating the wide range of job responsibilities and tasks performed in the library setting.

7. Where specific job titles dictated by local usage and tradition do not make clear the level of the staff member's qualification and responsibility, it is recommended that

reference to the ALA category title be used parenthetically to provide the clarification desirable for communication and reciprocity. For example:

REFERENCE ASSISTANT (Librarian)

HEAD CATALOGER (Senior Librarian)

LIBRARY AIDE (LIS Assistant)

8. The title "Librarian" carries with it the connotation of "professional" in the sense that professional tasks are those which require a special background and education on the basis of which library needs are identified, problems are analyzed, goals are set, and original and creative solutions are formulated for them, integrating theory into practice, and planning, organizing, communicating, and administering successful programs of service to users of the library's materials and services. In defining services to users, the professional person recognizes potential users as well as current ones, and designs services which will reach all who could benefit from them.

9. The title "Librarian" therefore should be used only to designate positions in libraries which utilize the qualifications and impose the responsibilities suggested above. Positions which are primarily devoted to the routine application of established rules and techniques, however useful and essential to the effective operation of a library's ongoing services, should not carry the word "Librarian" in the job title.

10. Libraries with limited staff would not need staff appointments in each of these categories. It is urged, however, that this basic scheme be introduced wherever possible to permit, where needed, the necessary flexibility in staffing.

11. The salaries for each category should offer a range of promotional steps sufficient to permit a career-in-rank. The top salary in any category should overlap the beginning salary in the next higher category, in order to give recognition to the value of experience and knowledge gained on the job.

12. Libraries should pay particular attention that stratification of personnel not occur along lines of race, ethnicity, or gender. If these patterns of stratification occur, steps should be taken to investigate and ameliorate possible discrimination. Libraries should

promote the full education, utilization, and promotion of all employees regardless of race, ethnic background, or gender. Libraries and programs of library and information studies should be particularly sensitive to discrimination patterns that reflect the prejudices of society and should take proactive measures to combat the effects of these influences.

13. Inadequately supported libraries or libraries too small to be able to afford professional staff should nevertheless have access to the services and supervision of a librarian. To obtain the professional guidance that they themselves cannot supply, such libraries should promote cooperative arrangements or join larger systems of cooperating libraries through which supervisory personnel can be supported. Smaller libraries which are part of such a system can often maintain the local service with building staff at the Associate level.

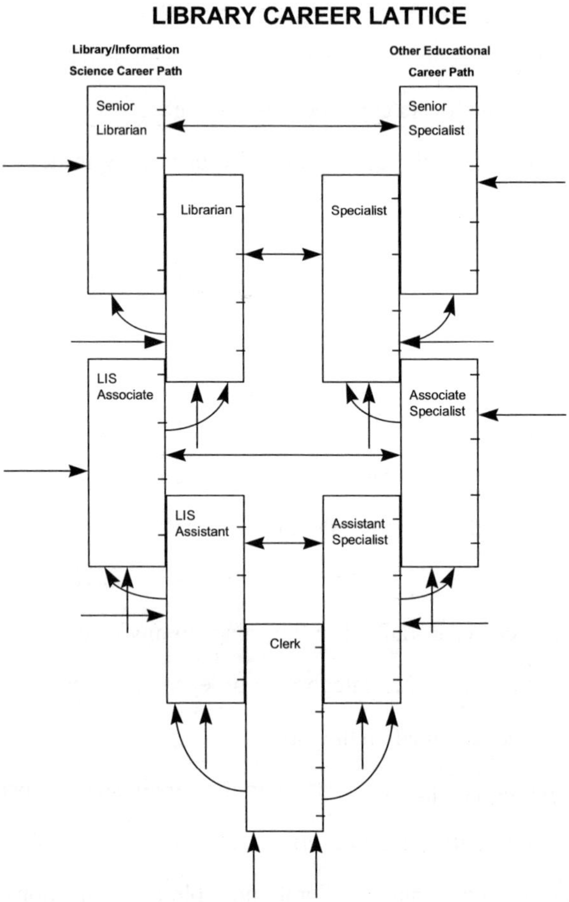

FIGURE 2

If one thinks of Career Lattices rather than Career Ladders, the flexibility intended by the Policy Statement may be better visualized. The movement among staff responsibilities, for example, is not necessarily directly up, but often may be lateral to increased responsibilities of equal importance. Each category embodies a number of promotional steps within it, as indicated by the gradation markings on each bar. The top of any category overlaps in responsibility and salary with the higher category.

Comments on the Categories

14. The Clerk classifications do not require formal academic training in library subjects. The assignments in these categories are based upon general clerical and secretarial proficiencies. Familiarity with basic library terminology and routines necessary to adapt clerical skills to the library's needs is best learned on the job.

15. The Assistant categories assume certain kinds of specific "technical" skills; they are not meant simply to accommodate advanced clerks. While clerical skills might well be part of a Assistant's equipment, the emphasis in an assignment should be on the special technical skill. For example, someone who is skilled in handling multimedia equipment, or at introductory data processing, or display art might well be hired in the Assistant Specialist category for these skills, related to librarianship only to the extent that they are employed in a library. An LIS Assistant is a person with certain specifically library-related skills—in preliminary bibliographic searching for example, or utilization of certain equipment or technology—the performance of whose duties seldom requires a background in general education.

16. The Associate categories assume a need for an educational background like that represented by a bachelor's degree from an accredited four-year institution of higher education (or foreign equivalent). Assignments may be such that library knowledge is less important than general education, and whether the title is LIS Associate or Associate Specialist depends upon the nature of the tasks and responsibilities assigned. Persons holding the B.A. degree, with or without a library science minor or practical experience in libraries, are eligible for employment in this category. Titles within the Associate

category that are assigned to individuals will depend upon the relevance of their training and background to their specific assignments.

17. The Associate category also provides the opportunity for persons of promise and exceptional talent to begin library employment below the level of professional (as defined in this statement) and thus to combine employment in a library with course work at the graduate level. Where this kind of work/study arrangement is made, the combination of work and formal study should provide 1) increasing responsibility within the Associate ranks as the individual moves through the academic program, and 2) eligibility for promotion, upon completion of the master's degree, to positions of professional responsibility and attendant reclassification to the professional category.

18. The first professional category—Librarian or Specialist—assumes responsibilities that are professional in the sense described in paragraph #8 above. A well-rounded liberal education plus graduate-level study in the field of specialization (either in librarianship or in a relevant field) are seen as the minimum preparation for the kinds of assignments implied. The title, however, is given for a position entailing professional responsibilities and not automatically upon achievement of the academic degree.

19. The Senior categories assume relevant professional experience as well as qualifications beyond those required for admission to the first professional ranks. Normally, it is assumed that such advanced qualification shall be held in some specialty, either in a particular aspect of librarianship or some relevant subject field. Subject specializations are as applicable in the Senior Librarian category as they are in the Senior Specialist category.

20. Administrative responsibilities entail high-level specialty, and appointment to positions in top administration should normally require the qualifications of Senior Librarian with a specialization in administration. This category, however, is not limited to administrators, whose specialty is only one of several specializations of value to the library service. There are many areas of special knowledge within librarianship which are equally important and to which equal recognition in prestige and salary

should be given. Highly qualified persons with specialist responsibilities in some aspects of librarianship—archives, bibliography, reference, for example—should be eligible for advanced status and financial rewards without being forced to abandon for administrative responsibilities their areas of major competence.

Implications for Formal Education

21. The academic degree (or evidence of years of academic work completed) is recommended as the single best means for determining that the applicant has the background required for the position. If an ALA-recognized Master's degree or state or provincial certification is unavailable, examinations may be valid and reliable tests of equivalent qualification.

22. In the selection of applicants for positions at any level, and for admission to programs of library and information studies, attention should be paid to personal aptitudes and qualifications in addition to academic ones. The nature of the position or specialty, and particularly the degree to which it entails working with others, with the public, or with special audiences or materials should be taken into account in the evaluation of a prospective student or employee. Importance should be placed on the education and employment of individuals with diverse ethnic backgrounds who are multilingual and, additionally, on those who possess a multicultural perspective. When language translation is required in individual job assignments, the proper educational background to be able to write and communicate in a given language is necessary.

23. As library services and technologies change and expand, as new audiences are reached, as new media and technologies take on greater importance in the communication process, and as new approaches to the handling of materials are introduced, the kinds of preparation required of those who will be employed in libraries will become more varied. Degrees in fields other than librarianship will be needed in the Specialist categories. For many Senior Librarian positions, an advanced degree in another subject field rather than an additional degree in librarianship, may be desirable. Previous experience need not always have been in libraries to have pertinence for

appointment in a library.

24. Because the principles of librarianship are applied to the materials of information and knowledge broader than any single field, and because they are related to subject matter outside of librarianship itself, responsible education in these principles should be built upon a broad background in education which includes the humanities, the sciences, and the social sciences, rather than a narrowly specialized background.

25. Emphasis in the two-year Technical Assistant programs should be more on skills training than on general library concepts and procedures. In many cases it would be better from the standpoint of the student to pursue more broadly-based vocational courses which will teach technical skills applicable in a variety of job situations rather than those limited solely to the library setting. These programs should combine a strong general education component, library technical specialty courses, and courses related to the library technical specialty program.

26. Undergraduate instruction in library science other than training courses for Library Technical Assistants should be primarily a contribution to liberal education rather than an opportunity to provide technological and methodological training. This does not preclude the inclusion of course work related to the basic skills of library practice, but it does affect teaching method and approach, and implies an emphasis on the principles that underlie practice rather than how-to-do-it vocational training.

27. Certain practical skills and procedures at all levels are best learned on the job rather than in the academic classroom. These relate typically to details of operation which may vary from institution to institution, or to routines which require repetition and practice for their mastery. The responsibility for such in-service parts of the total preparation of both librarians and supportive staff rests with libraries and library systems rather than with the programs of library and information studies.

28. The objective of the master's programs in library and information studies should be to prepare librarians capable of anticipating and engineering the change and improvement required to move the profession constantly forward. The curriculum and

teaching methods should be designed to serve this kind of education for the future rather than to train for the practice of the present.

29. Certain interdisciplinary concepts are so intimately related to the basic concepts underlying library service that they properly become a part of the library and information studies curriculum rather than simply an outside specialty. Where such content is introduced into library and information studies it should be incorporated into the entire curriculum, enriching every course where it is pertinent. The stop-gap addition of individual courses in such a specialty, not integrated into the program as a whole, is an inadequate assimilation of the intellectual contribution of the new concept to library and information studies and thinking.

30. In recognition of the many areas of related subject matter of importance to library service, library and information studies should make knowledge in other fields readily available to students, either through the appointment of staff members from other disciplines or through permitting students to cross departmental, divisional, and institutional lines in reasoned programs in related fields. Intensive specializations at the graduate level, building upon strengths in the parent institution or the community, are a logical development in library and information studies.

31. Programs of library and information studies should be encouraged to experiment with new teaching methods, new learning devices, different patterns of scheduling and sequence, and other means, both traditional and nontraditional, that may increase the effectiveness of the students' educational experience.

32. Research has an important role to play in the educational process as a source of new knowledge both for the field of librarianship in general and for library and information studies in particular. In its planning, budgeting, and organizational design, programs of library and information studies should recognize research, both theoretical and applied, as an imperative responsibility.

Career Development and Continuous Learning

33. Career development and continuous learning is the shared responsibility of the

individual, the employer, formal education providers, and professional associations. Continuous learning is essential for all library and information studies personnel whether or not they seek advancement.

34. Employers are responsible for providing training that supports the work of their organization. This can take the form of planned staff development activities or less formal activities such as committee assignments and special projects.

35. Employers are responsible for providing support for individual career development and continuous learning. Examples of support include release time, sabbaticals, tuition reimbursement, and mentoring programs. Such support is essential in hiring and retaining an excellent workforce.

36. Education providers are responsible for developing and making available learning opportunities that reflect the needs of the library and information studies profession. To address individual learning needs and styles, these must be available in multiple formats and in a variety of locations.

37. Professional associations are responsible for providing learning opportunities that meet the needs of their membership. These may take the form of workshops, conference programs, and articles in professional journals. Workshops and conference programs should be planned to ensure adherence to the best practice of adult learning theory.

38. For the individual, career development and continuous learning includes both formal and informal learning situations and need not be limited to library and information studies. In some cases, post-masters and doctoral programs may be appropriate.

Additional copies available from

Office for Human Resource Development and Recruitment

American Library Association

50 E. Huron St.

Chicago, IL 60611

后　记

经过4个寒暑的持续努力，终于迎来全书完稿的时刻。笔者不禁思绪万千……

图书馆如何提高管理与服务效率？如何提升图书馆的社会影响力？图书馆员的职业荣誉感从何而来？图书馆行业如何在多变、充满竞争的社会环境中持续健康发展？从业30多年间，上述问题始终萦绕于心，难以释怀。为了寻求问题的答案，从20世纪80年代起，自己一直跟踪阅读《图书馆杂志》，希望从大洋彼岸的同行那里得到启示和镜鉴。

从这个意义上看，笔者对30年来《图书馆杂志》评选的图书馆楷模人物的梳理评介，是阅读思考和从业实践的积淀，隐含着自己对上述问题的部分解答，也有对图书馆职业的另类诠释，更多的是为我国图书馆事业发展建言献策的责任感。这是促使自己在4年多的时间里完成本书写作的持久驱动力。

尽管本书非学术专著，但却是笔者的倾力之作，也是倾心之作。感谢金丽萍女士的邀约、不辞劳苦的到访和耐心等待，使自己得以从容地阅读、查证、构思、直抒胸臆，并为相关人物、组织机构和事件增加注解。感谢国家图书馆出版社再次为笔者提供出版机会，让更多同仁分享自己的所思所想。（2002年至今，国家图书馆出版社已出版了笔者独立撰写的《网络环境下的著作权与数字图书馆》《图书馆职业英语阅读》《图书馆事业发展与法制建设研究》3部专著和1部合著《网络教育资源的传播与合理使用》。）

2017年是不平凡的一年。中华人民共和国成立以来制定的与图书馆有关的两部法律《公共文化服务保障法》和《公共图书馆法》颁布实施，预示着中国的图书馆事业将进入新的发展时期。在社会文化保障得到政府空前重视、配套法律法规逐一落地的背景下，图书馆管理服务水平如何提升？图书馆服务能否适应不断变化的用户需求真正普惠公众？图书馆事业能否真正实现平衡健康发展？如何将服务文化嵌入管理服务流程和操作之中提高资源的利用和服务效率？上述一切都依赖于我们是否能够培养、选聘不同层次的图书馆工作人员，建设具有使命感、奉献精神、服务意识、追求卓越和富有创新驱动力的工作人员队伍。

关于当前我国图书馆队伍建设存在的问题以及解决此问题的重要性，李国新教授 2017 年 5 月接受 e 线图情专访回答提升公共文化服务效能的问题时也有所涉及。他指出："基层公共文化队伍建设，现在中央要求每一个乡镇文化站要有一到两名有编制的工作人员，这从理论上说全国基本上都能做到。问题是在编不在岗、在岗不在任，基层公共文化服务这个队伍不专职、不专业、不专心。如果这个问题不解决，基层队伍还都是三不专，要把基层公共文化搞好不太可能。在基层，公共文化队伍还有一个重要问题，我们对公共文化机构的领军人物的遴选、配置、任命现在存在着很多问题，简单地说是行政化现象比较严重。领军人物问题不解决，想把一个公共文化机构带好不可能。在实际调研中，见到的这种现象太多了。两个地方环境、条件差不多，就是馆长作为不作为，这两个公共文化服务机构的面貌就大不一样。基层队伍建设是重中之重，有效突破口是领军人才队伍的建设。要解决基层公共文化问题，首先解决人的问题，突破口是领军人才，我们得解决基层工作文化服务关键少数遴选任命的制度化问题。大量的事实证明，一个好馆长，就能把一个机构给带起来，所以这个问题要认真解决，提高效能这也是要重点突破的问题。"①

正是着眼于服务图书馆队伍建设的需求，笔者研究评介《图书馆杂志》30 年来评选的年度图书馆员和辅助图书馆员，希望透过楷模人物的所作所为，为我国图书馆从业者提供生动鲜活、可资参照的职业标杆。

在笔者看来，《图书馆杂志》评选的年度图书馆员和辅助图书馆员，无论他们从事图书馆管理服务工作取得的业绩是平凡还是伟大，经历单纯还是曲折复杂，

---

① 来源：李国新 . 提高服务效能是构建现代公共文化服务体系的重点任务 . http://lib. notefirst. com/booklife/19826/default. aspx。

都拥有坚定的服务信念和变革创新的自动力，以爱心、热情、敬业、勤奋、创新、勇敢、奉献和追求卓越而载入史册，成为丰碑式的人物。从他们的成就，可以看到美国图书馆事业的管理与运作方式，比如，总分馆一体的图书馆系统、理事会、筹款公投、项目资助等，最大限度地调动了各个参与者的积极性，给有事业心的图书馆从业者留出足够的创新空间，遏制了因循守旧的惰性和资源浪费。

此外，观察年度图书馆员和年度辅助图书馆员的业绩还可以得出以下启示：

（1）困扰图书馆的经费保障问题是普遍存在的现象。我国图书馆界正盼望《公共图书馆法》成为公共图书馆经费保障的利器，殊不知，在图书馆立法相对完善的美国，图书馆也常常遭遇预算拨款不增反降的情况。尤其是当图书馆无法以自身的服务吸引足够多的民众使用时，经费缩减导致的闭馆裁员难以避免。这种趋势在主要依赖地方税收运营的美国基层公共图书馆尤其严峻。于是，就有了图书馆行业不断拓展服务的原动力。笔者指出此点，意在提醒图书馆同仁即便有法律的最低拨款保障条款，经费短缺还将继续困扰图书馆。就我国的情况而言，前些年经济好的时候，各地对图书馆建筑的投入令人侧目，但是可持续发展堪忧。即便是有文化服务政策的倾斜，在地方债务风险与经济发展放缓的背景下，依赖政府持续加大对图书馆的投入也是不切实际的。那么，是否存在破解之道呢？大多数获奖楷模人物所做的就是尽量争取预算拨款的同时，申请项目资助，成立基金会和图书馆之友组织，多渠道募捐筹款。最终能否筹到足够的款项支撑图书馆的生存发展，起决定作用的是图书馆服务社区的水平及其彰显的价值。

（2）培养儿童的阅读能力和习惯是公共图书馆的重要工作。当我们在为儿童图书馆的单独建制而纠结之时，美国大大小小的公共图书馆几乎清一色地将为儿童和青少年服务作为重点。二相比较，差距之大令人扼腕。当然我国图书馆的儿童服务也有很多值得肯定的地方，据 2013 年 9 月 8 日北京电视台新闻报道，首都图书馆将老馆整修后增开儿童服务区就是好的例子。几乎与此同时，国家图书馆也宣布将少年入馆的年龄限制由 16 岁降为 13 岁。

（3）有什么样的图书馆员，就有什么样的图书馆。图书馆员的活动不仅局限在图书馆行业之内，而是涉及图书馆生存发展的所有内部和外部环境，包括地方和行业立法、制度建设、社区融合等。优秀图书馆员的所作所为对用户有巨大的影响和感召力。无论时代和环境如何变化，民众是否认可图书馆、到访图书馆，很大程度上取决于图书馆有没有做出顺应时代的改变，取决于图书馆能否为民众提供所需的服务，以及能否与用户和社区保持良好的互动。我国人口众多，如何通过基层图书馆扩大社区服务，美国图书馆的做法值得借鉴。总之，图书馆生存发展的关键取决于服务效率、覆盖面和基于满意度的用户口碑。

当下我国图书馆的服务效率和用户满意度处于何种水平呢？在笔者看来，上述问题的答案不仅因图书馆而异，也因人而异。换言之，因个人利用图书馆的体验的不同而大相径庭。对受过良好教育的人而言，图书馆在其启蒙、求学和研究阶段曾经扮演重要的角色，养成了良好的使用图书馆的习惯。而对于因各种原因无法接受图书馆服务的人而言，由于没有利用图书馆的习惯和有益的体验，对图书馆的认知往往具有片面性。因此，就社会成员总体利用图书馆的情况看，我们与国外相比还有很大的差距。很多时候图书馆并不是阅读的主要场所和渠道，图书馆服务的人口比例也不高，服务触角还没有深入到社会各个层面和角落，更谈不上影响社会上大多数人的生活和工作。

2017 年 5 月李国新教授在接受 e 线图情专访时所列出的我国公共文化服务的一些统计数据可以为笔者的论点提供极好的例证。“我们国家公共文化服务发展水平如果与发达国家相比，一个重要的差距就是服务效能不高。设施建了很多，资源建了很多，没有发挥应有的作用。这也就是中央领导反复强调的管不好、用不好，发挥不了效能，这也是老百姓一般抨击的严重浪费、形象工程。如果服务效能不能在短时间内大幅度地、跨越式地提升，公共文化的可持续发展可能就要受到挑战了。我们的服务效能与国外相比差距很大。图书馆有效持证读者占总人口的比例，是国际上评价图书馆服务效能的一个基本指标。美国做得最好，68%，将近 70% 的美国人是图书馆的服务对象。亚洲日本做得最好，43%；中国，2014 年底的数据是 2. 9%。现在全国 3000 多所县以上公共图书馆，5 万多专职从业人员，国家每年投入 120 多个亿，用在 13 亿人身上，水平很低，但要是用在 3000 万人身上，水平就不低了，这就是效能问题。图书年平均外借次数发达国家这个指标一般都在 2 以上，平均图书馆的每一本藏书一年得转两圈。我们 2014 年底的数据 0. 59，中国公共图书馆的总藏量平均来看将近一半没人动。总之，我们有能跟国际一流图书馆比肩的馆藏以及建筑设备，但是，在中国广袤的大地上，许多图书馆的服务效能仍非常低下，这是图书馆人必须重视的现实。”①

纵观历史，图书馆作为服务于少数人的“奢侈品”存在的时间要长于作为服务于大众的公共产品的时间。幸运的是，随着19世纪工业革命的兴起，肇始于19世纪中叶的公共图书馆运动，令西方国家的图书馆一改服务小众群体的传统，确立了图书馆为广大公众服务的公共产品的社会功能。经过无数先贤的不懈努力，图书馆作为现代社会的有机构成部分在全球逐步普及，成为重要的社会文化教育机构，在社会生活中发挥着日渐显著的作用。

当历史车轮进入20世纪80年代，信息激增与信息传播、加工、处理手段的不断进化，使固守传统模式的图书馆面临被边缘化的挑战，同时也为图书馆的转型提供了机遇。图书馆现代技术的应用和开放管理的普及，使人们能够更加自由地走进图书馆，便捷高效地检索利用图书馆的丰富资源。与此同时，随着社会生产力的发展，人们的物质与文化生活水平不断提高，对精神产品的需求和阅读的兴趣相应提高。尤其是20世纪90年代进入网络时代以来，海量知识信息扑面而来，新兴传播媒介和技术手段层出不穷，使每个社会成员都面临着信息超载和终生学习的压力。

在上述背景下，正是以“年度图书馆员”和“辅助图书馆员”为代表的图书馆人，顺应时代变化，把握机遇，在信息网络时代强手如林的竞争中，坚持以人为本，针对用户不断变化的显性和隐性需求，立足社区，挖掘潜力，创新服务。在普及网络应用、培育阅读文化、满足社区公众日益多样的科学、教育、文化、生活、娱乐、就业信息需求等方面做出了卓有成效的工作，使图书馆的功能和服务触角不断拓展，面貌为之一新。在图书馆管理服务水平得到不断提升的同时，图书馆以及图书馆从业者的职业荣誉感、社会地位和美誉度也较以往有所提高。值得指出的是，美国图书馆以及图书馆从业者的荣誉感和美誉度的提高，除了图书馆行业持之以恒的奉献外，《图书馆杂志》年度图书馆员以及年度辅助图书馆

① 来源：李国新．提高服务效能是构建现代公共文化服务体系的重点任务．http: //lib.notefirst. com/booklife/19826/default. aspx.

员的评选与宣传也功不可没。

譬如，在 21 世纪前十年，由《美国新闻与世界报道》进行的年度职业排名中，图书馆员多次进入全美最佳职业行列。尤其值得指出的是，1995 年获得《图书馆杂志》年度图书馆员奖的非洲裔图书馆员卡拉·海登博士，于 2016 年 9 月就任美国国会图书馆馆长。此前，历任美国国会图书馆馆长均由图书馆学专业以外的专家学者担任。卡拉·海登的任职，首开专业图书馆员担任美国国会图书馆馆长的先河，这一美国历史上的空前之举，从一个侧面反映了社会对图书馆与信息学专业的认可，也反映了图书馆的影响力与图书馆员社会地位的提高。

无独有偶，21 世纪十多年间，北京大学图书馆馆长一职已先后由 2 位北京大学图书馆学系的毕业生担纲。此前，在北京大学图书馆近百年的历史中，身居该职的多是其他专业的学者和教授。

上述事实有力印证了“有为才能有位”是一句箴言。数字传媒与信息网络技术的不断更新换代，导致了用户需求的分化，令图书馆一次次站在发展的十字路口，面临诸多选择。在社会文化保障得到政府空前重视、法治建设日臻完善的当下，图书馆从业者需要沉思、洞见，检视影响图书馆服务效能的症结所在，借鉴美国图书馆楷模人物的经验，以创新促发展，在管理架构、服务方式与服务定位等方面进行广泛、切实的改革。

20 世纪著名小说家、诗人、翻译家、阿根廷国家图书馆馆长博尔赫斯曾言：“我心里一直在暗暗设想，天堂应该像图书馆的模样。”笔者以为，若天堂像图书馆的模样，图书馆工作者应宛如天使一样。在告别三十多年图书馆职业生涯安享退休生活之时，衷心希望有更多优秀分子加入图书馆工作者的行列，坚守图书馆职业信念，顺应时代潮流，强化服务意识，不断拓展服务的广度和深度，创造属于我们这个时代的辉煌。

肖　燕

2018 年 9 月 10 日于北京育新花园